本书为 2012 年度国家社会科学基金重点项目"基于宦谱家谱诰敕谕旨等的土司制度研究"(批准号:12AZD078)结项成果

# 土司宦谱家谱辑校

龚荫　刘勇 ○ 辑校

云南出版集团
云南人民出版社

图书在版编目（CIP）数据

土司宦谱家谱辑校 / 龚荫，刘勇辑校. —— 昆明：云南人民出版社，2021.12
ISBN 978-7-222-18915-7

Ⅰ．①土… Ⅱ．①龚… ②刘… Ⅲ．①土司—家谱—中国—明清时代 Ⅳ．①K820.9

中国版本图书馆CIP数据核字(2021)第022355号

出品人：赵石定
责任编辑：郑燕燕　周　云
责任校对：陈　锴
装帧设计：杨晓东　付俊杰
责任印制：李寒东

## 土司宦谱家谱辑校
TUSI HUANPU JIAPU JIJIAO

龚荫　刘勇　辑校

| 出　版 | 云南出版集团　云南人民出版社 |
| 发　行 | 云南人民出版社 |
| 社　址 | 昆明市环城西路609号 |
| 邮　编 | 650034 |
| 网　址 | www.ynpph.com.cn |
| E-mail | ynrms@sina.com |
| 开　本 | 787mm×1092mm　1/16 |
| 印　张 | 25.75 |
| 字　数 | 400千 |
| 版　次 | 2021年12月第1版第1次印刷 |
| 印　刷 | 云南出版印刷集团有限责任公司华印分公司 |
| 书　号 | ISBN 978-7-222-18915-7 |
| 定　价 | 180.00元 |

如有图书质量及相关问题请与我社联系
审校部电话：0871-64164626　印制科电话：0871-64191534

云南人民出版社微信公众号

　　龚荫，1933年6月生，重庆市巴南区人，1959年毕业于云南大学历史系民族史专业，毕业后一直从事民族史的教学和研究工作。历任云南民族学院历史系（今云南民族大学人文学院）教员、讲师，西南民族学院民族研究所（今西南民族大学西南民族研究院）副教授、教授，民族学硕士点领衔导师、学术委员、评审委员，法学系客座教授，四川省哲学社会科学评奖民族学科专家组副组长、四川省人民政府文史研究馆馆员、教育部人文社会科学重点研究基地云南大学西南少数民族研究中心兼职研究员，吉首大学客座教授，中华炎黄文化研究会土司文化专业委员会学术顾问等职。享受国务院政府特殊津贴专家。主要著作有两大系列：中国历代民族政策研究系列，以撰著内容为序：《中国历代民族政策纲要》《中国历代民族政策概要》《中国民族政策史》；中国土司制度研究系列，以付梓先后为序：《明清云南土司通纂》、《明史云南土司传笺注》、《中国土司制度》、《中国土司制度史》（三册）、《中国土司制度简史》、《明清土司诰敕谕旨辑要校注》、《土司宦谱家谱辑校》。另有学术文集：《民族史考辨一》、《民族史考辨二》。上述共计十四册。其他著述和合作出版的有《田野调查实录》、《云南少数民族》（日文）、《景颇族社会历史调查》、《阿昌族社会历史调查》等七种。发表有学术论文一百六十余篇，总计一千一百余万字，均被四川省方志馆收入"四川名人名作珍藏室"。

# 龚荫主要著作

## 土司制度研究

《明清云南土司通纂》，云南民族出版社，1985年7月版。
《明史云南土司传笺注》，云南民族出版社，1988年7月版。
《中国土司制度》，云南民族出版社，1992年6月版。
《中国土司制度史·上编》，四川人民出版社，2012年7月版。
《中国土司制度史·下编（1）》，四川人民出版社，2012年7月版。
《中国土司制度史·下编（2）》，四川人民出版社，2012年7月版。
《中国土司制度简史》，四川人民出版社，2014年1月版。

## 历代民族政策研究

《中国民族政策史》，四川人民出版社，2006年6月版。
《中国历代民族政策概要》，民族出版社，2008年7月版。
《中国历代民族政策纲要》，四川人民出版社，2013年4月版。

## 民族历史研究

《民族史考辨一》，云南大学出版社，2004年9月版。
《民族史考辨二》，民族出版社，2015年6月版。

## 土司制度史料研究

《明清土司诰敕谕旨辑要校注》，云南人民出版社，2018年11月版。
《土司宦谱家谱辑校》，云南人民出版社，2021年12月版。
《〈土官底簿〉校注》，云南人民出版社，即将出版。

  刘勇，藏名斯农平措，1966年3月出生，四川甘孜丹巴人，藏族，中共党员，西南民族大学民族学与社会学学院、西南民族研究院院长，二级教授，中国古典文献学博士生导师、学科负责人，民族史、藏学宗教学等学科硕士生导师。1988～1991年获中央民族大学文学学士、法学（民族学）硕士学位，2003年获四川大学专门史博士学位，2008年8月至2009年8月在美国弗吉尼亚大学做博士后访问学者。教育部国家本科教育指导委员会委员、中国民族学会常务理事、国家社科基金重大项目首席专家、四川省学术和技术带头人、国家民委领军人才、四川省哲学社会科学高水平团队负责人、四川省华人华侨协会副会长、成都市国学会副会长。先后完成国家社科基金、教育部重点项目、省部级重点项目、一般项目多项。获省部级二等奖5项，省部级三等奖7项。现主持国家社科基金重大项目1项，主持省部级项目3项，参研国家级、省部级项目多项。

# 刘勇主要著作

## 宗教学研究

《噶陀金刚寺志》，民族出版社，2002年11月版。
《藏传佛教的功能及其实现过程分析》，载《中国藏学》，2007年第3期。
《藏传佛教的文化功能与社会作用》，中国藏学出版社，2011年12月版。
《藏族雍仲本教史妙语宝库》，民族出版社，2012年12月版。
《四川云南藏传佛教寺院》，甘肃民族出版社，2014年1月版。
《藏传佛教宁玛派寺院》，民族出版社，2014年12月版。
《宗教人类学基础》，民族出版社，2017年12月版。

## 民族学研究

《藏族民间文学的基本特征》，载《西南民族学院学报（哲学社会科学版）》，1999年8月增刊。
《藏族民间文学的概念、对象及理论构架》，载《西南民族学院学报（哲学社会科学版）》，1999年8月增刊。
《藏族历史坐标中的古代科技发展轨迹》，载《西南民族学院学报（哲学社会科学版）》，2000年第11期。
《鲜水河畔的道孚藏族多元文化》，四川民族出版社，2005年12月版。
《"藏族传统史学"学科概念分析》，载《中国藏学》，2006年第2期。
《四川藏区的民俗文化》，四川民族出版社，2009年12月版。
《藏尼走廊吉隆沟达曼村人的族际交往与身份认同关系调查》，载《中国藏学》，2015年第3期。

# 四 川

《马氏家乘》

《冉氏忠孝谱》

# 云 南

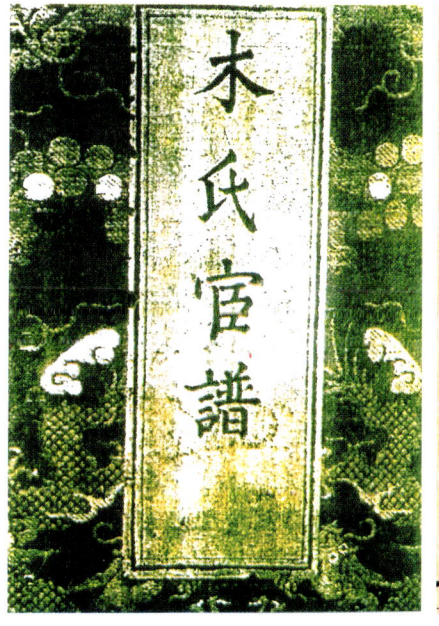

《木氏宦谱》

《凤氏本末》

## 贵　州

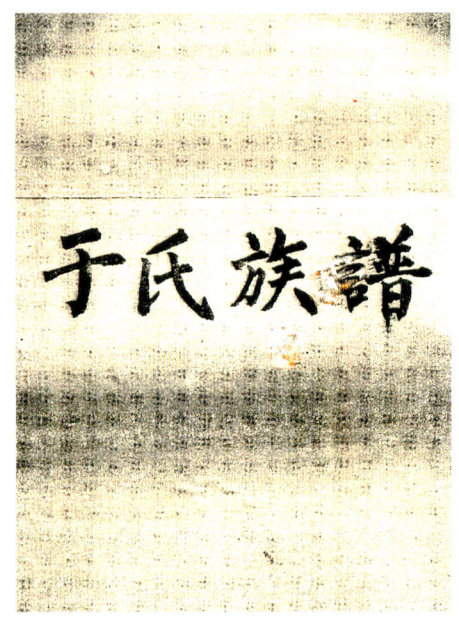

《于氏族谱》

# 广　西

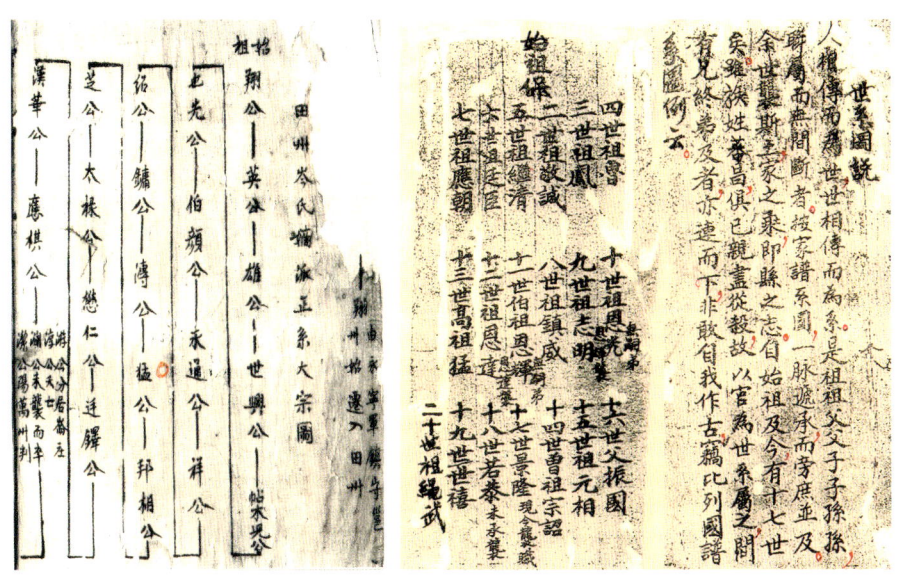

《田州岑氏源流谱》　　　《莫氏宗谱》

# 湖　南

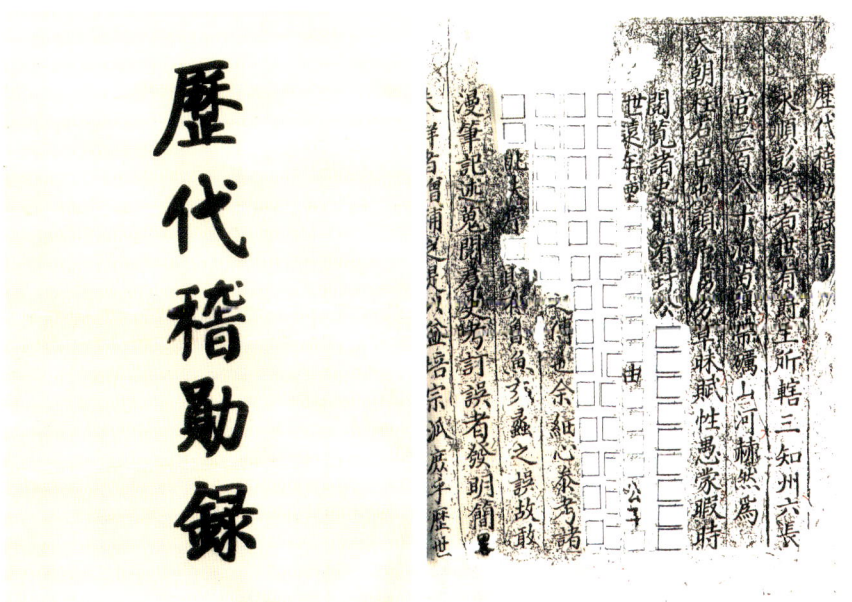

《历代稽勋录》

# 彭氏族谱

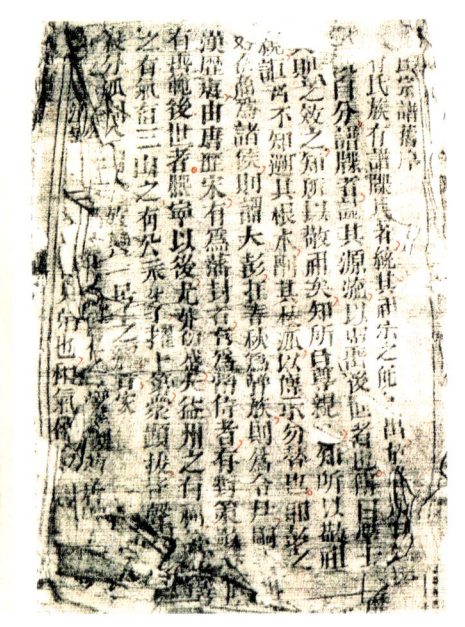

《彭氏族谱》

## 湖　北

《覃氏族谱》

# 引 言

土官、土司，统称"土司"。土官土司宦谱家谱，是土官土司之官史与家史。

明代，王朝将边疆地区少数民族大小首领除授大小官职之后，其承袭，洪武二十六年（1393年）规定：土官土司袭替，"明白取具宗支图本，并官吏人等结状，呈部具奏，照例承袭"（《大明会典》卷六《土官承袭》）。其目的是防止旁人冒袭。于是，土官土司编修宦谱家谱便立时兴起了。

## 一、类型与族属

土官土司编修的宦谱家谱，其类型主要有三种：第一种是"务实"型。一些土官土司编修的宦谱家谱，其官一世一世是怎样做官秉政的，其家一代一代是如何兴起发展的，一一实际而翔实编撰出来。第二种是"荣耀"型。一些土官土司编修的宦谱家谱，其始祖莫不是王侯将相，编撰事事颂扬，大加溢美之词，个个皆是精英俊杰。细考之，多是不实之词，是编撰者之加工润色，加以美化，显示其荣光而已。第三种是"附会"型。一些土官土司编修的宦谱家谱，穿凿附会，指其先祖系出自华胄，但其后就不加细述，概略言之，或是写作"中朝不及问"，一语带过。显然，其所谓"华胄"之说，不过是附会之词罢了。

土官土司的"族属"问题。在边疆民族地区的土官土司，并不一定就是所在地区的少数民族。自来，人们对于边疆民族地区的"蛮夷长官司长官的族属"，皆是这样认为的，即蛮夷长官司长官必定是"蛮夷人"。然而实际并非如此。例如四川凉山州屏山县"蛮夷长官司长官文氏"，据其家谱记载："始祖系山西太原籍，大宋朝时，因军功赐封怀远将军，寻调征四川屏山夷人。蒙元取代宋朝以后,由于久驻该地,与夷人和睦相处,为夷人信服,便为之长。传至明代,明朝廷降诏招抚,先祖率众赴京进贡方物,朝廷除授先祖蛮夷长官司长官。"其后清朝及民国,代代世袭其官职。中华人民共和国成立后,按照上述家谱记述,文家族属一直是汉族。一般以为蛮夷长官司长官,其族属必定是少数民族,现在看来,此言差矣。对待土官土司的族属问题,是千万不能凡土官土司就认为他必定是少数民族的,应该细致地、深入地分析各土官土司的族属,决不能简单地、武断地、绝对地下结论,采取笼统的一概而论。

## 二、搜集与整理

搜集土官土司的宦谱家谱有多么难?恐怕只有搜集者自己才知道。例如:某县有个知名土司博物馆,馆藏有土司的家谱,打长途电话同馆里联系,打了几次电话才接通。馆里接电话的人说:"要有单位的介绍信,说明家谱是什么人需要,做什么用。"于是按要求由单位写了介绍信,一一作了清楚说明。隔了一星期,打电话去问是否收到了介绍信,两天打了四次电话才接通,回答说:"不知馆里是哪位收到介绍信,要问问。"又隔了一星期,打了三次电话接通后,回答说:"我们馆不办理省外业务。请同县里人事局联系,他们也有某土司的家谱。"把此事推给了县人事局。之后给那个县人事局打了几次电话都无人接。看来,他们已经互相联系过,表明"不接待"了。又一地区有位基层干部,家里有某氏家谱,笔者小心翼翼地前去请求给予复印,说明了用途、如何付给稿费,并表示书上一定注明提供的单位和提供的人,但答复是:"家谱要族人全部同意复印才行!"很明显,就是不给复印的意思。还有某省图书馆,笔者到该馆特藏部去借阅宦谱,知道要将宦谱复印是不行的,就打算将宦谱抄写下来。但刚一动笔抄,管理人员就前来阻止:"不能抄写,照相可以,只是不能超过10页。"笔者解释只照10页,宦谱内容不全的话用不成,再三请求准予抄写。管理人员见笔者固执要抄写,就将宦谱拿走了,笔者只得怏怏离去。

经过了许多的曲折和困难,耗时十余年,笔者搜集到的土官土司宦谱家谱有96份。因限于篇幅，不能全数刊出。有如下情形者，则未采用：一是损坏很大的宦谱家谱。如云南的《左氏家谱》，由于编撰年代久远等原因，损坏很大，很多页的下半页皆损坏，记述了什么也不清楚。二是篇幅太大的宦谱家谱。如贵州的《亮寨长官司长官龙氏族谱》，700多页，数十万字；《思南宣慰司宣慰使田氏族谱》，用大32开本印制，厚厚五大册，三百余万字。三是其记述史事与史籍记载出入甚大的宦谱家谱。这样的宦谱家谱，即使刊印出来亦不会令人信服，对于土司制度研讨更疑难丛生，故此未予采用。这部《土司宦谱家谱辑校》，就是按照上述准则进行选辑的。本书辑校用了两年多的时间，反复斟酌，三易其稿，方才完全定型。

这部《土司宦谱家谱辑校》，挑选了四川、云南、贵州、广西、湖南、湖北六省区知名且具有代表性的土官土司宦谱家谱。兹序列如下：四川有《马氏家乘》《女土司秦良玉》《冉氏忠孝谱》；云南有《木氏宦谱》《蒙化左族家谱》《武定凤氏本末》；贵州有《于氏族谱》《田氏族谱》；广西有《田州岑氏源流谱》《莫氏宗谱》《韦氏亲供世系宗支图本》；湖南有《永顺彭氏历代稽勋录》《彭氏族谱》；湖北有《覃氏族谱》《容美宣慰司宣慰使田氏世系》。需要注意的是这些宦谱家谱亦存在一定讹误及与其他史籍有出入之处，本书整理过程中尽量遵从底本，保持其原貌。

在有的宦谱家谱之后，写有"概说"来简明扼要地说明该家土官土司的来源、族属、除授、承袭及秉政等情形，并将土官土司受到王朝的褒奖、赏赐或告诫与惩处，也一一写出。有的宦谱家谱之后则写了简要的"评语"或"按语"，主要评述该家土官土司所涉重大史事。由于历史的原因，一些宦谱家谱中时或出现对少数民族的蔑称或歧视性用字，中华人民共和国成立后已予以禁止，但由于本书属于古籍整理，为保持历史原貌，均依底本，未做改动，特请读者阅读使用时注意甄别！

## 三、三种凸显情形

这部《土司宦谱家谱辑校》，是我国民族地区土官土司宦谱家谱的一个缩影。它基本上反映出了土官土司的种种重要情形和问题。其中有三种凸显情形，简要叙述如下：

一是有的土官土司非常忠于王朝，随征立功，受到了朝廷的封赐和奖赏。例如，云南丽江府土知府木氏，《木氏宦谱》记载："大明洪武十五年，天兵南下，克复大理等处。（木）得率众首先归附，总兵官征南将军太子太师颍国公傅友德等处奏闻，钦锡以木姓。移行总兵颍国公傅，拟授职。十六年，奉总兵颍国公札付，拟本府知府，开设丽江府。本年二月，从征南将军克佛光寨，元右丞普颜笃自焚。三月，西番大酋卜劫将领贼众，侵占本府白浪沧地面。令长男阿初攻退。又本年八月，随攻北胜府，擒高大惠之裔土酋伪平章高生，寻为夷杀献，后改州，肆又领兵跟随总兵颍国公，会同董指挥攻破石门关、铁桥城等处，有功事奏闻。本年九月，赴京进贡朝觐，太祖嘉其伟绩，授诰命一道，任本府世袭土官知府职事中顺大夫，防固石门镇御番軷，并锡金花钞贯彩缎表里衣冠，给金花带一束，镌四字曰：诚心报国。圆宝六锭，令字银牌，重二十两。十七年，令长男阿初随征捕刀冠，蒙赏锡钞锭。十九年八月，巨津州土官知州阿奴聪反叛，攻打石关等寨，领长男阿初等，统兵从吉安侯陆仲亨征取，本寨蒙古和二处本贼逃往西番。本年十二月，复回巨津州。二十年内，擒获本贼押解赴总兵官颍国公处交割处决讫。"自是后，明朝时，木土知府代代皆是：或率众跟随官军征讨，或严管部众维护地方安宁。木土知府"诚心报国"，明朝廷亦赐赏颇多，并颁发敕书、诰命。如恩宠土知府木初，颁敕书一道，诰命五道。给以优厚赏赐：赏赐金花钞贯，彩缎表里，冠服袭衣等。授予散官：中顺大夫、大中大夫参政、太中大夫资治少尹、通政大夫、中宪大夫。封母及妻：夫人、恭人、淑人。

二是有的土官土司为了承袭官职，凶杀、纷争不已。例如，广西田州府土知府岑氏，《田州岑氏源流谱》记载：岑溥"生子曰猇，曰猛。循例以猇袭职，惟猇性桀悍不驯，目民怨之。溥曰：'岂可因一人而失民望乎？'遂议传袭于猛公，猇怒。十二年，溥自梧州回田州，按部四境，猇以兵劫溥夺印。溥愤愤成疾，以官篆付猛，嘱头目黄骥、李蛮等善辅佐之。遂呕血数升而卒，众遵命以猛告袭"。《明史》卷三一八载："（弘治）十二年，溥为子猇所弑，猇亦自杀。"又《田州岑氏源流谱》记载：岑猛继袭田州府土知府以后，于明正德十六年（1521年），"（岑）猛携契友钱一真及眷属潜逃归顺。继追捕日迫,一真曰:'事急矣,如之何?'猛曰:'身死不足惜,第恨冤受逆名,何颜见先人于地下乎?'遂欲引剑自刎,一真夺而救之,乃谓猛曰:'军兴八万,兵连二广,其势不可已矣。某深受公恩,无可为报,愿捐躯以救公。'猛曰:'计将安出?'一真曰:'闻军门檄归顺岑璋购公谋为之事,某当往说之,相机定策。'猛谢之。一真欣然往,见璋曰:'某特来为君贺喜。'璋愀然曰:'兵连楚粤,祸及田宗,子应吊我,奚贺为?'一真曰:'朝廷悬赏购猛,君何不缚而献之,万户侯计日可得也。'璋曰:'唇亡齿寒,田州灭,归顺岂能独安乎?'一真曰:'君乃猛宗派也,前曾结怨,何不借此报仇?'璋正色曰:'借小怨而自灭宗祧,岂仁人所忍为耶?子与猛友善,不图拯救,翻诱我于不义,于心安乎?'一真乃泣跪而请曰:'某受猛公深恩,碎身难报,固有良谋。因未识君意,聊以言试之耳。'璋喜曰:'将何策以救之?'一真曰:'闻汝仪与镆不合,诬猛反叛,致祸结已深,非得其人,莫可省释。君真意扶危,翌日设席宴猛。某伪衣猛衣,凭君解赴军门请功。'璋如其言,擒一真解献。而猛始得奔于天泉岩内栖,后得急病身死"。又《明史》卷三一八载,明嘉靖"四年,提督盛应期、巡按谢汝仪议大征猛……猛惧,谋出奔,而归顺州知州岑璋,猛妇翁也,其女失爱,璋欲借此报猛,乃甘言诱猛走归顺,鸩杀之,斩首以献"。再《田州岑氏源流谱》记载:岑"猛生子,长曰邦佐,自幼出继武靖州知州。次邦彦,前征华林军。邦彦从征,叙功授指挥佥事。素有胆气,智略过人。时盛应期诳诬猛反状,发兵八万,分道并入田州。猛闻大兵将至,令其部下无交兵,裂帛书冤,饬子邦彦亲往军门陈诉。将行,部下曰:'军门好大希功,且姚、谢二人有隙,移罪于岑氏,此去恐不利。'彦曰:'吾五百年忠孝传家,帝诰煌煌,载在史鉴。今我父为岑接所诬,含冤莫白,故书陈冤状,以自矢明心耳。主辱臣亡,况父子乎?但能事白,吾虽死锋刃之下,无怨也。'乃负状往陈军门,镆不听。旋过工尧,途遇贵州沈希仪以兵截杀。彦中流矢,奔归那齐而卒。三曰邦辅,土目谓外婢所生,名实不正。四曰邦相,正派,质貌厚重,堪继岑氏。守仁再疏请以邦相授吏,自领州事,俟后递升为知州,以承岑氏之祀,亦所正名慎始,杜后日之争也,继为卢苏所杀"。再《明史》卷三一八载,嘉靖八年（1529年），一天，逆党卢苏等"以兵围邦相宅，诱邦相出，乘夜与瓦氏缢杀之"。《田州岑氏源流谱》与《明史》卷三一八记载大致相符，表明史事确实。田州府土知府岑氏，在明朝弘治十二年至嘉靖八年（1499~1529年）三十年间，岑溥、岑猛、岑邦相三代田州府土知府之死，原因种种，复杂而曲折，究其根本原因，皆是为了承袭田州府土知府官职，掌握权力而凶杀争斗不已。田州府土知府承袭官职如此之凶杀争斗，可算得是明代土官土司承袭官职而争斗最为突出之一家了。

三是有的土官土司残酷压迫剥削土民。例如，云南武定土知府凤氏，非常残酷压迫剥削土民，清乾隆《武定凤氏本末》记载："盖土官专制，设曲觉三人，分管地方。遮古三人，管理庄田。更资三人，管理喇㕟，一应调遣，各领步兵从征。扯墨一人，管六班快手。管家十二人，管庄田租谷，皆头目也。借土衙之势索取夷民，民畏之如虎，甘为盗贼劫掠以应其求，尽归于土府。故土府亦籍头目之为爪牙攫噬，其势益张。"记载表明，凤氏土官衙门是一个非常专制的权力机构。凤氏为东爨乌蛮之裔，首领阿而为罗武部长。传至矣格，降元，授罗婺万户府。又传至安慈，为云南行中书省参政。子弄积，曾官八百司元帅。弄积死，妻商胜降明，为武定府土知府。可见凤氏自来武力强大，雄踞一方。凤氏武力强大是依靠其专制集权的权势：强迫精壮男子为土兵；残酷剥削土民财物。《武定凤氏本末》记载：嘉靖六年（1527年），土知府凤昭叔凤朝文与寻甸安铨叛乱，连兵进攻云南省城。其后，又有嘉靖三十六年（1557年）凤继祖之乱，万历三年（1575年）凤历之乱，万历三十五年（1607年）凤阿克伙同江外土兵作乱，天启二年（1622年）凤阿歹作乱等。这些战乱，都要死伤大量土兵土民，都要耗去大量财物。故凤氏独霸一方，完全是要依靠其专制集权的权力机构才能够实现。

## 四、价　值

土官土司宦谱家谱，是土官土司的官史与家史，是土官土司的为官世系与家、族史事。率直地说，土官土司宦谱家谱显现的兴盛或衰落，也就是土官土司势力的强大或衰微。

从上述可知,这部《土司宦谱家谱辑校》,显然是研讨土司制度重要的史料。因为它揭示了土官土司的来源、族属、除授、承袭,特别是实际地显现了土官土司的秉政情形,以及王朝颁发的诰敕、谕旨、赏赐、褒奖、抚恤、告诫、惩罚等等。这些都是土官土司最根本、最重要的史事,朝廷也是依据这些最基本的因素和情况来实施治理的。因此,这部《土司宦谱家谱辑校》,对于广大的读者来说,它能使读者明晰地了解土司制度,从而明了其历史作用与现实意义;对于从事土司制度的研究者而言,提供了有助于更加深入地研讨土司制度的宝贵史料。

# 目 录

## 四 川 … 1
- 马氏家乘 … 3
- 女土司秦良玉 … 57
- 冉氏忠孝谱 … 64

## 云 南 … 107
- 木氏宦谱 … 109
- 蒙化左族家谱 … 149
- 武定凤氏本末 … 180
- 车里宣慰使司宣慰使刀氏传袭史略 … 197

## 贵 州 … 203
- 十氏族谱 … 205
- 田氏族谱 … 235

## 广 西 … 261
- 田州岑氏源流谱 … 263
- 莫氏宗谱 … 306
- 韦氏亲供世系宗支图本 … 320

**湖　南** ································· 325
　永顺彭氏历代稽勋录 ················· 327
　彭氏族谱 ································· 375

**湖　北** ································· 383
　覃氏族谱 ································· 385
　容美宣慰司宣慰使田氏世系 ········ 392

**后　记** ································· 397

四川

# 马氏家乘

## 马氏起初

马氏之先，出自黄帝有熊氏之孙颛顼之裔。其后人名皋陶，唐尧时为士师官，皋陶子伯翳，佐大禹治水，烈山焚泽，驱逐猛兽，以功赐姓曰嬴，又为大舜主畜牧之事。伯翳后生二子，曰若木，曰大廉。若木封国于徐，夏商以来，世有诸侯，至纣王时，大廉之后有飞廉者，善走，日行五百里。其子名恶来，有绝力，能手裂虎豹之皮。父子俱以才力显扬。其后周武王克商，诛飞廉于海隅，并及恶来。有飞廉之少子，名曰季胜。周穆王时，季胜之曾孙名曰造父，精善御事，穆王有八骏马，一曰绝地，二曰朔月，三曰奔雷，四曰超景，五曰逾辉，六曰超光，七曰腾雾，八曰裌翼。周穆王常乘八骏之车，用造父为御，游幸天下，巡至昆仑，会西王母，宴之瑶池，饮之以玉液金浆，食之以麟胞凤脯，穆王乐而忘归。当时有徐偃王，在周作乱，金母乃谓穆王曰："汝可速回，恐邦国为他人所据。"于是命造父御王之车，驰驱归国，借兵于楚，伐徐定周，因此有大功，赐封赵王于邯郸。遂以为赵氏，因以为姓。今广东省所属惠州府永安县，又考：福建省所属延平府，亦有永安县，不知孰是？以待后之存参。其后有飞子者，居大邱，今陕西省所属西安府兴平县。善于养马，周孝王用之，命畜马于汧渭二水之间，马大蕃盛，周孝王大喜，遂以秦地封飞子，为附庸之君，使续嬴姓。至周幽王元年，奄父之子上大夫名赵叔带，进谏不听，退而叹曰："危邦不入，乱邦不居，吾不忍坐见西周有麦秀之歌。"于是携家竟奔晋国，是为晋大夫赵氏之祖。其后生成子衰，从晋文公游于列国，有大功于晋，遂以为晋国世卿。后赵朔，为权臣屠岸贾所灭，止存其遗腹之子，命名武，为赵氏孤儿。后长成一十五岁，领兵报仇，将屠岸贾等尽行诛戮，依旧都于邯郸，历传二十一世，称王者五。其后有赵无恤，乃生五子，因其兄名伯鲁为己而废。欲以伯鲁之子名周为嗣，而周又乃先死，至周威烈王二十三年，乃立周之子名浣为世子，而浣又生子曰籍，乃与韩虔、魏斯同，灭范中行、知氏，又封为赵侯，都于中牟，今河南开封府中牟县，立起宗庙社稷。又至周赧王四十五年，秦伐魏，魏求救于赵，赵命王子奢为将，击败秦兵二十万众，赐以爵，称为马服君。厥后子孙，遂以马为姓。至于汉惠帝时，有马和者，征战有功，封为骠骑将军。自汉及于武帝时，自邯郸徙茂陵之成欢里，通爵重合侯，生子曰宾。汉宣帝时，以郎持节，号使君。生子曰仲，而仲之官，乃至玄武司马。所生有四子，长曰况，次曰余，三曰员，四曰援。考黄帝有熊氏，姓公孙，名轩辕，诸侯尊为天子，都逐鹿，始作甲子，造律吕。元年丁巳，在位一百一十年。其孙名颛顼高阳时改姓姬，都帝邱，作历书，后世宗之。在位七十有四年。

## 马氏谱序

盖谱之为谱，所以志厥初，彰祖德，别婚姻，辨地里，明贵贱耳，岂徒以门第相尚哉。按马氏祖，固伯益、季胜，出自伯翳，则嬴固其姓也。造父封于赵城，子孙皆以赵为姓，则赵固其族也。王子奢封为马服君，其后遂以马为姓，则马固其氏也。是知嬴则始姓也，赵则氏于国也，马则氏于爵兼氏于事也。厥后由晋之秦，由茂陵而之扶风，自汉唐晋宋明以来，名著当时，声施后世，代不乏人，子孙实繁，第祚未衰，安可忘其木本水源，不至按祖德而兴慕耶。

## 马氏渊源

粤稽得姓之始，肇自中衍嬴氏，中衍事殷帝太戊，至周天子代有勋伐。迨历王失政，而叔带去周如晋，事文侯至成公，食邑于赵。衰盾其后，至无恤，化家为国，得封土，详载传记不赘。其后有赵奢者，善兵法，却秦军，立威于赵，分封为马服君，后遂以为姓。及东汉时，我伏波将军讳援字文渊，起自扶风，有功帝室，封为新息侯。嗣是敬平公讳寥、江平公讳防，及伯威公讳严，俱为汉室勋旧。历唐及宋，代有闻人，皆籍于陕之扶风。及高宗南渡，寇盗四起，长宁番人、五溪十八峒犯蜀之东南、楚之西南，势甚猖獗，频年不息，或曰五溪蛮。敬畏新息侯，无不庙祀，若得其裔，征之必平。于是檄我祖定虎公征之。公统兵南征，既平，以其地逼近番蛮，遂废南宾县，授我祖为石砫安抚司，世袭兹土，以拒诸番。自定虎公至克用公，世居水车坝即今旧城，当宋元鼎革之际，俱有宗图谱系。克用公迁南宾，将谱牒藏于观音阁，明季朱容藩入寇，尽行烧毁，苦无别传，他处亦间有记之者，言定虎公有思牧里处之名，亦有以彪豹炳蔚，传者皆不足十四辈之数，代远年湮，前后矛盾，无从稽考，何改妄录？姑缺之。

## 考　辨

马氏宗谱不能家藏户有，掌之宗子中，有十四辈失其名，尝疑之。想定虎公以后，克用公之前，马氏中衰，当宋元鼎革之际，功名未登于天府，史监不传，即有顶辈宗图，不过报袭承袭之卷宗而已。况明末兵燹，尽附咸阳一炬，虽宗子之家，传言一十四辈，俱驻旧城，又不能计其某辈、某名，各房父老，庞磺不一，何足为据？康熙初乱定，舍人马斗燸即厅志诗人也。去古未远，纂志稿当必有实录。又为尚高黄公克愿，来署携去，别无传本，前太守望王公紫绪修厅志，甚惜之。时克显在工部，王公专差求之，黄公已死，遂不可得。今去黄星即马斗燸也。又百有余年，他处所传，或言定虎公至克用公五辈、六辈者，又有言七辈、八辈者，皆名不符数，且多鄙俚不经之谈，谬不足录。至定虎公功勋，证之九边图考，及《丰都县志》，皆与宗子家所传无异，独于一十四辈而有疑焉。或曰："定虎其名，克用即号，　　人也。"然考南宋建炎七年，至帝昺终运，共九帝，一百四十有六年，而属于元，又九十年而至明，岂有一人而二百三四十岁之理？或又曰建炎七年，乃治政七年之误也。然《九边图》《土司考》《邻封志》，皆言石砫设于宋，而非元也。况秦太保祭千乘公墓文，有二十七传之语，合而算之，则一十四辈之传为不虚也。皆伤于劫火之酷，文献不足，失其名耳。闻之事不疑则不缺，疑则缺之，理也。数不存则存其数，名不得则缺其名，亦理也。孟献子有友五人焉，孟子存其数之五，三人忘之，则缺其三之名不为害。删书断自唐虞，及宰我问五帝德，复有系姓一篇，去有考也。定虎公为石砫开基，勋爵昭然，继虽瓜瓞失传，至克用公始有序焉，岂有不奉可为始祖之理？乾隆五十一年，十族谋建伏波宫于本城，奉宗子以承祭祀，议立牌位，以定虎公、克用公配飨伏波公，祖有功也。以良祖、才祖及十一房之祖，从祀两旁，宗有德也。奉宗子以承祭，明有统也。夫谱随庙，定庙以谱传，何敢独宗克用，而不祖定虎也哉？

## 马氏家谱

马氏之先，颛顼之后裔季胜之嗣也，厥姓嬴氏。周穆王时，季胜之孙曰造父，以善御事王，巡狩西极。及徐子僭号，御八骏归，以偃王之乱，封之赵城，其族从此为赵氏。至幽王时，奄父之子叔带，去周适晋，始仕晋，生成子衰，从晋文公出亡，遂以为晋国世卿。追献子浣立，后生籍，与韩虔、魏斯同灭范中行、智氏。威烈王二十三年，始命籍，与魏斯为诸侯。周报王四十五年，秦伐魏，魏求救于赵，赵命王子奢为将，击败秦兵二十万众，赐以爵，称为马欢里，通爵重合侯，生子曰宾，宣帝时以郎持节，号使君；生子曰仲。仲官至玄武司马，生四子，曰况、曰余、曰员、曰援。

## 册命封诰 附诗赋铭赞

### 汉

马　宾

马　仲　宾之子也，官至玄武司马。

马　况　仲之长子，字长平，河南太守。

马　余　仲之次子，字圣卿，中垒校尉。

马　员　仲之三子，字季玉，增山连率皆千户。

马　援　字文渊。年十二而孤，有大志，当师事严子陵，能使硬铁飞镙，远过百步，后为陈州太守，见光武曰："当今之世，非但君择臣，臣亦择君耳，天下僭窃名字者，不可胜数，兹见恢廓大度，行符高祖，乃知帝王自有真也。"帝大悦。及破臣无霸，败王莽，避地凉州，复归洛阳，拜大中大夫，复拜陇西太守，击破先零羌于临洮武都，参狼羌及塞外诸种，峤南悉平。征交趾，斩侧贰，进击九真之贼，斩获五千余人，进爵新息侯，称为良将，食邑三千户。复至交趾，乃立铜柱，为汉之极界，上书大汉伏波马援将军，于交趾等郡咸惊畏服。二十年秋月，援振旅还京入朝见帝，具奏所事，帝大喜，遂赐兵车一乘，加次九卿之职。迨匈奴、乌桓尚扰北边，乃自请击之，乃曰："男儿要当死于边野，以马革裹尸还葬耳，何能卧床上、死儿女子手中耶？"秋七月，武陵五溪蛮夷复反，兵寇临沅，马成讨之不克，深入军没，马援入朝见帝，请兵往击，时援年六十二岁，帝愍其老，未许之行。援曰："臣虽年迈，尚能披甲上马，何惧之乎？"帝曰："将军既欲往敌，可操试一番，与朕观看。"援飞奔上马，勒走一遭，乃据鞍顾盼："臣可用否？"帝笑曰："矍铄哉，是翁也！"遂遣援行。二十五年三月，军至临卿，遇贼攻县，分兵进击，四围掩杀，贼军大败，斩首二千余级故兵到处，无不克服。时天气酷暑，士卒多伤疫死，援亦中病而困，贼有两条道口，一曰壶头，则路近而水险；一曰充道，则涂夷而运远。援从壶头而进，搤其咽喉，乃令军卒守崖为室，以避炎蒸。其贼每登险处，鼓噪扬言，援辄曳足以观之，左右哀其壮意，莫不为之流涕。耿舒见其疾重，乃修书一封，遣人报兄耿弇，弇得书。遂整象笏入朝见帝。帝大惊，乃使中郎将梁松往代，监军既至援营，援已不能言矣，遂卒于军，谥曰忠成侯。今总记援公北出塞漠，南渡江海，得事朝廷三十二年。卒。

马严敦　余之子也。

马　固

马　伉

马　歆

马　鲔

马　融

马　留

马　绩　以上七人，皆严敦之子。

马　廖　援长子，字敬平，同耿舒讨西域，有大功，官拜羽林左监，虎贲中郎将迁尉。姑为明帝皇后。生子二，曰豫遵，曰豫步，封程卿侯。孙度，封颍阳侯。

马　防　援之次子，字江平，以黄门侍郎拜中郎将，迁城门校尉，击破羌种，拜车骑将军，封翟卿侯。生子曰钜，长水校尉。

马　光　援之三子，字昇平，初为黄门侍郎，以越骑校尉，迁执金吾，封许阳侯。制行谨密，诸兄就国时，独留光京师，助祭。生子曰康郎。康为侍中郎，封合卿侯。

马豫遵　寥之长子。

马豫步　寥之次子。

马　钜　防之子也。

马康郎　光之子也。

马　严　援之兄子，字伯威，皆有功于朝，俱为汉室勋旧。

马　武　光武时封为捕虏大将军，朱虚侯，后人铭其赞曰："欲抚伊无塞北，著云台之绩。"

马　成　光武时为棘阳守将。

马　融　汉室名儒，设绛帐以授生徒，一时名宦多出其门。

马　结　融之子也。

马　廉　亦融之子也。

马　尚　亦融之子也，后人铭赞"继述并美，世号三杰"。

马　肃　字子硕，汉桓帝时为天水阑干县尉。

马　腾　汉献帝时为西凉太守，奉密诏讨曹操，官拜征西将军，不克而卒。

马　超　字孟起，腾之长子，讨曹操不克，后归刘先王，事蜀汉有大功，称五虎大将，封为北平王。

马　休　腾之次子也。

马　铁　腾之三子也。

马　岱　腾之兄子，有大功于蜀汉，受诸葛武侯遗计斩魏延，封为陈仓侯，其后子孙，世袭六番，招讨。至明末犹有土司马京，败张献忠于草场河，见《蜀碧》。与石砫联宗。

马　玩　西凉名将。

马　汉　西蜀名将。

马　遵　三国时天水太守。

马　邈　蜀汉后主守江油守将。

马　忠　三国时东吴名将。

马　良　弟兄五人皆英杰，世号五常，三国时名士，佐蜀汉有功。

马　延　三国时冀州部将。

马　谡　西蜀名将，街亭之败，军法难容，武侯泣而斩之，厚给其家。

马　忠　马忠有二，此蜀之马忠。武侯征孟获有大功，封阳亭侯。

马　钧　三国时曹叡手下博士。

马　宇　汉献帝时为侍中郎。

## 唐

马　総　后人铭赞"钧标汉日南胆天日之华"。唐人于故处建二铜柱，以表伏波之盛。

马三保　唐高祖封为开国公。

马　宗　三保之二弟也。

马有周　三保之三弟也。

马伯良　唐时紫金关守将。

马千里

马　登　佐唐有功，中宗封为安定侯。

马　仲　事唐有功，封为平阳公。

马三铁　孝悌仁慈，虚以待士。幽州节度使。

马君武　仁义君子，德厚温良。夔州节度使。

马　赞　中宗封为忠豫将军，兴唐河东侯。

马　畅　佐唐有功，睿宗封为中兴侯。

马飞龙　河池汉上节度使。

马文龙　幽州节度使，封为顺国公。

马　周　籍扶风，家东昌，客游凤翔，值高宗遇旱求雨，直言代中将常何陈便宜二十条，高宗以常何武人，不学能文，怪而问之，何曰："臣客马周所为。"高宗遂召见，与语大悦，除监察御史。已而入相，章奏凡五见，皆切时事。高宗以常何知人，厚赐之。后欧阳公修唐史，谓周有王佐之才。睿宗封为大元帅汉阳。

马　成

马怀素　中宗时，以武迁枢密使。

马　璘　平原节度使，历元宗、肃宗、代宗三朝，卒于任。谥英武侯。后人铭赞"图形书阁，北平王之神宇巍峨"。

马　燧　德宗时，以节度使破河北贼，田承嗣，败李怀光于陶城，累立大功，网目大书"丙子八月平原节使侍中庄武王"。

马　倩　代宗时，以文学迁中书令。

马　政　幽州节度使。

马　虎　金斗关副将。

马　殷　僖宗时，讨黄巢有功，封武节度使。朱温篡唐，遂距潭州，尽王湖南之地。卒，子希声嗣。庄宗复唐，希声去王号就藩，唐主以为节度使，后为南唐所灭。

马希声

## 后梁

马仁裕　事均王友贞，奉使卫州，说杨师厚合兵，讨郢王篡弑之罪，有功，迁侍御史。

## 后晋

马金节

## 后汉

马全义　武平节度使。

马　易

马　瑀

马希崇

马　诲　智远手下先锋将。

## 后周

马仁瑀　定州守将。

## 宋

马 正　同张齐贤破契丹于土镫堡，补代州神御校。

马知节　真宗时为枢密使，封禅事廷折王钦若，贬官。

马元方　以文学补三司使。

马 政　徽宗元年，奉使浮海至金，约灭辽。

马 扩　使金，议归山后地。

马 忠　都统制，败金人于顺天门，都城围解。

马 绅　侍御史。金人逼徽钦北去，议立异姓张邦昌，抗言异姓不可立，当立嗣君以安社稷。不光，遂不书状，同昌好问迎孟后，立康王，承宋统。

马程迪　永兴军，败同经络唐重死节。

马良辅　镇武安，张邦昌称帝，差使赍敕书表辅为留守，辅大怒，裂书斩使，起兵讨贼。纲目特书"大将军马良辅不受为秩"。

马 坤

马 荣

马 华

马 忠　宋时，马家庄义人也，有勇力，能扶危救急。

马 风　北宋人，年九十八岁，隐居不仕。

金头马氏　呼延赞之妻，武艺超群。

马赛英　杨延德之妻，征辽有功，宋真宗封为翊运副将军。

马文升　铭赞"举止严肃，实边塞之重臣"。

马光祖　铭赞"大发荣王之粟，志拯民饥"。

马定虎　石砫起祖，详后传。

## 明 始

马克用　定虎公十五代孙也。一救荆楚，再征散毛，进爵宣抚，移镇南宾，详本传。自定虎公至克用公初年，一十六代为安抚司。自克用公至千乘公，一十二代为宣抚司。自祥麟至孔昭，六代为宣慰司。令图昭祐昭乃为土通判，详载图。

## 明季武功

秦良玉　千乘公妻，征讨有功，封太子太保、大都督，进爵忠贞侯。

马千乘　以宣慰使征海龙囤有功，详本传。

马祥麟　同太保援辽有功，封宣慰使司，详本传。

马　遇　同太保征战有功，授参将，墓在蔚荷田。

马斗倬　明庠生，世乱，弃文从军，征战有功，授副总兵。墓在城南大坡上。

马斗先　副将，讨奢崇明，以骑射显，太保末年，赐盔甲骡马，使滢卫三里，墓在都会溪老屋凸，墓曰"乡勇士"。

以上具出长房，千乘、祥麟承袭宗子也。马遇良祖八代孙，斗字九代孙，千字十代孙，皆自马黼、马黻分支。

马斗微　出五房，良祖九代孙也。勇力绝伦，宗官万年避兵万寿山，护卫有功。刚直过甚，不避权势，后为刺客所杀，捕之不获。官给田二百亩与子孙荣葵，十族哀之。今贡生马洪鲲之高祖也。

马廷南

马辉南　二房应昌公七代孙也。有德行，至诚待人，人不忍欺，亦不能欺，有忠信明决之才。太保每出征，即仗以处守筹划。无不平允。时下衔同知陈共理土务，时民间闻有遁逃，累捕不获，公以墨帖招之，即至。民间语曰："辉南墨帖，胜似珠签票。"至今尤脍炙人口。

马　汤　字遇乐，六房应信公七代孙也。研究经史，身体力行，太保时齿德俱尊，群称为乡先生，有大事当资裁决。相传盗谋窃其谷，汤知之，燃灯于仓内，覆以盆，仍扃其户，贼至入仓，汤启其盆，出其门。贼惊，汤曰："勿惧，不尔擒也，汝曹非惯盗，迫于饥耳。但饥当我告，不当我窃，窃则犯法，官知不尔贷。此时更深夜尽，欲放尔去，恐又为他人所擒也，静候明天，吾与汝谷。"乃索其囊各实之，且与以酒食，贼俯伏流涕，遂改行为良。汤一时间游郊野，遇野雉声情急疾，汤以袖招之，雉乃飞入汤袖，罗者旋至，问雉去踪，汤示以某方，罗者去远，汤出其雉，雉不去，飞旋左右，相随不舍，抵家与家禽无异。汤之德能感宵小，而格物类如此。

溯其官爵，代有命秩，原夫世系，祖贯长安，即今陕西凤翔府东扶风县。是自伏波至大汉马腾时，约二十一世，官授西凉太守。子马超，破曹操，授五虎大将之职，封北平王。侄马岱，授诸葛孔明遗计，诛魏延有大功于朝，官授骠骑将军，后封陈仓侯。素以功服西戎，匡扶汉祚。后晋朝定鼎，仍归隐扶风，传后虽有爵秩，难以悉述。迨至宋宁宗时，元太祖称帝于斡难河之源，彼此争衡，并驱中原凡七十一年。自世祖忽必烈灭宋，一统，数十年间，五溪诸蛮猖狂称伯，虎踞一方，非一日矣。援裔马定虎，奉调征服溪蛮，定虎领旨，由江西沿湖广入东川界，与溪蛮奋战。定虎韬略精通，万夫莫当，战无不胜，攻无不克，苗民先已望风披靡，朝廷论功行赏，遂授安抚使司之职，莅任于建始有年焉。卒葵城北磨刀溪，世袭其职。

当元末顺帝时，躭荒嗜欲，困苦生灵，九溪十八峒各土司，乘乱不靖。洪武御极，初招征安抚司马克用征剿，勿使滋蔓不已，奋为民害，许以其地，世袭侯封。克用原属将门之裔，神器不惮。披坚执锐，是年正月降旨，三月领兵，攻破施州卫，殄灭渠魁，并所过麻子陇、都会坝、石溪山等地方，无不烟尘扫尽，万民钦仰。君子小人各以类迎，土司七秦八团，尽属倾心归降。事竣报捷。于是逾七岳山、鸡林坝，建业于旧城水车坝。洪武七年，杀战南宾。当是时逆命者逃去，怀德者归来，熙熙然革边陲之苗风，化以诗书，迁左衽之陋俗，迪以人伦，其有功于朝廷者岂浅也哉。时重庆府总兵详兵部议奏大明，敕授镇边将军、石砫宣抚使司爵秩，以旌镇边征苗之功，并敕仟表，历代坟茔，蒸尝五鼎之仪，迁衙署于南宾县城。

克用公系散毛司小姐讳素贞，诰命二品夫人。

或云：定虎公来川，自南宋高宗时南渡，按高宗至帝昺凡九世，共一百五十二年。元自世祖十六年己卯灭宋，至顺帝十七年丁未，八十九年，共十帝。共计二百四十二年。又云：高宗南渡至国朝乾隆二十六年，共计六百四十五年。今细论至，历年久远，族大丁繁，如何目今族氏俱二房，十房，良祖才祖之裔。良祖、才祖二人之小宗，今归何处？或云不知，是否姑缺之。

## 学 校

明初，土司无学，有志读书者，皆借邻封籍，如巴县、忠、丰、云、万、奉节不一。万历年间，六房文生马斗祥，由奉节县学拨府赴宪，具呈乞请立学，学臣郭巡抚刘，会同议奏，准以石砫生童，专附夔州府学，每科拨取二三名不等，学校始此，国朝因之。乾隆初，我宗官南严公，雅好作育，文风渐盛，学政论文取录科岁，皆拨至六七名，廪增皆补府学之半，改设后，同知王公紫绪详请专设石砫厅学，部议以夔州府属之云、巫两县学皆八名，人少，各裁减一名，夔州府学二十四名裁减四名，共六名。武学亦然，并归石砫，为厅学六名例，永为定额，附载于此。

## 科甲生宦仕监

### 长 房

#### 明

马斗倬　庠生　马斗汉　庠生　马万春　庠生

#### 国 朝

马洪勋　庠生　马洪玠　庠生　马洪兰　从九　马宗夫　增生　马宗庸　庠生

马宗嗣　武生　马宗训　廪生　马宗祥　廪生　马宗罗　庠生　马光祀　贡生

马光祺　贡生　马光裁　贡生　马光天　庠生　马光烈　庠生　马光琇　庠生

马光珍　庠生　马光衍　武生　马明昭　武生，坐图昭案除。马久昭　武生

马国昭　庠生，坐图昭案除。马珖昭　庠生　马寿昭　庠生　马汝明　廪生

马星明　庠生　马渊明　武生，坐图昭案除。马蛟明　庠生　马映明　庠生

## 二 房

马千图　庠生　马千现　庠生　马勋麟　庠生　马万仪　庠生　马洪祥　庠生

马洪育　增生　马洪钧　庠生　马洪润　庠生　马洪蕴　增生　马洪珍　庠生

马洪绪　庠生　马宗明　廪生　马宗性　庠生　马光普　增生

## 三 房

### 明

马邦聪　庠生，巴县学。马襄　庠生，巴县学。马斗灼　庠生

### 国 朝

马万福　贡生　马万同　庠生　马洪绪　增生　马洪翯　庠生　马洪题　庠生

马洪远　武生　马洪敦　庠生　马洪沂　增生　马洪佩　庠生

马洪钊　岁贡生，丰都县学。马宗元　增生　马宗典　庠生　马宗旭　增生

马宗昶　庠生　马光厚　庠生

## 四 房

马洪亿　庠生　马宗兴　增生

## 五 房

### 明

马矩　贡生，补定远县教谕。马贡　监生　马斗时　贡生

马斗旺　贡生　马斗阳　贡生

### 国 朝

马千福　武生，忠州学。马为栋　贡生，万县学。马铨麟　庠生　马万涛　庠生

马万清　庠生　马万光　廪生　马万伯　廪生　马万振　增生　马洪鲲　贡生

马洪尚　庠生　马洪常　廪生　马洪佐　庠生　马宗嵩　庠生　马宗柳　庠生

马光勺　庠生　马□□　庠生　马□□　武生

## 六　房

### 明

马斗旭　庠生　马斗祥　贡生　马斗熀　贡生，有竹香齐拾遗稿，即《厅志》云："诗人马黄星也。"

### 国　朝

马千黄　庠生　马千伟　庠生　马千三　庠生　马千庾　庠生　马千宇　庠生

马千藩　庠生　马石麟　庠生　马环麟　廪生　马羲麟　庠生　马万総　廪生

马维麟　廪生，号瑞东，南严公当以西席待之。丰石绅士，半出其门，未及贡期乃卒至，无不为口碑。

马仁麟　贡生。补隆昌县训导，卒于任。

马万从　贡生。有达政之才，补南充县训导，值府县官，因而西尊不母，旋升、崇宁教授，卒于任。

马万魁　庠生　马万硕　庠生　马万聪　武生　马万柄　武生　马洪德　恩贡

马洪镇　恩贡　马洪铨　庠生　马洪铎　武生　马洪械　武生　马洪泰　增生

马洪徽　庠生　马洪年　庠生　马洪修　庠生　马洪鉴　庠生　马洪舆　庠生

马洪弼　庠生　马洪衢　庠生　马洪照　监生　马洪淡　庠生　马宗葵　庠生

马宗赞　廪生　马宗旬　庠生　马宗瀛　庠生

## 七　房

马宗塘　武生，其后多在西阳。

## 八 房

马万镇　庠生　马宗健　庠生

## 九 房

马宗龙　增生　马宗镒　武生

## 十 房

马元麟　庠生　马万琢　武生　马万魁　武生　马万椿　监生　马洪梅　庠生

马洪芝　庠生　马洪延　庠生　马宗焕　庠生

## 老二房

马嵩麟　庠生　马忠麟　庠生　马万杞　庠生　马洪滚　廪生　马洪瑞　庠生

马洪贵　武生　马宗剑　庠生　马光斗　壬子科武举，籍湖北施南府恩施县。

马光新　千总，嘉定元年在军营效力，得功封蓝翎侍卫，住湖北施南府恩施县东乡崇甯里二甲红土溪场。

下图起定虎，终俊明，皆承袭大宗，各有顶辈，列传可考。至各房派别，椒繁支蔓，苦难编次，是有望于族中博雅，力为采访，各造谱牒，而与大宗相合，庶如前传，所谓如衣之有领，网之有网。堂皇冠冕，相引于无替云。

凡一十族中，"斗"字皆良祖九代孙，以下挨次有"千麟万洪宗光昭明德"之字第，皆先代所颁，族所共知，今已轮周。自五十一年间，建设十族共祠，宗子光仁公在江西，闻知甚喜，封书带回，随于"光昭明德"之下，续以"滋培世泽勤学懋修远绍嘉猷"十二字，寄回族中，尚未尽知也，谨登于谱，俾共遵云。

马图昭　通判。光仁公长子，于乾隆三十三年，领号纸袭职，至四十七年被议江西，详后传。

马祐昭　宗夫公长孙，四十八年袭现任。

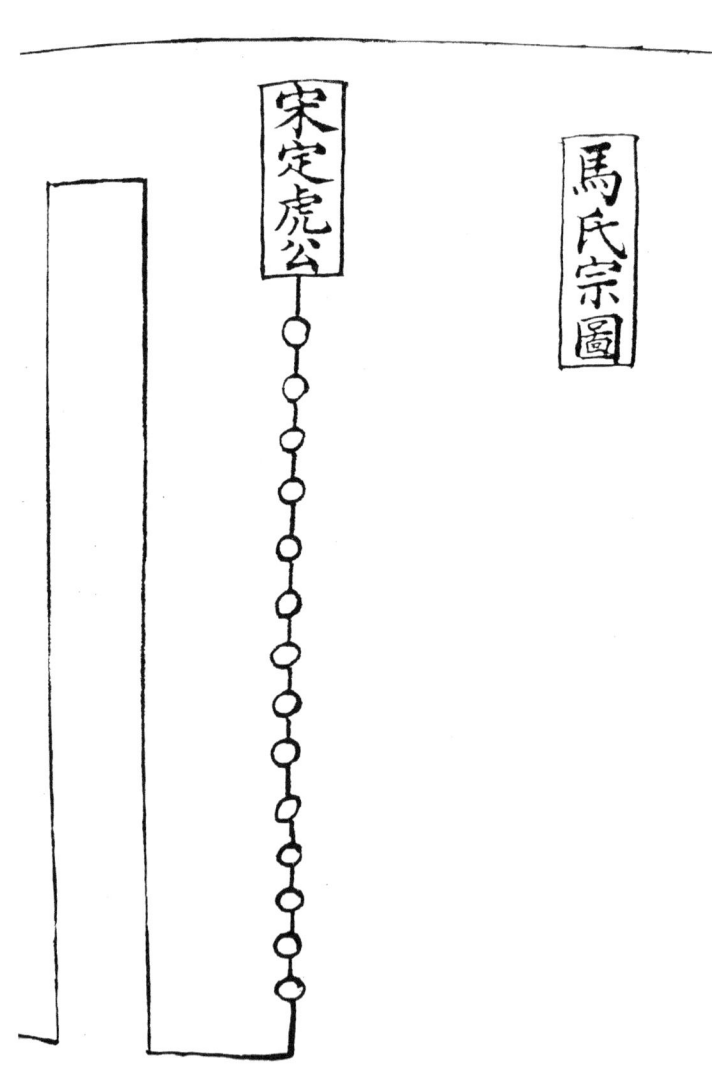

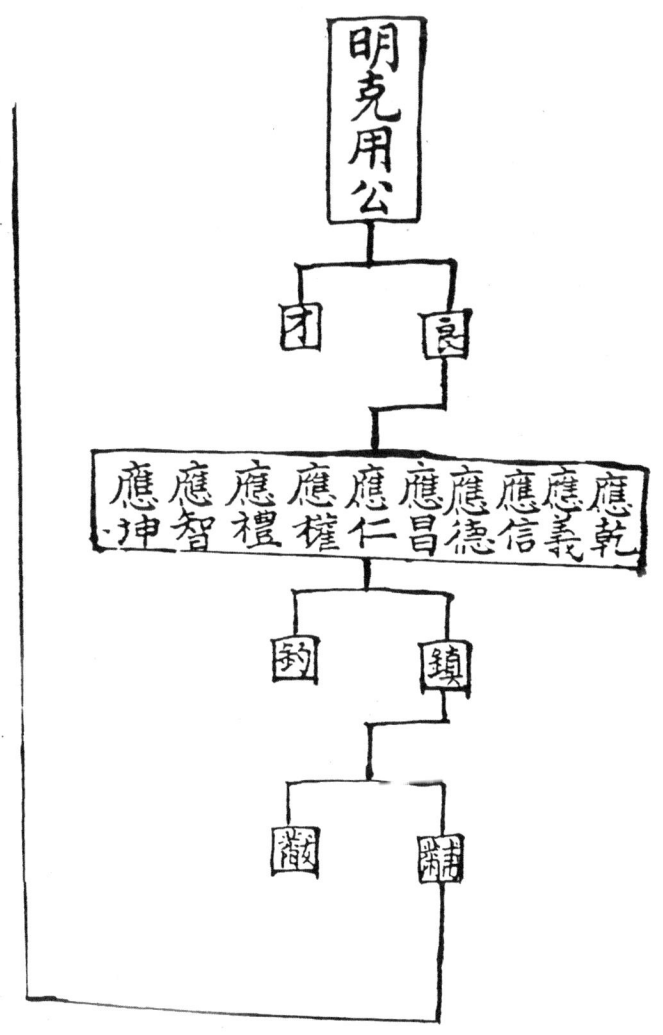

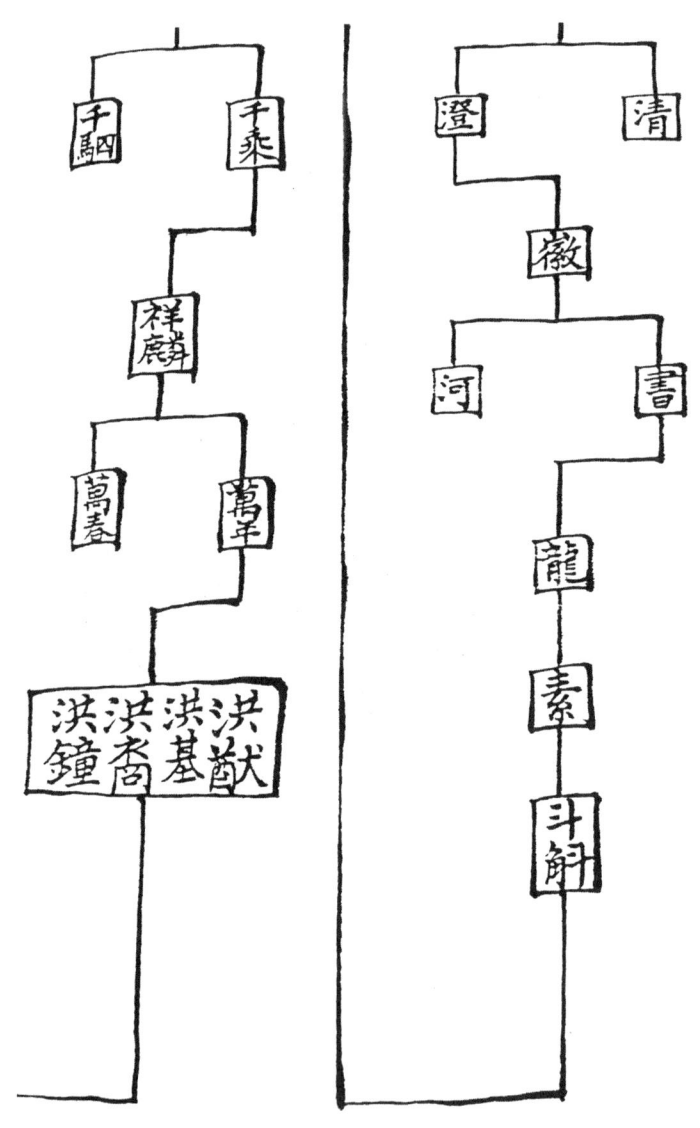

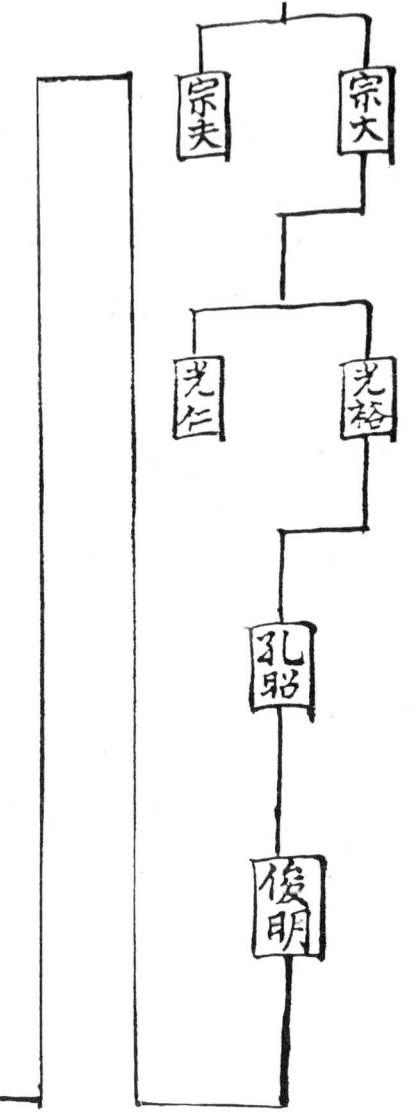

## 定虎公传

公陕西东扶风茂陵庄人，汉伏波将军三十九代孙也。英敏磊落，勇力过人，事宋为骁骑队长，属吴璘军。靖康之乱，入京师勤王，张魏公爱其丰神俊伟，编为禁军校尉。高宗南渡，扈跸有功，军中皆称将门之后。时五溪蛮因朝廷多故，连接土司秦勾等，陷施州卫大田所、南宾诸郡，扰及大江之南，官兵屡讨不克。大臣范宗尹奏曰："五溪蛮敬畏伏波将军如神，倘得其裔往征，必克。"高宗允奏，因诏定虎公颁兵，由建始入川，驻兵于南宾县之水车坝。即今之旧□□。传檄南路土司，七覃八田，宣扬威德，克期会兵，施州溪蛮闻定虎公为伏波之后，已自慑服，欲降，独贼首覃勾据施州欲战。建炎七年，我公合诸土司，兵攻破施州，贼走屯七岳山，公围之，遣轻骑五百人，间到由龙嘴河、都会坝，绝其归路，贼粮道不通，遂成擒。捷闻，并图其山川形势以献，中有"石峰高耸插空"之语，因封公为石砫安抚司，世袭节制九溪一十八峒、施州卫、大田所，外驭三川洞源、石渠溪源三里户口，西分南宾县之半，并为食邑。其地山多田少，土著逃亡，从征士卒，披荆棘，捍牧围，自宋及元，皆为荒芜之地，累经兵焚，文献缺如，世代难详，父老相传，定虎公之后，自宋及元。一十四传，有思牧里处之名，更有均玷无年代事籍可证，至明初克用公之后，始有瓜瓞可绵也。前太守王公，按谱修志，以代远难详，概删不录。定虎公之墓，在境北磨刀溪。

始祖克用公，为定虎公十五世孙，生元末，袭石砫安抚司。仁而有勇，轻征薄赋，与士卒同甘苦，上下一心，分境内户口为十三族，大山外有陈、汪、高、崔、罗、向，为六族，山以内有谭、刘、秦、何、冉、江、白，为七族，土司无城郭，而有峒寨，令十三族皆得各立寨栅，具徒卒，无事尽刀农亩，有警则各寨并起，以听指挥。凡境内高峰绝岭，星罗棋布，皆各族屯兵之所，迄今尤有某家某寨之名，其遗迹也。不数年，庶富为川东冠，忠路、酉阳、唐岩、沙溪等司，皆推石砫为司长，音问不绝，元失其政，天下鼎沸，时明玉珍拒蜀，陈友谅陷楚，兼之土酋四出，沿江州县，罔不蹂躏，惟我石砫安如磐石，贼兵不敢窥伺。公号令严明，令同姓称舍人，异姓称里人，官所役使称把人，"舍、里、把"为三家，选其聪明才智者，入襄政务，称为管事。三家并用，惟贤是取，有大事，三里峒寨头目得与参议。尝与众民约曰："世官世民，情同父子，世世相守，毋相残害。今元罔瓦解，贼寇四起，我官民困守弹丸，以待有德，毋得私自附贼，敢有违者，杀毋赦。"众皆叩头沥血，愿如命。及前明定鼎，公率众投诚，明太祖嘉其克保境土，深知顺逆，仍赐铁券金章，世袭旧职。洪武八年，九溪十八峒苗蛮不靖，我公讨之，奋兵而出，十八峒蛮兵望风披靡。贼因深恨石砫兵强，潜走结散毛峒蛮，伺我公奉檄深入楚境，石砫空虚，倍道西出，逾大峰门直捣南宾，杀戮村民，焚烧宫舍，县佐夫名死之，掳掠一空，民皆逃散，几无孑遗。月余，欲东攻石砫，至大歇塘，为金事冉良彬所扼。我公闻警，亟奏楚捷，随撤兵回石，蛮兵闻我公兵至，绕得解严潜遁。越明年，我公复奉调，皆同知陈世显征散毛，三月乃平。夫一南宾县也，即设安抚土司，犹有县治之名，钱粮仅得四百一十二硕零，因但设县佐治之，今复为蛮兵劫掠，户口逃亡，因诏命我公为宣抚司，移驻县城，从征把目兵丁，补填户口，屯田守御，为长久之计。而宋元时所驻之水车坝，名为旧城，始此。公卒，年七十有九，葬磨刀溪，在定虎公墓之左。长子良嗣，次子才，分居柏树湾。

## 二世良公传

公克用公长子，袭父职。性明敏豁达，能继父志。当永乐、宣德间，天下无事，不忘旧业。生十子即今之十大房，皆有才名。长应仁，次应昌，三应权，四应德，五应礼，六应信，七应智，八应义，九应乾，十应坤。皆量能任事，命应乾公于旧城，以防溪蛮东出；应礼公守大寨；应权公守小寨。同知陈兴潮守华峰三寨，鼎峙相望，为西南屏蔽。应信公参政事，其余皆各有分地。给僮仆庄产，共享太平，正统十四年土木之变，征兵救援，未发，大臣即立景帝，中国有主，其事遂寝。年六十有四，卒于官署，葬江池下官庄。长子应仁嗣。

## 三世应仁公传

公良公长子，袭父爵。诚朴忠良，太平日久，夷汉相安，撤去峒寨兵丁，令其服田输赋，为民开垦荒芜，不数年尽属南宾原额，每年征收粮四百一十二硕五斗零，折银若千两，由酆都起解，藩宪谓之酆都寄庄钱粮，即今之秋粮也。仅自收原日受封草粮以自膳，申群详各宪报部立案，朝廷嘉其忠良，优诏褒美。寿六十有四，卒葬城西宣抚岭，长子镇嗣。

## 四世五世镇公黼公合传

公应仁公长子，以晚年袭职，任事日浅，不数年而卒，无事可见。长子黼嗣，次子敝分都会溪。黼公因时信佛，多造寺宇，公长子幼癫疾，亦效持齐，建寺观以禳之，事未遂而先卒，年三十二。亦葬于宣抚岭。长子清终以疾患，不能承袭，以次子澄嗣。清之后，分居大凤溪。

## 六世澄公传

公黼公次子。博学好施，子踵父志，尝于各寺铸钟，增辅寺院，至今碑记犹存。恪守遗业，境内清平，亦守成之良也。年六十而卒葬三教寺。长子徽嗣。

## 七世徽公传附书公、龙公、素公

公澄公长子，生当洪治、成化之间。修文偃武，边境晏如，历任五十年，安分守职，寿七十而卒，葬回龙山。或曰：九龙沟半山有马徽墓，未知敦是。子书嗣，次子河，分居苦竹沱。书公传龙公，龙公传素公，俱无事可见。于中渡河有墓志可考？素公生斗斛。

## 十世斗斛公传

公素公子，字容莙，任事六年，以开矿事亏帑银五百金，部议革职贬口外。其舅陈公，定远人，字宗鹤，貌类公，以身代之，至中途死，归其尸葬蒲池漕陈家塝。斗斛公获匿其名。土司例，有罪同州县官议，死则子袭，子幼则要妻袭。公妻覃氏，忠路土司女，遗子千乘，甫十龄，狱司以其父亏项未及弥补，留系府狱，其印绶敕其母掌，任事三年，始行交卸。夫人覃先公卒，墓在燕子窝中岭上，公墓在老鸦沟官坟岭，子千乘嗣。

## 十一世千乘公传

公斗斛公子，字君锡，别号肖容。自幼英武，有将略，三里豪杰，皆乐为用。万历初，以父矿项未楚系狱中，为书于族中曰："余陷狱中已三年矣，祸由天作，非因自致，每思年力渐壮，父议革职。虽有爱子之心，爱莫能助矣。印传母掌，母老多病，身居□谷，无以践送终之孝矣，静言思之，寝不成寐。仰维舍中惟邦田、邦为、与陶、与骈，及里长蔡时应、谭立本诸公为可托。为今之计者，首以赔偿矿项，次以和好舍民，三以保全出狱，倘得脱罪。承宗自当刻骨铭心，共享福禄，如或臂达盟誓，神明殛之。诸公倘怀携贰。而不实力扶持，誓亦同之。狱中焚香嚼指，仰诸公鉴焉。"其书至今犹存。邦等得书，读未竟唏嘘而泣，各为倾囊资助，更传宣三里，无不乐为输将，送干事数人，诸府尽数填偿。力办二十年，才得归家，承袭千乘，公英明毅刻，制奸猾人无遁，情整苍军伍莫不股栗，但更张太骤，取怨颇多，奋武扬威，邻境皆惮之。万历二十七年，播州杨应龙扰边，公奉调征讨，兵极精锐，所向无敌，破金筑七寨，扼贼于海龙囤。是役也，八路兵将，惟石砫功独著，而督臣李化龙匿不以闻。我公亦不言功，回石练兵，静候调用。芝龛所记，以是役即有太保秦夫人从军用事。恐无此理。自此性愈刚烈，不畏强御，内外悚然，凡把目兵丁朝谒，虽隆冬汗流浃背，莫敢仰视。幕友吴与侪全金溪人屡谏不听。遂至无端构衅。瘐死梁山狱中，年四十一。时万历四十一年八月初七日丑时。芝龛记以为因开矿事内鉴印乘云构之死，云阳狱与此万合。公死，子祥麟幼，夫人秦氏袭。

## 秦太保夫人传

夫人讳良玉，忠州生员秦葵女也。及笄归我千乘公。夫人幼通经史，仪度娴雅，好事者尝与之论治乱之由，谈兵机之要，虽擅韬略者不能过。嗣因英明苛察，尝以小过与我公反目。遂幽于拱江城，筑墙绝食，欲置之死，幸舍人马邅夫妇。按邅妇亦秦葵女名良斯夫人，姊也。潜削竹筒，穴墙度食，从容几谏，才得如初。及公以他事死梁山狱，夫人取其尸葬岩口场。即境北青草堂。时子祥麟尚在襁褓，夫人任土司事，兄邦屏，弟民屏，侄翼明、佐明等，皆有将才，相与辅翼。太昌时征兵援辽，夫人率邦屏等星驰辽东。天启元年，浑河血战，号称具首功，保护榆关，诏赐二品章服，随行诸将，皆有封赠。赐匾曰"忠义可嘉"嗣是征奢，奢贼陷重庆府讨蔺，奢党围成都府。屡立大功，详芝龛记。至崇祯四年，复征兵勤王，诸镇逗遛不进，夫人裹粮率师，恢复泳平四城，驻兵宣武门，庄烈帝召见平台，赐蟒玉。又御书诗四章，一曰："学就西川八阵图，鸳鸯袖里握兵符，由来巾帼甘心受，何必将军是丈夫。"二曰："蜀锦征袍自剪成，桃花马上请长缨，世间多少奇男子，谁肯沙场万里行。"三曰："露宿风餐誓不辞，饮将鲜血代胭脂，凯歌马上清平曲，不是昭君出塞时。"四曰："凭将箕帚扫匈奴，一派欢声动地呼，试看他年麟阁上，丹青先画美人图。"晋封一品夫人、太子太保、忠贞侯。时蜀有百丈关之警，诏命还镇，专防川东。七年，破张献忠于夔州。十三年大破流贼罗汝才，追至仙寺岭，夺其大纛。见《明史》，详厅志。嗣因巡抚违十三隘口之计，邵捷春为贼所讧，以致全蜀陷没。李自成闯北京，庄烈帝殉国，夫人知事不可为，率本部回石柱境内隘口，以山为城，以水为池，垂白坐守，以终天年。及戊子岁，病招裔孙万年、万春等至榻前，谓曰："我死贼来，若曹不能拒，城东万寿山上平下险，我近积火药粮草于其上，汝率兵民往避之，犹可活此地生灵也。至董戒士卒，务在法律严明，守御慎密，贵在和协众志。"言毕而卒，寿七十有五。葬回龙山子。祥麟英勇，有将略，先太保卒。以孙万年嗣。

## 十二世祥麟公传

公祥麟，字瑞征，千乘公子。在襁褓时，壮貌岐嶷，及长，雄躯伟干，勇力绝伦，胸罗经史，能诗文善书，随太保南征北剿，尝以单骑冲阵，俘获渠魁，浑河血战，目中流矢，犹拔矢策马逐贼。斩获如故，大兵惊退。事闻，授指挥使，军中呼为赵子龙、小马超。援辽时前军已发，公披挂装束，援笔大书于建勋堂之门，有"海阔从鱼跃，天空任鸟飞"之句，字高丈余，闻当时悬手直书，后人引梯仰视，目为之眩，改设后笔迹犹存。后为旗人同知德明寓此，始行刷去。应袭宣慰司职，未任事而卒，子万年嗣。

## 十三世万年公传

公祥麟公长子，字嵩山。持重谨严，生明末，全属骚然，而石砫赖以安全者，席祖父之余烈，川中士宦不从贼者，皆借以避兵。公皆给以食用，十余年颇称康乐。及朱容藩来寇，将老兵微，遵祖母秦夫人遗命，率万余人避居万寿山，以预备粮草火药故也。容藩残暴，踞我内署，烧我中厅，焚我宗庙，犹进围万寿山月余。时涪州李占春，提兵来援始退，李公追至郧阳诛之。公于顺治十六年投诚，旋遭吴逆之变，谭弘、谭宏踞夔、万、忠、梁，自称侯府。拥兵二十余万，建府第于天字城，万县地也虎视川东，声势甚焰，与石砫咫尺相逼，境内豪滑，皆自附侯府，投营取功名，四境廖落。公因屯兵万寿山，不敢回命，民间各族皆修寨避兵，以防不虞，且共相声援，以为本寨犄角。时山贼并起，有土豪兵、渣耗兵。诸邑名皆望屋而食，掳掠乡村，惟董二渣耗兵为最。董二，梁山人。犯法当诛，逃入深山，聚党数千人，横行劫掠，出入丰南，驻兵于丰之高歇岭，欲窥石砫南境。舍人马千勇守龙骨山。与弟千尔，率勇干家丁数人，于晦夜潜入贼营，先命乡兵五十人备火具、信炮埋伏对山，乘贼熟睡，千勇偕弟千尔，攀援而入，杀贼数人。贼众惊起自相杀戮，千勇弟兄旋出营外，鸣锣呐喊，对山火把齐发，鼓角并鸣，炮声震地，贼众意为石砫大队劫营，抱头鼠窜，乘夜遁去。平明取贼首三十级，诣万寿山行署献捷。公大喜，嘉其胆略，拨地酬劳，自是诸贼曹，皆畏石砫寨兵之强，无敢入境者。及后吴逆兵败于百丈梁，谭宏势孤，王师进剿，全川皆入版图。康熙十九年，颁及石砫宣慰使司印信，节制九溪十八峒、施州卫、大田所，外御山川，仍听川督巡抚节制，不得生事边疆。迄今，故敕誉黄犹存。于是我公始得回署，修理残烬，任事最久，寿数未详。墓在三教寺。子洪裔嗣。裔母弟三人，洪基无嗣。洪猷分广益堂，洪钟分都会溪。

## 十四世洪裔公传

公万年公长子，有庶母弟枢北宠于父，欲立为嗣，贬公于音观砦，众族欲奉，出奔邦邑，有噜匪探知其故，聚党数十人。诈称石砫公子兵，抢劫邓梁市镇，有司捕之急，时伪侯府谭弦方盛，公往投之，弦怒其劫掠，欲杀之，力辨不信。弦夫人马氏，公之姊也，力救得免。万年公卒，舍人十族，群奉以承袭。公为官简重，不事浮华，当天下初定，人民稀少，讼廷罗雀，一以节俭化之。导以廉耻，民重犯法几为蒲鞭示辱。皂隶门役，各置一名，布衣蔬食，日与舍人马寿昌、峒山化成，以及文人好学者，谈论诗文为事。民间有送熟米者，峻拒之，且出其所食之米以示之曰："吾食此耳，汝曹竟食精全耶？"其人大惭而退。民有犯法者，怒曰："明日坐堂，必加杖责。"其人潜与皂隶百钱，次日问皂隶何在？左右禀曰："下乡去"，遂免其责。平日之宽宏大度，类如此。寿八十，任事五十余年，卒葬回龙山。子宗大嗣。

## 十五世宗大公传附十六世光裕公

公洪裔公长子，字应侯，号南严。自幼好学能文，善琴，工诗画，为人精明。公真人不忍欺，亦不能欺，百姓依之如父母。建文庙以兴学校，筑长堤以避水灾。立栅槛以慎封守，族党中穷而无告者，月给廪饩。子弟俊秀者，延师教训，每月纠集课文，膳以膏火，奖以纸笔，以示鼓励。由是文教蒸蒸日起。石砫旧隶夔州府学。每科拔取一二名，至我公时，学政凭文拔取，多至六七名。廪增得补府学之半。辛酉科诸生冉天拱，由府学选拔，皆公之功也。且雅好宾客，长州张清夜、汉阳彭鹤年，皆当世之名士。累游石砫，经年累月，与公唱酬。清夜，即成都青羊宫牧道人也。鹤年尝著有也吟咏诗集，二公诗文墨迹，至今厅人犹多藏之。雍正初，夔州牧周与公有隙，暗以他事密奏，力请改设。巡抚亲提讯鞫，百姓遮道号泣，送至洋镇，将登舟，皆攀舷扶浆随之往。差官汪伟，恐人众生变，鞭之坠指者可掬，里总冉芝卿、刘简在把役，韩君召浮水登舟，代受刑具。时张公清夜游成都，为巡抚幕友。知公无故罹罪，力为周全，仍令其子光裕袭土司职。公回石。赠以诗曰："伏波勋柱旧家传，笑指东南一角天，多少同僚罢官者，惟君不用买山钱。"公留省一年去，岁以九月初二日开船。仍以是日抵岸，百姓扶老携幼，簇拥江上，如见慈母。伏地号泣，呜咽不能语。公曰："吾已归矣，汝曹何泣为？"应者曰："喜之极而不觉其转痛也。"至今父老有目击其事者，津津为后人言。不觉凄然泪下也，其得民心如此。平日惠政可知，边地文公岂虚语哉。公归，其子光裕已奉宪檄任事矣，亦知恪导庭训，凡事皆禀命而行，不三年以病卒，遗一子孔昭，甫二龄，去承袭之年尚远。朝廷仍命公抚孙任事。复历一十五载，寿六十，治丧数郡毕至，葬回龙山之阳。孙孔昭嗣。

## 十七世孔昭光仁公合传

公讳孔昭，字德音，光裕公子，光仁号次，云宗大公次子也。孔昭承袭光仁分采芝堂，今之厅署是也。孔昭以青年任事，左右皆宗大公检拔，初年莅政无不平，兄民皆悦服，及夔州牧山西进士，崔公，少年曾云游石砫，与宗大公子交厚，今甫牧夔，孔昭往谒，知宗大已故，甚为惋恤，见孔昭仪度娴雅，爱重过于他属。因特为投辖，礼数倍隆。犹念其年少不更事，凡命盗重案，恐不能理。另饬万县审讯，著为例。孔昭借此，渐有骄色，用事者多新进。一切变乱祖法。舍人马万纯、马吉麟、叔祖马宗长等，屡屡规切，以为不便于己，密禀府宪求示悬于门首，略曰"关防不可不肃，查得石砫酋长某某等，擅入公门，把持官长，殊非体统，嗣后如仍蹈前辙，仰该土司力拿解究"等语，于是头目亲人，非传宣不敢入。其母陈氏，与祖母熊不相善。叔光仁迎其母于采芝堂，而叔嫂亦渐不相能，次年岁考，光仁应童子试，孔昭故不招，覆发案不列于前。光仁亦从此怨望，赴重庆籍、巴县籍，捐国学入京都肄业。乾隆十九年，孔昭以逆匪陈昆案内失察，部议革职，以光仁护土司事。俟孔昭生子承袭。乾隆二十一年，孔昭生子俊明，业已报部，因光仁任事时值大旱，民间米价腾贵，光仁禁贩米出境，有贩者皆称孔昭之米，仁因封孔昭庄仓，昭怒以封仓绝食，更籍护夺袭等情上控。时崔牧已卸篆，府尊李亲讯，孔昭灵敏，光仁迟钝，遂不能胜。因是革职，部议夔州府，分驻云安厂同知，移驻石砫代理土司事，俟俊明成立交卸。二十五年俊明殇，部议另设石砫直隶厅，土宣慰改为土通判，不预民事。俟孔昭生子，题请奉旨如议。自高宗南渡，至乾隆二十六年，计承袭六百四十五年，改设后，孔昭终无子，卒葬三教寺。光仁长子图昭，于乾隆三十三年领号纸袭土通判事，以承前代宣慰司之嗣。

## 图昭传

图昭，字蒲珠，光仁公长子，袭通判职，以奉马氏先公之祀，皆朝廷显忠遂良之恩，不失祖宗累代之遗业也。但图昭秉性坦率，不深晓事情，然不预民事，守身有余，因伯母陈氏子死，孙亡，与图昭虽有嫌隙，晚年悔心复萌，渐相亲睦。伯母陈饶于财，一班觊觎之士，恐陈氏身后，尽为图昭父子弟兄所有，因从中离间，力劝陈氏，以故男孔昭之遗妻何氏，过继疏支义昭之子文明为子，不与图昭父子知之，而图昭父子亦佯为不知。及何氏死，文明受室，而祖孙又不相善，光仁有六子：长图昭、次国昭、三贵昭、四回昭、五围昭、六圈昭，伯母陈雅爱回昭，欲以为己子，使人授其意于光仁。仁暗喜之，而阳却之曰："近闻嫂已过继文明为孙矣，复继吾儿奚为耶？"群小即从而潜之曰："光仁狼极，断不允许，实欲老太太早死，而鲸吞之耳。"陈氏默然，及光仁请见，遂以疾辞。群小复私相谋曰："文明忠朴易制，且能德我，后必重报。若回昭入继，光仁父子主其家事，吾侪无望矣。"因极力排诋，使两下如水火之不相投。时山东琅邪进士王公紫绪，由丰都知县来守石砫，图昭同父光仁结交甚厚，公亦悯其情苦，因光仁善诗，优于琴，命随任子弟拜为琴师，每以唱酬得厚赠。戊戌秋。光仁次子图昭入沣，公亲诣其家，赐酒致庆，其友善如此。有厂员刘璜者，资州吏目，假署于百子堂西偏，拜陈氏为保母，陈氏以婢女妻之，亦与图昭交厚，不料璜之为人阴险叵测，利口工谗且与监宪林谊关至戚，今林复署。篆泉宪事矣，璜借其势，逢迎意旨，巧佞惑人，广交邑中绅士，惟拔贡冉天拱、廪生马宗祥为最。图昭伯母陈，凡遇家事，皆此三人裁决。而图昭恶之。尝以语言侵及，遂各生嫌隙。王公初交甚厚，继因许图昭于前所卖出田地，倍增价值，给以印札，载有奉宪行饬土司加价之例。民心不服，赴府控告者严刑制之，从此怨声载道，民多违背矣。王公因而悔之，索取印札，靳而不与，禁止勿行，势难终阻。公遂不怪璜等，从中间之，图昭因迁居龙门溪。先是伯母陈六旬，璜等劝其建坊祠，需费千金。时王公欲别建太保祠，璜等劝陈捐衙署前半作祠，以田产若干硕勒碑充入作祭。需嘱诸族众经理，图昭且出怨言矣。然陈氏虽听诸人所为，而中心犹恋恋有过继回昭之意。至己亥岁，陈氏有胞妹幼适定远举人何姓，宦仕北省，卒于任，单生一女，十有二岁，孤贫无依，是岁携其女来奔，姊妹各叙凄凉，欲以女妻回昭，书抱约，予以石界溪田种二十硕以终姊妹余年。图昭父子闻之喜甚，乃大燕陈姨伯侄，将有复善之庆。是秋，图昭母死，葬费多资于伯母，而璜等不怪，龙门溪去城二十里，图昭父子往来累稀，而陈亦渐病，精神恍忽。璜等乘其喜怒，而萋菲兴谤，且命其仆婢宣言曰："太太无事，余闲饮食如常。"以止图昭父子省视。及陈氏病革，璜等入卧内受遗嘱，办丧事，回昭远、文明近，俱莫知所为，后知前一日已气息，密之至，次口始发哀，又次日，图昭父子始来奔丧，其室已悬磬矣。璜等出其遗书，某处充入书院，某处充入节孝祠，某处拨某人，某处拨某人，并不甘图昭事矣。及本支族众陆续云集，议立丧主，光仁曰："文明过继，余未与闻。四儿虽为受继，未书抱约，图昭既袭宗职，侄犹子也，当立图昭灵位，当书伯母。"宗祥曰："不然。图昭继爵，而非继宗，回昭虽称受继，未立抱约，不可为主是也。文明为孔昭后，昭穆相当，何问他人知否，以长孙承祖母之重礼也。谁曰不宜？"璜等曰："年兄所议是。"遂立文明为丧主，以厚币与陈姨，劝其悔婚。姨见回昭不得继，大哭。群小曰："已继孙而不复继子，礼也，姨早去为福，迟则祸及。"姨含泪自苦，不待丧毕敛棺，即携其女回定远去。当承服之日，礼初毕，不见白铜盥盆，人言为刘克泰所匿。克泰，重庆人，光仁外孙，璜等命巡风役，以透漏家财禀报，堂宪捕之，并着落图昭父子，克泰惧，出其盆，星夜逃去。时内囊虽空，而棹几、皮箱、什物、器用，尚觉满楼。凡书室琴堂中名人字画，犹有存者。璜等固请封皮数十张，将陈坐楼前后封禁，不许诸人出入，图昭父子因避回龙门溪，潜谋上控。璜合同志邀中证六七人，各乘肩舆，下石界溪，卖田作葬费，前后一十七契，俱以文明立名，获价将万金，尽以葬费为支销，而文明莫知所出，且至今贫馁，其势如此，图昭何人，犹敢控争财产哉，无惑乎械系经年，革职遣配，身死江西，而不血食祖宗之余也。昔史迁谓淮阴侯曰："苟学道谦让，宁有此哉。"明年，王公悔其处之过甚，复详请以光裁子祐昭袭通判职，祐昭宗夫孙，宗夫前土司宗大公之异母弟也。宗大公有美政，长子不寿，长孙夭绝，次子军配，莫如所终，所谓天道者是耶非耶？今幸祐昭获嗣，马氏犹有宗子，然亦未尝不痛恨于孔昭之叔侄构怨也。夫宗大好客，而孔昭获报夔门，可谓不奕矣。崔公之厚孔昭，溺情过甚，致开骨肉参商之衅，而天灾人祸之交作，堕坏数百年，爵土变不虚生，由来有渐，君子爱人以德，于兹益信。

才祖亦能惯征，良祖奉调出征，才祖随行扼贼有功，官授封宣抚副司之职，衙署猪母潭。当日良祖临阵逃归，若非才祖倍城一战，贼众大溃，良祖安保无虞，所谓"打虎须要亲兄弟，枪刀林内一条心。旌旗开处行人幸，芳草丛中去马迎"。果来归去，乌牛白马祭告天地，共誓子孙不得以强凌弱，以众欺寡，违者天地神明殛之，勒石城中厅址处。及后，被朱容藩与姚黄数贼入石砫，一炬将所建中厅灰烬，碑无复存者，后没考验。而后才祖以安闲自娱，不好理民情，妻覃氏、田氏，生三子，长曰应朝，次曰应贤，三曰应华，即今之老二房。而又房又独首加一老字者何也，盖以一房而对十房，有所分也。

才祖后来病卒，葬于猪母潭，副司衙署后、大中岭中台上。墓碑犹存可考，但不知何年何月何日何时，未得考验，不敢填录。

  应朝  分住挖断山，为老二房第一支。

  应贤  分住石磋溪，为老二房第二支。

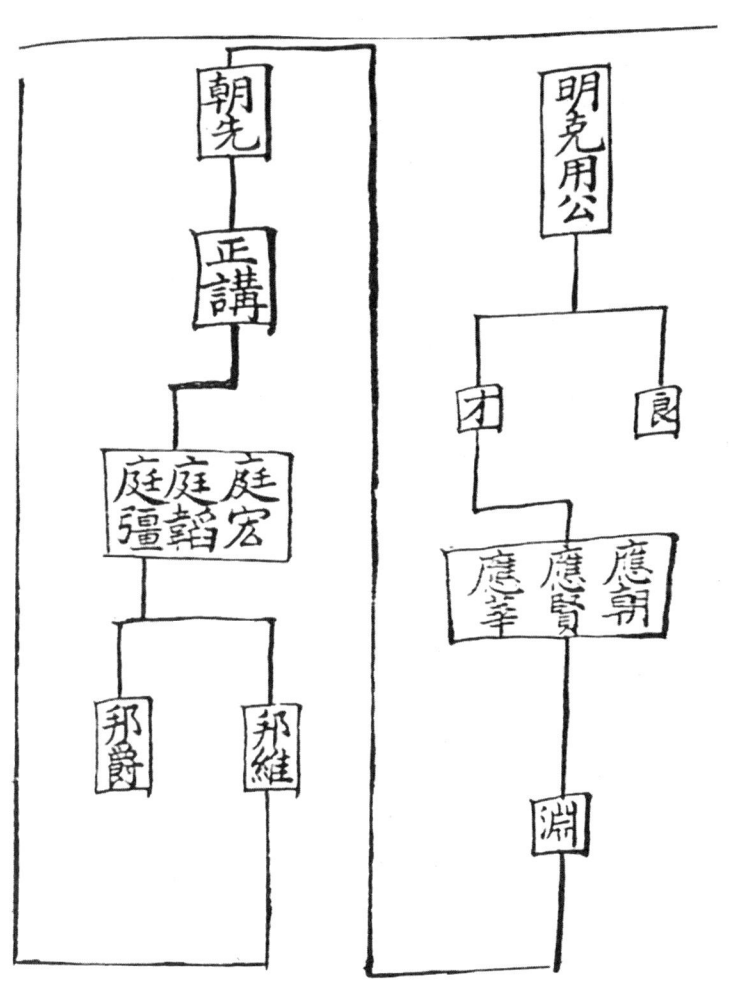

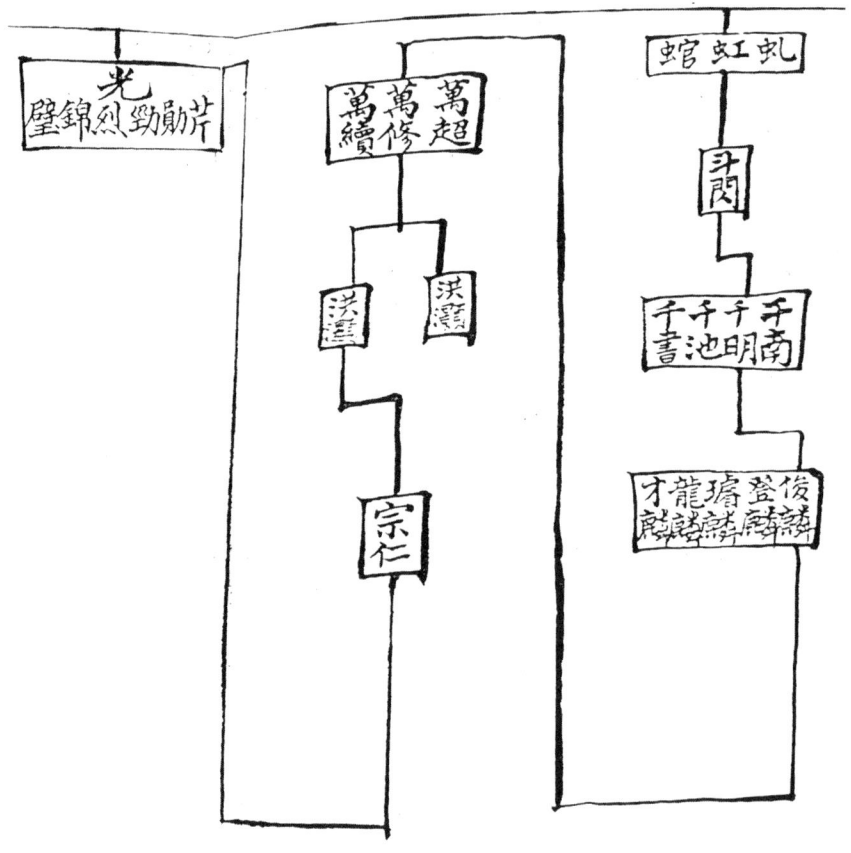

应华　分住柏树湾，为老二房第三支。

当是时父老传闻，兵火交加之后，草密人稀，山贼更起，土木一变，有土豪兵、渣耗兵名色，连年不靖，忠路、石砫、酉阳等处，地方你捞抢过去，我捞抢过来，掳掠村民无所定，不知几世。传至马渊。渊传马朝先，朝先传马正讲。正讲生三子，长曰庭宏，次曰庭韬，三曰庭疆。

庭宏　分授石磹溪、张家坝、老孔坝，后授瓦屋坝。

庭韬　分授石磹溪、窑宗坝、小坝子、撒毛沟，故绝。

庭疆　分授苦竹沱、猪母潭、马路口。

庭疆　妣陈氏生邦维。

马邦维　字新国，妣谭氏，生三子，长曰虹，次曰虹，三曰蝻。闻之邦维祖卒，葬苦竹沱马万多宅边菜园内。

马　虹　字众选，妣陈氏，分授南河溪、叶清坝、小坝子。生子曰斗闪。

马斗闪　字荣吉，妣李氏，存心和厚，盛德传家，生子四，长曰千南，次曰千明，三曰千池，四曰千书。

马千南　字正君，妣谭氏，分居石磹溪、大坝。生子一曰试麟。

马千明　字在德，妣谭氏，分授南河溪。惟以淡泊传家，不尚奢侈。生子五，长曰俊麟，次曰登麟，三曰璿麟，四曰龙麟，五曰才麟。

马千池　字文渊，妣陈氏，分居石磹溪、大坝。生子一曰启麟。

马千书　字文柱，妣谭氏，分居南河溪。生子四，长曰鹤麟，次曰辅麟，三曰正麟，四子早丧。

马俊麟　字杰士，妣谭氏，分居南河溪。生子五，长男早亡，次曰万修，三曰万超，四曰万琮，五曰万续。继娶陶氏、龙氏。陶氏生万续。龙氏无出。为人赋性刚方，秉质和厚，幼习诗书，壮未遂志，始以教馆糊其口，复又耕凿成其家，虽曰赞勋公门，无不本以直道事人。凡一切大小事务，有不合于理者，辄以直言斥之，断无阿谀逢迎，数年间亲戚朋友，且济急周饥，凡沾其惠者，咸曰盛德积躬，厚道及人，远迩和睦如故。乾隆十六年，石砫宗官宣慰使司马公孔昭赠"舍哺鼓腹"四字。乾隆二十三年，夔州府分驻石砫云安厂同知移驻石砫，获理土司事单公思迈赠"德可矜式"四字。嗣是暂移乡居，寄迹市厘尚事营谋，奔驰于衣食场内，竭力勤谨，劳碌于男女债中，好迎宾客，敬重斯文，尝师本邑恩贡马洪德，取资庠生马万清、马万祀，岁贡马仁麟、马洪镇，庠生谭正和、谭正洪、陈孔映，从九马洪兰、崔六晓、何学，丰邑岁贡马洪钊，名士曾世贵、谭国清、谭国臣、谭正美等为密友，尝得他山之助，其余契交者不一，其人难以悉述，姑阙之。乾隆四十八年，直隶石砫训导罗公赠"敦厚如山"四字。乾隆五十六年，署石砫训导梁公讳渠赠"福与山齐"四字。乾隆五十九年，署四川直隶石砫同知越嶲抚民管粮水利府加三级纪录五次随带军功加二级李赠"南极星辉"四字。寿七十一岁，卒葬南河溪本宅下首，有碑记可考。

马登麟　字才章，妣陈氏。赋性慈良，不染是非，好饮酒。生二子，长曰万箎，次曰万怀。陈氏妣故，复娶谭氏，生一子，曰万揆。

马璿麟　字玉衡，妣余氏，秉质温良，立心坦白。生一子，曰万勤。余氏妣故，复娶余氏，系亲姊妹，生二子，曰万淳、万鸿。

马龙麟　字从云，妣曾氏，持身端正，立心公平，亦好饮酒。生子二，长曰万银，次曰万猷。

马才麟　字秀士，妣刘氏生一子曰万耀，刘氏妣故，复娶谭氏，生三子，曰万乾、万轩、万辆。其为人也，庄以持己，和以处众，举凡亲戚朋友，老幼尊卑，无不本以和悦颜色待之，乐优游于林泉，依烟霞以自怡。

乾隆五十五年，署石砫训导梁渠赠"荆棣峥荣"四字。

乾隆五十九年，署直隶石砫同知李公赠"盛世耆英"四大字。

马试麟　字玉榜，妣向氏，故绝。

马启麟　字后兴，妣陈氏，生子四，长曰万祥，次曰万斑，三曰万睿。四曰万聪。

马鹤麟　字超群，妣李氏，生一子，曰万健。

马辅麟　字贤士，妣任氏，生一子，曰万智。

马正麟　字乾士，妣谭氏，生二子，长曰万简，次曰万策。

马万修　字明道，号学峰，娶任氏，分授南河溪、太阳坝、石磜溪、大坝、大石砍河浩、马元坝、大丘、南河台、龙井子。生子五，长男早亡。次曰洪灏，三曰洪迈，四曰洪槐，五曰洪灏。其为人也，赋性刚正，秉质和平，幼通经史，好学不倦，晚不得志，翱翔于仁义之府，亟咏夫道德之场，公平理乡务，直道合人心，遇人有急迫深情，为之协力曲全，见人有微嫌口角，为之奖劝诱掖。视钱财如粪土，藐富贵若浮云，立身不尚浮华，矢念惟守家法，尊师重道，取善辅仁，不厌宾客，瑞好朋情，持家严肃，内外凛然，就正有道，敬老慈幼，矜孤惜贫，无忘故旧，取资德行，常与本邑绅士廪生陈仕福，儒曾尚炡、曾尚玉、向宜兰、谭光第等为契交，以故诗礼颇晰，利害稍分，得益有过半也。其余密友者尚多，难以备举，姑阙之。

乾隆四十七年，特授四川直隶石砫训导。陈公献谟题赠"含璋待剖"四大字，复赞一联曰："凌云志气芳名重，掷地金声誉望隆。"

乾隆五十六年，赐进士出身，特授四川直隶忠州酆都县正堂加三级、纪录五次。张公题赠"鹤算松年"四大字，复赞一联曰："诗书教子真贻榖，忠厚传家实可风。"

乾隆六十年，四川梁山县人戊戌科赐进士出身，南宾书院掌教，现任湖南邵阳县知县，秦公名连赞一联曰："流水书桥题柱客，清风精舍读书人。"

乾隆己亥秋，石砫宗官马公光仁亦赠一联曰："一庭杨柳春光煖，万里风云海浪深。"复赞一联云："桃李春风一杯酒，江湖夜雨十年灯。"

乾隆庚子春，石砫照磨章公廷琪赠一联曰："绮阁春风飞燕子，湘帘细雨卷梅花。"

乾隆甲辰春，酆邑岁进士业师马夫子名洪钊赐一联云："玉杯泛露谈三雅，绣幄帷香读六朝。"

嘉庆八年岁癸亥，月麦秋，将花甲其终已也，回忆少年，犹能记忆，虽衣食稍足，苦一生不获美境，弟兄姊妹共七人。皆相继早亡，且又连丧四男二女，至于今只一男五女存焉。韩文公常云："形单影只，零丁孤苦，正谓此也。中心抑郁，向谁白之？爰是相遇蒙童二十余人，讲习讨论，聊为娱岁，以终余年，是非不染，理乱不闻，生平所作诗文，难以尽录，谨将新春元旦所吟者书其一二，以俟高明较正。其一曰：四乡火炮不留停，辞旧迎新户户宁，乐到他人情易见，忧归于我语难形。山深自是头无白，水浅原来底有青，堪叹古今盛衰世，思亲念戚可流声馨。其二曰：年来岁至把春迎，锣鼓咪歌满耳盈，举目常思父母德，存心生念弟男英，老松傲雪韶光逗，嫩柳矜风物色荣，愧我何时得自乐，大齐吟颂庆升平。今值略暇，并将先后历来支分派别，智愚贤否，考之典籍，访诸父母，开载明白，使后人开卷燎然，触目惊心，当亦不忘余之苦心也夫。"

马万超　字时泰，娶谭氏，分授南河溪。生二子，早亡。其人矢志诗书，凡天地名物，古今象数，过目犹可记忆，惜不得寿，年二十有三亦亡。葬于南河溪东北。父杰翁悲之过甚。铭其墓曰：惆怅吾儿生早亡，精魄此日去何方。朝霞恍见斑衣舞，夜雨如闻书韶长。十载寒窗功未就，一丘忍土骨光藏。长埋玉树形声寂，衰草萋烟对夕阳。其兄明道哀恸成词，亦铭其墓曰：从古多称同气光，何今使我九回肠。无庚埙奏难成韵，折翼燕飞苦失行。蔓草野花危石列，清风明月白云翔。特将姓字贞珉勒，留取花辉义不忘。

马万琮　早亡。

马万绩　字明勋，号继承，娶谭氏，分授南河台庙领、龙井子、岩仑、王家坝、石磏溪、大坝、大石板、谭家坝。生子一，曰洪沥。其人幼而英敏，长而特达，具光明正直之心，赋温厚和平之概，瑞事学业，苦不得寿，年二十有三而卒，葬于南河台正南方。其兄明道悲之。血泪成词一十三章，今只录其一：痛杀先人苦用心，移栽玉树难成林，只知向日情何愧，谁道临风势又侵，莺唤枝头无应语，燕鸣梁上乃孤音，世间聚散由来事，无赖友于不可吟。丰邑知友曾尚玉和之曰：孝心至感格亲心，桃雨芬芳满杏林，选舞征歌思好会，依山傍水感离侵，一双匕箸留单影，两对琴棋少。……曰：自是先人深费心，而今珠圉美琼林，恩滋荆树知非浅，风入棣枝忽被侵，已幸群莺留好语，莫愁孤雁著哀音，从来离合由天定，谁得友于长咏吟。庠生马宗健亦和之曰：同胞聚首百年心，渐看成林出桂林，嫩叶绕芳愁雨湿，低枝始秀被风侵，荆花有意增新色，燕雀无情报惨音，瞬夕友恭成梦事，可怜零落付悲吟。至于自己所造诗文，虽未十分尽善，就其气派而论。亦是载道之器，惜哉天不假年，今其已矣，不复见也，不得不并志之，使后人留意。

马万篔　字周玉，娶谭式，分授南河台。生子六，长曰洪道，次曰洪宇，三曰洪荣，四曰洪焕，五曰洪特，六曰洪恩。

马万怀　字明圆，先娶谭氏，谭氏故，复娶杨氏。分授石磏溪、谭家坝。生子。

马万揆　字明理，娶谭氏，分授南河溪。生子一，曰洪轾。

马万勤　字明学，娶谭氏，分授石磲溪、滥池子。生子二，长曰洪祺，次曰洪镜。

马万淳　娶彭氏，分授石磲溪、滥池子。早亡，无嗣。

马万银　字金玉，娶陈氏，陈氏故，又娶向氏，向氏故，又娶陈氏，陈氏又故，复娶罗氏。分授南河溪、南河台。光陈氏生一子，曰洪芝。向氏无出，后陈氏亦无子，今罗氏生二子，曰洪兰，曰洪宣。

马万献　字明献，娶曾氏，分授南河溪、南河台。生子曰洪昼、洪培、洪垓。

马万耀　字明辉，娶向氏，分授南河溪、高塝子。生子曰洪彬、洪瑜、洪琨、洪珌。

马万轵　字明照，娶陈氏，分授向家坝、罗家冲。生子曰洪淦、洪津、洪渠。

马万轩　字学超，娶任氏，分授南河台观冲。生子曰洪钜。

马万辆　字明舆，娶谭氏，分授石磲溪、大石板。生子曰洪慧。

马万祥　字瑞彩，娶邹氏，分授石槽溪、大坝。生子曰洪凤。

马万斑　字玉彩，娶彭氏，分授石磲溪、大坝。生二女，其人一生善良，安分守己，幼习诗书，长未得志，先在公门书办，后为乡党里长，言词侃切，正直无私，无怨无恶，一乡称为善士。年五十零终，无子，卒葬大坝龙深潭熟地边。

马万睿　字□□，娶覃氏，分授石磲溪、大坝。生子曰洪佑。

马万聪　早亡。

马万健　字浩然，娶刘氏，分居南河溪。生一子，父子俱亡，只遗一女，结在荷叶坝。

马万智　字明聪，娶谭氏，分授南河溪、上王家坝、新田塝。生子二，长曰洪声，次曰洪晷。

马万简　字明齐，娶彭氏，分授南河溪、石磲溪、大坝。生子曰洪栻。

马万策　字敬齐，娶谭式，分授石磲溪、大坝、南河溪。

马洪灏　字济川，号广文，娶文氏，分授南河溪。其人英姿卓越，已赋不俗之品，聪敏出众，早具载道之英，矢志芸窗，劳心典籍，使天假以年，正是有造之小子，苦不得寿，年至二十三，无子而卒。葬于南河台正南上。其父明道，哀伤过情，流成血词一十三首。今录其一："杳杳音容惨盖棺，忍教窗下笔虚寒。生前一二差堪忆，死后四三犹足观。快乐泉台尔自易，忧愁境上我真难。繁林扫作空华国，泪眼临池墨不干。"丰邑知友曾尚烓和曰："锦绣文章列木棺，鸦飞燕阵共惊寒。龙鳞欲变形声寂，凤羽将成梦影观。莫道人生才子易，须知世上俊英难。三魂渺渺归何处，令尔先君泪不干。"丰邑名友曾尚玉和曰："未遂加官忽入棺。闻知无不裂心寒。及门咏叹如今日，执手徘徊似古观。梁木其萎豪杰渺，太山陡坏俊英难，苍天既丧斯文手，兔死狐悲泪怎干。"本邑儒士马宗句和曰："何人制下无情棺，顿掩音容怎不寒。凭是英雄皆动泪，纵然豪杰也愁观。伤心痛子君非易，失意抛亲彼更难。曾记当年双砫石，擎天孤处泪宜干。"庠生马宗健和曰："热肉淋淋进冷棺，傍人怵怵亦心寒。死生有命真堪信，夭寿无疑可借观。骨化黄泉何觉易，魂登鬼录焉知难。详推物理皆如此，也莫长怀泪不干。"庠生谭和慎别韵和曰："纵然庭际泪如波，一去莫归怎奈何。燕语难移彼岸梦，莺啼只助此生诃。思兄遗恨青春少，知叟抱伤白发多。富贵功名身外事，世间尽有不平柯。"至是徒负之空谈焉耳，不过约志之，使后人谨忆。

马洪迈　乳名隆魁。

马洪槐　乳名三多，二子皆早丧。

马洪灏　字秉川，号绣谷，娶谭式，分授南河溪等处。其人资质聪敏，心地光明，不安朴实，专好奢华，事事必求其美丽，件件务选其精工，斯时难在芸窗肄业，他日融通，犹未可量，苦地之君子难。

马洪澜　万续之长子也，年尚幼。

马洪道　字应远，娶向氏，分授南河溪。生子曰宗海。

马洪宇　字清远，娶谭式，分授南河溪。生子曰宗成、宗元。

马洪荣　字悠远，娶向氏，分授南河台。

马洪焕　字文元，娶邓氏，分授南河台，生子曰宗顺、宗智。

马洪特　字朝远，娶何氏，分授南河台。

马洪恩

马洪轻　万揆之长子也。
马洪祯　字瑞祥，娶文氏，分授石磄溪、滥池子。生子曰宗桂。
马洪镜
马洪芝　字香圆，娶李氏，分授南河溪。生子曰宗庆。
马洪兰
马洪垕
马洪培
马洪垓
马洪彬　字文质，娶向氏，分授南河溪。生子曰宗焘。
马洪瑜
马洪琨
马洪珌
马洪淦
马洪津
马洪渠
马洪钜
马洪慧
马洪凤　字朝扬，娶任氏，分授石磄溪、大坝。无子，亡。
马洪祐　早亡。
马洪声　字振远，娶李氏，分授南河溪等处。生子。
马洪聱　字泽远，娶谭氏，分授南河溪等处。生子曰宗鲁。
马洪栻

马　虬　字似龙，妣谭氏，分授石磄溪、马虎坝、老孔坝、滥池子、罗家冲。生子三，长曰斗松、次曰斗久，三曰斗俊。

马斗俊　故绝。
马斗松　字俊吉，妣谭氏，分居老孔坝。生子二，长曰千贵，次曰千朝。
马千贵　字天爵，妣谭氏，分居石头坝。生子六，长曰藩麟，次曰玉麟，三曰建麟，四曰应麟，五曰文麟，六曰焕麟。
马千朝　字品一，妣谭氏，分居石槽溪、老孔坝。故绝。
马藩麟　字汉元，妣陈氏，分居石头坝。生子四，长曰万福，次曰万全，三曰万德，四曰万兴。

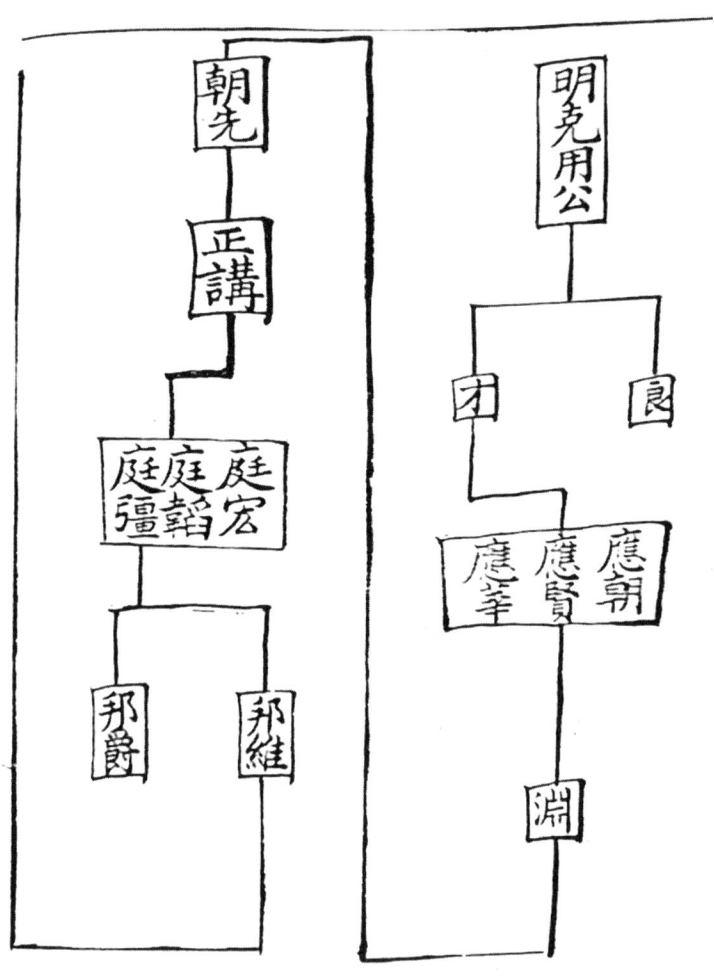

四川

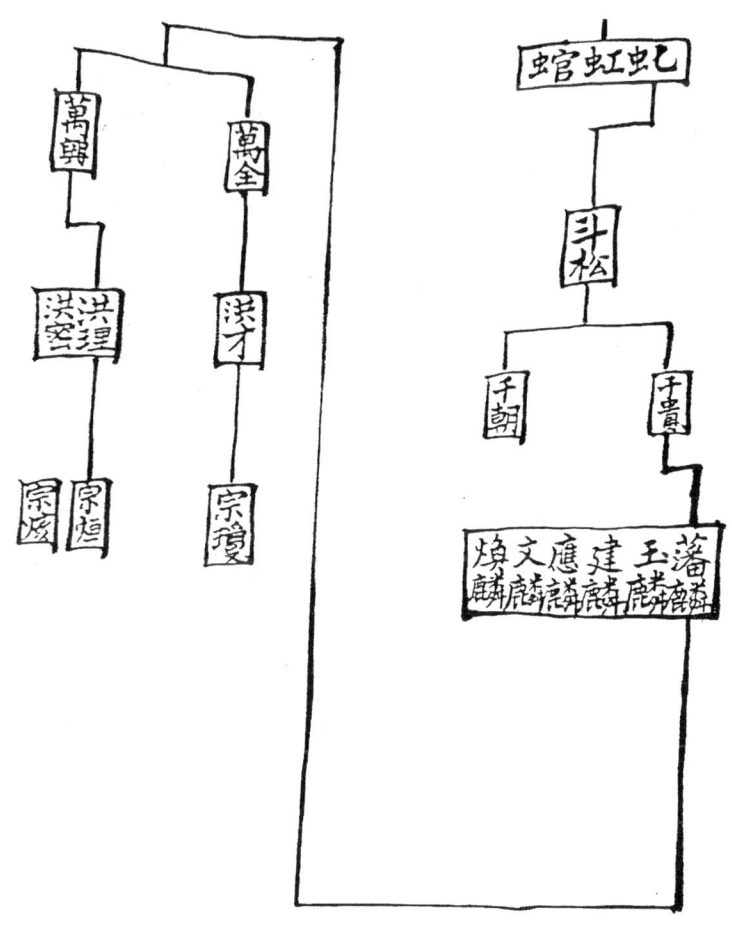

马玉麟　字国安，妣谭氏，分居王家塝。生子七，长子早亡，次子亦亡，三曰万元，四子亦亡，五曰万仁，六曰万明，七曰万学。

马建麟　字承先，妣文氏，分居王家垣。生子一，曰万伦。今分居老孔坝上塝。

马应麟　字久山，妣秦氏，分居散毛沟、叶清坝。生子一，曰万臣。

马文麟　字彩麒，妣傅氏，分居石磋溪、张家坝。生子一，曰万杰。

马焕麟　字耀云，妣谭式，分居石磋溪、张家坝。生子一，曰万岑。今移居荞地塝。

马万福　字绥之，娶彭氏，分授石头坝。

马万全　字庇佑，娶任氏，分授石头坝后冲沟。生子曰洪才。

马万德　字子厚，娶谭氏，分授石头坝。无子，亡。

马万兴　字荣德，娶陈氏，分授石头坝、马虎坝、谭家坝。生三子，长曰洪文，次曰洪理，三曰洪密。

马万元　字及第，娶谭氏，分居石磋溪、高枧坝。生子曰洪宇。

马万仁　字明海，娶文氏，分授散毛沟、王家塝。生子曰洪灿。

马万明　字时聪，娶谭氏，分授散毛沟、王家塝。生子曰洪福。

马万学　字文仕，娶向氏，分授散毛沟、王家塝。生子曰洪元。

马万伦　字崇理，娶谭氏，分居王家垣。生子曰洪霞，今移居老孔坝上塝。谭氏故，复娶陈氏生二子。

马万臣　字君相，娶彭氏，分居散毛沟、叶清坝。生一子曰洪儒。

马万杰　字俊德，娶谭氏，分居石磋溪、张家坝。生子曰洪泰。谭氏故，复娶刘氏。

马万岑　字崇德，娶任氏，分授石磋溪、张家坝，今移居荞地塝。生子曰洪品、洪年。

马洪品　字朝安，妣任氏分授石磋溪、荞地塝。生子二，长曰宗才，次曰宗福。

马洪年　故绝。

马宗才　字瑞国，妣谭氏，系石界溪天秀公之女也，四德兼备，持家有道。宗才公亦为人忠厚，家略丰裕，节俭与家。生子三，长曰光久，二曰光涵，三曰光三。没后，葬于荞地塝正宅后。

"光昭明德，滋培世泽，勤学懋修，远绍嘉猷"此十六字派，先代所颁，今续添十六字："钦崇天道，尔璧祯祥，煊功显业，亿兆永昌。"

四川

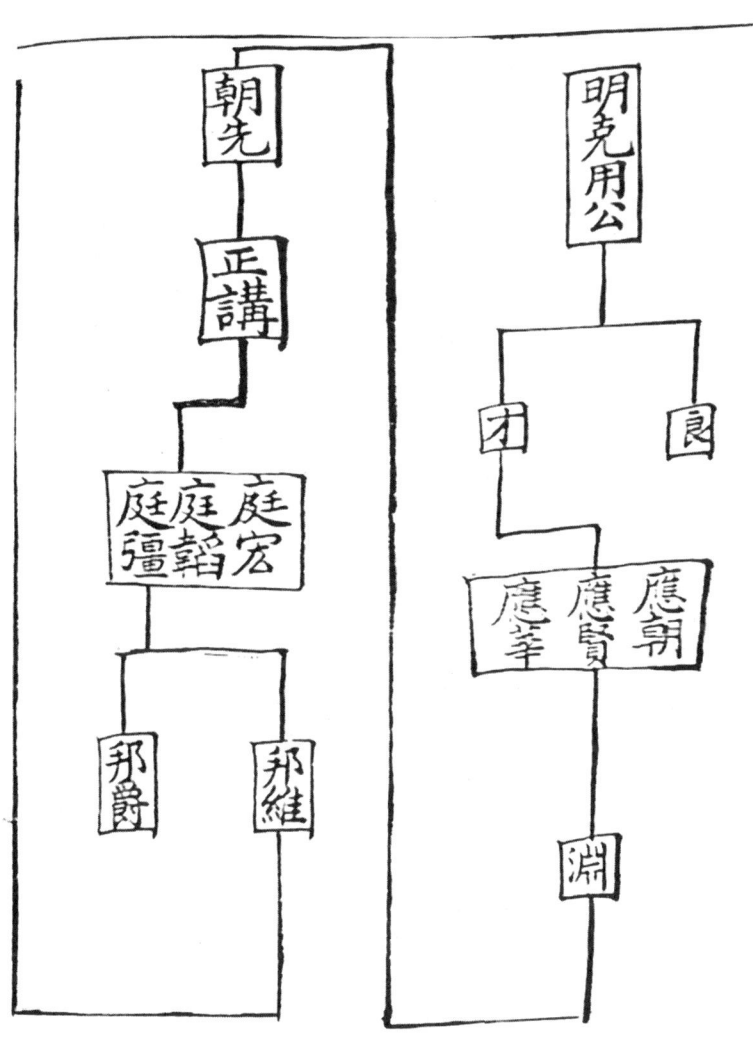

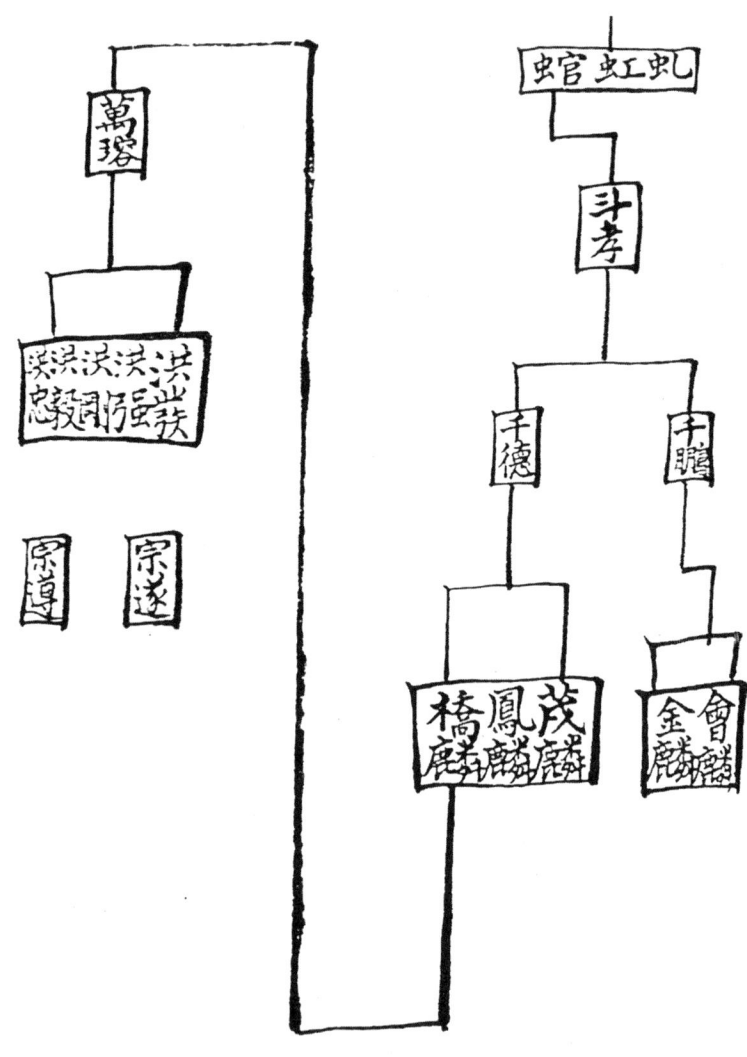

马　蝽　字似虎，妣陈氏，分授苦竹沱、猪母潭、马路口。生子曰斗孝。

马斗孝　妣陈氏，分授南河台、石磋溪、大石板。生子二，长曰千鹏，次曰千德。

马千鹏　字云飞，妣李氏，分居石槽溪、谭家坝。生子五，长曰会麟，次曰金麟，三曰聪麟，四、五外出未归，无考不录。

马千德　字纯仁，妣谭氏，分居南河台。生子五，长曰峨麟，次曰彬麟，三男早亡，四曰凤麟，五曰桥麟。

马会麟　字以文，妣陈氏，分居石磋溪、马家沟。生子长曰万贵，次曰万寿。

马金麟　字玉章，妣陈氏，分居赵侯坝后老小赵果坪。生子二，皆早亡，迄今故绝。

马聪麟　出外未归。

马峨麟　字增山，妣谭氏，分居南河台正塝上。生子三，长曰万柄，次曰万周，三曰万霞。

马彬麟　妣彭氏，故绝。

马凤麟　字歧山，妣谭氏，移居胡镇。生子二，长曰万乾，次曰万会。

马桥麟　字荣山，妣向氏，分居南河台。生子一，曰万瑢。

马万贵　早亡。

马万寿

马万柄　字全安，娶陈氏，分授南河台、牛毛冲、观冲、荞田塝。生子二，长曰洪宽，次曰洪朝。

马万周　字明安，娶陈氏，分授南河台、牛毛冲、观冲、荞田塝。生子三，长曰洪元，次曰洪亨，三曰洪利。

马万霞　字云安，娶谭氏，分授南河台、牛毛冲、观冲、荞田塝。生子三，长曰洪喜，次曰洪遇，三曰洪远。

马万乾　字云安。

马万会　娶余氏，分居胡镇。

马万瑢　字成安，娶李氏，分授南河台、龙井子。生子五，长曰洪发，次曰洪强，三曰洪刚，四曰洪毅，五曰洪忠。

## 国　朝

马端淑　庠生，四川绵州籍。

马启泰　举人，庚寅，恩科第三名，陕西籍。

马佩珩　解元，庚寅，恩科第一名，山西籍。

马维纪　庠生，广东番禺籍。

马鹏程　庠生，北直东光县籍。

马　缓　廪生，安徽和门县籍。

马泗将　进士，山东童印县籍。

马建三　进士，广西永康县籍。

马宗连　进士，安徽桐城县籍。

马有章　会元，江苏。

马通阿　内阁学士，镶黄旗。

马尔福　内阁学士，镶红旗。

马林阿　翰林院，满洲正蓝旗。

马人龙　翰林院，山东齐河县籍。

马曾鲁　翰林院，直隶灵寿县籍。

马道周　考功主事，乾隆壬申恩科进士。

马玉图　员外郎，陕西长安籍，荫生。

马　楠　员外郎，山西介休县。

马　润　员外郎，山东齐河县贡生。

马　权　郎中加二级，山西介休县岁贡。

马凝云　顺天宛平县典籍。

马　腾　浙江山阴析津大兴典史。

马　成　笔贴式。

马　秀　太医院，顺天大兴人。

马世俊　字荣安。

马瑞图

马瑞鳞

马成林　驾库汉整仪尉。

四　川

马　实　冠军使掌后所印兼佐领。
马金太
马栋梁　御前侍卫。
马麟度　举人，河南荥阳教谕。
马承先　举人，河南商丘县教谕。
马际午　河南延津县训导。
马建学　河南总兵。
马文周　河南洛阳县吏目。
马泽林　河南汝宁府通判。
马绍周　河南西平县典史。
马家良　山东滋阳县知县，安徽怀宁县籍。
马元位　贡生，山东清平县知县，陕西临潼县籍。
马而良　贡生，山东高唐州知州，陕西鄠县籍。
马之骐　镇守山东等处总兵。
马登鳌　山东昌邑县县丞。
马良骐　山西交城县知县，举人，四川东成都人。
马一鹏　山西闻喜县，教谕，夫邑岁贡生。
马良发　山西山阴县，典史。
马又超　山西朔平府巡检，浙江会稽县籍。
马世标　岁贡生，山西马邑县训导。介休县籍。
马王锡　四川通江县典史，江苏甘泉县籍。
马日璞　监生，四川直隶石砫同知，山东诸城县籍。
马　骧　举人，四川彭水县教谕。
马起焜　石砫照磨，江苏甘泉县籍。
马　权　岁贡生，四川龙安府知府，山西介休县籍。
马用观　举人，陕西蓝田县，教谕。
马明德　陕西富平县典史。
马伯辕　陕西大荔县教谕，举人。
马文兆　学正，陕西礼泉县，举人。
马羽辉　陕西麟游县，典史。

马体咸　岁贡生，陕西西□县，教谕。

马仲士　陕西延长县，典史。

马国贤　庠生。

马通阿　内阁兴平仓督兵部堂主事。

马　志

马尚阿　武库主事。

马星阿　郎中加三级。

## 国朝武将

马宜先　静宜国巡捕南营分防守备加一级，四川人，功加。

马乾昇　畅春园巡捕南营分防守备加二级，顺天人，武举。

马蜚声　千总，奉天武举，朝阳门卫御。

马　麟　千总，正白旗武举，东便门守备。

马　文　把总，直隶人。

马鹏胜　完县汛把总，山西武举。

马安麟　倒马关都司，贵州人，行伍。

马　淮　镇标右营游击，江南通州人，侍卫。

马成麟　新设开州营守备，山东人，行伍。

马宗尧　临洛关千总，直隶人，行伍。

马进孝　左哨千总，福建人，行伍。

马　景　喀喇河屯千总，镶黄旗，行伍。

马廷安　八沟千总，四川人，行伍。

马成龙　三营守备，直隶人，行伍。

马　良　石门汛把总，直隶人，行伍。

马　成　青山口把总，直隶人，行伍。

马　宪　大水峪把总，直隶人，行伍。

马应虎　把总。

马成功　香河汛把总，直隶人，行伍。

马得亨　乐亭营都司金书，甘肃人，行伍。

马建学　协河间地方等处副将加一级，陕西宁夏，丁未进士。

## 四　川

马士杰　镇守陵镇驻扎马兰关千总，直隶人，行伍。

马　杰　千总，驻张家口外，直隶籍，行伍。

马　魁　冷泉关千总，山西籍，武举。

马麟绂　协镇蒲州兼辖潞垣运等处，地方副将，山东籍，军功。

马国勋　右哨头司把总，山西籍，武举。

马弘耀　右司五台把总，山西人，行伍。

马昇元　沁昌营把总，山西人，行伍。

马广臣　右营把总，陕西人，行伍。

马汉龙　后营把总，四川人，行伍。

马　培　左营千总，陕西丙辰。

马　熊　中军守备，山西人，行伍。

马攀龙　提标前营把总，甘肃人，武举。

马建适　把总，甘肃人，武举。

马之骐　协镇西凤等处地方副将，贵州人。

马定邦　协镇陕西潼关把总。

马天梅　关山营把总，陕西人，行伍。

马　贵　把总，陕西人，行伍。

马　虎　西安城守营参将，甘肃人，行伍。

马保奇　把总，陕西人，行伍。

马得功　右营千总，陕西人，行伍。

马守全　中军都司，陕西人，行伍。

马兆雄　中军千总，陕西人，武举。

马如麟　靖边营都司金书，陕西人，行伍。

马伏荣　把总，陕西人，行伍。

马守禄　麻地沟千总，陕西人，行伍。

马忠德　把总，陕西人，行伍。

马天爵　七里关把总，陕西人，行伍。

马得刚　千总，陕西人，行伍。

马　能　阳平关参将。

马蛟麟　千总，陕西人，行伍。

马有德　把总，陕西人，行伍。

马　魁　把总，甘肃人，行伍。

马　文　把总，甘肃人，行伍。

马成功　千总，陕西人，行伍。

马良吉　把总，陕西人，行伍。

马得旺　把总，陕西人，行伍。

马伏成　中军守备，陕西人，行伍。

马成龙　甘都堂千总，陕西人，行伍。

马成功　扎什巴千总，陕西人，行伍。

马显旺　镇海营把总，陕西人，行伍。

马光林　摆手戎把总，陕西人，行伍。

马起保　西大通堡千总，陕西人，行伍。

马伏成　新设白塔营把总，陕西人，行伍。

马　廷　新设永安营把总，陕西人，行伍。

马应福　把总，陕西籍，行伍。

马元龙　中军守备，四川阆中，武举。

马龙伏　右哨把总，陕西人，行伍。

马世鹛　中军都司，甘肃宁朔人，庠生。

马天德　镇标后营把总，陕西籍，行伍。

马　明　中军守备，陕西籍，行伍。

马之铨　韦州堡把总，陕西人，行伍。

马　祥　左营千总，甘肃籍。

马镇国　中军守备，甘肃籍。

马万英　古浪堡把总，陕西籍，行伍。

马　彪　镇守肃州等处地方挂印总兵官加四级，甘肃籍，行伍。

马登云　右营千总，陕西籍，行伍。

马化龙　新设金佛寺堡把总，陕西籍，行伍。

马三魁　邛来泉堡把总，陕西籍，行伍。

马良栋　协镇陕西金塔寺千总，甘肃籍行伍。

马　俊　把总，陕西籍，行伍。

马天昇　把总，陕西籍，行伍。

马文孝　两山口堡把总，陕西籍。

马天仁　协镇陕西、甘肃永固城中军都司加一次，陕西籍，功加。

马世芳　千总，陕西籍，行伍。

马汉伏　把总，陕西人，行伍。

马蛟云　平川堡守备，陕西籍，行伍。

马汉勋　把总，陕西凤翔府，举人。

马友信　把总，陕西籍，行伍。

马　岱　把总，甘肃籍，行伍。

马定焘　千总，陕西籍，行伍。

马　骥　把总，陕西籍，行伍。

马成宗　协镇陕西靖逆把总，甘肃籍，行伍。

马述仓　千总，甘肃人，行伍。

马诏蛟　右哨千总，四川籍，行伍。

马宾金　左哨头司把总，陕西人，行伍。

马一超　左哨千总，四川籍，行伍。

马　继　右哨千总，四川籍，行伍。

马国龙　二司把总，四川籍，行伍。

马　泰　左哨千总，四川人，行伍。

马化龙　右哨头司把总，四川籍，行伍。

马光祖　二司把总，四川籍，行伍。

马受国　镇标左营游击。

马一元　右哨千总，四川人，行伍。

马如龙　会盟营游击，陕西凤翔府人，军功。

马朝杰　左哨千总，四川人，武举。

马如云　左哨头司把总，四川籍，行伍。

马　贵　镇守松潘左哨头司把总，四川人，功加。

马如林　镇守松潘右哨千总，四川人，功加。

马如贵　镇守松潘右哨头司把总，四川籍，行伍。

马如虎　镇守松潘左哨千总，四川人，行伍。

马朝应　小河营把总。

马化仁　马边营都司佥书，四川保宁府籍，行伍。

马拱垣　中军守备，云南人。

马君智　云南左哨二司把总。

马朝凤　千总，云南籍，行伍。

马奇俊　镇守云南临元、徵江千总。

马再兴　二司把总。

马　杰　左哨头司把总，云南人，行伍。

马文美　右哨头司把总，云南人，行伍。

马震瑄　千总，贵州籍武举。

马建功　镇标左营都司，贵州人，武举。

马　俊　左哨头司把总，云南籍，行伍。

马廷霞　镇守云南承顺等处千总，贵州籍，武举。

马如骦　镇标左营千总，云南籍，行伍。

马子健　千总，云南籍，行伍。

马廷亮　千总，贵州籍，行伍。

马维良　二司把总，云南籍。

马　仁　千总，云南籍，武举。

马成龙　中军都司，河南人，行伍。

马自强　千总，云南籍，行伍。

马飞云　二司把总，云南籍，行伍。

马廷玗　千总，贵州人，武举。

马士城　中军守备，直隶人，行伍。

马文明　中军守备山东籍，行伍。

马大勋　右哨千总，四川人，武举。

马德盛　协标三营游击，直隶新安人，戊辰侍卫。

马成俊　协标石营守备，甘肃人，进士。

马国勋　左哨头司把总，云南籍，武举。

马元勋　二司把总，云南籍，武举。

马洪连　安顺营二司把总，贵州人，行伍。

马忠良　安顺营二司把总，贵州籍。

马翼麟　黄平营都司，湖广籍，行伍。

钦崇天道，玺璧祯祥，煊功显业，亿兆永昌
清乾隆四十九年修

（长江师范学院李良品教授　提供）

# 概　说

土司马氏，原籍陕西扶风县，汉新息侯伏波将军马援，代有世职。宋高宗南渡，援裔马定虎奉调领兵征服五溪诸蛮，遂授石砫安抚使司，卒葬城南磨刀溪（《天下郡国利病书》引《渝州志》云："宋景定中，蛮酋大虫马什用同向士璧率帅大败元兵，继平九溪洞夷，授镇国上将军，领铜牌、铁印，石砫安抚司大使，世守其土。"据此，马氏并非汉"马援裔""陕之抚风县"人，而是本地人）。其袭爵历元及明无替（据《马氏家乘》记：马定虎传十四代至马克用）。元末，九溪十八峒各土司乘乱不靖。洪武初，命石砫安抚司马克用征服，论功加授宣抚使司。克用传良，良传应仁（见《明史》）。应仁传镇（宣德时人，见《明史》）。镇传黼。黼传澄（成化时人，见《明史》。又见永寿寺古钟）。澄传徽（见《明史》）。徽传龙。龙传素。素传斗斛。斗斛（据《马氏家乘》记：斗斛死，子幼，由妻覃氏代职）传千乘（见《千乘墓志》）。千乘字肖容，英武有才略，万历二十七年（1599年）播州杨应龙叛，千乘偕妻秦良玉征播，贼平不言功，以开矿事件内监邱乘云，乘云构之，逮下云安县狱，瘐死，年四十有一，葬厅北境青荦圹，江西吴与俦铭其墓（见《石砫厅新志·艺文志》）。千乘子祥麟，字瑞征，千乘死时尚在襁褓，土司例，子幼则妻袭，朝命良玉领司职。良玉，忠州人，秦葵女，字贞素，性颖异，饶胆略，幼通经史，工词翰。且与兄邦屏、弟民屏同习骑射，究心韬略。长归千乘，仪度娴雅而性行严明。农隙与千乘训练土兵，精劲冠诸部。兵器用长矛，后带钩环，登山涉水前后相连，皆白木为之，不装饰。厥后屡立战功，石砫白杆兵遂著名海内。至顺治十六年（1659年）己亥，王师平蜀，万年（马祥麟子）率众投诚，恭缴前明印敕，蒙颁赐印敕，如前明治石砫土司事。万年传洪裔。洪裔传宗大。宗大传光裕。光裕传孔昭。孔昭于乾隆十九年（1754年）缘事革职，以光裕弟光仁护土司事，俟孔昭生子承袭。至二十一年（1756年），孔昭生子俊明，报部，光仁复缘事斥革，部议夔州府分驻云安厂，同知移驻石砫代理土司事，俟俊明成立交缺。二十五年（1760年）俊明殇，承袭无期，部议改设直隶厅同知，其土宣慰司改为土通判，不预民事，俟孔照生子题请奉旨如议。孔照卒，无子，以光仁子图昭袭土通判职。马图昭于乾隆二十七年（1762年）承袭，后缘事革职。宗大一支无应袭之人，以宗大胞弟宗夫之孙马祐昭承袭。马祐昭四十六年（1781年）领号纸承袭（道光《补辑石砫厅新志·土司志》）。其后，祐昭传子驾。驾传子保诚，保诚传杨舜贞，杨舜贞传马正佋，任职至解放（《马氏家乘》）。司治：宋、元时在水车坝，明初迁南宾。管地，东至湖广忠路司接壤，南至黔江县接壤，西至丰都县接壤，北至忠州接壤。原管番民四百三十七户，及族舍子弟并把目共二百五十七户（嘉庆《四川通志·土司志》）。

## 女土司秦良玉

秦良玉，忠州人，嫁石砫宣抚使马千乘。万历二十七年，千乘以三千人从征播州，良玉别统精卒五百裹粮自随，与副将周国柱扼贼邓坎。明年正月二日，贼乘官军宴，夜袭。良玉夫妇首击败之，追入贼境，连破金筑等七寨。已，偕酉阳诸军直取桑木关，大败贼众，为南川路战功第一。贼平，良玉不言功。其后，千乘为部民所讼，瘐死云阳狱，良玉代领其职。

良玉为人饶胆智，善骑射，兼通词翰，仪度娴雅。而驭下严峻，每行军发令，戎伍肃然。所部号白杆兵，为远近所惮。

泰昌时，征其兵援辽。良玉遣兄邦屏、弟民屏先以数千人往。朝命赐良玉三品服，授邦屏都司佥书，民屏守备。

天启元年，邦屏渡浑河战死，民屏突围出。良玉自统精卒三千赴之，所过秋毫无犯。诏加二品服，即予封诰。子祥麟授指挥使。良玉陈邦屏死状，请优恤。因言："臣自征播以来，所建之功，不满谗妒口，贝锦高张，忠诚孰表。"帝优诏报之。兵部尚书张鹤鸣言："浑河血战，首功数千，实石砫、酉阳二土司功。邦屏既殁，良玉即遣使入都，制冬衣一千五百，分给残卒，而身督精兵三千抵榆关。上急公家难，下复私门仇，气甚壮。宜录邦屏子，进民屏官。"乃赠邦屏都督佥事，锡世荫，与陈策等合祠；民屏进都司佥书。

部议再征兵二千。良玉与民屏驰还，抵家甫日，而奢崇明党樊龙反重庆，赍金帛结援。良玉斩其使，即发兵率民屏及邦屏子翼明、拱明溯流西上，度渝城，奄至重庆南坪关，扼贼归路。伏兵袭两河，焚其舟。分兵守忠州，驰檄夔州，合急防瞿塘上下。贼出战，即败归。良玉上其状，擢民屏参将，翼明、拱明守备。

已而奢崇明围成都急，巡抚朱燮元檄良玉讨。时诸土司皆贪贼略，逗遛不进。独良玉鼓行而西，收新都，长驱抵成都，贼遂解围去。良玉乃还军攻二郎关，民屏先登，已，克佛图关，复重庆。良玉初举兵，却以疏闻。命封夫人，锡诰命，至是复授都督佥事，充总兵官。命祥麟为宣慰使，民屏进副总兵，翼明、拱明进参将。良玉益感奋，先后攻克红崖墩、观音寺、青山墩诸大巢，蜀贼底定。复以援贵州功，数赉金币。

三年六月，良五上言："臣率翼明、拱明提兵裹粮，累奏红屋墩诸捷。乃行间诸将，未睹贼面，攘臂夸张，及乎对垒，闻风先遁。败于贼者，唯恐人之胜；怯于贼者，唯恐人之强。如总兵李维新，渡河一战，败衄归营，反闭门拒臣，不容一见。以六尺躯须眉男子，忌一巾帼妇人，静夜思之，亦当愧死。"帝优诏报之，命文武大吏皆以礼待，不得疑忌。

是年，民屏从巡抚王三善抵陆广，兵败先遁。其冬，从战大方，屡捷。明年正月，退师。贼来袭，战死。二子佐明、祚明得脱，皆重伤。良玉请恤，赠都督同知，立祠赐祭，官二子。而是时翼明、拱明皆进宫至副总兵。

崇祯三年，永平四城失守。良玉与翼明奉诏勤王，出家财济饷。庄烈帝优诏褒美，召见平台，赐良玉彩币羊酒，赋四诗旌其功。会四城复，乃命良玉归，而翼明驻近畿。明年筑大凌河城。翼明以万人护筑，城成，命撤兵还镇。七年，流贼陷河南，加翼明总兵官，督军赴讨。明年，邓玘死，以所部皆蜀人，命翼明将之，连破贼于青崖河、吴家堰、袁家坪，扼贼走郧西路。翼明性惟怯，部将连败，不以实闻，革都督衔，贬二秩办贼。已，从卢象升逐贼谷城。贼走均州，翼明败之青石铺。贼入山自保，翼明攻破之。连破贼界山、三道河、花园沟，擒黑煞神、飞山虎。贼出没郧、襄间，抚治郧阳苗胙土遣使招降，翼明赞其事，为贼所绐，卒不降。翼明、胙土皆被劾。已而贼犯襄阳，翼明连战得利，屯兵庙滩，以扼汉江之浅。而罗汝才、刘国能自深水以渡，遂大扰薪、黄间。帝以郧、襄属邑尽残，罢胙土，切责翼明，寻亦被劾解官。而良玉自京师还，不复援剿，专办蜀贼。

七年二月，贼陷夔州，围太平，良玉至乃走。十三年扼罗汝才于巫山。汝才犯夔州，良玉师至乃去。已，邀之马家寨，斩首六百，追败之留马垭，斩其魁东山虎。复合他将大败之谭家坪北山，又破之仙寺岭。良玉夺汝才大纛，擒其渠副塌天，贼势渐衰。

当是时，督师杨嗣昌尽驱贼入川。川抚邵捷春提弱卒二万守重庆，所倚惟良玉及张令二军。绵州知州陆逊之罢官归，捷春使按营垒。见良玉军整，心异之。良玉为置酒，语逊之曰："邵公不知兵。吾一妇人，受国恩，谊应死，独恨与邵公同死耳。"逊之问故，良玉曰："邵公移我自近，去所驻重庆仅三四十里，而遣张令守黄泥洼，殊失地利。贼据归、巫万山巅，俯瞰吾营。铁骑建瓴下，张令必破。令破及我，我败尚能救重庆急乎？且督师以蜀为壑，无愚智知之。邵公不以此时争山夺险，令贼无敢即我，而坐以设防，此败道也。"逊之深然之。已而捷春移营大昌，监军万元吉亦进屯巫山，与相应援。其年十月，张献忠连破官军于观音岩、三黄岭，遂从上马渡过军。良玉偕张令急扼之竹箘坪，挫其锋。会令为贼所殪，良玉趋救不克，转斗复败，所部三万人略尽。乃单骑见捷春请曰："事急矣，尽发吾溪峒卒，可得二万。我自廪其半，半饩之官，犹足办贼。"捷春见嗣昌与己左，而仓无见粮，谢其计不用。良玉乃叹息归。时摇、黄十三家贼横蜀中。有秦缵勋者，良玉族人也，为贼耳目，被擒，杀狱卒遁去。良玉捕执以献，无脱者。

张献忠尽陷楚地，将复入蜀。良玉图全蜀形势上之巡抚陈士奇，请益兵守十三隘，士奇不能用。复上之巡按刘之勃，之勃许之，而无兵可发。十七年春，献忠遂长驱犯夔州。良玉驰援，众寡不敌。溃。及全蜀尽陷，良玉慷慨语其众曰："吾兄弟二人皆死王事，吾以一孱妇蒙国恩二十年，今不幸至此，其敢以余年事逆贼哉！"悉召所部约曰："有从贼者，族无赦！"乃分兵守四境。贼遍招土司，独无敢至石砫者。后献忠死，良玉竟以寿终。

翼明既罢，崇祯十六年冬，起四川总兵官。道梗，命不达。而拱明值普名声之乱，与贼斗死，赠恤如制。

（《明史》卷二七〇《秦良玉传》，第6944~6948页）

# 评　语

秦良玉，字贞素，明万历二年（1574年）正月二日出生于忠州鸣玉溪秦家坝（今四川忠县东云乡护国村）。父贡生秦葵，甚爱之，幼教经史、词章。及长,"与兄邦屏、弟民屏同习骑射,究心韬略"(《石砫厅志·承袭志》)。万历二十四年(1596年),出嫁石砫宣抚使马千乘为妻,从此开始了她的戎马生涯。

秦良玉协助马千乘整饬土政,训练土兵,不几年,一支"戎伍肃然""为远近所惮"的土兵队伍即在石砫出现。这支土兵部号"白杆兵",使用一种用白木制作的"矛端有钩""矛末带环"(《芝龛记》)的独特长矛,锐利无比,运用灵活,能征善战。

平播之战。明万历二十七年(1599年),播州宣慰司使杨应龙,朝廷调他抗倭援朝,他非但拒不出师,反而乘机煽动叛乱。朝廷征调二十余万官军、土兵,分八路进讨。石砫宣抚司马千乘率三千土兵出征,秦良玉乃别领精兵五百偕往诸营,抵邓坎。"度岁,俟三省奉调兵,集进攻。万历二十八年正月二日,置酒宴饮。良玉料贼夜袭,语千乘戒备,下令军中解甲倒戈者斩。夜半,贼果至,诸营惊溃。良玉偕千乘独领本部三千五百人奋击追入贼境,一夜破其金筑等七寨。"(《补辑石砫厅志》)这是秦良玉首次显示出用兵之才能。接着攻打桑木关,督臣李化龙遣将马孔英等正面攻关,马千乘和秦良玉及良玉兄邦屏、弟民屏,率领白杆兵分左右勾连上山,机智"出关后破之"。又"会八路兵将刘綎等破娄山关,扼贼海龙囤剿之"。平播后,朝廷论功说:"是役也,良玉夫妇战功第一。"

援辽之战。万历四十一年(1613年),马千乘被太监邱乘云诬陷,死于云阳狱中。秦良玉袭职,管理石砫宣抚司事。万历间,女真族在东北崛起,对明廷构成严重威胁。万历四十七年(1619年),女真族军队在萨尔浒大败明军后,驻守辽东明军官兵,一闻警报,无不心惊胆丧,装死苟活,不肯出战。朝廷急调永顺、保靖、石砫、酉阳等土司兵赴辽救援(《明神宗实录》卷五八八)。万历四十八年(1620年)十一月,秦良玉奉调派"遣兄邦屏、弟民屏先以数千人"前往(《明史》卷二七〇)。天启元年(1621年)初,"军至浑河,已闻沈阳失"。白杆兵同仇敌忾,勇渡浑河,在桥北尚未集结,即遭到清兵四面袭击,战斗十分激烈。后清兵主力又赶到,白杆兵寡不敌众,秦邦屏及土兵千余,英勇奋战,壮烈捐躯。兵部尚书鹤鸣也承认:"浑河血战,首功数千,实石砫、酉阳二土司功。"(清同治《忠州直隶厅志》)接着,守护榆关(山海关)。浑河战后，秦良玉一面派人前往抚恤士卒，一面亲自带领三千白杆兵奔赴。由于秦良玉亲自统兵镇守榆关，清军不能破关西进，不得不改道由长城入塞。从此，足见秦良玉统领的白杆兵的军威凸显。

讨奢之战。天启元年（1621年），永宁宣抚使奢崇明，奉诏率兵二万援辽，军至重庆，久驻不发。巡抚徐可求前往催促，奢崇明党羽樊龙等即以增行粮为名起哄，趁机反叛。杀巡抚、道、府、总兵等官二十余人，占据重庆。并立即分兵攻合江、纳溪，破泸州，陷遵义、兴文，进围成都，称"大梁王"（《明史》卷三一二）。秦良玉闻讯，即起兵讨贼。遣邦屏子翼明，领兵四千，衔枚疾趋，潜渡渝江，驻南坪关，扼贼归路；遣民屏子拱明，领兵四百袭两河，焚贼船，阻其东下；偏将秦永成领千兵分张旗帜山谷间，守护忠、万、丰、涪。秦良玉与子祥麟"亲率杀手六千，令弟民屏提调，杨学礼督阵，沿江而上，水陆并进"直抵成都。秦良玉与官军"内外夹攻"，破奢崇明之"吕公车"，解除成都围。旋挥兵重庆，"民屏擒贼将樊虎，杀黑蓬头，夺二郎关，又夺佛图关"。"贼闻两关连破，惶惧束手困守城中。良玉兵抵城下，贼张形迎战，祥麟斩之，乘夜攻破通远门。樊龙遁走，诸将争杀之，收复重庆。"后又率师追剿，转战川东南，解救贵阳，攻破平越，直捣大方。在平定奢崇明之战中，秦良玉及其白杆兵立了大功，良玉及子祥麟并弟侄等都得以晋封升官。秦良玉"晋封一品夫人，授都督佥事，充总兵官"；子马祥麟升"为宣慰使"；弟秦民屏战死，"诏赠民屏都督同知，立祠赐祭"；侄佐明、祚明"授参将"，翼明、拱明晋升至"副总兵"（《石砫厅志·承袭志》）。在平奢之战中，显示了秦良玉有杰出军事才能，她统领的白杆兵战斗力很强。

勤王之战。崇祯二年（1629年）十一月，清军绕道喜峰口攻陷遵化，向北京逼近。又攻占永丰、漆州、迁安三城，京畿震。崇祯皇帝急忙诏天下兵"勤王"。秦良玉接诏，立即"裹粮率师昼夜兼行抵都"（《石砫厅志·承袭志》）。当时各地先后到达的二十余万官军，驻扎在蓟门外一带，互相观望不前。独秦良玉率领的白杆兵，到后立即出战，在友军的配合下，艰苦战斗，收复了永平、遵化等四城，解除了清军对北京的威胁。为此，崇祯皇帝特别对秦良玉"召见平台，赐蟒玉，又御书诗四章赐之"，赞扬秦良玉云："蜀锦征袍手翦成，桃花马上请长缨。世间多少奇男子，谁肯沙场万里行。"还表示永远铭记其功绩："试看他年麟阁上，丹青先画美人图。"

镇压农民起义。秦良玉是"朝廷命吏"，她是维护王朝利益的（《四川通志》卷二〇〇）。当人民起来反对封建王朝时，她是站在封建王朝一边的。所以，秦良玉曾经几次参加了镇压农民起义军。崇祯七年（1634年）二月，陕西农民起义军南渡黄河，进入湖广，经过鄂西，抵达川东境土。官军猝不及防，夔州（今奉节）遂为农民军占领。秦良玉即率兵前往阻击，川将张令复以兵扼诸要隘，农民军西进不得，只有放弃夔州，退走湖广。农民起义军进入四川的初次失利，这与秦良玉的出兵阻扼有很大关系。崇祯十三年（1640年）五月，"罗汝才等复陷夔州，闻良玉兵至，反走。良玉先锋将谭稳己潜出贼后马家寨，邀击之，斩首七百三十三级。都司秦篆又邀之留马垭，斩其渠东山虎，生擒三十三名。俾将秦永祚伏兵水口，遮击斩首五百余级，未渡者北遁。秦翼明会别将张令追至谭家坪，斩首一千一百七十八级，贼披靡逃窜，贼首小秦王、过天星皆降。良玉率祥麟亲追至仙寺岭，夺汝才大纛，祥麟擒其渠副塌天。前后计斩贼首八千余级，踩蹢死者遍山谷，获甲仗、马骡无算"（《石砫厅志·承袭志》）。秦良玉的这次血腥镇压农民起义军，犯下了不可饶恕的罪过。崇祯十七年（1644年）正月，全国农民大起义前夕，张献忠率领起义军数十万，自荆州直捣夔州。秦良玉率领白杆兵阻击，因"众寡不敌，溃"（《明史》卷二七〇）败回石砫。张献忠占领四川，建立"大西"农民政权，秦良玉标榜"保境安民"，发布《固守石砫檄文》，继续与农民起义军对抗，坚持其反对农民起义军的立场。

复明抗清。崇祯十七年（1644年），清军攻占北京，一个反清的浪潮在全国掀起。崇祯帝死后，先后建立三个与清王朝对峙的南明政权，即南京的弘光政权、福州的隆武政权和肇庆的永历政权。隆武、永历两个政权，分别是由李自成的夫人高氏和张献忠的部将李定国两支农民起义军支持的。这是在民族矛盾上升为主要矛盾的情况下，两支农民起义军由"起义灭明"转而为"扶明抗清"。由于矛盾的转变，秦良玉与农民起义军自然休战息兵，并与之一同抗清。清顺治二年（1647年）八月，在福州的隆武帝为争取四川的抗清力量，专门遣使到石砫，加封秦良玉"太子太保忠贞侯"爵,并赐"太子太保总镇关防"印,征调石砫兵抗清(《马氏家乘》)。时秦良玉已七十三岁高龄,毅然接受隆武政权的封号和印信,打起"复明抗清"旗帜。即将率兵出征时,不料福州被清兵攻占,隆武政权覆亡,秦良玉的"复明抗清"遂不果。

保境安民。秦良玉晚年的"复明抗清"虽不遂,但她的保境安民却是很有成效的。顺治三年(1647年)底,清军进入四川,人民惨遭屠戮、劫掠,兼之地主武装混战与割据,当时的四川"赤地千里",经济文化一片残破。据记载:是时"蜀江北岸,遍地干戈"(《破山禅师语录》)。"忠(县)、丰(都县)遗黎襁负来依者,计十数万家"(《鹃碧录·秦良玉》)。这时石砫地方是较为稳定和安宁的,秦良玉妥善地安置了"忠(县)、丰(都县)"前来依附的"十数万家"人的生计。又据载:秦良玉这时在石砫大规模开展屯田垦殖,不仅解决了石砫百姓的生计,而且还储备了大量的粮食。秦良玉在临终时对其子孙说:"今四川惟石砫完,我死,寇必至,城东南六十里万寿山,上平下险,吾新积粮草火药于此,有警,亟率兵民往避。"(《蜀龟鉴》卷四)后来,石砫军民依靠万寿山的这些"屯粮",挫败了前来骚扰的朱容藩军队,保持了石砫很长一段时间的安宁。

秦良玉,自二十五岁率兵参加平定播州杨应龙起,至七十三岁"复明抗清"止,南征北战近五十年,戎马一生。她的赫赫战绩表明,她是明代边疆地区杰出的女士司。

# 冉氏忠孝谱

## 乾隆酉谱序一

稽《尧典》"明峻德以亲九族"，《周礼》"掌三族以辨亲疏"，而族之义昭。司马明世家，欧苏作宗谱，而谱之法明。族谱者，盖上传祖宗之盛德，下昭子孙之世守，溯本源于枝分派别之后，识骨月于天南地北之间者也。冠岳冉公讳正岱。定远伯玉岑公之五世孙也，笃宗盟，善继述，诚哉忠孝苗裔。一日，持其世谱，嘱俊纂集，俊起而曰："冉氏，宇内名族也，出于颛顼，泰于汉唐。天水郡公尚婚于唐室，并州都督作宾于王家，显邦复继皇姻，守忠创袭宣慰，历宋元明，而丰功素著，镇蜀黔楚之伟烈光昭，迨我国朝，掇科名登仕板者，又蝉联迭出，其文武世勋，既已明载国册也，而忠孝世德，岂犹未备家乘乎，其尚欲参鄙人之未议乎。"公蹙然曰："嘻，子固未之知也，我族以忠孝传家，故谱颜'忠孝'，始纂于来先生，既定于数君子，家司君已登刊矣。不幸司君徙淅，而板籍遂消，尽于凶竖焱烬之余，虽草略犹存，已残缺失次。逮州尊郜公莅任，又录呈阅，幸蒙改叙，乃今而改稿亦复遗亡也。嗟乎，前有作者，今且如是，今不亟纂，后将焉知？此所以欲子之修而明之耳。"俊不敢固辞，乃启来序传而观之，见其发明冉氏之渊源，章章较著，不数千言，而数百传之祖功宗德，尽括楮间。惜乎抄写之本，亥豕多讹，卷帙不分，且世系已缺，余多错见。余因览州志而采郜序，祖其一世系，二世次，三坟茔，四诰敕，五符檄，六杂著，七赠言之目，画图正舛，别类分门，俾阅者展卷朗然，庶几亲疏立辨，不致视骨肉如途人，先后有稽，毋令昧本源于心目，而于《尧典》《周礼》亲亲之义，庶乎近也。至欲其文简而该，词雅而约，如司马欧苏之美善，则非疏浅所能。是望于冉氏之麟趾凤毛补而葺之也已。

时乾隆五十五年<br>岁次庚戌黔邑李士俊淳渠氏顿首拜书

## 乾隆酉谱序二

人本乎祖，礼有明征，所以示有本也。周道亲亲，诗有懿训所以明有宗也。余于甲辰岁奉钦命，特授山西潞安府屯留县令，蒙天朝之简拔，荷祖德之流芳，居一邑之长，司民社之任。木本水源之思，无时不深其仅念，每怀唐室帝谊，驸马冉仁才一开其始，而伟烈昭著，食邑三千户。厥后夷獠猖獗，我祖守忠，复大张武功，扫平贼党，海隅清宁，授酉阳世袭宣慰，威镇华夷，载在宗谱，间有自也。维时忠祖一派三英，守孝、守时俱蒙敕职，或仕本川忠夔，或仕三楚云贵，支分派别，苟非有家乘之可考，必至视宗亲如途人，爰是笃我宗盟，刊之成书，俾世远年烟，子子孙孙犹可寄一线于千古，永维祖德，昭其世守尔。是为序。

时大清乾隆五十有四年岁次己酉春王月
壬辰科进士山西潞安府屯留县知县裔广燏继序

## 乾隆酉谱序三

酉阳冉氏，世袭土司，自宋建炎三年，始时叛苗流劫思南涪渝等地，守忠率诸洞獠，助剿有功，册为宣慰司，是为迁酉之始祖。其先，在夔府有为唐驸马讳仁才者，守忠十七世祖也。一传至实，尚郡主为国宾，再传至显宗，拜驸马都尉，授夔州都督。五代时孟昶据蜀，子孙避乱，迁徙无常，数传失序，至守忠而世次、官爵、名讳，始可得而详，谱之者则其十九世孙维屏，读其家传，历溯祖功宗德，剖符析爵，盖二十余世于兹矣。噫，源远流长，亦极椒聊之盛也。令其后之人，箕裘克绍，牛羊勿践，不亦可子子孙孙勿替引之乎？乃卒成栾郤之后，若敖之鬼，其亦可哀也已。今其地已改为州，亲支已徙诸渐，而族姓繁衍，谱系犹存，惜乎规模初具，卷帙不分，盖当时草创未成之书也。余至州，访阅之，发凡起例，别类分门，一曰世系总，二曰世次，三曰坟茔，四曰诰敕，五曰符檄，六曰杂著，七曰赠言。若纲在纲，有条不紊，冉氏后昆，修而明之，慨然于水有源、木有本，枝叶无害，泾渭攸分，虽历之久远，皆可以数典不忘，弗至视同行路也，岂非其先人修谱之遗意哉。是为序。

署直隶酉阳州事会理州知州四明邵陆撰

## 康熙酉谱序

余常读汉世家史，及文竿汇氏统志诸书，而知世其宗者，恒不世其爵，世其爵者，恒不世其土，兼之者盖綦难哉。余蜀西为东南带砺区，由唐亘兹，匪第千禩，要其家有鸿骏，载汗青积，累铭苍赤者存，《吕览》曰："地大则有常祥，不廷，岐毋，群祇，水大则有神虬，夜璧，珍蚌灵犀"，洵非诬也。余昔以《北风》载咏，侨栖西邸，得与冉君沛生为逆旅交。沛生丰仪品藻，取重当道，东川吕督师轺以司李告诸廷，且欲需戡乱才，以靖中土，沛生高尚林壑，咸不之就。彼宗爵玉岑公隆其守，凡厥宗务，皆取则焉。一日，持世谱为余览叙，则瞿塘来先生手也。沛生谓余族自穆皇帝而后，如我先君上乾公，东征屡捷，克播恢渝，授黔捣蔺，蔓然援抚而慰，仍倣前朝旧制，题请颁给敕书银印，辖属平茶、邑梅、石耶三长官司，寨娄、绞娄、蹄溪三千户所，并流官、经历、教授，今玉岑公奇勋破从前之荒，识力洗先世之陋，犹未之纪，殆阙典焉，欲余再叙以足之。余曰唯唯，夫闻者之繁虚，不及见者之确实，口耳之浮诳，何以躬炙之详真，若玉岑公，余以周族者若，而年其时其事，余得躬览焉。盖酉当黔楚之交，伪垒横师，去来如织，稍不至则不虞，洊至民不遑处。公智力裕如，百剧咸消，酉承继既久，未免即久成弛，民物多规，未免即规滋弊。公罚饬之，而风以端一，酉专阃世操，前此多忍，忍则民罹其殃，前此多婪，婪则物坐于竭。公仁廉在掬，一洗故习，而下土宁。所最艰者，酉去苗窟不下里许，巨则引类兴戎，如劲敌犯顺，残我汉疆，细则伏莽肆掠，如有人自朝鲜来者，谓君犹箕子之后，臣犹箕子之民，而土犹箕子之故，冉氏虽一世司哉，余谓兼而久焉，于朝鲜近之矣。

时大清康熙壬寅岁<br>钦命贵州监军道参政涪陵刘之益顿首抒撰

## 万历酉谱序

诸山发于昆仑，而五岳三神皆眷属也，诸水导于岷嶓，而九河四渎皆支派也，三十六洞天，七十二福地，各有图记，是即山水之族谱也。然此其大宗法耳，至于小宗之法，则山有脉，由坯垭以极于高岩危岫。丰巚崇冈，峭峦叠嶂，崔嵬巉峣，嵝岘崚岏，嵘峎岩峣，皆其脉之分峙。谓撮土而不本于山，不可也。水有源，由行潦以达于曲溪大涧，幽壑深渊，震潭溟海，潆洄潆濛溷淄溃瀑，汪于浩瀚，皆其源之分流，谓勺水而不本于水，不可也。水山有本，人讵无本哉？《周礼》：小宗伯掌三族，辨亲疏，小史定世系，辩昭穆，历汉晋隋唐。宋曰官谱，曰谱局，曰簿状，世号不同，其义一也。故司马子长约《世本》而修《史记》，因周谱而明世家，眉山苏氏有宗钎谱，庐陵欧阳氏有宗万谱，江左王氏有青缃谱，临江刘氏有墨庄谱，由大宗析小宗，皆各详其亲，各承其所自也。迄我圣铭改古制，聿睿宸衷，宗室有图，天潢有派，而嫡庶昭穆亲疏之伦，条分缕析，毫无纬缊矣。海内如溧阳史蒲田林嘉禾李大袖刘家谱，华然为荐绅君子眩眸舐□剐，冉氏系自颛顼，流裔于今，代不乏人，忠孝传家，文武继世，祖功宗德，裂土分茅，曷可以无谱乎？且其族之始源，梓里于陕西京兆，发轫于河南定鼎，食邑于西蜀酉阳石砫，食采于湖广大田，贵州沿河，麻兔掇科掇祀。珑于南浦内江之间，虽皆蚕丛鱼凫国土，而羌髳万酉石黔，杂处不一，乃其子姓，甡甡济济，苟无谱以纪其族，不惟大宗小宗之莫辨，且将老□比肩，面面不识，视其亲为途人也。五云山人出治平郡，古大树将军异，玉组文唐族也，小迷欹谱，踪迹寰宇而采之，因与冉生维功倾盖而语，询其系同于酉，余曰：二酉冉氏，本于风姓，衍于高阳，历聚鲁汉晋唐宋元，以迄于今，勋旧名族也。功曰先人，世藩东蜀，与楚中诸司为邻，彼此仇杀，无世无之。每有仓卒之变，不惟家乘收藏不及，且奔逃性命之不暇，以致余家谱毁于兵燹，其止一次耶。兼之朝代沧桑，即有零落者，亦不获存矣。家门君亟欲修之，奈无所本，何幸余家先君家塾中，尚有残缺蠹帙数板，请为先人考详世系，别次昭穆，庶自维屏而后，生卒婚配，章章明著，得为欧苏家谱，免有途人之讥，皆子之赐也。抑亦宗主维屏之幸也，是亦诸先君之灵也，请为我补而葺之。余唯而诺，遂允冉氏之请。说者曰：传曰君子之泽，五世而斩，史曰狄梁公不认远祖，夫族曰九族，制曰五服，尽之矣。余曰：独不曰本支百世乎？昔屈原，楚大夫也，而自叙为高阳之苗裔。扬雄，汉给事也，而自述为伯侨之胄孙。嗣宗，晋风流也，而缔称南北阮。元晦，闽鸿儒也，而溯书新安熹后。噫！盖不忘渊源之所自乎。遂按古史，检旧章，并阅冉氏之蠹帙残谱，而筌次如左，庶俾冉氏姻娅皇眷，文武世勋，忠孝世德，如指诸掌。冉氏之族固多也，冉氏之居固涣也，使披兹图阅兹谱，譬诸三神五岳，吾知其发于昆仑，而撮土坻垤，皆出于山也。九河四渎，吾知其发于岷嶓，而勺水行潦，皆出于水也。洞天三十有六，福地七十有二，而皆归诸传记尺牍寸楮间也。嗣是，而洼骏海菟，狩麟河凤，奋足万里，振羽千仞，为云仍为跨灶，为宁馨，为兴门，为祖风，衮衮公侯，咸有所瞻仰，有所绳武矣。然勿谓我贵也，我富也，族弗我若也，须知晏子之敝车羸马，而父之族无不乘车，母之族无不足衣食，妻之族无冻馁，与□范文正公之分财产于族人，且相率其族，于忠孝文武彬彬之业，夫如是，则族睦矣；族睦，则人和矣；人和，则足守我茅土，报效犬马矣；不必如孟尝君之养客三千也，不必如戴子高之延士数百也。内艰不生，外艰不作，斯无负祖宗汗马之勋，及世谱传记之义矣。

时万历戊子岁春王正月上元日<br>乡进士古梁州十二峰山人瞿唐来知德顿首拜撰

## 忠孝世家传

按史，冉本风姓，颛顼生称，称生老童，老童生重黎及吴回。重黎为高辛氏火政，是谓祝融，以罪诛其弟吴回，复为火政。吴回生陆终，陆终生子者七：曰樊、曰惠、曰连、曰篯、曰来言、曰安季、曰季连，七人皆有后，各分为数姓。安为曹姓，周武王封其苗裔曹挟于邾，为曹附庸，其支子食邑于冉，遂为冉氏。鲁缪公改邾为邹，遂为鲁国之邹人，春秋之世，见于传者，曰会、曰猛、曰竖，登宣圣之门者曰耕、曰雍、曰求。嗣是而无闻焉。在汉有弘与璆，其族始蕃于黎阳，为车骑都督，累世衔

# 四 川

门，徙魏郡之内黄，曰隆。生瞻，初名良者，为石季龙之养子，随姓石，历位左积射将军西汉侯，生闵。子永，曾授建节将军修城侯，灭石氏，称皇帝，国号魏，复冉姓。生智、胤、明、裕四子，智立为皇太子，胤封太原王。永和八年，慕容评困邺时，智等皆幼，蒋干以胤奔晋仓垣，及长，仕晋为直阁将军。胤生定，定生冉道周，尚齐南康公主，为安陆内史、平南将军、散骑常侍、荆州刺史，假节钺都督信州诸军事，封睢阳公，始家于信州，今之夔州府也。道周生轸，仕梁，太子左卫、率荆州刺史，封巴东郡公。轸生黎，仕梁，假节钺云麾将军、湖州刺史，袭封巴东郡公。入周，拜骑骠开府，仪同三司。至隋开皇中，为旭州刺史。黎生安昌，除开府仪同三司、平城县开□，子渔阳丞，隋末据保巴东，唐高祖即位，加封上柱国蜀国公，兼管山南道大行军总管，授信州刺史，寻改封黄国公，历潭州总管八州诸军事，潭州刺史，奉命招慰黔州生獠，秦置婪川，通羚柯，筑防城，开拓思夷等州，肇基世业，卒赠都督十八州诸军事，谥庄肃。子仁才，字征文，隋恭帝义宁二年，平禄郎有功，诏除金紫光禄大夫，泾州刺史巫山公，唐武德二年，诏加前功，封天水郡开国公，食邑三千户，持节浦州诸军事、浦州刺史。武德四年，克定伪乱，辟地五千里，收兵数十万，拓土聚民，劳勋丕著，丁外艰有诏起任。贞观六年，诏迁使持节北澧州刺史，贞观十三年，改袁州刺史，内艰服阕，除江州刺史。高宗永徽二年入朝，优诏迁使持永州刺史。永徽三年壬子岁，九月初四甲寅日，薨于永州，享年五十有八，谥曰果公。永徽五年，敕葬万州万辅山，今之夔州府万县威凤山是也。及考龙朔间碑，载《一统志》，及《川东志》表存，墓在县治东十三里。尚唐公主讳玉土，敕葬河南定鼎县，至今相传冉驸马公主坟云。仁才生实，字茂实，擢进士第，调并州大都督府参军，历县令、长史、司马，迁使持节河州诸军事，河州刺史，知营田使。证圣元年卒，承翁主李氏，乃江夏王道宗之女也，封象贤济美夫人、金城郡君，合葬河南定鼎。张燕公说题其墓，文今存。其后，子孙多官。实生三子，显宗、显朝、显邦，拜驸马都尉，授夔州都督。邦生绍雍，登进士，景龙初，擢给事中兼侍御史内供奉，次后子孙，多仕夔万。五代时孟昶据蜀，冉氏遂隐弗售，而家声世泽，川以东称最。比有宋宣和间，显宗十五世孙守忠者，授郎官，结纳豪雄，聚姓九十余族，奉敕平夷，授阁门宣赞舍人，知制御前兵马使，仍令镇守诸洞夷獠，便宜行事。诸洞苗獠率服，改寨为州。至元间，加安抚。至正间，升沿边溪洞都元帅府、军民宣慰使，特诣万县，于祖仁才墓后岩镌钺斧记，好事者每造其地，劙苔藓而搜览焉。忠生文炳、文灿、文献，率石隄等处地方诸洞，苗獠率服。绍兴二年，四寨九溪蛮夷畏威，封思南宣慰使。炳生世昌、世荣、世华，平服思州，领兵往石隄鲁塘设寨，讨金头和尚，斩首千级，授西路巡防殿侍都指挥使，后夷民畏威怀德。昌生胜宗，胜宗生维义，克绍祖武。淳熙四年，叛苗临境，奋斩苗级四百颗，改寨为州，授奉训大夫知酉阳州事。维义子贵迁，安土约民，抚獠善治，改为安抚。贵迁生思通，勇毅多谋，能行州事。庆元二年，封授酉阳知州。思通生万友，能继父职，抚驭蛮人，授检校散骑常侍，兼监察御史飞龙骑。万友为人，英雄毅武，有大节，善射，弱冠志气过人，多奇谋方略，随父破贼，迁州治于忠孝坝，至元初，授武略将军，知酉阳州劝农公事。八年，思南州田安抚，倚勇万余攻，卒至境占界，万友夜束火把，沿山分布大众，来兵莫测，领兵甲窃追斩千余级，田安抚隔河设誓曰："汝能隔河射中吾枪，即以此河心为界。"一发而中，永以江心为界，再不敢犯。万友子载朝，有膂力，募勇御乱，民赖保全。大德初，袭父职。延祐七年，率大小石隄洞领兵入贡，赏赉甚厚，封宣武将军。载朝生子如彪、如虎、如豹、如狼、如蛟、如安。彪于至正五年，屡有边功，升酉阳沿边溪洞都元帅府军民宣慰使，后因元政不纲，天下大乱，姑苏张士诚、江西陈友谅、陕西徐寿辉各立国号，寿辉差屯长明玉珍于巫峡贸粮，四川无主，重庆父老迎请玉珍为君，僭称大夏，改号大统。大明洪武太祖即位四年，钦差信国公汤和、傅友德取明氏，彪差应显领兵纳款于夔州白帝城，以迎王师。太祖犒赏虎符金牌银印，金一千两，帛三百匹，仍授奉训大夫知酉阳州事。洪武七年，进方物朝贺，改州领印，升为宣抚、明威将军、中顺大夫，并颁给流官经历同印信一颗，辖属平茶、邑梅、石耶长官印信。彪生子应仁，应仁生兴邦，于永乐间以不次边功，奏请建立学校，奉旨设教授一员，并颁学印一颗，以教其子弟，仍同汉府州县科举，并岁贡，登仕朝廷。邦生瑄、琛、瑢、瑀四子，瑄生廷辅，事景泰。廷辅生云，事成化。云生舜臣，事弘治，享平成，守爵土，又百有六十余年于兹矣。舜臣生子七，长子仪，事正德，征鄢兰廖贼,又征南川周天星、周天河,加封三品服色。仪生玄,事嘉靖,二十五年,征杆子坪,加授三品服色,又征番王李保,加封三品爵服。玄为人豪侠好义,门多英俊,幕集佳宾,延揽雄豪,广施仁义,事遂名成,适丁外艰,遂厌嚣尘风波之恶,访玄(游)山水之间,每经过形胜之地,著有题咏,后竟为南宫列仙矣。玄生维屏,嘉靖四十五年,征松潘小西天。万历十五年十月,征马湖。十六年五月,奏凯,晋秩三品。噫嘻,人孰无族也,派恒未泓,焰恒未炽,率多叹蹄岑于巨浸之余,嗟嚼烬于昌燎之末也,讵有如冉氏之火然泉达,百世不替者哉。且其子孙彪彪骎骎,龙骧虎跃,忠孝世德,文武世勋,山河带砺,史册光昭,迨我大明宇宙间之甲族也。谨猎传记,剔谍楮,而为之传。

乡进士瞿唐来知德谨书

## 冉氏字派世系总图

自玉岑宗主之子为始

水木火土金

永裕广正瑞

崇隆启懋光

水木火土金

毅允晋恒泰

水木火土金

开元衍庆长

其取名末一字,宁旁取金生水、水生木、木生火、火生土、土生金,轮周复始,庶不致紊淆。

# 冉氏世系總圖

此自唐始祖至遷酉止

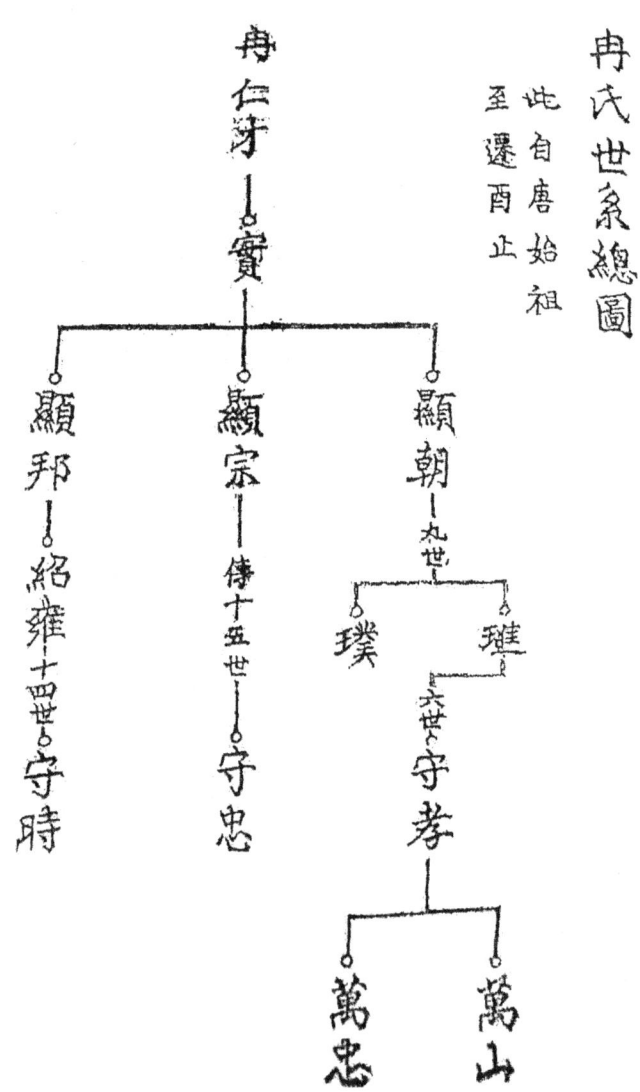

```
冉仁才——實
         ├──顯朝(九世)
         │    ├──璞
         │    └──璡——守孝(六世)
         │              ├──萬山
         │              └──萬忠
         ├──顯宗——(傳十五世)——守忠
         └──顯邦——紹雍(十四世)——守時
```

# 四川

## 冉氏世系总图

此自唐始祖至迁酉止

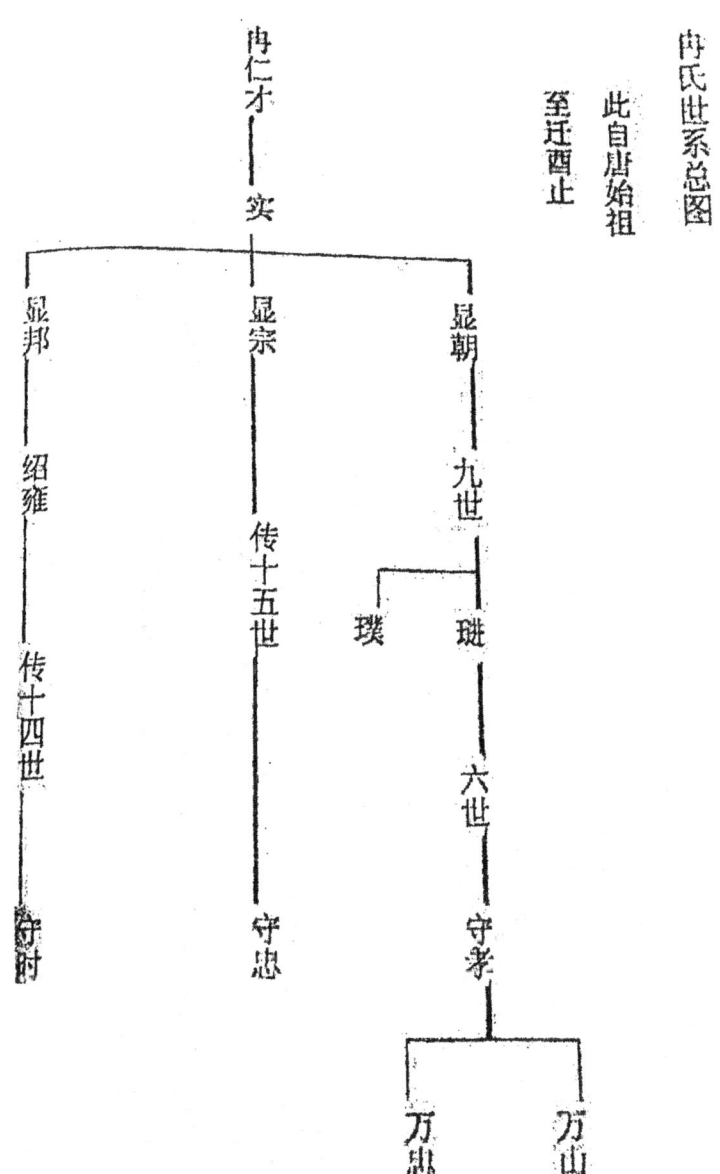

```
冉仁才 ── 实 ─┬─ 显朝 ── 九世 ─┬─ 璞
              │                 └─ 琜 ── 六世 ── 守孝 ─┬─ 万忠
              │                                         └─ 万山
              ├─ 显宗 ── 传十五世 ── 守忠
              └─ 显邦 ── 绍雍 ── 传十四世 ── 守时
```

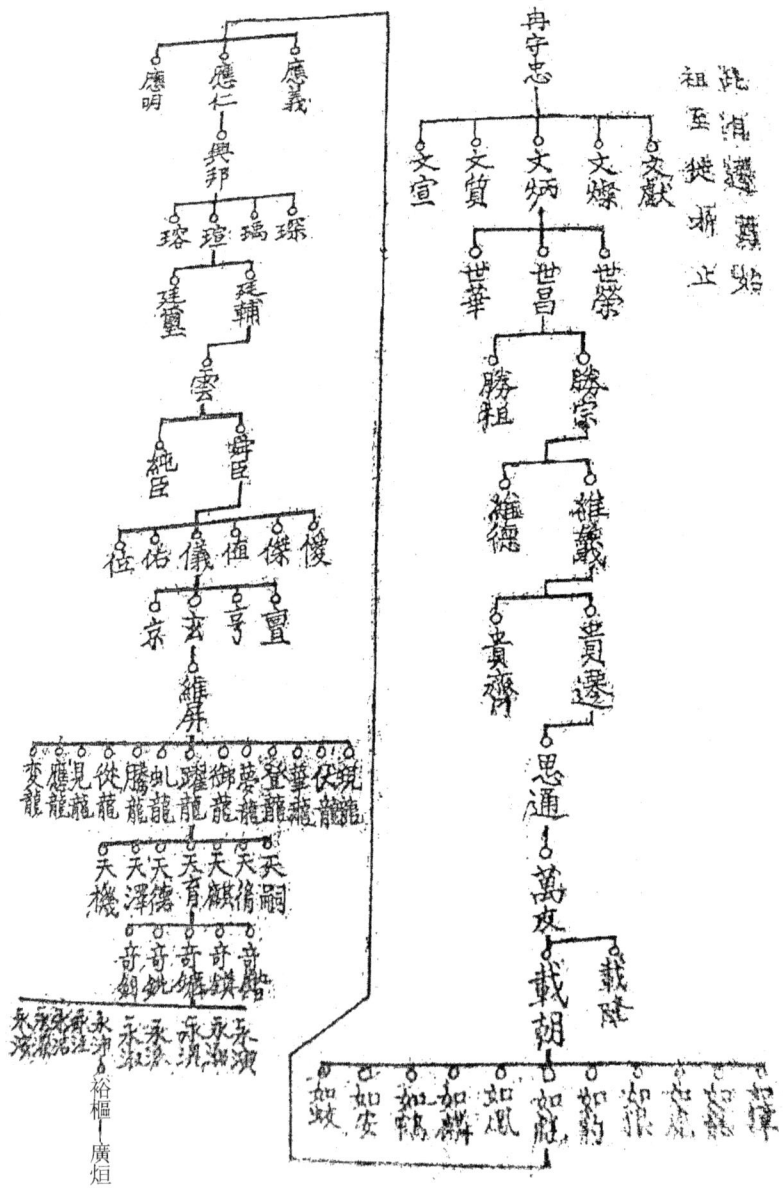

四 川

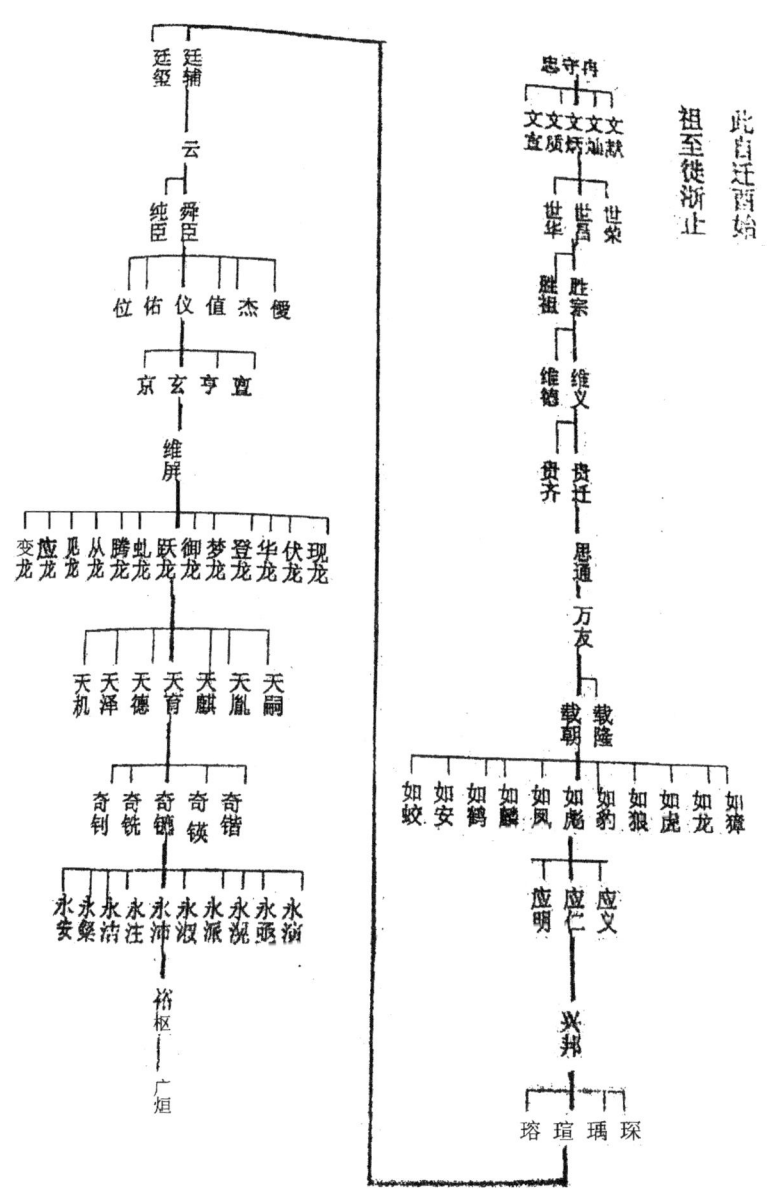

## 历代大宗世次谱

冉仁才　唐附马,生一子实。

冉　实　唐国宾,生三子,显宗、显朝、显邦。

冉显宗

冉显朝　九世孙,冉玨、冉璞,隐播州。冉玨六世孙冉守孝,生万忠、万山,恭宗时奉敕平夷有功,诏授检校散骑常侍同,冉世奉分支麻兔司。

冉显邦　生一子,绍雍。

冉绍雍　登进士,景龙初擢给事中兼侍御史内供俸。

以上数传失序,至宋建炎三年,显宗十五世孙守忠奉诏平金头和尚,留守酉阳,遂为迁酉之始祖。

一世祖　冉守忠　显宗十五世孙,京兆人也。初名万要,雄伟有谋略。宋高宗建炎三年,叛贼金头和尚流劫思南涪渝等地,钦差少师田佑同守忠率兵讨之,时贼势方炽,三载弗克。忠密谓少师曰:"此贼非智不克。"忠出奇计而平之。绍兴元年春,奏凯喜勋天颜,敕奖曰:"汝守忠先朝勋戚,三代附马,今叛贼扰乱,命汝等剿捕,已获奇功,实捍御之辅也。赐尔名守忠。且贼境僻处遐荒,仁不能柔,勇不能威,尔以奇计收之,仍将溪洞苗獠地土赐尔管辖,子孙世守,永备藩方。"遂升沿边溪洞都元帅府军民宣慰使司,乃为酉阳创业之始祖也。生子文炳、灿献、质宣。

二世祖　冉文炳　袭军民宣慰使职,生三子,世昌、世荣、世华。

三世祖　冉世昌　袭世职。生二子,胜宗、胜祖。

四世祖　冉胜宗　袭世职。生二子,维义、维德。

五世祖　冉维义　袭世职。生二子,贵迁、贵齐。

六世祖　冉贵迁　袭世职。生一子思通。

七世祖　冉思通　袭世职。生一子万友。初开州治于忠孝坝。

八世祖　冉万友　袭世职,生二子,载朝、载隆。

九世祖　冉载朝　袭世职。生十一子,如彪、如豹、如狼、如虎、如龙、如凤、如蛟、如麟、如鹤、如獐、如安。

十世祖　冉如彪　袭世职。生三子，应仁、应义、应明。

十一世祖　冉应仁　袭世职。生一子，兴邦。

十二世祖　冉兴邦　袭世职。生四子，瑄、瑀、琛、瑢。

十三世祖　冉　瑄　袭世职。生二子，廷辅、廷尔、廷玺。

十四世祖　冉廷辅　字文器，号简齐，景泰间承袭世职。娶杨氏，生一子云。

十五世祖　冉　云　字天章，号静轩，成化间袭世职。娶杨氏，生二子，舜臣、纯臣。

十六世祖　冉舜臣　字良弼，号酉玻，弘治间袭世职。娶彭氏，生六子，仪、值、杰、儇、佑、位。

十七世祖　冉　仪　字公表，号松坡，正德间袭世职。娶孔氏，生四子，玄、亨、亶、京。

十八世祖　冉　玄　字宗易，号月坡，嘉靖间袭世职。娶李氏、黎氏，生一子维屏。

十九世祖　冉维屏　号眉坡，嘉靖间袭世职。娶杨氏，生十三子，御龙袭职，八年故，乏嗣。跃龙、梦龙、登龙、华龙、伏龙、虬龙、胜龙、从龙、见龙、现龙、应龙、变龙。

二十世祖　冉跃龙　字海门，号上乾，天启初仍颁银篆，实授宣慰使，实总镇四川等处地方提督，汉土官兵中军都督。娶白氏、舒氏，生七子，天育、天麒、天胤、天嗣、天德、天泽、天机。

二十一世祖　冉天育　号天生，由选贡功授游击，崇祯间袭世职，加总兵官，有著述。娶孔氏，生五子，奇镳、奇镆、奇错、奇铣、奇钊。

二十二世祖　冉奇镳　号玉岑，永历间袭世职，升总兵都督，授定远伯，挂镇夷将军印，有著述。娶彭氏、彭氏、李氏，生十子，永溉，职让六房。永涵、永演、永派、永淑、永沛、永浩、永注、永潾、永洤。

二十三世祖　冉永沛　号椿林，大清康熙间袭世职。娶彭氏、杜氏、王氏，生九子，元龄、元桢、裕极、裕楫、裕槐、裕栋、裕樑、裕桂、裕栩。

二十四世祖　冉元龄　实名裕枢，袭世职。娶熊氏，生十子，广烜、广煜、广熺、广焜、广焴、广耀、广杰、广炜、广焘、广煌，兄弟俱徙于浙。

二十五世祖　冉广烜　袭世职。雍正十二年改土，迁于浙江。

# 冉土司历代分支

自唐　同冉仁才祖，系陕西京兆府三原县内城分支。
　　　冉仁俭　黔省思南府千户一支。
　　　　伟　黔省思南府沿河长官司一支。
　　　冉加谟　黔省思南府宣慰使签事一支。
　　同冉守忠祖分支
　　　冉守时　石砫司袭签事职一支。
　　　　孝　播州长官司一支。
宋　同冉文炳祖分支
　　　冉文灿　建始县田峡口长官司一支。
　　　　质　黔省铜仁府麻兔长官司一支。
　　　　宣　石砫司宣抚副使签一支。
　　　　雄　路刷溪龙泉坪长官司一支。
明　同冉如彪祖分支
　　　冉如豹　大田所袭本司千户房王家溪、铜鼓潭一支。
　　　　狼　五隆县白马镇袭本司千事房一支。
　　　　虎　忠州万县守附马祖茔一支。
　　　　龙　湖广忠路司副使签一支。
　　　　凤　任歧县知县。
　　　　蛟　世袭麻兔司长官司一支。
　　　　麟　任蒲县知县。
　　　　鹤　彭水县郁水镇大党龙硚润溪一支。
　　　　璋　彭水县南岸一支。
　　　　安　鲁潭上下六百里相沿守土一支。
　　同冉廷辅祖分支
　　　冉廷玺　柏菓树、新村坝、岗子头、高岩头、岩思渠、马桑坡、细水两河口、甘家坝。
　　同冉舜臣祖分支

冉纯臣　宜居一支。
**同冉仪祖分支**
　　冉　值　楠木箐口、乾田沟、三里崖。
　　　　杰
　　　　儃　申溪坝、车头坝。
　　　　佑　乾溪坝。
　　　　位　漆园坝。

**同冉玄祖分支**
　　冉　亨　万倾官庄坝。
　　　　亶　冷水井。
　　　　京　龙市口、叶家坝、两河。

**同冉跃龙祖分支**
　　冉登龙　石坟坝。
　　　虬　小骡坝。
　　　伏　小官山。
　　　腾　杨家坝。
　　　从
　　　见

**同冉天育祖一派**
　　冉天麒
　　　　胤
　　　　嗣
　　　　德
　　　　泽
　　　　机

**同冉奇镳祖一派**
　　冉奇瑛
　　　　锴
　　　　铣
　　　　钊

## 杂 著

冉氏佳作，美不胜收，全载《蟋蛄声》一册。但其书今逸，不获多觏，兹录得一鳞片甲，略而不缺耳。

### 征文公冉仁才题岑公洞

南溪有仙洞，咫尺非人间。
泠泠松风下，日暮空苍山。

### 会昌甲子冉实题保安庄铜鼓铭

山苍苍，水洋洋。
铸一鼓，镇四方。
荫后裔，地天长。

### 天章冉云题保安庄仙人洞

蹐踞坤隅一庄哉，就中窈窕洞天开。
嶙刚石口撑龙角，滴沥泉珠撒蚌胎。
花自无拘开又落，云如有约去还来。
谁能学就神仙术，到此烧丹扫绿苔。

### 西坡舜臣、题大酉洞在州前

鬼斧何年为劈开，四时风景亦佳哉。
泉锵佩玉泠丹壑，竹泛莎香上石苔。
姑射千年留胜迹，华阳六月净织埃。
莫言洞里甘霖少，也有寻常润泽来。

## 松坡冉仪道号铁鹤海阳真人题纪

### 赠万族冉斌

一从提剑扫霾炉,撑住西南半壁天。
铁券不磨唐日铸,虎符遥是汉时传。
耕桑奠土三千里,忠孝遗芳亿万年。
族子远来原有意,好将事业裕光前。

### 题云城

莫道神仙理竟无,云城见有炼丹炉。
龙降虎伏人千岁,地老天荒酒一壶。
箇子机关先太极,些儿气味后河图。
偷生自愧非门户,几个区区是丈夫。

### 题翠屏山

好山当面立,郁郁翠玲珑。
卓地如铺画,撑天可障风。
鸟来添一景,云净见孤峰。
最喜根儿稳,仁人寿与同。

### 题大酉洞

混沌谁为盘,神功纱莫诠。
乾坤方外地,日月水中天。
石韵疑来鹤,亭虚可迓仙。
赏心无限趣,瑶草自芊芊。

### 题桃洞流红

武陵深处好逃禅，却被春光露我玄。
点点丹霞浮水面，渔人觅迹问先天。

### 月坡冉玄题大酉洞

一自逃秦别是天，花飞不系武陵烟。
灵源胜迹春常在，莫问渔郎浪说仙。

### 中乾御龙题纪

#### 玉盘仙迹

石盘谁琢向嵩阴，玉液琼浆注岁深。
不是飞仙携不去，为留人世洗炎心。

#### 石鸣钟鼓二首

怪石璘珣两异常，韵偕钟鼓自洪荒。
当年若过闻韶客，应拾奇音献庙堂。
双星化作洞天琛，击出鲸鼍并八音。
移向景阳宫殿上，犹能惊世恪天心。

#### 铁鹤灵龟

元羽鸣皋彻碧虚，水心出洛负图书。
两能炼气通仙术，并得长生上洞居。

#### 飞泉洒玉

女娲炼石补苍乾，未补银河透洞天。
一派珠从天窍出，至今沥沥泻流川。

### 大生天育游大酉洞题

韶景洞中看不足，结驷联翩作胜游。
霄际松峰青蔼蔼，涧边桃瓣水悠悠。
云梭雾縠劳天姥，匝地有声震钟鼓。
飞泉断续洒珠玑，石室藏书遗太古。
玉盘注水何晶莹，饮之年如龟鹤龄。
炎蒸消尽犹堪赏，莫使烟岚来闭扃。

### 玉岑奇镰题纪

公著有拥翠轩诗蒙五言七言诗俸词余分数帙落不及备载。

#### 题大酉洞

踪迹古涧逗山光，曲护溪迹送午凉。
新涨溶溶流嫩碧，源头犹带落花香。

不耐苍苔滑，犹来石径斜。
虚亭迟暮霭，丹鼎贮流霞。
远声传疏韵，娇歌趁落花。
野航何处水，隔水问渔家。

### 肖生天嗣题大酉洞

鬼斧何年劈，诗人此日来。
石门无锁钥，千古为谁开。

### 飞蟠天熊题大酉洞

环抱山城耸秀峰，磷磷怪石响禅钟。
盆寒露液沙凝白，浪暖香分桃捆红。
珠玉乱飘炎日雨，烟霞高卷织机风。
遐龄龟鹤同天老，华盖凉生暑气融。

### 沛生天泽题大酉洞八景之一玉盘仙迹

仙人是处留仙迹，此处犹余白玉盘。
体悉会经工化致，崖珠岁老液光寒。

　　玉岑癸巳春饮，七叔沛生乐善庵因题照水梅花，时玉铉弟及诸宗人在焉，实花萼相辉意也。

　　　　　临水含清态，凝香玉作肌。
　　　　　花情生色相，予意顾同枝。


　　　　沛生天泽具和前韵
　　　　瘦骨天然态，澄波漾玉肌。
　　　　东风先着意，春色满寒枝。


　　　　　明生天机具和
　　　　冷艳偏宜水，寒光遇素肌。
　　　　春风无限意，遍色吐琼枝。


　　　　　飞蟠天熊具和
　　　　临池玉作脸，傲雪水为肌。
　　　　信是春风普，不分南北枝。


　　　　　逸民天祚具和
　　　　淡雅超尘俗，清香透玉肌。
　　　　临池窥静影，玉匣隐琼枝。

## 赠　言

冉守忠：皇姻之后，国辅之良，金头捉去，辟酉阳三千里之封疆，银篆颁来，创宣慰数十世之宏业。赞曰：宣赞府君，三代皇亲，赳赳雄才，炯炯元精，折冲内外，屏树奇勋，奠安宗社，列土峥嵘。伟哉奇哉，始祖之根。

冉思通：勇略能羁戎夷，永为保障州治，初开忠孝，肇启文明。赞曰：山川景秀，天地钟灵，初设州治，奠安生民，诸夷顿颡，受系长缨，辟地千里，控制清宁。诚国家之屏翰，实万世之干城。

## 冉氏龙桥一枝谱叙

从来厥木有林，枝叶从根上生去，流水无息，江河自源里分来，物由本源所出，人岂非祖本所流？故朝廷论爵，著绅册而辨贵贱，士民因此撰谱书以分尊卑。是云清白传家者，不可废也。窃思我武陵世系，历朝著数名之功，儒书载三哲之贤，无庸谀叙矣。继而迁酉阳之始祖，名曰冉守忠，剿溪洞之勋猷，升宋朝之帅爵，历传宣慰官位，数分列世子孙，后而十一房分支，而如鹤祖分住于彭水县郁山镇、大党、龙桥、润溪四地，谱书传流，尚无紊焉。殊嗣而世态纷扰，明清两交之际，失其谱籍，所以前模字派，传满后遂另更派数，分世竟不合酉阳谱书一脉所流，各取字派，可不悲夫。幸今酉阳如彪祖之裔广燏，出仕山西潞安府屯留县，方纪刊族谱，撰述根源，颁散本族，而冉存虎等，久思祖规，遂接于家，率九族之众，诏五服之人，疑议立规，遵从广燏等新更二十之字派，取名分辈，庶全一脉，无紊之风光，将如鹤祖之下，一一历叙于后，庶后世流览其渊源，获免淆杂乎字派，而我族得齐其家风，庶不至毋以视骨肉如途人，爰将冉征祖启承，考名剖辈，条陈于后，以垂不朽云尔。谨叙。

嘉庆元年春王月下瀚谷旦

如鹤裔　虎议补

存虎外曾孙冉存　李兴龙撰

## 如鹤宗祖续谱

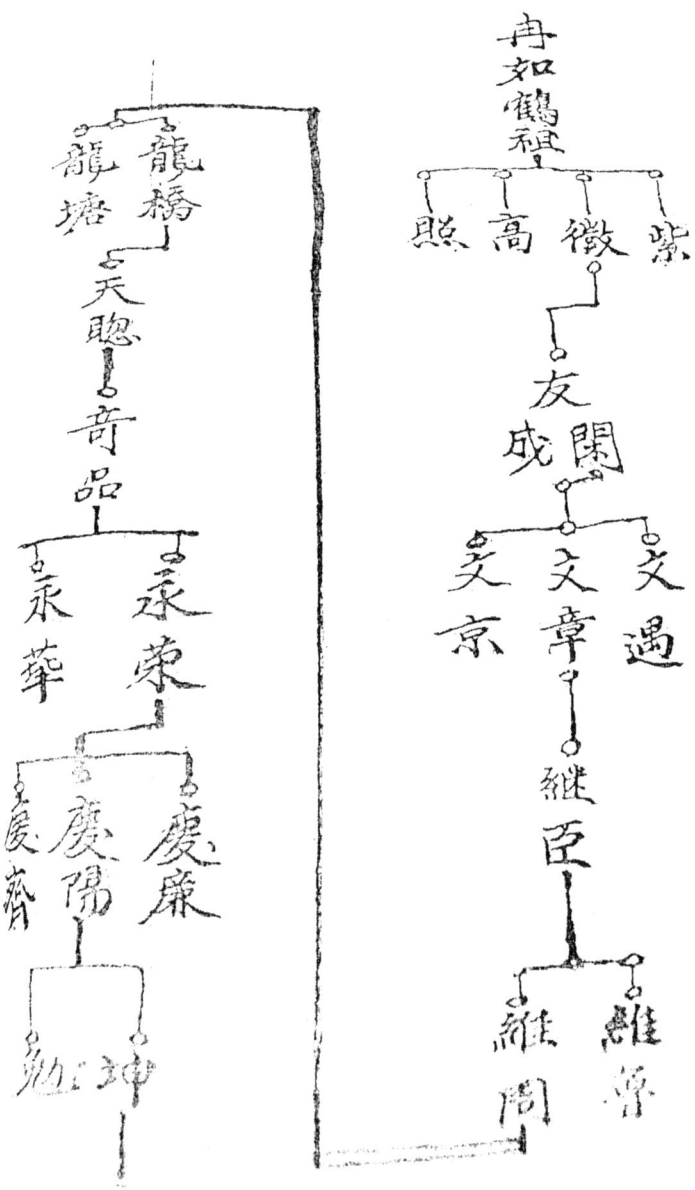

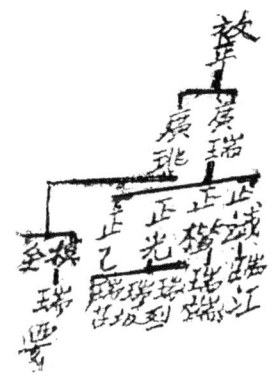
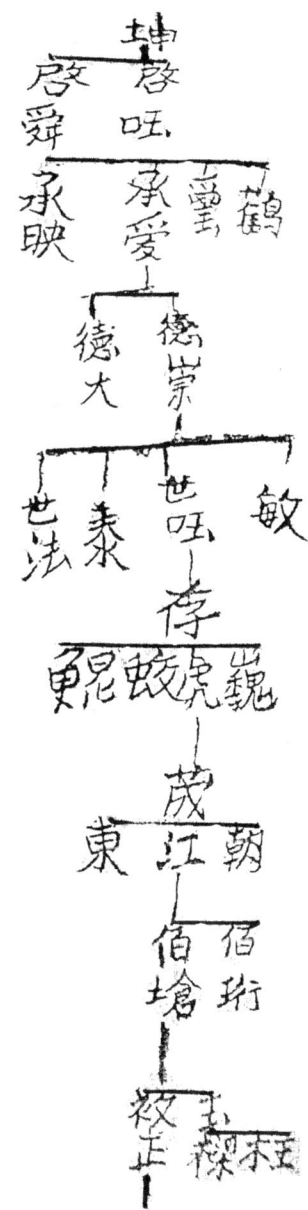

同冉龙桥祖分支　生一子天聪、生一子奇品，生二子。龙塘、路刷溪、龙泉县长官司一支。

同冉永荣祖分支

　　永华　罗比屋基，团田何家村一支。

同冉庆阳祖分支

　　庆廉　田坝小菁子、凉水井、生基坪一支。

　　庆齐　斧老溪一支。

同冉坤祖分支

　　勉　　七甲村、秋岩、木蜡、磕柏果树、香树林一支。

同冉启国祖分支

　　启舜　楠丫子、王龙桥一支。

同冉承受分支

　　承映　岩门、鹿角塆一支。

　　承玺　腰河塝、桐油园、庄屋坡一支。

　　承鹤　下鱼洞一支，子冉德权住重庆府。

同冉德崇祖分支

　　德大　药家塆、筲箕塆、烧鸡塆、桐子凸堡一支。

同冉世玉祖分支

　　世法　龙洞塆、封先平一支。

　　世泰　彭水县一支。

　　世敏　艾蒿平一支。

同冉存虎祖分支

　　存鲲

　　存蛟

　　存巍

同冉茂江祖分支

　　茂超　之子冉伯玱。

　　茂朝　天晓平、永淦子孙一支。

　　茂东

同冉伯玱祖分支

伯珩　伯文　俱乏嗣。
同冉永富祖分支
　　永贵　乏嗣。
同冉裕政祖分支
　　玉樑　乏嗣。玉灿未冠先逝。
　　玉柱　生一子广珣。
　　裕政　生二子广瑞、广珧。另抱一子广贤。
冉紫、冉高、冉照共葬左家营生茔。
冉征、冉友闲共葬冉家嘴共生茔。
冉文章葬冉家嘴柏香林生茔。
冉文遇、冉文京共葬左象营连张王田氏生茔。
冉继臣葬垣子土坟。

## 如獐宗祖裔邦舟支续谱

### 首修白鹤坝冉氏族谱序

　　从来根本深而群枝茂，渊源远而众流长。不思水林之始，何知九族之有自。惜乎！我先人自戊子、己丑年避乱失谱，由应富祖墓碑载一笔，计百余年，我先人竟未以为重，遂致疏远而长失焉！迨嘉庆三年，绎兄稽此源流，确查祖墓，幸文琏祖犹存，亦识数世居冢，引而视之，见邦舟祖冢虽存，几成若敖之鬼，不亦哀乎？绎兄爱起仁孝之心，以慰终天之憾。建追远，刻碑记，使后世子孙勿引替之。嗟乎！谱未成而人已殁，岂可不悲哉！予思族姓蕃衍，派序各别，乱中无定者数十年矣。苟非有家乘之可考，必视宗亲若路人。邑属边疆，无祠无谱，何以分尊卑昭穆乎！予学识未广，仅以技艺仅是居，再若一荒，后者不惟莫稽本源，即眼数辈，亦人考察而分析也。于是，向酉阳州祠请谱，查源流。始自唐时仁才，继而守忠祖迁居酉阳，系显宗十五世孙也，奇计平贼，食邑三千户，乃为创业之始，曰一世祖。至十世，明时同如彪祖分支，曰如獐祖，创业彭水南岸焉。无谱序，因避乱于戊、己而失信乎此也。然至我邦舟祖，号际环，乃十八世也。但历来未观其谱。亦闻有派曰：钦锡宏恩立朝纲，天奇永裕在明邦，应君文才广正瑞，儒林学仕衍庆长。或曰：章尔宜于顺派。或又曰：万庆广学儒派。各各分开，难查九族。予览谱载，系山西潞安府屯留县广燏者定派，始以永字为首，曰：永裕广正瑞，崇隆启茂光，毅允晋恒泰，开源衍庆长。予维时无考，但以邦舟为一世而始之，以玉岑公之字派各叙分支，以便添载入谱焉耳！

嘉庆二十四年己卯岁（1819）夏月<br>后裔　广禄冉缮　草序　以便入谱

## 彭水县龙射堡白鹤坝

冉如璋之后：一世祖，二世祖，三世祖，四世祖安运，五世祖邦舟，六世祖应贵、应富、应贤，七世祖友谅、友文、友德、友秘、友俸、友来，八世祖文琼、文理、文琏、文明、文学、文茂、文暄。

冉红维　娶妻生三子，冉广远、冉广明、冉广宗。

冉广明　娶陈氏，生五子，正榜、正琏、正荣、正奇、正祥。

冉广远　娶妻生二子，正文，妻刘氏，生二子，瑞龙、瑞凤；正武，妻陶氏，生子瑞图。

冉广宗　娶妻生五子，正芳、正富、正贵、正甲、正科。

祖文学　妻黄氏，生二子。

冉　缮　妻江氏，生五子，广栋、广梁、广材、广模、广楷，广栋妻黄氏，广梁妻李氏，广材妻黄氏，广模妻李氏，广楷妻朱氏。

冉　绶　妻李氏，生一子广楹，广楹妻赵氏，子正丙。

祖文琏　妻周氏，生二子。

广　武　妻杨氏，生五子，正明、正西、正邦、正伦、正仁，后瑞璜、瑞珩、瑞群、瑞文、瑞武。

广　碧　妻陈氏，生二子，正珊、正瑚。

广　荣　妻刘氏。

祖文明　妻谭氏，生五子。

冉　纪　妻文氏，生四子，广义、广汝、广聪、广俊。广义妻郭氏，生三子；广汝妻何氏，生三子；广聪妻谭氏，生一子；广俊妻文氏生五子。后正有、正洋、正顺、正和。

冉　纯　妻谭氏，生四子，广仁、广智、广玉、广堂。广仁妻喻氏，生四子；广智妻赵氏，生四子；广玉妻陈氏，生一子；广堂妻陈氏，生一子。后正昱、正道、正江、正熹、正常。

冉　续　妻刘氏，生四子，广朝、广庭、广用、广爵。广朝妻王氏，生二子；广庭妻陈氏，生二子；广用，二子；广爵妻胡氏，生癸词。后正回，子冉瑞洪，妻李氏；冉瑞祯，妻侯氏、李氏。

冉　弦　妻王氏，生一子广魁，妻何氏，生四子，正、正斗。

冉　绍　妻谭黎氏，生三子，广仲、广全、广科。广仲妻黄氏，生二子；广全妻张氏，生一子；广科妻谭式，生二子。后正鳌、正东、正品、正级。正鳌妻董氏、赵氏，正东妻陶氏、黄氏，正品妻谭氏，正级妻周氏，后瑞瑄、瑞琤、瑞清、瑞伦、瑞信。

冉孛棘　壬午年正月廿□□□。

陈冉氏　辛巳年正月廿八□□。

冉德顺　己酉年东月廿五水右。

冉　贞　庚戌年九月十五戌右。

冉　□　己未年十月□七亥右。

冉崇周　妻陈氏，生二子，隆清、隆吉，隆清妻陈氏，隆吉妻李氏。

冉崇海　妻赵氏。

冉崇林　妻袁氏。

冉崇穆　妻赵氏、陈氏。

冉隆吉　生于一九二六年四月十五日，李氏元香生于　九二三年三月三日。大子冉启富，生于一九腊月十六日午时。二子冉启贵，生于一九五二年二月初四日。三子冉启祥，生于一九五四年正月二十二日午时。四子冉启明，生于一九六三冬月初一日午时。

冉隆占　妻李氏，生四子，启富妻张氏，启贵妻周氏，启祥妻张氏，启明。

## 旧谱所载派行四十二字

守、文、世、胜、维、贵、思、万、载、如、应、兴单名、廷单名、臣单名、维单名，此派也五世同、龙、天、奇、永、裕、广、珍、瑞、崇、隆、启、懋、光。

以上字派，近今年所有者，自光字止，其前人列派时，率然取此数十字，字皆少义，难于命名，今拟自光字下别立二十字，载入谱中，告之族众，非敢显背于古，所冀有便于今耳。

新拟二十字。

右二十字义不取其贯，但字背光明，义亦正大，族众遵而行之，可不致派之。于姓有双声叠韵之嫌矣。

新拟二十字派曰。

## 如龙宗族续谱

### 叙

常思山耸千寻，肇自麓岫，水流百派，必本源泉，矧伊人矣不称其本，不溯其源，远支分派远，将数世以还，爰何由识予生也晚，少之时负笈远游，心不暇此，继列宫墙，友教四方，心不在此。照照忽忽弗觉，父辈皆以寿终，兄等相继沦殁，洵可慨矣。今予年六十有八，清□抚衰，自揣□为之□□美不彰，不垂□后，虽坚不传忆父老岁时伏腊，欢聚而谈曰：冉氏子古颛顼之后，自如龙祖，占籍楚省麻城孝感，于成化间蒙神器混迹数载，身丧民安，历试险阻，何可胜道，迄今老成彫谢，典迹亦亡，得之待闻此，百中一二，放之方策，十无二三，以致欲探其本，本不可悉，路溯其源，源亦难详。第序贝略并纪其谱，俾世世子孙，庶可继述云耳。

时龙飞乾隆六年岁次辛酉季秋月重九日裔宗蕃文庵氏谨序

## 利川县如龙祖后另议字派

天、子、世、茂、万、兴、朝、文、武、正、大、光、明。

### 利川县冉氏小宗

查利川乃如龙之后,其世次应能、如龙第十世序之,但中有数传失次,不能强合,不如以君美祖为迁利川之一世祖为确。

一世祖　冉君美,祖籍黄州麻城,成化间创业利川,生四子。

二世祖　天□,失名,乃君美祖之第四子也,生一子。

三世祖　子君,生一子。

四世祖　世标,生一子。

五世祖　世标子冉茂伯,生二子。

六世祖　万高,生二子;万旺,失注。

七世祖　兴虎,失注;兴德,娶牟氏,生三子。

八世祖　朝周,生一子;朝现,生三子;朝钦,生二子。

九世祖　朝周子冉文道,曾授都司职,生一子。

　　　　朝现长子冉文礼,生一子。

　　　　　　次子冉文信,成化间都司,娶牟氏,生三子。

　　　　　　三子冉文胜,生一子。

　　　　朝钦长子冉文。

　　　　　　次子冉文达。

十世祖　武印,娶向氏,生一子。

　　　　武韬,娶谭氏,生二子。

　　　　武蕃,庠士,易武为宗蕃,娶黄氏,生三子。

　　　　武试,生一子。

　　　　武训,娶向氏,生一子。

　　　　武贯

十一世　正俊,娶谭氏,生一子。

　　　　正玺,缺注。

　　　　正珣,生二子。

　　　　正贞,娶向氏,生二子。

　　　　正聘,娶向氏、牟氏,生二子。

　　　　正筌,庠士,娶牟氏,生二子。

十二世　大韶，娶向氏，生一子。
　　　　大彦，生一子。
　　　　大廉
　　　　大进，贞子恩进士，娶向氏，生五子。
　　　　大□，娶　氏，生四子。
　　　　大用，娶牟氏，生子。
　　　　大选，娶牟氏，生子。
　　　　大先，娶张氏，生二子。
　　　　大茂，娶牟氏，生三子。
十三世　大韶子，冉光兴，生子一。
　　　　大彦子，冉光国。
　　　　大进长子，冉光上，娶□氏，生一子。
十四世　明发
　　　　明□
十五世

## 如狼宗祖续谱

一世祖　冉天历，拔贡，妻　氏，生一子。
二世祖　茂銮，妻　氏，生一子。
三世祖　文启，妻　氏，生一子。
四世祖　高援，妻　氏，生五子。
五世祖　奇瑛，妻　氏，生三子。永昇；永昌，监生；永智。
　　　　奇琤，妻　氏，生五子。永兰，武生；永焕，武生；永斌；永渊；永涵。
　　　　奇韬（故绝），住居巴县。
　　　　奇玥，妻　氏，生四子。永仁、永荣、永言、永配。
　　　　奇琏，妻　氏，生二子。永芳，监生；永仁，妻　氏，生四子。
　　　　奇美，妻　氏，生二子，永秀、永珍。

## 四　川

六世祖　　永昇

　　　　　永昌，监生。

　　　　　永智

　　　　　永芳，监生。

　　　　　永仁，妻　氏，生四子，裕本、裕玺、裕尧、裕鹏。
　　　　　　　　（后）广富、广贵、广荣、广华。①

　　　　　永荣，妻　氏，生二子，裕俊、裕秀，广魁、广成。

　　　　　永言，妻　氏，生一子，裕兔。

　　　　　永配，妻　氏，生一子，裕成。

　　　　　永斌，妻　氏，生一子，裕江，武生。

　　　　　永兰，妻　氏，生二子，裕学、裕书。

　　　　　永焕，妻　氏，生二子，裕达、裕聪，（后）广烈、广
　　　　　　　　谟、广枝。

　　　　　永渊

　　　　　永涵，妻　氏，生五子。

　　　　　永秀，妻　氏，生三子，裕正、裕英、裕胜。裕正，妻
　　　　　　　　氏，生一子，广。裕英，妻　氏，生一子，广。裕
　　　　　　　　胜，妻　氏，生一子，广。

　　　　　永珍，妻　氏，生一子。裕明，妻　氏，生　子。

冉如狼后裔酉阳州忠孝里红沙井，小地名冉家寨、柏果坝。移居彭水县龙射堡范家塆。

四世祖　　冉高才，妻　氏，生二子，奇美、奇位。

五世祖　　奇美

　　　　　奇位，妻　氏，生三子，永禄、永庆、永亨。

六世祖　　永禄，妻　氏，生一子，裕时，妻　氏，生　子，广。

　　　　　永庆，妻　氏，生一子，裕举，妻　氏，生　子，广。

　　　　　永亨，妻　氏，生二子，裕亮、裕明。

七世祖　　裕亮，妻　氏，生　子。

　　　　　裕明，妻　氏，生　子，广。

## 如虎宗祖续谱

冉文辉 妻 氏，生三子，麟龙、举龙、口龙。麟龙，妻 氏，生一子。天福，妻 氏，生四子，荣、奇、凤、银。奇，妻 氏，生一子；彩，妻 氏，生 子。奇彩，妻 氏，生九子，世清、世全、世明、世开、世切、世雄、世贤、世杰、世彬。长房世清，妻 氏，生一子广全，妻 氏，生 子。二房世全，妻 氏，生 子。三房世明，妻 氏，生三子，广猷、广厚、广和。四房世开，妻 氏，生一子，广峻。五房世切，妻 氏，生三子，广儒、广训、广万。六房世雄，妻 氏，生一子，广仲。七房世贤，妻 氏，生一子，广来；世彬，妻 氏，生二子，广海、广先。

冉文焕

# 附　录

### 附录一　十九世土司冉维屏付冉维功修谱牒

刺绣狮服色、怀远将军、亚中大夫、酉阳宣抚司宣抚使冉。

为督理谱牒事：照得本司，自唐历今，序绵瓜瓞，自夔入酉，族衍椒聊，科名远胜诸司，功绩屡书国史，称为右族，亦曰清门，乃因往事干戈，未遑文教，遂使先人谱牒仅具规模，文德武功，渐就湮微之列。大宗别子，未严昭穆之分。本司为此惕厉于怀，寝兴在念，欲使卿门百代，长无忘本之讥。所期史笔三长，慰我笃亲之望。今查本司分守万县祖茔官弟维功，才高华国，识重匡时，倚马论文，陋五言之月露；雕龙摛藻，成满纸之烟云。为此召赴本司纂修谱帙，受兹钜任，各尽勤劳，有脊有伦，世次鳌然而不紊、不僭、不滥，传赞灿然而攸分。则功存宗祊，名征家乘，岂不懿欤？尚其敬哉！故牒。

右牒付纂谱帙官弟维功准此。

万历十八年七月初六日牒付（押）（公元一五九零年八月六日）

## 附录二　廿二世土司冉奇镳付冉天泽修谱札

酉阳等处宣慰使司宣慰使冉。

为督理谱牒，以重宗祊事：照得国本首重宗祊，世序必先谱牒。维予酉邦，为蜀雄镇，支繁百世，祚永千年。宜既切于维城，任贵严于督理。今察官舍天泽，才堪夹辅公室，识称谙练事机，素著贤良，克全忠孝，是为推为宗长，总理宗祊谱牒，受兹重任，务宜纪纲宗支，匡于不逮。敦睦庶族，用光前猷。秉公持正，勿旷乃职。勖哉！故牒。

右札付总理谱牒宗长官舍天泽准此

顺治十八年正月初三日札付（押）（公元一六六一年二月一日）

又

酉阳等处宣慰使司宣慰使冉。

为饬理以重国本事：照得本司，自唐分封，迄今千载。支繁屡代，蕃庶同不亿之裔孙；谊重维城，巩固存千年之带砺。前朝兵燹迭经，谱牒无不散佚。今值清治重熙，纪纲贵肃。业推宗长，用饬家规。除令札外，为此牌仰宗长官舍天泽，一照后开条例，用实举行，务使宗政柢严，实于世基攸赖。毋得怠忽，有负至意。须至牌者。

计开宗政条规：

族蕃系分宗支，必列图册。兹委宗长官舍天泽临乡考核，详载一册，逐派亲供。如某房自某祖分支，凡几世，今存若干人，授田某处。

如本司申上，亲供册籍体式，详造朋二本，呈本司备考，一呈本司参查。

凡族舍生子，三岁以上，必报宗长转请命名，编入亲供图册，以防冒滥。

凡族舍有名在官执事者，不论在市居乡，凡遇朝贺祭祀大典，不拘远近泥雨，必须趋赴，点名习礼，诣公襄事，不许推故抗延，违者宗长指名致罚。

凡族舍有贫不自存，雇工代佣于人者，宗长查实禀明请赎，入名赈济册中，量将公费助给生活。如不治本分生理，流落飘零者，不在此例。

凡族舍彼此忿争，及受人欺凌，大小词讼，情不得已者，许赴宗长处预鸣，请给关防，对同赴公理质。不许朦胧呈递。亦不许借此生事紊烦。

舍户田土，例无征科。但每年遇有大典，例有成规派敛。自后一照世系图册，除有名在官执事者，定例不同。凡闲散居乡者，俱听宗长禀分督派，不许徇隐，亦不许恣意重轻。

以上数条，皆饬理宗枋之实政也，遵照举行，毋弛毋怠。

右牌仰宗长官舍天泽准此。

顺治十八年正月初三日札付（押）（公元一六六一年二月一日）

## 附录三 《圣谕广训》两则

### 清 雍正帝

#### 敦孝悌以重人伦

我圣祖仁皇帝临御六十一年，法祖尊亲，孝思不匮，钦定《孝经衍义》一书，衍释经文，义理详贯，无非孝治天下之意。故圣谕十六条，首以孝悌开其端。

朕丕承鸿业，追维往训、推广立教之思，先申孝弟之义，用是与尔兵民人等宣示之。夫孝者，天多经、地之义、民之行也。人不知孝父母，独不思父母爱子之心乎！方其未离怀抱，饥不能自哺，寒不能自衣，为父母者则跬步不离，疾痛则寝食俱废，以养以教，至于成人。复为授家室，谋生理，百计经营，心力俱瘁。父母之德，实同昊天罔极。人子欲报亲恩于万一，自当内尽其心，外竭其力，谨身节用，以勤服务，以隆孝养。毋博弈饮酒，毋好勇斗殴，毋好货财私妻子。纵使仪文未备，而诚悫有余，推而广之，如曾子所谓居处不庄非孝，事君不忠非孝，莅官不敬非孝，朋友不信非孝，战阵无勇非孝，皆孝子分内之事也。至若父有冢子，称曰家。督弟有伯兄，尊曰家长。凡日用出入，事无大小，众子弟皆当咨禀焉。饮食必让，语言必顺，步趋必徐行，坐立必居下，凡以明弟道也。夫十年以长，则兄事之；五年以长，则肩随之；况同昊之人乎？故不孝与不弟相因，事亲与事长并重。能为孝子然后能悌弟，能为孝子悌弟然后在田野为循良之民，在行间为忠勇之士。尔兵民亦知为子当孝，为弟当悌，所患习焉不察，致自离于人伦之外。若能痛自愧悔，出于心之至诚，竭其力之当尽。由一念孝悌积而至于念念皆然，勿尚虚文，勿略细行，勿沽名而市誉，勿勤始而怠终，孝悌之道庶克敦矣。夫不孝不悌，国有常刑。然显然之迹，刑所能防；隐然之地，法所难及。设罔知愧悔，自陷匪僻，朕心深而不忍。故叮咛告诫，庶尔兵民咸体朕意，感发兴起，各尽子弟之职，于戏！圣人之德，本于人伦；尧舜之道，不外孝悌。孟子曰："人人亲其亲，长其长，而天下平。"尔兵民其毋视为具文焉！

### 笃宗族以昭雍睦

《书》曰："以亲九族。""九族既睦。"是帝尧首以睦族示教也。《礼》曰："尊祖故敬宗，敬宗故收族。"明人道必以睦族为重也。夫家之有家族，犹水之有分派，木之有分枝，虽远近异势，疏密异形，要其本源则一。故人之待其宗族也，必如身之有四肢百体，务使血脉相通，而疴痒相关。《周礼》本此意以教民，著为六行，曰孝曰友，而继曰睦。诚古今不易之常道也。我圣主仁皇帝既谕尔等敦孝悌以重人伦，即继之曰笃宗族以昭雍睦。盖宗族由人伦而推，雍睦未昭，即孝悌前所未尽。朕为尔兵民详训之。

大抵宗族所以不笃者，或富者多吝，而无解推之德；或贫者多求，而生觖望之恩；以以贵凌贱，而势利汨其天亲；或以贱骄人，而忿傲施于骨肉；或货财相竞，不念祖免之情；或意见偶乖，顿失宗亲之义；或偏信妻孥之浅识，或误中谗慝之虚词；因而诟谇倾排，无所不至，非惟不知雍睦，抑且忘为宗族矣。尔兵民独不思子姓之众，皆出祖宗一人之身。奈何以一人之身分为子姓，遽相视为途人而不顾哉！昔张公艺九世同居江州，陈氏七百口共食。凡属一家一姓，当念乃祖乃宗，宁厚毋薄，宁亲勿疏，长幼必以序想洽，尊卑必以分相联。喜则相庆以结其绸缪，戚则相邻以通其缓急。立家庙以荐蒸尝，设家塾以课子弟，置义田以赡贫乏，修族谱以联疏远，则单姓寒门，或有未逮，亦各随其力所能为，以自笃其亲属，诚使一姓之中秩然蔼然。

父与父言慈，子与子言孝，兄与兄言友，弟与弟言恭，雍睦昭而孝弟之行愈敦。有司表为仁里，君子称为义门，天下推为望族，岂不美哉！若以小故而隳宗友，以微嫌而伤亲爱，以侮慢而违逊让之风，以偷薄而亏敦睦之谊，古道之不存，即为国典所不恕。尔兵民其交相劝励，共体祖宗慈爱之心，常切水木本源之念，将见亲睦之俗成于一乡一邑，雍和之气达于薄海内外，诸福咸臻，太平有象，胥在是矣，可不勖欤！

## 附录四 《知本寻源谱》之忠孝世家传

### 《知本寻源谱》简介

《知本寻源谱》,今藏于彭水县太原乡区阳村退休小学校长冉启猷家,宣纸墨书,清晰可读。作者冉瑞莲,乃冉邦祖八世孙,于咸丰甲寅(一八五四)年修成该谱,至今一五四年。它早于《同治酉谱》九年,晚于《乾隆酉谱》六五年,晚于《康熙癸酉谱》一六一年,晚于《康熙酉谱》一九二年。

《知本寻源谱》之祖源为酉阳冉土司世系,所载之忠孝世家传,有不同于《乾隆酉谱》忠孝世家传者,但与《康熙癸酉谱》之忠孝世家传相同,并非孤本。而《康熙癸酉谱》只能缘于《康熙酉谱》或《万历酉谱》。可是这两次由土司职官主持修成之谱尚无原版全谱面世。因之,今人已难对忠孝世家传作考证校正。全文影印《知本寻源谱》之《忠孝世家传》,可为续谱者和研究者提供另一种版本。于是作为《乾隆酉谱》之附录四。

《康熙癸酉谱》藏于涪陵市公安校家属宿舍一〇三号冉仁贵家。

### 冉氏忠孝传

按史,冉本风姓,颛顼生称,称生老童,老童生重黎及吴回,重黎为高辛氏火政,是谓祝融,以罪诛,其弟吴回,复为火政。吴回生陆终,陆终生六子:曰樊、曰惠速、曰籛、曰来言、曰安季、曰季连,六人皆有后。分为数姓。安季为曹姓,周武王封其苗裔再挟于邾,为鲁附庸,其支子食邑于冉,遂以冉为姓。至鲁缪公改邾为邹,遂为鲁国之邹人,春秋之时见于传者,曰会、曰猛、曰竖。登宣圣之门者,曰耕、曰雍、曰求、曰季、曰孺。嗣是无闻焉。至汉有弘与瑴,其族始蕃于黎阳,瑴为车骑都督,累世衙门,徙魏郡之内黄,县名。曰隆。隆生瞻,瞻初名良,幼为石季龙之义子。随姓石,历位左仆射,西汉侯。生子二,曰闵、曰永。闵授定节将军,修城侯。石氏灭后,复姓冉,生子四:曰智、曰胤、曰明、曰裕。胤封太原王,永和八年,慕容评困邺,时裕等皆幼,蒋干以胤奔晋仓垣,及长,仕晋为直阁将军。胤生定。定生道周,尚齐南康公主,为安陆内史、平南将军、散骑常侍、荆州刺史,假节钺都督信州诸军事,封睢阳公，始家于信州。今之夔州府也。道周生冉轸，轸仕梁萧氏封太子左卫兼荆州刺史、巴东郡公。轸生冉黎，仕梁，假节钺云麾将军、湖州刺史，世袭巴东郡公。至周宇文氏，拜骠骑开府仪同三司。至隋杨氏开皇中，为旭州刺史。黎生冉安昌，仕隋，除开府仪同三司。隋末据保巴东，唐高祖即位，加封上柱国蜀国公，兼管山南道行兵总督，授信州刺史，寻改封黄国公，历潭州总管八州诸军事、潭州刺史，奉命招慰黔州夷獠，奏置婺川县，通祥河，筑防城，开拓思夷等州，肇基世业，卒赠十八州都督，谥庄肃公。生子冉仁才，字征文，隋义宁二年平禄郎，有功诏除金紫光禄大夫、泾州刺史、巫山公。唐武德二年，诏加前功，封天水郡开国公，食邑三千户，持节浦州诸军事、浦州刺史。武德四年，克定伪乱，辟地五千里，收兵数十万，拓地聚民，劳勋丕著，丁外艰服阕，优诏起任，贞观六年，诏迁持节湖北澧州刺史。贞观十三年，改袁州刺史，内艰服阕，除江州刺史。

高宗永徽二年入朝，优诏迁永州刺史。永徽二年壬子岁九月初四日甲寅，薨于永州署，享年五十有八，谥曰果公。永徽五年，敕葬于万州万辅山。今之夔府万县威凤山。及考龙朔间，碑载及《一统志》《川东志》皆云墓在县治东十三里。

尚唐公主讳玉圭，敕葬河南定鼎县，至今相传冉驸马公主坟云。仁才生子冉实，字茂秀，擢进士第。调并州都督府参军，历长史司马，后迁持节河州诸军事、河州刺史。证圣元年，卒于官署。

郡主李氏，乃江夏王李道宗之女，封象贤济美夫人、金城郡主，合葬河南定鼎。张燕公讳说题其墓，文今存。实生三子，显宗、显朝、显邦。显宗拜驸马都尉，授夔州都督。显邦生子绍雍，登进士，景龙初擢给事中兼侍御史。其子孙多住夔力。五代时，孟昶据蜀，冉氏遂隐弗仕，而家声世泽，川以东称最。至宋宣和间，有显宗十五世孙守忠者，授郎官，结纳豪雄，聚姓九十余族。奉敕平夷，授阁门宣赞舍人、知制诰，御前兵马使。仍令镇守诸洞夷獠，便宜行事。夷獠率服，改寨为州，至元间，加安抚将军。至正间，升沿边都元帅，军民宣慰使。特诣万县。于祖仁才墓后岩壁，镌钺斧记，好事者每造其地，劚苔藓而搜览焉。守忠生子五：文炳、文灿、文质、文宣、文献，率石陧等处地方四寨九溪，蛮夷畏威。绍兴二年，诏封兼辖思南宣慰使。文炳生子三：世昌、世荣、世华。世昌平服思州，领兵于石隄会塘，设寨讨金头和尚，斩首千级，授西路巡防殿前侍卫都指挥使，已后，夷苗畏威怀德。世昌生子胜宗、胜祖。胜宗生子维义、维德。维义克绍祖武，淳熙四年，叛苗临境，奋斩苗级千余，授奉训大夫，知酉阳州事。维义生子贵迁，安土约民，抚獠善治，改封安抚使。贵迁生子思通，勇毅多谋，善理州事，庆元二年，钦授酉阳州知州。思通生子万友，能继父志，抚驭苗民，授检校散骑常侍，兼监察御史。万友为人英雄毅勇，有大节，善骑射，弱冠志气过人，多奇谋方略，随父破贼，屡建奇功，迁州治于忠孝坝。至元初，授武略将军，知酉阳州，劝农崇学。八年，思南田安抚倚勇，率卒万余，至境侵夺。万友夜束火把，沿山分布，来兵莫测，万友领兵窃戮，追斩千余级，田安抚隔河设誓曰："汝能隔河射中吾枪，即以此河心为界。"万友一发而中，永以河心为界，再不敢犯。万友生子载朝，有膂力，募勇御乱，民赖保全。大德初袭父职，延祐七年，率大小石隄领兵入贡，赏赍甚厚，封宣武将军。载朝生子十一：如彪、如虎、如狼、如豹、如龙、如凤、如麟、如鹤、如鹑、如蛟、如獐。彪于至正五年，屡有边功，升酉阳沿边溪洞都元帅、军民宣慰使。后因元政不纲，天下大乱，姑苏张士诚、江西陈友亮、陕西徐寿辉，各立伪号，徐寿辉差其屯长明玉珍于巫峡贸粮，四川无主，重庆父老，迎请明玉珍为牧，玉珍遂僭称大夏，改号大统。大明洪武太祖即位四年，钦差信国公汤和，先锋傅友德，领兵取明玉珍，如彪差子应仁，领兵纳款于夔州白帝城，以迎王师。玉珍灭后，太祖犒赏虎符金牌银印，黄金千两，帛三百匹，仍授奉训大夫，知酉阳州事。洪武七年，进贡方物朝觐改州领印，升为宣抚明威将军、中顺大夫，并颁给流官经历印信，辖平茶、邑梅、石耶三长官。如彪生子应仁、应义、应明。应仁生子兴邦，于永乐间以不次边功，奏请建立学校，奉旨设教授一员，并颁学印，以训其子弟，仍同汉府州县科举并岁贡，登仕朝廷。兴邦生子冉瑄、冉琛、冉瑢、冉瑀。瑄生廷辅，事景泰，屡平外寇。廷辅生冉云，事成化。冉云生冉舜臣。事弘治享平成。弘治六年，奉敕征贵州都匀青坪苗蛮，七年奏凯，加封明威将军。十四年，敕征普安贼米鲁，有功赐锦袍玉带。舜臣生子七，长子冉仪，事正德，征鄢兰廖绩，又征南川周天星、周天河，加封三品服色。冉仪生子冉玄，事嘉靖，二十五年，征杆子坪，授安抚使，赐三品服色，又征番王李保有功，加封安远将军、轻骑都尉。玄为人豪侠好义，门多英俊，幕集鸿儒，延揽豪雄，广施仁义，事遂功成，适丁外艰。遂厌嚣尘风波之恶，访玄山水之间，每经形胜之地，著有题咏，后竟为南宫列仙矣。玄生维屏，嘉靖四十五年，征松潘苗小西天。万历十五年十月，征马湖，十六年五月奏凯，晋秩三品。噫嘻！人孰无族，然派恒未泓，熘恒未炽，率多叹涸鲋于巨浸之余，嗟嚼烬于昌燎之末矣，讵有如冉姓之火然泉达，百世不替者哉。且其子孙，虓虓骎骎，世世卓越，龙骧虎跃，忠孝世德，文武世勋，山河带砺，史策光照，诚我大明宇宙间之甲族也。谨猎传载诸楮，而为之传。

时万历戊子春<br>乡进士瞿唐来知德著

# 校勘记

①其后与上述之关系不详，仅是写出生子次第，未说明是何代数。

# 概　说

冉氏，同治《酉阳直隶州总志》序云：酉阳地居荒僻，屡沦蛮部，旧设土司，有明而上，史传无闻。《明史》《清史稿》于酉阳土司，记载缺略，现参《续修酉阳州志稿》《酉阳直隶州总志》《冉氏忠孝谱》等记载，将冉氏土司世系、重要事迹整理如下：冉守忠，《续修酉阳州志稿》记载冉氏为酉阳土司，凡六百余年。其先有冉守忠者，宋建炎三年（1129年），叛贼金头和尚流劫思南及涪渝等州县，守忠率酉阳诸寨獠夷助剿有功，授御前兵马使，仍命镇守诸寨獠夷，便宜行事，于是改寨为州，世有其地。冉文炳，守忠长子，袭知州职。《冉氏忠孝谱》记载：公讳文炳，守忠公之家子，初从入酉，屡战悉有功。酉阳平，公被命镇石堤，扼黔楚思夷之路，苗獠率服，酉无边警，既袭职，恩信远播（冉文炳是一次战乱后袭职）。冉世昌，文炳长子，袭知州职。《续修酉阳州志稿》记载以平思州功，授殿前都指挥使。冉胜宗，世昌长子，袭知州职。冉维义，胜宗长子，袭知州职。《冉氏忠孝谱》记载酉阳改寨为州，为冉维义时事，盖赏其淳熙四年（1177年）讨平叛苗之功也。按《天下郡国利病书》记载，冉守忠时已为知州，又《增修酉阳直隶州总志》记载冉维义之父胜宗已袭知州职，因此，酉阳改寨为州，当在冉守忠时为是。冉贵迁，为义长子，袭知州职。《冉氏忠孝谱》云："光宗绍熙间改授酉阳安抚使司安抚使"，诸州志未记载此事。冉思通，贵迁长子，袭知州职。《冉氏忠孝谱》记载：宁宗庆元元年（1195年），以平贼功复改授奉训大夫，知酉阳州事（州治原在感平官坝，思通迁于忠孝坝）。冉万友，思通子，袭知州职。《冉氏忠孝谱》记载：宋亡，元世祖至元初，公纳地请为齐民，有诏命如旧，并授武略将军、知酉阳。《续修酉阳州志稿》记载：元至元间，以州隶怀府，仍以义曾孙万友知州事。冉载朝，万友长子，袭知州职，晋酉阳宣慰使。《冉氏忠孝谱》记载：延祐七年（1320年）正月，帝崩，皇太子立，公率大小石隄诸酋目入贡，具表贺即位，上以远道纳贡，忠寒可嘉，敕授宣武将军、酉阳等处军民宣慰使司宣慰使。冉如彪，载朝长子，酉阳知州、宣慰使，后改宣抚使。《明史·四川土司二》记载：洪武五年（1372年），酉阳军民宣慰司冉如彪遣弟如喜来朝贡。置酉阳州，以如彪为知州。八年（1375年）改为宣抚司，仍以冉如彪为使。《冉氏忠孝谱》记载：明太祖洪武四年（1371年），征西将军汤和、征虏前将军傅友德讨明氏，公乃使弟如豹之子应显领兵助战，纳款于白帝城。明年复遣弟如喜进方物朝贡，夏四月，敕授公奉训大夫，知酉阳州事。寻废州，授酉阳等处军民宣慰使司宣慰使。七年（1374年）冬，复入界贡方物。八年（1375年）正月，以官制大定，改酉阳为宣抚司。冉应仁，如彪长子，袭宣抚职。冉兴邦，应仁子，袭宣抚职。《明史·四川土司二》记载：洪武二十七年（1394年）酉阳宣抚冉兴邦以袭职来朝，命改隶渝州。冉琛，兴邦次子，袭宣抚职。冉瑄，兴邦第三子，袭宣抚职。冉廷辅，瑄长子，袭宣抚职。据《冉氏忠孝谱》载：景泰二年（1451年）冬，蒙能叛于广西，纠生苗三万余，攻龙里、新化、五开、铜鼓、黎平诸城，蔓延日盛，朝命南和伯方瑛剿办，六年（1455年）冬敕旨调酉阳土兵五千赴南和伯军听调杀贼。天顺元年（1457年），贵州东苗于把猪等叛攻都匀等地，朝命方瑛讨之，又调酉阳土兵赴剿。成化二年（1466年），四川叙州府戎县山都掌各寨蛮獠为乱，朝命黔蜀会剿，又调酉阳土兵助剿，宣抚冉廷辅以奉调助剿有功，屡受赏赐。冉云，廷辅子，袭宣抚职。《冉氏忠孝谱》记载：成化十一年（1475年），刘福通党扰乱荆襄，公时以兵会剿，奋勇深入，先后破贼于九甫圩、茅坪等地。又石全州之乱，公奉调从征，数与贼战，手橝其魁，贼遂平。事闻，十三年（1477年）敕进阶明威将军。冉舜臣，云次子，袭宣抚职。冉仪，舜臣长子，袭宣抚职。据《冉氏忠孝谱》载：正德四年（1509年），四川保宁贼兰廷瑞、鄢本恕、廖兴等众十余万，蔓延陕西、湖广境，总制洪钟檄冉仪率兵赴剿，廖光逸去，转掠两川……又南川周天星、周天河等倡乱，冉仪奉调从征，屡奏劳勋，赐三品服色。冉玄，仪长子，袭宣抚职。《明史·四川土司二》记载：正德八年（1513年），酉阳宣抚冉元献大木二十，乞免男维翰袭职赴京，从之。嘉靖二十年（1541年），再献大木二十，诏量加服色酬赏。冉维屏，元次子，袭宣抚职。《明史·刘显传》记载：万历元年（1573年），山都蛮叛，将军刘显督镇雄、酉阳诸土兵，显为大将，佑以郭成、刘挺、冉维屏、奢效忠，遂进破九丝。毛奇龄《蛮司合志》记载：万历十四年（1586年），杨柳叠溪羌乱，将军李应祥请并调土官杨应龙、冉维屏、杨光祖，统播州、酉阳、平茶、吴全诸兵进讨。冉跃龙，维屏次子，袭宣抚使，晋宣慰使。《明史·四川土司二》记载：万历四十六年（1618年），调酉阳兵四千，命宣抚冉跃龙将之援辽。四十七年（1619年），跃龙遣子天胤及文光等领兵赴辽阳，驻虎皮、黄山等处三载，解奉集之围。再援沈阳，以浑河失利，冉见龙战没，死者千余人。撤守辽阳，又以降敌纵火，冉文焕等战没，死者七百余人。兵部尚书张鹤鸣言："跃龙遣子弟万里勤王，见龙既杀身殉国，跃龙又自捐金二千两，运军器至山海关，振困招魂，忠义可嘉。臣在贵州时，跃龙亦自捐饷征红苗，屡建奇功。今又著节于边，宜加优恤，以风诸边。"天启元年（1621年）授跃龙宣慰使，并妻舒氏，皆给诰命，仍恤阵亡千七百余家。冉天育，跃龙庶子，崇祯时袭宣慰职。冉奇镳，天育长子，袭宣慰职。《清史稿·土司二》记载：酉阳宣慰使司，其先受明封。传至奇镳，于顺治十五年（1658年）归附，仍授原职，颁给印信号纸。冉永沛,奇镳嫡子,袭宣慰职。冉元龄,永沛嫡子,袭宣慰职。《清史稿·土司二》记载:雍正十二年(1734年),土司冉元龄因事革职,以其地改设酉阳直隶州。

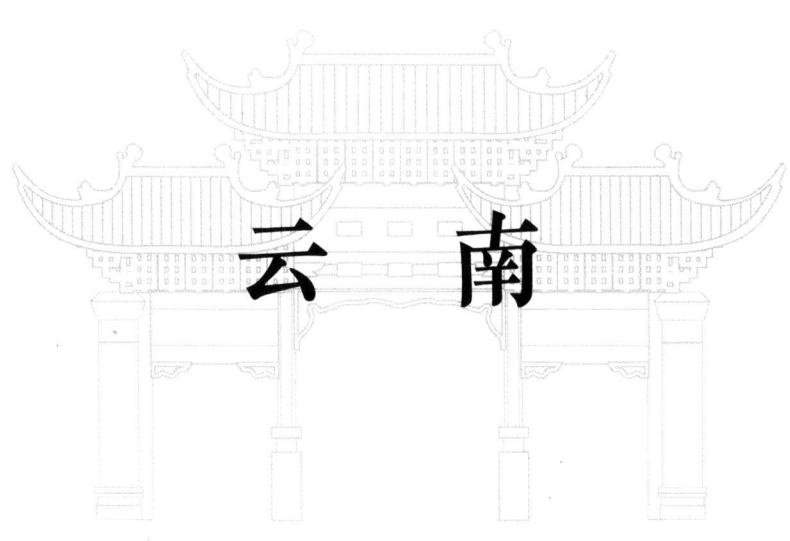

云 南

# 木氏宦谱

## 木氏宦谱序

　　木生公，今丽江守木君之冢嗣也。与鹤庆高生友，两人者相得甚欢盖高亦世官者之介弟也。其为欢偕欲刊落，故习称述文义，有砥行，饬躬变而之道之懿焉。吾初未之知知也。盖得之杨君用章。用章者，两为御史，非其道辄复去。吾雅愧服之，其为人，慎许可甚独于高生，有揄扬焉。吾既接高生而信，又因高生之信，而悉得木生之贤，其益信也已。及读其所为《木氏宦谱》，盖自始祖讳叶古年者，陆传而至三甸总管秋阳，时唐上元中也。又肆传至武勋公，蒙汪而始盛，自武勋公又二十四传乃至生，中间历唐、五代、宋、元，为公为侯，为将帅者蝉嫣煜雪，无间于朝之易代何，可谓不盛然率以武功显也。建入我明朝，宣使载以忠欸，际遇高皇帝赐姓木氏，易以文资，俾世长厥民。文则兆矣！既生大父泰，敦尚雅道，不置妾婪，以遗家则，而倡事诗书，以缘饬吏治，文殆兴矣！是其为谱，亦有根柢而渐进斯足以及此，夫岂易也。今观其宗系，传授则必书职任，官阶则必书功绩，液洽则必备书隐，然有史氏意，秩然寓宗子法，截然而整，烨然而益，光能使一览之，而上下数百载，绳绳乎如一日，绎绎乎如有在，郁郁乎可，以垂诸久，而起继述之念于无穷，生其贤哉！夫自封建法废，而宗法不可复举。故自诸侯王而下仅世爵禄，而无世土世民与世政也。若文臣则莫屾矣！非不欲世也，则不肖得以病民矣！惟夫有土地之限隔，则即其人以官之，而假以长民之御，厚以世授，畀之土而命之氏，俾随其俗，而施其政，凡此非特以旌其功也。求以宜其民也，宜其民者，以其山川风气之殊，非世莫可以为政也。宛然占封建之意长存，而宗法可恃，以见于今日者，其在斯乎！然世其土，恃其民者，率安其俗，则求能被饬厥文以彰之者箧已。是故小则陋，大则败，一有知文之而昧于实，则败与陋等耳！夫世久而不彰安在？其为久彰之而无实安在？其为彰声容礼乐所以彰也。方修允蹈所谓实也，彰则所谓久者，非徒久矣。实则所谓彰者，非徒彰矣！传之而可以继，持于有家，据之而可以取信于后世。若斯谱之作亡几彰，若生之砥行饬躬变，而之道亡几实乎！谓生为贤，其信也已。然则吾何所于以加诸故，尝读太史公书已，太史公于孔子之不偶，而以其道而浮诸世家，与汉之宗臣等义若慊矣！然卒之孔子之世，过其传，而汉臣莫与焉。由是观之，道固不为势也。人苟之道，籍第无世官、世土、世民、世政，而可延其世，矧兼而有之，何可谓不久且盛也。然道非尽诸斯谱而止者，斯则吾所以加诸生而欲衍其世于无穷者也。

时正德十一年岁次丙子冬十有二月之五日

赐进士出身嘉议大夫、南京户部右侍郎、前太常寺卿、吏部文选司郎中永昌张志淳序

## 木氏宦谱序

杨子曰：夫家于天地有与立焉。姓氏是也。姓氏之说，不明于世久矣！藉家云云者纷如也。而率莫之订焉。众言淆乱，曷折诸圣乎！孔子易之传，首摽伏羲氏，次曰神农氏，次曰黄帝氏。之说昉于此乎！史载伏羲之姓曰风，神农曰姜，黄帝曰姬。姓之说昉于此乎！《左传》曰：天子命德，因生以赐姓。亦既哲焉。后世昧之，以氏为姓，以姓为氏，而临文用字，姓氏互称，宿儒且朦焉。况氓庶耶！夫岂朦者，繄亦有由焉。古者帝王之赐姓，命氏者或氏于国，或氏于爵，或氏于官，或氏于字，或氏于事，或氏于居，或氏于志，齐、鲁、吴、楚所谓国也。王侯公卿，所谓爵也。修鱼爽鸠，中行下军，所谓官也。伯有孟孙子服叔子，所谓字也。关龙御龙，围龟折龟，所谓事也。东里西门，南宫北郭，所谓居也。三乌五鹿，青牛白马，所谓志也。凡厥姓氏，骨此例出，可以一况，难胜载也！余观丽江《木氏宦谱》而有感焉。木氏之先，始于叶古年，当唐武德世仕为总兵官。一传上元中为秋阳，再传天宝中为阳谷，三传为谷工，四传为工蒙，则贞元之元也。宦更丽水节度使矣！五传为蒙汪，当贞元之三年，以殪戎功，晋武勋公。于是始大继武勋公者。六传为汪完，七传元和中为完浓，八传为浓可，值太和中，官改越析军民总管云。九传则可同，咸通四年，南诏陷交趾有功，复任武勋公事。十传而同庚，十一传而庚沽，皆继为公。传十二实曰沽犀，乾兴四年，改为武英侯。传十三曰犀参，乃宋

## 云　南

至和中，更摩娑诏大酋长，段氏莫能有也。嗣大酋长者，政和中。十四传之参禄，十五传则致大将军禄麦也。禄麦传麦琮，为十六叶。生七龄，不习而识文字。及长，旁通吐蕃、白蛮诸方书。入深山食盉浆，闻云中禽语，皆谙之。盖异于人也。其族亦大矣。十七叶为宗良，时元世祖亲征大理，良兵迎于剌巴江口，遂破巨津州半空和砦，生擒叛贼阿他剌，叙绩升茶罕章宣慰司。又从克大理擒段兴智，功列蒙古将兀良合台之右，升授副元帅，赐虎符金牌，还镇摩娑。又破铁桥城华马国，加授银印，为提调诸路统军司。十八传则良兀，袭元帅之职。十九传兀亮，至元之杪，改置丽江路军民总管府。二十传亮甲，罢府置宣抚司，旋改通安州知州。甲之长子得，复升丽江宣抚司副使。皇帝洪武壬戌，天兵南下，率众先附，钦赐姓木，名曰得，字自然。攻破石门关铁桥城，锡纶诰升本府世袭土官知府。得长子名初，字启元，以军功锡金牌。又随西平侯征景东、永宁、蒗蕖及四川盐井，重锡纶诰散官一阶，金刻"诚心报国"字，带一束。初长子名土，字养民，继前职。土长子名森，字升，荣从尚书王骥征麓川，给诰升太中大夫资治少尹云南布政司参政。森长子钦，字惟高，袭知府。钦长子泰，字本安，继惟高职。泰长子定，字静之，诰晋中顺大夫。定长子公，字恕乡，号雪山，继职如前。嘉靖丁亥，寻甸、武定之乱，有功，奉诰升中宪大夫，世袭知府，玉音嘉赐"辑宁边境"四字，及文币宝锭。嘉靖庚子，安南莫登瀛叛，以调兵功，恩赉白金一锭。其增光充拓炜昭先烈卓矣。雪山植学掞藻，蜚英士林，于是修其姓氏谱牒。永昌少司徒南国张君序之，邮以示慎，属继序其后。余观其世，自唐初至元，皆胙土命氏，千余年未尝中微。圣朝赐姓，同古封建，其宗法相传，不置妾媵。嫡子世继者二十七叶，尤自古世家所无也。况其沉烽卧鼓，使中国不复知有西夷之患，其盛宜哉！《左传》云，晋拜戎不暇，疏家表之，以为封建之效。余谓晋之拜戎，中宇虽偷安，而国容贬矣！厥后享和戎之利，亦仅强人意，岂若我圣代奄万方，服四裔，丽江之御蕃，恒以威胜拜云和，云蔑矣！貘矣！则天威长罗回驭，远过周室，而木氏之绩，视晋岂多让欤！稽昔文侯之命，纪于《尚书》，不啻如左氏之传而已。他日读书当有如文中子者书之，或有征于耄言也夫！

嘉靖二十四年，岁在乙巳孟冬十月六日
赐进士及第第一人，前翰林院修撰、经筵讲官国史纂修校正官
成都杨慎书

共说滇藩沐国公，千年郫似木家风。表忠旧观留钱氏沿郡诸山寺院，多木家香火归命新朝媲窦融。石鼓早平边塞险，铁桥犹纪外蕃功。披图再读升庵序，前代衣冠已不同本朝雍正初，置丽江府，土府改袭通判余既题木氏先图，复赋一律，系升庵叙后。《双南外史》钊镗并书。

## 木氏宦谱重序

若稽《南诏野史》，丽之初属白国，未有专名也。木氏先世居笮国，邈于周、秦，自汉、晋迄唐由来，世载其德。始称越析诏，为六诏之一。迨宋季麦琮者，慧性遐龄，天禀特异，另有别志，才德超凡，为群夷所推尊。当文教未通，虽有善德令名，未申纪述。生子良，良生兀，兀生亮，亮生甲，甲生得，享元之世，其迹昭典。逮皇明定鼎金陵，识天命有在，甲贻子遣使间道上图籍，壬戌得内附。太祖嘉之，赐姓木，敕授丽江世袭知府。于是定铁桥镇石门，锡袍笏金带，生子初，服蒙贬，南征麓川，开永宁，东克盐井，累著武功，诏赐金牌金带，以摈相体统临戎镇番。初生土。钦颁敕命世守信地，令宣不令调。土生森，从尚书王骥以征麓川获功，诰升参政，赠祖考妣，寻都宪丁旌扬。森生钦，钦生泰，俱宠，诰加太中大夫。泰资神迥异，穷易连理，奋武揆文，克昌厥大。泰生定，援邻靖乱，建功不伐。定生公，晚居雪山之麓，淹贯典籍，与永昌禺山张，蒙化黄山左，时并称三山，而太史杨用修辈，尤其文字莫逆者也。著作传世，名倾海内，边功懋树，世庙亲洒，宸翰"辑宁边境"四字。并厚宠赉，谛修家乘，本祖始春暨升，荣《惟高两稿》肇庙崇祀，敬其先，此忠孝之大端也。侍郎永昌张君志淳，太史成都杨君慎撰序跋。公生高，字守贵，幼抱雄略，历年三十一。剿胜香罗，寻大捷毛佉，斩吐蕃，又克干陶，立寨威远，乃翁悉出。钦赐先世金牌带等畀之曰：是体尔祖之心为心，以报国也。及翁鳏居，选奉美侍，承欢聚顺，所谓迪吉于后，今验于斯，至割股瘳亲，光表世胄，诏授三品亚中大夫，荣及先代，玉音褒嘉。其略曰：以德其名，忠孝两尽，因才而誉，文武兼全。世庙宾天，丁卯冬闻讣，奉哀诏不起，明年捐馆。高生东，字震阳。嘉靖己未承父命，攻胜番寇。隆庆壬戌，再捷。丙寅戊辰，累建肤功，亦出钦赐先器等予之。万历乙亥,剿大渡番寇,越河曰打冲,暨敕赐"西北藩篱"坊居恒省,耕济农,暇则宾朋满座,夷犹诗酒。戊寅,哀母过恸,己卯岁卒。东生旺,字万春,号玉龙。万历丁丑为世子。遂奋威武,大克番寇,迨莅政日,五所潜谋,慹摧奸志,谋猷愈壮,克服弘多,诰褒忠国恒垣。旺生青,字长生,号乔岳。智通六艺,墨妙淋漓,苍劲如老松古鹤,故别号曰松鹤。初莅政,即输饷。其如厌世,忽向白云仙游,何然而精灵尚存也。青生增,字长卿,又益新,号华岳,年十一失考嗣袭。万历己亥,馈永腾,庚子助播州,壬寅叙西事,钦奖朱提。丙午,封先受诰。乙卯,俘三鲊魁司马纪功。戊午,修职贡。恭贺神宗皇帝四十六年太平福祉,敕赐赏赍,爰及恭人。又拓地饷辽,特加三品。庚寅进马价,钦褒忠义。循剿北胜逆舍高兰,膺上方金币。天启壬戌,蜀奢作乱,捐饷。锡三品服色衣一袭。寻乞休,上封事十,斐然名臣奏疏也。请祀张诠、何廷魁等荩金,赈恤阵亡将士。钦褒忠尽,晋秩参藩。甲子,致政于家,于乙丑,再进饷。寻诰封祖父母。丁卯,输大工,依请表扬母节,又都御闵上荐。崇祯庚午,移助黔需,并解馃大司农。辛未,钦升右方伯,荣封三代。鹤庠火灾,捐金重建,壬申落成。癸酉,鹤士掇解。甲戌,敦请乡饮大宾,翁辞。丁丑,助陵工,旌表。庚辰,转左方伯,敕谕益笃忠贞,于省建坊。甲申,捐坊工资,急解京供。当弘光即位,南都钦加太仆卿。乙酉,父子阖族举饷。钦差募院陈题赐父子金花蟒缎。大都忠孝天植,仁义性成,并孝罗母,姻亲敬贤,政务之暇,卷不释手,著书数种,俱经名贤品题行世。若夫廷请法宝而祝国边,刊梵藏以化番,建寺鸡足,造桥禄丰。范像弘身,助通蜀道,种种善行。观国史杨君用修序谱,适子世继二十七叶,及今垂三十二世。至翁无昆季,罗母择以淑媛振。振四子,天其克昌厥后与!蒙君嗣位,讳懋,字美台,号昆仑。初,天启甲子,膺命服官,实居得以有为之日,犹抱不敢自专之心,凡厥政务,恒必躬请,所以家无失德,国有计谟,则是父是子是训是行。乙丑以后,华岳翁愈多徽美,承顺事志,方念天步艰难,绸缪拮据,食息弗遑,留心宗牒,用锡三十二世之光,诚忠孝极思,寔趋庭综,核以久亟成乃考之志矣!求予再序,续貂于太史之后。余愧不敏。仰依国姓思木氏为我皇明忠孝世臣,勋猷烜耀,可述可继,不敢不尽心焉。夫周自后稷肇邰，阅夏、商二代而统不失，盖有孚格于天者耶！丽虽荒服茅土，繇宋迄明，引于勿替，则苍昊之表，祖宗必有孚格者在昆仑，而后为子若孙，卜年卜世，其所以继续者，宁有涯哉！

时大明天王岁次戊子春三月吉旦<br>
圣朝宗仕山东承宣布政使司藩封鲁王孙　朱桂林谨跋<br>
乃于庚寅冬至后鹤犀孝廉处士梁之杰订撰

## 木氏宦谱后序

余读杨升庵《木氏宦谱序》，称木氏之先始于叶古年，当唐武德世。仕为总兵，四传为工蒙，则贞元之元，官更丽水节度使。五传为蒙汪，当贞元三年，以殪戎功，晋武勋公，于是始大。八传为浓可，值太和中，官改越析军民总管。九传则可同，咸通四年，南诏陷交趾有功，复任武勋公事。十传曰同庚，十一传曰庚沽，皆继为公。十二传实曰沽犀，乾兴四年，改为武英侯。传十三曰犀参，宋至和中，更摩娑诏。十五传麦禄，则至大将军禄麦也。禄麦传麦琮，为十六叶。今阅《木氏先世图像》则以麦琮为第二传，其生父曰爷爷者，本西域蒙古人，好东典佛教。宋徽宗年间，乘一大香树浮入金江，夷人异之，率迎登岸，妻以女，生阿琮。年乐年保取以为嗣，袭大将军职。意年乐年保殆即禄麦与三世为阿良，迎元世祖兵于剌巴江口，从征大理，生擒段智兴，授副元帅，赐虎符金牌，还镇摩娑。又破铁桥等功，加赐银印。即升庵所谓十七传也。七传至阿得，洪武十五年，率众归顺，赐木姓。从傅友德军攻破石门关铁锁城。入朝，明太祖命世袭土官知府，盖木氏之得姓始此。十四传曰木公，号雪山，升庵修其姓氏谱牒，称其植学掞藻，蜚英士林，永昌张南国为之序。盖以所生为始，则十四传而以所后为始，则已二十七叶矣！自是十七传为木旺，十八传为木青，父子致命边疆，世济忠烈。二十传为木懿，七载幽囚，守义不屈。二十四传曰木钟，雍正初袭职，四十余日。恭值我朝化行无外，丽江置府，于是木氏降袭土通判，继以至于今，又凡几世，皆升庵之所未见。统而溯之，盖几四十传矣！夫以升庵之《序》，与木氏今日之图参互考订，其世数所以不同，实以阿琮继嗣禄麦，而今之木氏，又自推崇其所生之爷爷以为初祖，与前谱相歧，其或当援嬴吕马牛之例，分为先后纪者，如升庵之博雅，尚不明著其说，予小子何敢妄论？要其节钺世继传数十叶，千有余年。虽在夷裔，亦史乘所罕见也。余观丽江山川奇杰，据滇蜀西北之上游，当蕃藏东南之扼塞。地产五金，俗区各种民蕃物盛，与内地之通都大邑无殊，乃自开辟以来，僻在荒徼，至我朝始入版图，迄今百有余年。民争濯磨，士竞科名，文物声明，与诸华伍，盖上以见我国家威德远迈前古，下以见木氏之归命保世，亦非偶然，故择其尤著者，各系以诗，而于其盛衰终始一归诸天以附窃取之义，匪敢比于文中，而与升庵竞淹博也，并著其图序世次，所以不同者，作为《后序》，书而归其嗣木汉，使永藏之。

时道光辛丑季夏望后三日<br>南海陈钊铿序

年乐年保为禄麦，不传族而传贤，大哉！宜丽江之昌也，顾援嬴马暧昧之例，则不可，琮之嗣年保，如世宗之于周，明宗之于后唐耳！为人子孙者，尊其祖父，不得混于年保以前宜也。而仍大书曰年保阿琮，如蒙氏凤迦异、异牟寻、寻阁劝之例。所以明业为叶古之业也，帝王之裔，降舆台茅土之家夷仆隶，年且二十，世逾三十，呜呼！盛哉！再伐之木，其根必伤，抑可惧矣！勉乎哉！培之以德。

同治乙丑中夏朔日<br>定莋曹永贤跋后序

## 玉龙山灵脚阳伯那
## 木氏贤子孙大族宦谱

草舌天能古　草俸地能俸　草羨古甫占
古甫古吕古　古吕气吕古　气吕露吕古
露吕陆点古　一点海娘丁　海失海羨古
海羨剌羨古　剌羨天羨古
天羨从从　娶天女弓都母书。

从从从羊　娶天女当青青书。

从羊从交　娶天女集里集书。

从交交羨　娶天女阿均岩书。

交羨比羨　娶天女宽都木书。

比羨草羨　娶天女为挥来书。

草羨里为为　娶天女青挥蒲蒲能，生三子，遂分三种人。寿一千七百岁。

里为糯于　娶吴女吴钟，寿一千五百岁。

糯于南伴普　娶戟女戟他刺鲁。

伴普于　娶戟女宽都木鲁，寿一千六十岁。

于哥来　娶戟女戟思母鲁，寿一千七百岁。

哥来秋　娶戟女戟钟，生四子，分束、叶、买、何。寿一千九十岁。

始祖叶古年，唐摩娑。年之前十一代，东汉为越巂诏。诏者王也。年之后六代，改为筰国诏又，定筰县改昆明，升为昆明总军官。传至唐武德时，祖叶古年凡十七世，续传至秋阳。

秋阳　唐初改昆明，属巂州。高宗上元中，为三甸总管。正妻弥均习鼠。

阳音都谷　唐玄宗开元中，六诏并属南诏，为三甸总管，服南诏矣。玄宗天宝中，南诏阁罗凤叛唐，陷巂州。谷为先锋，挟掳唐西泸令郑回有功，升授总督元帅。正妻阿室阿挥。

都谷刺具　天宝十年，南诏败唐兵于西洱河，陷云南都护府，南诏遂称大蒙国，从征有功，继父职。正妻阿室阿尧。

刺具普蒙　唐德宗贞元元年，更置丽水节度，为节度使。正妻阿室僭女。

普蒙普王　继父职。贞元三年，南诏云南王异牟寻内附，犹结吐蕃，唐疑之。寻命王制出吐蕃酋长若干，诣大理点苍山庙，设酒既醉，悉斩。九年，引导唐将常皋以南诏兵大破吐蕃。十年，断石门关之铁桥，取十六城，俘其五王。功升武勋公，亦为之盛。正妻阿室节节于鲁禄。

普王刺完　继父职为武勋公，正妻阿室为由于吕能。

刺完西内　唐宪宗元和中，改越析军民总管，继武勋公。正妻阿室汉女。

西内西可　唐文宗太和中，南诏寇唐蜀郡等，不复通唐，仍称越析诏军民总管。南诏亦不能制，羁縻而已。正妻阿室蒲弥。

西可刺土　唐懿宗咸通四年，南诏陷交趾，有功封越析诏武勋公。唐昭宗乾宁四年，杨登弑南诏，遂罢公改武勋侯。昭宗光化元年，隆舜子舜化贞立，进武勋公。正妻阿室哥女。

刺土俄均　唐昭宗天复二年，郑买嗣篡灭蒙氏，僭号大长和国，遂不附郑矣。继武勋公。正妻阿室羡鲁，生六子，牟具、牟刀、牟古、牟歹、牟来、牟通，各分部，为诸夷之长。

俄均牟具　继武勋公。正妻阿室具中。

牟具牟西　宋贞宗中改为武英侯。正妻阿室交。旧本作乾兴四年，考正宋乾兴只有元年，并无四年，或误用蒙诏素廉年号乾兴，然二乾兴俱在贞宗，宋乾兴或本作仁宗元年者非。

牟西牟磋　当宋仁宗至和中，更立摩娑诏大酋长，段氏虽盛，亦莫能有。正妻阿室于里。

牟磋牟乐　当宋徽宗政和中，继大酋长，正妻阿室刺睦。

牟乐牟保　与段正和称为大将军，正妻阿室女。

## 第二代

牟保阿琮　生七岁，不学而识文字。及长，旁通百蛮各家诸书，以为神通之说，且制本方文字。偶入玉龙山，见一石盎中清水饮之，闻云鸟音，遂谙禽兽等语，众乃称异。名达大理，诏王段氏未信，来迎聘往，尝数鸦飞噪，问之，言山后有马毙往食。俄二鸠相鸣，再请，曰此鸠言前坡荞熟，可以就食，彼鸠应不可，坡顶柏树巢鹰。使观果应，如是者屡验。加礼甚敬，每所厚赠。忽一日，诏王毁殿上燕巢，取其雏，暗执袖内，佯问檐前燕何喧？对此詈王语，称国祚不久矣！何不修德，且毁吾巢。诏王不悦。后又空中落一天书于海，有龙悬角呈出，而得厥文无考识，佥议麦琮，圣者必识之。再迎聘寻往觅其书。数十年后，胡兵下大理云云。致元世祖忽必烈亲征大理，果如卒验。是时，摩娑各族枝，分部相长，肆后咸以感其推诚服众，敦德化人，合归尊主。夫忠厚以开金牖之业以基，顺子贤孙，无疆永福，天岂偶生哉！善阐国、乌思藏等界，共戴为生知圣人。

呜呼！木氏渊源继续，盖有由然，是故君子创业垂统。为可继于千百世者焉。正妻阿室丘，系羡陶氏化戟女，生一子，曰良，继父位。

## 第三代

阿琮阿良　琮之嫡长，继父职。宋理宗宝祐元年，蒙古宪宗命御弟元世祖忽必烈亲征大理，良迎兵于剌巴江口，锡赉甚厚，宠渥优礼，将授职为茶罕章管民官，复给班官服色二套，金镶玉顶，有辅弼前后黄绒帽及带靴，全引礼舍人二员前导，摆搭荣之，遂破巨津州半空和寨，生擒叛贼阿塔剌，功升茶罕章宣慰司。寻而攻拔大各寨，又同克大理，擒获段兴智，功烈蒙古将兀良合台之右，升授副元帅，锡节钺虎符金牌一面。兀良合台还镇大理，琮良还镇摩娑诏，乃赐命称曰添睦贞吉。后又破铁桥城华马国。世祖至元中，加授银印，重四十八两一颗，为提调诸路统军司，其所属者越析郡、伯兴府、永宁府、北胜府、菠萁州、罗罗斯白狼、礜木夷獠等处地方，无不管束。其鹤庆府，自唐世年间，是本司摩娑之地，不载于内。至元十一年，叠蒙皇帝圣旨褒嘉，钦此钦遵颁给龙章祗领，得恩荣诰命，授金紫光禄大夫统军司、进开府仪同三司。正妻阿室干先，系干罗木土，诰封国夫人，生三子，胡、节、耐。长男阿胡继父职，次男阿节，三男阿耐。

阿良阿胡　良之嫡长，继父袭元帅之职。至元九年，为茶罕章管民官，而袭元帅。成宗元贞元年，蒙皇帝圣旨褒嘉，钦此钦遵颁给龙章祗领，得恩荣诰命，授正奉大夫获军宣慰司。正妻阿室剌母，系羡陶氏和挥和迷女，诰封郡夫人。生一子阿烈，继父职。庶生次男阿吉。

阿胡阿烈　胡之嫡长，袭父职。顺帝至元十三年，改置丽江路军民总管府。所属府一，北胜；州七，通安、巨津、宝山、兰州、永宁、菠萁、顺州；县一，临西。十五年，授弟阿吉巨甸军民管民官安抚司，并蒙皇帝圣旨褒嘉，钦此钦遵颁给龙章祗领，得恩荣诰命，授太中大夫轻车都尉总管府。正妻阿室丈蒙阿加，系剌巴剌土，诰封郡夫人，生一子阿甲，继父职。考元始宪宗四年，琮良公为茶罕章管民官。世祖中统四年，升茶罕章宣慰司，迄世祖至元九年，加授银印，提调诸路统军司，则良、胡公乃茶罕章管民官，袭元帅。二十五年，为茶罕章宣抚司。成宗大德元年，中原板荡，梁王以宗室镇缮阐，与段光分域侵隙，且西台遥越肆，当泰定帝迨胡烈公或多梗化无纪，后顺帝至元八年，为茶罕章宣慰司，以世祖至元九年及顺宗至元十三年，则虽三代历十帝，仅六十七年，其顺帝至元八年是至正二年，十三年即至正七年也。后仿此。又元制宣慰使司，秩从二品，宣抚司及副使正三品，安抚司正三品，诸路总管府下路从三品，知州上州从四品，书之似便易晓。

阿烈阿甲　字元德，烈之嫡长，继父职。顺帝至元二十二年，罢府置宣抚司，寻改为通安州知州。蒙皇帝圣旨褒嘉，钦此钦遵颁给龙章祗领，得恩荣诰命，授朝请大夫骑都尉上州尹知州，加正三品。正妻阿都，右丞女阿室圆讳佉母，系胡以普都，乃剑川蒙古氏耶。诰封恭人，生四子，得、佉、牙、见。长男阿得继父职。次男阿怯，三男阿牙，四男阿见。庶生三子，五男阿从，六男阿歹，七男阿昌。

以上二十一代茔窠俸在玉龙山中，冬夏以俗祀之无缺。以后七代加以庙祭之不辍。

知府阿甲阿得　官讳木得，字自然，号恒忠，甲之长子。元末，任通安州知州，后复升改丽江宣抚司副使。大明洪武十五年，天兵南下，克复大理等处。得率众首先归附，总兵官征南将军太子太师颖国公傅友德等处奏闻，钦锡以木姓。移行总兵颖国公傅，拟授职。十六年，奉总兵颖国公札付，拟本府知府，开设丽江府。本年二月，从征南将军克佛光寨，元右丞普颜笃自焚。三月，西番大酋卜劫将领贼众，侵占本府白浪沧地面。令长男阿初攻退。又本年八月，随攻北胜府，擒高大惠之裔土酋伪平章高生，寻为夷杀献，后改州，肆又领兵跟随总兵颖国公，会同董指挥攻破石门关、钦桥城等处，有功事奏闻。本年九月，赴京进贡朝觐，太祖嘉其伟绩，授诰命一道，任本府世袭土官知府职事中顺大夫，防固石门镇御番鞑，并锡金花钞贯彩缎表里衣冠，给金花带一束，镌四字曰：诚心报国。圆宝六锭，令字银牌，重二十两。十七年，令长男阿初随征捕刀寇，蒙赏锡钞锭。十九年八月，巨津州土官知州阿奴聪反叛，攻打石门关等寨，领长男阿初等，统兵从吉安侯陆仲亨征取，本寨蒙古和二处本贼逃往西番。本年十二月，复回巨津州。二十年内，擒获本贼押解赴总兵官颖国公处交割处决讫。公生于元武宗至大四年辛亥，于洪武二十三年庚午十月初六日宾天。正妻阿室社，系照磨所三必村和略哥女，诰封恭人。生三子，初、亏、寺。次妻阿室弥，生一子七。长男阿初，继父职。次男阿亏，三男阿寺，四男阿七。

  知府阿得阿初　官讳木初，字启元，号始春，得之嫡长，继前职。未袭之先，洪武十六年，攻番酋卜劫有功。本年七月，奉总兵官征南将军颍国公札付拟授副千夫长。十七年闰十月，奉吏部忠字三号勘合授副千夫长，兼试百户职事。当年十一月到任，本年十二月，本府宝山州土官生拗，同大理卫李指挥以策平定，攻打本州山寨，安抚人民。十八年，本州土官刺密如吉复据山寨，仍行领兵前去攻打本寨擒杀二十余贼。洪武二十年，剑川州土官知州杨奴等作耗，同官军引兵收捕。本年八月，本州伪元帅保朱作耗，同大理卫都督指挥使郑祥擒杀本贼。二十一年三月，管领土军，从总兵官西平侯黔宁王沐昭靖英征进，景东定边县伯夷蛮贼，歼其渠魁，杀获刀斯浪等。二十四年，随奉右军都督府定字五百四号勘合钦依承袭。五月十八日上任，继父职，本年十一月，赴京进贡，请诰。二十五年二月，给授甲字六百九十七号诰命一道，授中顺大夫，世袭土官知府，蒙钦赏锡回还。本年九月，随都督冯诚征进永宁州，攻破蒗蕖接境白交等山寨。杀退贼人，收捕贼酋卜八如甲，招谕水寨头目刺塔等服降。二十六年十二月，四川盐井卫左所土官刺马氏贾哈喇谋反，同都督宁远侯何福接应官军。二十七年正月，左所叛贼贾哈喇犯北胜、蒗蕖，随西平侯沐惠襄公春以兵要覆克胜，寻立澜沧卫镇御。又本年，随都督瞿能出征，得讨平之，运粮到盐井卫交纳。本年十一月，本府兰州火头八塔干等生拗，领兵前去捕杀贼众一百余名，安抚夷民。三十年九月，又同大理卫李指挥征进革石、阿恼瓦等寨，攻破本寨，擒获叛贼伪平章贾哈喇，又本年十一月，改置丽江军民府，颁给印信，以字八十七号一颗，拟议敕命禆扬塘镇，节制西番，礼际机便，从宜摈相体统行事，以彰国威。三十一年九月，跟总兵官征虏前将军西平侯沐惠襄公春，征进伯夷，围困麓川，擒获贼首刀干孟回还，蒙赏钞锭表里甚厚。三十五年，令长男阿土赴京进贡朝贺，蒙钦锡钞锭表里回还。永乐二年九月，又领军前去巨津州救护土官同知阿戢，遂退番贼阿娘匀等，夺获掳去官民人口。三年四月，令弟阿寺随钦差内监杨麟等，领所招来西番，赴京朝贡。又当年十月，自备马匹方物，率领所属，赴京朝贡，钦锡钞锭表里回还。四年五月，奉总兵官西平侯沐惠襄公明文，同锦衣卫镇抚司指挥使朱程往西番地面，开设杨塘、镇道二二处安抚司，剌何场长官司，你那长官司，摧令夷番赴京朝贡，奏闻蒙赐督镇敕书一道，并叙巨津、临西、毛牛寨、宝山州、兰州、浪沧江等处功事，钦锡金牌一面，铭曰：诚心报国。永乐五年，义字七十六号，并蒙给甲字八百九号诰命一道，升授中宪大夫世袭土官知府。本年十月，令长男阿土追究元时土官安抚司阿吉家下金牌一面，解云南布政司讫。八年五月，亲诣宝山州白的元、始瓦等寨，招谕头目阿容目名下认纳差发，当年作数随差人进贡，给赐回敕表里。十年四月，自备马匹方物，令舍人阿他等赴京进贡，钦蒙给赐甲字九百九十七号诰命一道，赠父阿得中宪大夫。甲字九百九十八号诰命一道，封母阿氏社为太恭人。甲字九百九十九号诰命一道，正妻阿氏撒封为恭人，赍回到府望阙谢恩讫。又因随西平侯惠襄公春征进景东、永宁、菠葉等处，随何瞿二都督征讨四川盐井卫叛臣剌马仁祖、贾哈喇，攻破革石、阿恼瓦寨，擒获本叛有功，奏闻，给乙字一百十九号重锡诰命一道，圣旨升尔散官一级，锡尔"诚心报国"金带一条，其余功赏俱在应袭等册内。十四年，覃恩存慰进阶，寻请老移关，本府保勘应袭木土袭职。公生元至正五年乙酉，于洪熙元年乙巳十二月日宾天。正妻阿室阿木相，官名阿氏撒，系通安州土千户阿木女，即木仙，诰封恭人。生七子：土、娘、戟、迦、均、兴、惠。庶妻阿室罗，系剌何场长官司女，生一子目。阿室里生一子保。阿室羊生二子都、希。长男阿土继父职，次男阿娘，三男阿戟，四男阿迦，五男阿均，六男阿兴，七男阿惠，八男阿目，九男阿保，十男阿都，十一男阿希。正统五年，以孙追封，给戊字七百六十七号诰命一道，赠太中大夫参政职衔，给戊字七百六十八号诰命一道，赠封正妻阿氏撒为淑人。

　　知府阿初阿土　官讳木土，字养民，即育民，初之嫡长，继父职。永乐十七年，自备马匹方物赴京进贡，前到行在吏部。本年十月蒙本部官引奏，钦准替职，赏锡钞锭彩缎表里，领到吏部文字五千七百八号文凭一道。十八年正月上任，十九年为议处舆情，蒙钦颁敕一道，令宣不令调。二十一年，令舍人木弥、把事杨仲礼等赴京进贡请诰，蒙给锡丙字一百十五号诰命一道，特封为中顺大夫世袭知府，丙字一百十六号诰命一道。正妻阿护封为恭人。宣德三年，先因石门关阿亏丈四劫不悛，领兵攻捕据寨，随开新道，重设渡津，便通梗阻。八年正月，集兵。二月，掠峭村，乞容后归服。又于本年三月，永宁番贼掳去宝山州知州阿日，遂亲领兵诣本州设策取回讫。公生元顺帝至正二十四年甲辰月日，于宣德八年癸丑四月二十四日宾天。正妻阿室甫，系鹤庆府土官知府高仲女，官名高氏获，诰封恭人。生七子：地、仲、义、昌、恕、苴、挥。庶妻阿室圆。长男阿地继父职。次男阿仲，三男阿义，四男阿昌，五男阿恕，六男阿苴，七男阿挥。正统五年，以子追封给戌字七百六十九号诰命一道，赠太中大夫参政职衔，戌字七百七十号诰命一道，正妻高氏获，赠封淑人。按：当时约白沙里苗禁忽官牛食田，见者以官不捕，知之必令屠刑，盟北岳神祠，分肉散众，民信服法，率输牛价，常年赛庙为额典。

知府阿土阿地　官讳木森，字升荣，号大林，土之嫡长，继父职。宣德九年，保勘袭职，奉吏部文字一百五十四号文凭，本年七月十三日上任。正统三年，领兵从总兵官定远王沐忠、敬晟征进麓川缅寇。当时各处军马逃散，惟丽江奋勇先阵，过江烧营栅七处，生擒一名，斩首十六颗，获象二只，又复斩首二十四颗。蒙犒赏银碗花牌缎匹等项。四年，又随官军杀获首级二十颗，受赏如前。云南黔府定远王沐忠、敬晟另赏沙桥田一庄。五年五月，征进麓川奇功事，总制尚书靖远侯王忠毅公骧奏闻，钦蒙给锡彩缎四表里。本年九月，自备马匹方物，差人赴京进贡请给诰命，钦蒙给授戌字七百七十一号诰命一道，并行在吏部勘合，功升勋级，授太中大夫资治少尹云南布政使司参政职事。赠封二代，于省上任讫还，公座尚存本司。戌字七百七十二号诰命一道，正妻阿氏里，封为淑人。本年始置巡抚，云南都御史丁题疏举扬奖励，六军总制靖远侯王忠毅公征麓川，遣兵随克，前后俘馘十六名，象一只，攻破思任发栅寨得功。公生洪武三十四年辛巳，于正统六年辛酉十二月初八日宾天。正妻阿室里系木保巡检阿俗女，诰封淑人，生三子习、那、他。庶妻阿室能生一子日。长男阿习，继父职，次男阿日，三男阿那，四男阿他。庶生五男阿女。

知府阿地阿习　官讳木钦，字惟高，号峻乔，森之嫡长，继父职。正统七年，保勘袭职，奉总督兵部尚书兼大理寺卿王蒙敕谕札付文凭，三月初十日上任。景泰二年，番寇阿札侵攘巨津州，亲率兵追击，馘首四十二颗；俘擒二十六名。三年六月，兰州知州应袭罗文凯被贼谋害，奉文设策获逆罗好等十名，又贼首阿容他引三百余众抄掠人民，亲领兵捕获和扎等十八人，生擒十二名。六年，宝山州白的等处被番贼刀日卜他，同男阿俗劫掠，率兵征讨擒贼四名，斩首八颗，阿俗来降，安插迁移讫。天顺二年，番酋盐仲丈等四掠边境，遣兵追击，馘首五级，生擒四名。四年，阿俗引众越占宝山州，领兵格杀阿俗，余党二十三人，本年差人赴京进贡。五年，给领信字二十三号诰命一道，授太中大夫世袭土官知府。正妻高氏善，封为淑人。天顺六年，得胜剌宝、鲁普、瓦寨、鼠罗、你罗、占普瓦寨。八年，得胜鼠罗、剌罗岩、那瓦寨，里俸见能瓦寨，里俸梅矢瓦寨。成化四年，得胜你那母来各寨、当瓦寨、木都瓦寨、岩甸寨。六年，得胜你那为习下接具加瓦寨、相必瓦寨、剌木瓦寨、剌何场寨。十八年，得胜照可、其琮、剌普、均里场、其立佉丁等。十九年，得胜忠甸、早瓦寨。二十年，得胜忠甸、僭罗投降。公生宣德四年己酉正月日，于成化二十一年乙巳八月二十四日宾天。正妻阿室顺，官名观音善，系鹤庆高知府女，诰封淑人。生四子：牙、的、住、宝。庶妻高氏观音福珍，又从滕生二子：束、俗。阿室娘系木保巡检女，生五子：吉、沙、禄、他、见。阿室桂系顺汤杨氏，生二子：乐、的。长男阿牙继父职。次男阿的，三男阿住，四男阿宝，五男阿束，六男阿俗，七男阿吉，八男阿沙，九男阿禄，十男阿他，十一男阿见，十二男阿乐，十三男小的。

  知府阿习阿牙　官讳木泰，字本安，号介圣，嵚之嫡长，继父职。成化二十一年，番寇阿加南八，侵犯白甸诸寨。亲领兵追击，斩首五级，番贼大溃。二十二年，保勘袭职。本年得胜鼠罗苴公寨。二十三年，寇又大犯，复整兵鏖战于山哈巴江口，馘首十五颗，生擒六名，乘势追至可琮寨，贼将固守，然攻破之，斩首七十二级，讯质十八名。吾牙等寨不攻自遁。被掳人民尽行复业。藩镇两台嘉奖缎匹花牌等项。又本年得胜鼠罗于杨寨，又得胜别甸寨投服。二十四年，立鼠罗别甸寨。弘治二年，得胜照可加日寨，照可石头坎以下。三年，番寇阿加南立等众大掠巨津州村寨，亲领兵征战三次，擒俘八十九名，落江死者无数。又得胜你那巴罗岩瓦寨。四年，得胜忠甸托散、佉玉寨、均集玉寨。弘治元年，奉吏部丑字八百八十八号文凭，闰正月初二日上任。五年，得胜忠甸空立玉寨、见沙各寨。又鼠罗托其罗归降。六年，得胜忠甸，生后玉寨。本年，又因北胜州崀峨乡，被邻近西番具得等暗结四川接境野番酿祸。先机为乱。奉三台行委，亲诣本州，设法抚出番目者干铁等三十五名，令且监锢，差人追出原掳军丁三名，并杀死人命，依俗赔偿，给散被劫军民收讫。取其番贼供给手印木刻在官申呈，藩镇两台太监嘉奖彩缎花牌银两等项，差官导送领讫。随蒙总兵官征南将军太师黔国公沐武僖公琮题奏，给锡该州沙兰村田置佃，名曰奉地庄，传世子孙。本年，得胜忠甸、伽僭、西里佽寨、大当香各寨。九年，得胜忠甸年玉寨，又建立岩那瓦寨。十年，自备马匹方物，遣人赴京进贡请诰，蒙钦锡钞贯等项，并给宙字十八号诰命一道，授太中大夫世袭土官知府。正妻阿氏贵，封为淑人。十一年，得胜忠甸瓦日瓦寨，得胜鼠罗西里瓦寨。本年，又得胜鼠罗剌甲瓦寨。十二年得胜忠甸，再建立大年玉瓦寨、香各瓦寨。本年，又得胜你那俸鲁瓦寨。本年，又得胜鼠罗古普瓦寨、已上手卜瓦寨、西里瓦寨、平口甸母若甸加散，岩瓦寨，木俸瓦寨已下。十三年，得胜鼠罗迷剌岩瓦寨、佽那瓦寨。十四年，得胜你那立尧各寨、玉剌寨。本年，得胜鼠罗、剽剽投降。十五年，得胜忠甸挥佽寨。本年，又得胜你那、剌红瓦寨、手立瓦寨、托普瓦寨。公生景泰六年乙亥六月十五日辰时，于弘治十五年壬戌十一月二十一日宾天。正妻阿室卷，官名阿氏善贵，系邓川州阿知州女，诰封淑人。生四子：秋、锺、于、连，长男阿秋，继父职，次男阿锺，三男阿于，四男阿连。

  谨按：传先祖麦琮应大理聘还，自觉忘其所感灵异，再往玉龙山寻石盎灵浆，彷徨莫究，俄而坐憩于盘石，随携竹杖执之卓地，土若酥然，竟竹节十一入地，须臾发秀，悟曰非予忘灵慧，当有过十一代，予复生缘，不日捐馆，至今迹由存，竹林，先祖麦琮历本安翁屈指十一世，夙慧。不学识先祖所制本方文字，且昌大我木氏，为观德绳祖，或亦信乎！有诸欤！愚以如释氏从果论，则因缘机缘乃三生之说。

  知府阿牙阿秋　官讳木定，字静之，泰之嫡长，继父职。弘治十六年，保勘袭职。十七年，奉吏部丑字一千一百七号文凭，五月十三日上任。正德三年，得胜你那从仲寨、天龙寨。四年，得胜你那阿得酋等处。五年，自备马匹方物，差人赴京进贡请诰，钦蒙给锡智字九百八号诰命一道，授中宪大夫世袭知府职事。正妻高氏香，追封为恭人。继妻高氏，赠授封为恭人。本年，得胜陶目已下归服。七年，得胜并索立大香甸归服。八年，得胜那古牙烈瓦寨，又胜鼠罗鲁弥寨。九年，得胜伴罗瓦失瓦寨。十年，得胜节落梅失瓦寨，光失伴甸投降。十一年，得胜忠甸干那瓦寨。又征进立由刀才得胜。十二年，得胜你那各娘刺红瓦寨，本年，得胜鼠罗长安寨。十四年，你那阿陶村等处得胜。十五年，得胜忠甸亏甸干普瓦寨。十六年，得胜永宁麻瓦寨、鼠罗香各瓦寨。嘉靖元年，得胜建立鼠罗瓦托处可瓦寨，立永宁木俸瓦寨。二年，又得胜永宁麻瓦寨。四年，攻破你那陶索寨，得胜鼠罗也音寨、木胜寨。当年又救护邻封永宁镇院会题纪录，奖花牌表里。本年又得胜你那欠保五村，刺加失村已下。五年，得胜照可罗那村已上立西已下。本年，又得胜你那必鲁各寨、盐井那胜寨。公生成化十二年丙申十二月二十三丙甲日戌时，于嘉靖五年丙戌八月初二日宾天。正妻阿室香，官名高氏延寿妙香，系北胜州高知州女，诰封恭人。生三子：公、山、琮。继妻阿室井，官名高氏延寿赠，生四子：木、苴、戟、从。长男阿公，继父职。次男阿山；三男阿琮，四男阿木，五男阿苴，六男阿戟，七男阿从。

## 十四代

知府阿秋阿公　官讳木公，字恕卿，号雪山，又万松，定之嫡长，继父职。嘉靖六年，保勘袭职。本年再得胜立你那必鲁各寨、盐井那胜寨，得胜陶索西原寨、欠甸寨。本年，寻安凤作叛。七年，内犯围省。调府兵决有功，赏蒙总兵官征南将军太师黔国沐敏靖公绍勋纪录奏闻。八年，得胜建立永宁大海寨，又立海螺寨。九年，前因兵部尚书五文定并三台札付承准吏部丑字丁五十八号义凭，于本年四月上任，本年得胜照可当何卷那已下，加光丁已下。十年，得胜立当琮天胜寨，又立小寨。本年得胜鼠罗光世寨。十三年，自备马匹方物，差人赴京进贡请诰。十五年，奉钦蒙给义字二百七十八号诰命一道，授中宪大夫世袭知府，钦锡玉音"辑宁边境"四字，给赏彩缎表里宝钞等项。正妻凤氏睦，追封为恭人。继妻凤氏韶，授封为恭人。十四年，得胜忠甸年各，年恼已下；加光、佉巴。十五年，得胜立你那天柱寨。本年又得胜立鼠罗铁柱寨、香押寨、平处天保寨、金柱寨、里托等处。十六年，得胜忠甸高胜寨。十九年，内安南叛乱，坐调府兵集选待征。蒙兵部尚书毛题称本职分定哨道，至期举事者也。命赏白金十两，制成爵盏一枚，传世宝之。二十四年，得胜香水胜新寨、天保寨。二十六年，得胜香水胜保寨。二十七年，得胜你那、天高寨、长胜寨。命长男阿目领兵得胜毛伎各矿粗当来鲁古已下。二十八年，命长男阿目领兵得胜忠甸干陶各伴巴已下。三十二年，得胜立忠甸天生寨。翁生弘治七年甲寅七月初十丙申日卯时，于嘉靖三十二年癸丑九月初十日宾天。正妻阿室蒙，官名凤氏睦，系武定府凤知府女，诰封恭人。生一子目。继妻阿室于，官名凤氏韶，生二子：价、退。长男阿目，继父职，次男阿价，三男阿退。嘉靖四十年，以子追赠给诰命一道，授封亚中大夫，正妻凤氏睦，追赠为淑人。

## 十五代

知府阿公阿目　官讳木高，字守贵，号端峰，又九江，公之嫡长，继父职，嘉靖三十三年，保勘袭职。本年得胜建立你那天接黄金桥。三十四年，袭知丽江军民府土官知府，勘合奏准。本年得胜建立鼠罗那水天掌寨，立各已下归服。三十五年，领到吏部急字四千九百四十六号文凭，本年二月初九日上任。三十八年，有孤蒲贼众来围忠甸高胜寨报急，命长男阿都领兵救援，前至解围，杀贼甚多，得大胜。三十九年六月初九日，本司札付预计财用，责成重臣以期速济，大工事都院游工部札付授三品文职，移咨吏部题实授，并诰命。仍照例自备马匹方物，差人赴京进贡，三台允给廪粮十分，马十匹。四十年八月初八日，本司札付吏部题奉钦准实授三品，并请给诰命，信字八百七十七号诰命一道，授亚中大夫。其褒辞略曰："诚心报国，割股奉亲，化行边徼，威镇北番。以德其名，忠孝两尽。因才而誉，文武兼全。兹特升尔官居三品，位列九卿，永为乔木世家"云云。正妻左氏淑，封为淑人。及蒙敕锡玉音"乔木世家"四字，准建坊牌一座，并赏彩缎三表里，宝钞六百锭，与前廪粮脚力赍回到府，于本年八月初七日望阙谢恩讫。其余赏功物件，俱在应袭册内。四十三年，令长男阿都救援胜保寨前进，得胜鼠罗金加敕秋光。四十四年，得胜你那磋各，立压地寨。隆庆二年五月，特遣长男阿都征讨巴托各立等处叛贼，孤蒲悉皆平讫。翁生正德十年乙亥正月二十二庚辰日辰时，于隆庆二年戊辰十一月十一日辰时宾天。正妻阿室毛，官名左氏淑，系蒙化府左知府女，诰封淑人。生二子：都、春。长男阿都继父职，次男阿春。

## 十六代

知府阿目阿都　官讳木东，字震阳，号文岩，又郁华，高之嫡长，继父职。隆庆三年，保勘袭知府。本年令各地方邀杀孤蒲，得胜众溃。四年，你那才甸出军得胜。本年奏吏部急字三十二号文凭，于十二月十八日上任。又建立你那天喜寨。六年，你那利干毛相刀胡目自身叩头悔赎前愆。万历二年，自备马匹方物，差人赴京进贡，谢恩请诰。二年，建立香水雷胜寨。三年，钦蒙给智字一百四号诰命一道，升授中宪大夫。正妻高氏娴，追封为恭人。继妻猛氏富，授封为恭人。敕锡"西北藩篱"四字，准建坊牌及赏彩缎三表里，宝钞六百锭等，并给勘合廪给二分、口粮十二分，马四匹，原差驰驿赍回到府，本年十月二十一日望阙谢恩讫。本年亲征剌秋光，命长男阿胜统兵前进那其音你保等处，斩贼四百余级，生擒三百余人，得大胜。五年，番贼犯界你那毛佉各，命长男阿胜领兵征讨，贼将豫聚数万，占据刀那、丁思江口，阿西集、苴岩寨二处扎营拒敌。先我师失机□溃□阵，自此贼势大振。因主号令威严，兵分四哨，克时奋勇，攻破险寨二处，擒斩一千有余，直捣巢穴。兵至娘的、果宗、草那、目春、干陶、其尾、阿西你王略哨等处荒服地方，悉皆平荡。七年，建立香水胜烈寨，又立俸扬寨。翁生嘉靖十三年甲午九月二十六日己丑辰时，于万历七年己卯十一月十八日宾天。正妻阿室鲁，官名高氏娴，系北胜州高知州女，诰封夫人。生三子：胜、成、先。继妻阿室挥，官名猛氏富，系顺宁猛知府女。长男阿胜，继父职。次男阿成，三男阿先。

## 十七代

知府阿都阿胜　官讳木旺，字万春，号玉龙，又坤岗，东之嫡长，继父职。万历八年，保勘袭知府。九年，奉吏部急字五十八号文凭，十三月二十一日上任。本年建立照可立习各天灵寨。十年，永宁会五所兵毁伤鼠罗村寨二十七处，本年正月亲领兵杀退，到永宁地内。本年八月亲领大兵分军而进，前至鼠罗刀立左所约领众兵围营，杀溃解围，得胜攻进，复克香水普剌加瓦寨。十一年，西寇叛乱，助饷银一千。本年，亲领兵杀进永宁，攻克阿罗光，立寨，俘擒知府阿雄并党等，免死讫。十二年，余党合五所又围香水光世寨，亲援得胜。又得胜香水瓦，建立天佑寨。本年征缅，再助饷银二千。十三年，自备马匹方物，差人赴京进贡谢恩请诰，蒙钦依给赏三表里，覆行本司。十四年，建立香柱寨，随至剌他，抚得香水戟买罗相丈明原等一概地方。十五年，杀得左所阿卷并剌毛加。十六年，得胜建立卜瓦宝之寨。本年，剌他西番暗结五所来围香柱寨，亲领援急，得胜。本年，随蒙抚巡萧会三台题请给仁字九百三十一号诰命一道，授中宪大夫。正妻罗氏宁，封为恭人。十七年二月，赍回到府，望阙谢恩讫。本年，建立照可均、鲁瓦寨。十九年，建立你那三巴丁佉铁索桥。二十年，修你那昭苍城。二十一年，建立香水普保寨。二十二年，再重建立巴托卜习城。本年，缅寇永腾，领兵前去救援，贼退。二十三年，立你那宗者银柱寨。后致崇祯四年，以孙追赠二品，给外仁字五号诰命一道，授封通奉大夫布政使职衔。正妻罗氏，追赠夫人。翁生嘉靖三十年辛亥九月初一丙戌日丑时，于万历二十四年丙申五月十三日宾天。正妻阿室能，官名罗氏宁，系兰州罗知州女，诰封夫人，生三子：宅、希、祥。长男阿宅，继父职，次男阿希，三男阿祥。

知府阿胜阿宅　官讳木青，字长生，号乔岳，又松鹤，旺之嫡长，继父职。未袭之先，万历二十年，云龙州力苏抢五井司提举皇盐作耗，奉总兵官征南将军太师黔国沐武靖公昌祚及两台明文，亲领兵征进，杀获八十三级，蒙奖花牌表里。二十四年，保勘袭职官事。二十五年，顺宁大侯州逆叛，助饷银四千。三十四年，以子追赠给义字二百八十四号诰命一道，授中宪大夫。正妻罗氏春，授太恭人。天启七年，奉钦追锡罗氏准建坊牌扬褒。崇祯四年，以子追赠二品，给外仁字四号诰命一道，授封通奉大夫布政使职衔。正妻罗氏追赠为夫人。翁生隆庆三年己巳八月朔八日亥时，于万历二十五年丁酉十月十五日宾天。正妻阿室加，官名罗氏春，系兰州罗知州女，诰封夫人。生一子，曰寺，继父职。

知府阿宅阿寺　官讳木增，字长卿，号华岳，又生白，宅之嫡长，继前职。万历二十六年，保勘袭职。本年香水阿丈剌毛叛，剿得胜。二十七年，香水好尧杀叛，得胜。二十八年，本司代奏钦依准袭祖职，吏部填给急字十号文凭。本年七月初十日上任。又忠甸陶甸克获呬哩。二十九年，香水蒲瓦好尧攻叛，得胜。又你那才甸出军得胜。本年，鼠罗杀叛，得胜。又香水约左所好甸，杀获逆舍西原苴。三十年三月，顺大全捷，察明功罪，叙饷，钦奖银二十两。又香水好甸当丁江口杀叛，得胜。三十一年，你那修盐井、永镇桥。本年，鼠罗杀获呲哩。三十三年，香水把胡江边杀获叛贼阿丈剌毛首级。三十四年，因先差遵例请诰封，覆行本司达部，六月吏部题奉给锡诰命一道，赠父木青中宪大夫知府职衔，封母罗氏春为太恭人。又蒙给义字二百八十三号诰命一道，授中宪大夫。正妻禄氏蘩，封为恭人。三十五年二月望阙谢恩。三十七年，亲领兵到忠甸干普瓦，巴托孤蒲，率部叩头。四十年，命征进你那才甸，杀获得胜。四十一年，照可巴托杀贼，得胜。四十三年，俘达子三名，并解首级器械，通详三台题叙。四十四年，鼠罗克服鲁巴丁。四十五年，命剿巴托，得大胜。四十六年，自备马匹方物，差人赴京进贡，恭庆圣寿，钦锡及妻纻丝彩缎纱罗表里靴袜等项，并请给镇边敕一道，祗领讫。本年，辽阳大警，饷银一万解京，户部移咨兵部具题，蒙圣旨刊载事例通行天下，蒙吏部覆题钦加三品服色，锡花币银三十两。四十七年，巴托五部当差。四十八年，助银一千二百解京军前买马，蒙钦赐忠义。又香水说服日音阿均。本年，泰昌改元，北胜州土官同知高世懋庶弟高世昌承袭，舍人高兰谋职，奉文集捕。乃令领兵俘元凶高兰等，题奖花牌等项。天启二年，四川奢酋作叛解饷，蒙抚院奖金花银牌匾额，彩缎表里，钦锡三品服色衣一袭，银三十两，纻丝二表里。又本年差人赴阙陈言十事，捐银一千助国，颁赏阵亡忠孝。朝廷褒以忠荩，吏部覆题钦升云南布政使司右参政。三年三月十四日祗受，四年告政致仕，五年助银一千解司，差人赴京请给仁字五百五十五号诰命一道，授封中大夫云南布政使司右参政。妻禄氏为淑人。又二道赠祖父祖母、父母二代。六年四月初九，望阙谢恩。本年又助大工随差，奏为母节。七年，钦准建坊表扬节烈。崇祯元年，蒙抚院闵上疏荐扬旌褒。又本府奉文领兵捕获云龙叛贼十三名，并解器械。三年，复立你那三巴丁佐青龙威远桥。又助京及黔饷并解部，蒙总督朱题请。四年五月，奉钦升广西布政使司右布政，颁给外仁字四号诰命一道，封通奉大夫广西布政使司右布政。妻禄氏为夫人。又二道赠祖父祖母、父母二代。五年四月初四日，望阙谢恩。七年，鹤庆乡饮酒学道敦请。十年，恢复照可杨立，又助陵工及捐银五百解京，吏部覆题。崇祯十三年八月，蒙钦升四川布政使司左布政，敕谕一道，着于省城建坊，以风励诸省土司，随奉钦赐花币羊酒，部文到司，差官导送祗领讫。又当年杀获我吕目才得胜，再修你那盐井那牙寨。十五年，滇蕖当瓦知甸等处蕃夷必勺、四山力苏归服。十六年，剑川百户李永镇弟兄啸聚弑知州，本府奉文擒获无遗，解院。十七年，捐坊工用急充京饷在南都，蒙钦加太仆寺正卿。弘光元年，本府令领兵攻捕滇蕖顽逆，平服。本年，奉钦差调募滇兵御史陈为解饷事，差官赉金花蟒缎，具题祗领讫。隆武二年四月，吏部覆疏奉圣旨准太仆寺正卿晋阶，寻蒙阖族优加，移司照会。翁生万历十五年丁亥八月十七日，于隆武二年丙戌八月初一日巳时宾天。正妻阿室于，官名禄氏蘩，系宁州知州运同禄华诰女，诰封夫人，四子春、先、宝、仁。长子阿春、继父职，系淑媛阿室辉生，次男阿先，三男阿宝，四男阿仁，系淑媛阿室哥生，即阿室荣。

知府阿寺阿春　官讳木懿，字昆仑，号台美，增之嫡长，继父职。公自幼颖异，爱敬浑全，凤具胆识，父增甚珍爱之。天启四年，父静摄芝山，公于是年保勘承袭。每鸡鸣，必选栉沐侍门问安，次请裁决几务，然后退食，见诸行事。崇祯九年六月，番蛮必哩聚众猖獗，蹂躏边陲。公敬承严命，提劲卒渡江而北。师次普瓦，必哩闻风遁走，沙漠荡平。崇祯十年，谨备马匹方物，循例差人赴京进贡请典。时浪渠阿永年以争职启衅，仇杀棼如。公奉两院檄，星驾亲征。永年披靡授首，平复，叙功，奉旨将浪渠并属丽郡。崇祯十二年，颁给仁字十六号诰命一道，授封中宪大夫云南布政使司右参政职衔，照例颁赐纻丝表里钞锭，随加封父木增转四川左布政司职衔，敕谕："益笃忠贞"四字，着于省城建坊，后因捐坊工用，急充京饷。崇祯十六年，蒙巡抚吴兆元具题历来忠顺，不侵不诈，缘由奉吏部覆云南都察院会题，奉圣旨准木增太仆寺正卿晋皆，木懿准承继右布政使司职衔，以为疆疆土司倡义。崇祯十七年，木增复蒙钦升左布政使司职衔，晋阶太仆寺卿，建位列九卿四字坊。至丁亥年，流寇首乱，搜掠历代所赐金银牒物并敕诰，俱被罄尽，地方焚掠一空，幸云开见日，苟全性命，以保赤子。适逢大清顺治十六年，时蒙大师临滇，殄除流寇，八方黎庶共睹云霓，公争先投诚，鸣诉，蒙平西王具题，于顺治十七年十一月二十九日，奉吏部颁给札付一道，丽江府印一颗。时即敬率父老舍目乡耆人等，远出恭迎，焚香百拜叩首，祗领到任，仰体圣恩，循抚黎庶，仍袭土知府之职，管领原管地方，复为本朝丽郡开创之祖。后吴逆到滇，心怀不轨，欲结吐蕃以为外援。见丽所辖地方，防御严密，公素秉正直，每被逆鳞。吴逆怀恨，突于康熙丁未年行谕着备土兵一千名，公推故不从。是以将元朝所赐历代掌管镇边金印一颗，三台银印一颗，一并严追去讫。次年，又将原管江外照可、你那、香罗、鼠罗、中甸五大地方，割送吐蕃，以为和好之计，而钱粮累公赔纳。至康熙八年内，始蒙抚部院李具题豁免，彼时滇省大小土司尽授伪职争换札付，以媚吴逆。独公坚持清白，札屡次严追，宁死推托不缴，留与子孙，以彰忠义。吴逆尤加怀恨，令公结连吐蕃以为内应。而公固守，始终不移。吴逆只得押令公卸事，以应袭木靖委署府事管理地方。遂诬公以私通吐蕃，拿赴云南省城囚禁七年，几为硕陷。幸蒙圣明，洞烛万里，土员孤忠，旋加省释，仍袭员职。至康熙十二年内，吴逆造变，大肆狂悖。又将丽辖江内之其宗刺普归并吐蕃，其钱粮仍然累公赔纳。至康熙三十三年，始蒙云贵总督部院范具题豁免，所著功绩，虽未蒙议叙，当时，后世无不载在口碑，至寿愈耄耋，四世一堂，其福泽更非寻常比也。翁于万历戊申年五月望日，于壬申年正月晦日宾天。正妻禄氏瑁，系武定府世宦之女，追封二品淑人。生二子，长木靖，次木檖。继室禄氏瑞，亦系武定府世宦女，诰封二品淑人。生二子，长木旐，次木樉。

知府阿春阿俗　讳木靖，字晓苍，号文明，春之嫡长，继父职。公自幼秉性醇朴，酷嗜诗书。每日沉吟于万卷书楼，披阅父祖世传书稿，刊刻成集，贻留后人。每闻名贤，所在喜与谈心，不惮卑躬币聘，颇有雅人深致，时而息心禅业，精通奥典，晚年阅藏，另有悟解。至康熙八年三月，内奉布政使司牌文，发给吏部札付一道，于本年三月十二日，到任视事。凡见夷民，必谕以忠孝，劝以诗书，宅心仁慈，不忍重加鞭答。每见谈刑名法术者，辄恶之。适乏嗣，抱养血侄木尧，尚未及请封诰，于康熙十年七月初二日暴故。公于天启七年丁卯岁十一月二十九日子时生，于康熙十年七月初二日宾天。正妻陶氏，讳怡，景东土知府女。

知府阿俗阿冒　官讳木尧，字中嵩，号华岳，木靖胞弟木檖之长子，承嗣为应袭。公秉性忠孝，刚毅多才，晓苍公捐馆后，舍目夷民遵守遗命，即欲奉公承袭。公于衰经中痛哭谕众曰：求忠臣必于孝子之门，吾家世以忠孝流传，岂有父甘贫贱而子享富贵之理乎！以我之心，行我之志，必先吾父而后及身。于时夷民欢呼称善，遵谕而行。爰是具文申详情愿先让生父缘，兄终弟及之例，地方重任事务具结承当。蒙云南巡抚都察院李具题准袭褒嘉大义膺荣六载，随请告休。公乃以子承袭父职，而容色辞气之间，犹戚然若有所不忍者。时吴逆虎踞滇省，公心怀圣朝，不服反叛。暗查逆贼伙党情实密，差头人私出蜀中，前赴勇略将军赵军前投诚。蒙给密谕，优加奖励。暨禀明镇守建昌镇王，随即调夷众聚丘塘关，先行砌墙堵御，以听调用。于康熙十九年七月二十五日，复奉镇守建昌等处地方，总镇府王，勇略将军标副总府王，谕公速调下土兵二千名共图进取，但大兵难以千里裹粮，该土司有能量捐行粮，壮我行旌，事平具奏，倍给米价，其忠义当与竹帛共芳矣！等密谕。又勇略将军云贵总督赵，从前会接公禀，已知忠义。本年闰八月二十六日，又谕公密约远近，整顿所部，俟大兵一进，或前为向导，或预备船只粮草，首倡之功，自当一一题叙，请旨加恩等谕。后开闻大师复滇，不顾利害，真抵省城前诣御营投诚。蒙钦命定远平寇大将军固山贝子温谕旌奖，现在并格外赍赏。随于康熙二十年四月二十八日，题请优叙，颁给印信，另给牌一张，令其料理机务，仍着小心防御。康熙二十年五月二十三日，复奉钦命定远平寇大将军固山贝子谕该府启称点集部民，预防堵御，足见该府怀忠抱义，为国效力之心，今本大将军已令将军希提督桑投诚，将军王会，白麟生等统领满、汉大兵，前往楚雄进剿逆贼矣！该府即行点集部民，谨守防御，倘逆贼奔溃伊地，该府即共相楮剿，协力擒杀，有功之日，另行题叙等谕，公即调集夷民万余，谨守堵剿，适有逆党胡国柱等七人，统兵万余，奔溃至丽，意欲潜渡江口，钩引吐蕃，复出为患。公着人诈诱进藏之路，实密谕野人猓猓于浪沧江西地方，四路埋伏。公亲领夷众万余捕杀，沿途兵亡马毙，追至江外，贼寇已折大半，所余溃寇，尚欲幸逃，但四面非悬岩削壁，即属大江阻拦，攀藤赴葛者，俱被猓猓所杀。逆党胡国柱等计穷自尽，所获军辎器械无数，并获毙象二只。随报明固山贝子王讫，随奉钦奉绥远将军总督部院蔡，巡抚云南都察院尹，具题承袭。于康熙二十三年四月内，奉布政司宪牌内开奉云南巡抚都察院王，宪牌内开准吏部颁给云南丽江府世袭土知府号纸一道，于康熙二十三年四月内承袭上任。是月内，公因患寒湿病症，难以任事，具文申详告替与嫡男木兴，照例顶袭。康熙二十七年十月二十三日，咨遇覃恩追封父木懿诰命一道，授中宪大夫，世袭丽江府土知府，母罗氏庆，系兰州土舍亲女，封恭人。罗氏生子长曰垚，次曰盛，三曰端，四曰潢，五曰忠。次室阿氏所生，六曰成，七曰蛟，八曰光，九曰贞，十曰满。随领本身诰命一道，授中宪大夫世袭丽江府土知府职衔。公于顺治丁亥年六月初六日生，于康熙戊子年八月二十八日宾天。正妻阿氏加，官讳高氏宁，系姚安土知知亲女，诰封正四品恭人。生子长曰贵，次曰兴，三曰弘，四曰钟。次室李氏，生子五曰枝，六曰全，七曰定，八曰惠。其功虽未蒙议叙，而名扬四方，公之忠义已伸，后临终始将各宪印信谕帖文牌一束，亲手交与长子珍藏，以为子孙昌义。

  知府阿胃阿挥 官讳木兴，字维新，号雪城，胃之次子，继父职。公生而颖异，博稽群集。及长，通达政务，生平广交游，常以诗字传播。当时士大夫云贵制军蒋，见其诗字，每异之，政暇，命以吟题，锡予甚厚。往来优礼，知遇迥出寻常。公于康熙三十一年五月初六日奉总督云贵部院范宪牌内开：本年五月初四日，准吏部颁给札付一道，令顶袭职，是月上任视事。因乏嗣抚养胞弟木弘嫡子木崇以为己子。任事二十八年，黎民悦服，美誉溢洋。康熙四十五年内，有炉蛮蠢动，督部院宪蒋，密谕鹤丽镇行查，以汉人遽难深入夷地。又令公遴选精细土人前往泥塘巴塘一带地方，细行侦探的实，回咨鹤丽镇转报等谕。公小心谨慎，一片赤衷，保固边疆。是年，公又捐创文庙，不惜千金，设立义馆，延师教育。至康熙五十九年内，军兴西藏，由滇进兵。公克承忠义报效心殷，具文详请，情愿调选土兵二千名，共图进取。康熙五十九年八月，奉云贵督抚两院宪牌内开，准备存土兵一千名先备调，土兵一千名委公总理军务着亲领土兵五百名委土守备二员，土千总二员，沿途帮安台站，搭造桥舡，把守要渡，侦探向导，获运粮饷，再给与应袭木崇随征游击职衔札付一张，再委土守备二员，千总二员，把总四员，领精壮土兵五百名，随师进征。另在钦差都统大人伍标下听遣，以为前部先锋，逢山开路，遇水搭桥。业蒙钦差都统伍具云贵部院蒋题在案。公卷运各台米粮，前至剌普地方摆抬。有土目巴松在彼，沉搁公文，拦截军饷，不能进通。是以土兵擒杀巴松，搜得沉搁文书数十角。当日满汉官兵在藏缺粮，皆由巴松阻路。行至阿墩子地方，始知巴松系川督年心腹，人役战兢，恐惧之际，又接获云贵督部院蒋密谕，并抄发川督年捏词具奏一案，惊悸成疾，食不下咽，渐加沉重。于康熙五十九年十月拮据到家，十一月初九日病故。子木崇随营钦差都统伍先锋，开路卧雪飡霜，复染寒湿，遂成浮肿之症，及至回师延医，调治不瘥，于康熙六十一年二月三十日身故。父子相继为国身亡，自军兴效命以来，怀忠保赤之诚，承办呼应之苦，虽未蒙议叙，至今啧啧人口，古云为臣尽忠，鞠躬尽瘁，死而后已，公父子可当之矣！公于康熙丁未年三月十三日子时生，康熙庚子年十一月初九日辰时宾天。先于康熙四十二年恭遇覃恩得领诰命一道，授中宪大夫世袭丽江府知府。正妻陆氏隆，系武定陆氏宦女，诰封恭人。无嫡嗣应袭游击木崇，正妻高氏，讳成玉，鹤庆土司高女，亦无嗣。

原任土知府阿挥阿住　木钟，字云林，号永茂，尭之嫡四子，继兄职。公自幼纯雅沉静，逆亿不形，内外悦服。姚安土同知高奣映取其清雅，六岁即接去抚养攻书，见其不喜嬉游，因招为婿，视如亲生。数年后欲辞归应试，高公依恋不舍，在彼完娶。至康熙五十九年，军兴西藏，胞兄血侄勤王效死，地方无人管理，舍目接回委办军务，凡一切府事，无不仰体上祖家训。康熙六十一年，兄侄相继病故，阖府舍目乡老人等，知公素为夷众悦服，又系兴之胞弟，崇之血叔，众人联名保举。随奉总督云贵部院张委公管理土府事务宗图到日另行具题袭职等语，讵料任事仅有四十余日，族人阿知立等见兴、崇父子相继病亡，印篆封固，乘公尚未题袭，以旧事翻为新题，控告胞兄任内头人列款名曰五虎十四彪，当时维新。公父子出师在外，头人任意指公派私，诚亦有之。乃未经拘提，头人讯究，突于雍正元年，总督部院高奏折云：木兴在日，居官贪虐，土人至今控告不已。木钟在地方声名不好，应宜改土归流。将土知府改为流知府，流通判改为土通判。具奏在案，准其改设。然公自姚安回丽，日夜奔忙军务，无有停息，管理府事仅有四十余日，何以遽见声名不好？屈于覆盆可知矣。后方知总督云贵高素与川督年羹尧有旧，一得阿知立诉，暗欲代年报心腹巴松之仇。彼时族人，亦闻改设，人人乘间各欲谋官夺职。公势孤难持，惟有吞声而已。是年，初任丽江府，杨到丽视事，不惟不究五虎十四彪，反将伊等或用为六房，或用为乡约。乘间永疵搜问，得维新应办军务时，曾将剑川州寄庄钱粮，因公务耽延，四载未纳，借此遣公赴州清楚，密令州中软困。随将公掌案之潘朝士锁拿监禁，迫比文案，得巴松沉搁公文数束，烧毁后，再追祖遗田册凭据及一切卷宗，尽数烧毁。幸正妻高氏颇识翰墨，将敕书诰命及各宪功牌谕帖紧藏不认，卷宗凭据既毁，钱粮公项谷石，头人已侵蚀者不究，军需霉烂者，不准竟报督宪，盘查交代兴、崇两任亏空公项万有余金，现在严追等文，复借亏空之名，将十二里住居祖宅，拆为衙署，以及兵丁营盘。其祖遗典卖之庄田，官给凭据，各处加找，未卖庄田，尽数归官，家人尽数入里为民。孳生牛羊乾地，折租银两，作为合府公件，复向正妻高氏索取世传玩器，回称氏到丽未久，仅有妆奁，并未见过木姓传留一物，其维新公所存闻系和氏带去，世乔公所存闻系高氏收讫，见高氏实言无由追索，方才甘休。公之承袭宗图，任伊撰造详报，仅发还用印底册一本，着令永远照此。公在剑川之家产破尽，顿足捶胸，由此不能进食，渐成瘟病，气昏无言，以致卧床。雍正三年，帮回到屋，至七月到家，三日后身故。计公委任土知府及授通判职，约有两载，中间危疑忧患，内外交攻，以致终日扼腕，竟含泪而赴九泉，诚可慨也。然祸贻非关自致，当时是非公道自在人心也。公于康熙丁卯年七月十七日亥时生，雍正乙巳年七月三十日亥时宾天。后雍正十三年九月初三日，恭遇覃恩颁请诰命一道，追封为特授正六品承德即，正妻高氏寿，系姚安高同知之女，封为安人，高氏生长子官名木德，阿氏生次子名木明，三子名木嘉。

## 附载：丽江木氏十六世画像题字

### 一世考

　　肇基始祖名曰爷爷，宋徽宗年间，到雪山，原西域蒙古人也。初，昆仑山中结一龛于岩穴，好东典佛教，终日跌坐禅定，忽起一蛟，雷雨交兴之际，乘一大香树浮入金江，流至北浪沧。夷人望而异之，率众远迎，遂登岸上。时有白沙羡陶阿古为野人长，见其容貌苍古离奇，验其举止安详镇静，心甚异之，遂以女配焉，俗兴祭宾，另择一地，而祀于从俗之中，便寓离俗之意。是时，村长分有五支：一云干罗睦督，二云甸起选，三云阿娘挥，四云刺宛，五云瓦均阿乃，愿崇爷爷为五家之长，时年乐年保自称为大将军。爷爷生有一子，名曰阿琮，生而奇颖过人。年乐年保见而异之，抚以为嗣，袭大将军之职。噫！根深木茂，源远流长，古今世族，每考肇基，定多奇迹，于此可以见矣！

正妻阿氏，生一子曰琮。

右录大概备观，其余细事，另有宗谱。

年乐年保，详查《木氏宦谱》系牟乐牟保，想系笔误故改正之，时民国三十四年端阳后一日，王云九二次拜观。

## 二世考

牟保阿琮，即爷爷子也。生七岁，不学而识文字。及长，旁通百蛮各家诸书，以为神通之说，且制本方文字。偶入玉龙山，见一石盎中清水饮之，闻林鸟音，遂谙禽兽等语，众相称异。名达大理，诏王段氏未信，来迎聘。时有数鸦飞噪，问之。言山后有马毙往食俄二鸠相鸣，再请。云此鸠言前坡荞熟，可以就食。彼鸠应不可，坡顶柏树巢鹰。使观果应。如是者屡验，加礼甚敬，每往厚赠。时摩娑各族枝分部相长，嗣咸感其推诚服众，敦德化人，各归尊主。夫忠信以开金镛之业，而顺子贤孙，无疆永福，天岂偶生哉！善阐国、乌思藏等界，戴为生知圣人。呜呼！木氏渊源继续，盖有由然。是故君子创业，垂统为可继于千百世焉。正妻阿室丘，系羡陶氏化戟女，生一子曰良，继父位。右录大概备观，其余细事，另有宗谱。

## 三世考

阿琮阿良。宋理宗宝祐元年，蒙古宪宗命御弟元世宗忽必烈亲征大理，良迎兵于剌巴江口，锡赉甚厚，宠渥优礼，将授职为茶罕章官民官，赐地名云丽江郡。后遂破巨津州。生擒叛贼，功升茶罕章宣慰司。寻而攻拔大各寨，又同克大理，擒获段兴智，功列蒙古将兀良合台之右，升授副元帅，锡节钺虎符金牌一面。兀良合台还镇大理，琮良还镇摩娑诏，乃锡命称云添睦贞吉。后又破铁桥城华马国，世祖至元中，加授银印，重四十八两一颗,为提调诸路统军司。其所属者越析郡、柏兴府、永宁府、北胜府、菠葜州、罗罗斯、白狼猱木夷獠等处地方,无不管束。至元十一年,叠蒙皇帝颁给龙章恩荣诰命,授金紫光禄大夫统军司进开府仪同三司。正妻阿宝于先,系干罗木土,诰封国夫人。生三子,长男阿胡,继父职。

## 四世考

阿良阿胡,良之嫡长,继父袭元帅之职。至元九年,为茶罕章管民官,而袭元帅。成宗元贞元年,蒙皇帝圣旨褒嘉给龙章恩荣诰命,授正奉大夫护军宣慰司。正妻阿室剌母,系羡陶氏和挥女,诰封郡夫人。生三子,长男阿烈,继父职。

## 五世考

阿胡阿烈,胡之嫡长,继父袭元帅之职。顺帝至元十三年,改置丽江路军民总管府。所属府一:北胜;州七:通安、巨津、宝山、兰州、永宁、菠葜、顺州;县一:临西。十五年,授弟阿吉巨甸军民管民官安抚司。并蒙皇帝圣旨褒嘉恩荣诰命,授太中大夫轻车都尉总管。正妻阿室丈蒙阿加,系剌巴剌土女,诰封郡夫人,生子阿甲,继父职。

## 六世考

阿烈阿甲,字元德,顺帝至元二十二年,罢府置宣抚司,寻改为通安州知州,蒙皇帝褒嘉恩荣诰命授朝请大夫骑都尉上州尹知州,加正三品。正妻阿都,剑川蒙古氏,诰封恭人。生四子,长男阿得继父职。

## 七世考

知府阿甲阿得,官讳木得,字自然,号恒忠。元末任通安州知州,复升改丽江宣抚司副使。大明洪武十五年,率众归顺,蒙征南将军奏闻,蒙钦赐木姓。后随总兵官征南将军太子太师颍国公傅友德,克佛光寨,元右丞普颜笃自焚,又西蕃大酋卜劫将领贼众侵占北浪沧地面,令长男阿初攻退讫随攻北胜府,擒高大惠之裔土酋伪平章高生,寻为夷杀献,后改州四,又领兵跟随傅国公攻破石门关铁锁城等处有功。朝觐,太祖嘉其伟绩,授诰命一道,升改授世袭土官知府职事,中顺大夫,防固石门,镇御土蕃,锡匾额四字云:诚心报国。洪武二十三年庚午十月卒。公于元武宗至大四年辛亥生。正妻阿室社，系照磨所三必村和略可女，诰封恭人。生三子，长男阿初继父职。

### 八世考

知府木初，字启元，号始春。洪武十六年，未袭已有伟绩，授千夫长兼试百户职事。继各处征伐，生擒众贼，五次有功，于二十四年承袭父职。本年，赴京朝觐，钦赐诰命一道，授中顺大夫世袭土官知府。继随都督冯诚征进永宁州，攻破濮蔂接境白交等叛贼，又同都督宁远侯何福接应官军，征服四川盐井卫左所等处叛贼有功；又同大理卫李指挥征进革石、阿恼瓦等寨，生擒叛贼有功，随改置丽江军民府，颁给印信一颗，拟议敕命禆杨塘镇，节制西番，礼祭机变从宜，摈相体统行事，以彰国威。即令长男阿土赴京朝贺，蒙钦赐甚厚。永乐四年，赐督镇敕书一道，叙巨津临西等处功事，升授中宪大夫。其叠次建功赉予甚繁，难以尽述，俱载宗谱。公生于元至正五年乙酉，于洪熙元年乙巳十二月卒。正妻阿室阿木相，官名阿室撒，系通安州土千户阿木女，诰封恭人。后生七子，长男木土继父职。

### 九世考

知府木土，字养民，号培元。永乐十七年，自备马匹方物，随例进贡。蒙钦准替职，赐钞锭彩缎表礼及文凭乙道，为议处舆情。蒙钦颁敕乙道，令宜不令调。蒙诰命特封为中顺大夫世袭知府。宣德三年，先石门关阿号丈肆劫不悛，公领兵攻捕随开新道，收服夷众。后八年，又集兵肆掠，仍领兵攻捕，遂倾心归服。又永宁蕃贼掳宝山州知州，公亲领兵设策取回讫。公生于元至正甲辰，于宣德八年癸丑卒。正妻阿室甫，系鹤庆府土知府高仲女，官名高氏护正统五年，以子军功，蒙赐诰命乙道，赠太中大夫参政职衔。正妻高氏，赠封淑人。生七子，长男木森继父职。

### 十世考

知府木森，字升荣，号大林。宣德九年，保勘袭职上任。领兵从总兵官定远王沐忠、敬晟，征进麓川缅寇。当时各处军马逃散，惟丽江奋勇先降过江，烧营栅七处，生擒贼首，获象二只，又复斩首无数。蒙犒赏银碗花牌缎匹等项，复蒙诰命乙道，给授太中大夫资治少尹云南布政使司参政职事，赠封二代，于省上任讫。巡抚云南都御史丁复题疏举扬奖励。总制靖远侯王忠毅公征麓川，遣兵随克，前后俘馘无数，又获象乙只，攻破思任发栅寨有功。公生于洪武三十四年辛巳，于正统六年卒。正妻阿室里，系木保巡检阿俗女，诰封淑人。生三子，长男木钦袭父职。

### 十一世考

知府木钦，字惟高，号峻乔。正统七年，保勘袭职上任。景泰二年，蕃寇阿扎侵攘巨津州。三年，兰州知州被贼谋害。奉文亲率兵追击，获贼无数。又六年，宝山州白的等处被蕃贼劫掠，奉文率兵征讨，生擒贼首。天顺六年，得胜剌宝鲁普瓦寨、鼠罗休罗占普瓦寨。八年，得胜鼠罗剌罗岩那瓦寨、里俸见能瓦寨、里俸梅矢瓦寨。成化四年，得胜你那母来各寨、当瓦寨、木都瓦寨、岩甸寨。六年，得胜你那为习下接具加瓦寨、相必瓦寨、剌木瓦寨、剌何场寨。十八年，得胜照可其琮剌普均里场其立佉丁。十九年，得胜忠甸、早瓦寨。二十年，得胜忠甸、儹罗投降。随例差人进贡叙功，蒙赐诰命给授太中大夫世袭知府。公生宣德己酉年，于成化二十一年乙巳卒。正妻阿室顺，系鹤庆高知府女，诰封淑人。生十三男，长木泰袭父职。

### 十二世考

知府木泰，字本安，号介圣。成化二十一年，承袭任事。蕃寇阿加南八侵犯白甸诸寨，亲领兵追击，得胜鼠罗苴公寨、可琮寨、吾牙寨、鼠罗于杨寨、别甸寨、照可加日寨。二十三年，蕃寇阿加那立等众大掠巨津州村寨，亲领兵征战，三次生擒八十九名，落江死者无数。又得胜你那巴罗岩瓦寨、中甸托散佉玉寨、均集玉寨、空立玉寨、见沙各寨。又鼠罗托其罗寨。又四川接境野蕃酿祸，先机为乱，领兵征剿，蒙总兵官征南将军太师黔国公沐武僖公琮题奏，给赐该州沙兰村田置佃，名曰奉地庄，传世子孙。本年，蕃寇作乱，征剿得胜，忠甸伽儹西里佉寨、大当香各寨、年玉寨。又建立岩那瓦寨。又得胜瓦日瓦寨、西里瓦寨、剌甲瓦寨、大年玉瓦寨、你那香各寨、鲁瓦寨、古普瓦以上手卜瓦寨、岩瓦寨、木俸瓦寨、迷剌岩瓦寨、佉那瓦寨、立尧各寨、玉剌寨、挥佉寨、剌红瓦寨、手立瓦寨、托普瓦寨。随奉诰命一道，授太中大夫世袭土官知府。公生景泰六年，于弘治十五年壬戌卒。正妻阿室卷，系邓川州阿知州女，长男木定继父职。

### 十三世考

知府木定，字静之，号永明。弘治十六年袭职。正德三年，得胜你那从仲寨、天龙寨阿得酋等处。又陶目以下夷众归服，并索立大香甸。又得胜那古牙烈瓦寨、鼠罗鲁弥寨，并罗瓦失瓦寨、节落梅失瓦寨、光失伴甸投降。得胜中甸干那瓦寨、你那各娘剌红瓦寨、鼠罗长安寨、你那阿陶等处。又得胜中甸亏甸干普瓦寨、永宁麻瓦寨、鼠罗香各瓦寨、鼠罗瓦托处可瓦寨、永宁木俸瓦寨、麻瓦寨。又攻破你那陶索寨、处罗也音寨、木胜寨，又救护邻封永宁有功，镇院会题纪录，奖牌表里。又得胜你那欠保五村、剌加失村以下。又得胜照可罗那村以上，立西以下。又得胜你那必鲁各寨、盐井那胜寨。随奉诰命一道，授中宪大夫世袭土官知府。公生成化二十年，于嘉靖五年丙戌卒。正妻阿室香，官名高氏延寿妙香，系北胜州高知州女，诰封恭人。生二子，长男木公继父职。

### 十四世考

知府木公，字恕卿，号雪山，又万松。嘉靖六年袭职。本年，得胜你那必鲁各寨、盐井那胜寨、陶索西原寨、欠甸寨。本年，寻甸安凤作叛。七年，内犯围省，调府兵，有功赏，蒙总兵官征南将军太师黔国公沐敏靖公绍勋征录奏闻。八年，得胜建立永宁大海寨、海螺寨、当琼天胜寨、小寨、鼠罗光世寨、忠甸年各羊恼寨。十五年，安抚那胜天柱寨、鼠罗铁柱寨、香押寨、平处天保寨、金柱寨、里托等处，中甸高胜寨。九年，安南叛乱，坐调府兵，集选待征。蒙兵部尚书毛题称分定哨道，命赏白金。又得胜香水胜新寨、天保寨、胜保寨、你那天高寨、长胜寨。命长男阿目领兵得胜毛佉各矿粗当来鲁古以下。又安抚中甸干陶各伴以下，立中甸天生寨。随奉诰命一道，授中宪大夫世袭知府，嘉赐玉音"辑宁边境"四字。公生弘治七年，于嘉靖三十二年九月卒。正妻阿室蒙，官名凤氏睦，系武定府凤知府女，生一子曰高，继父职，诰封恭人。嘉靖四十年，以子追赐诰命一道，授中宪大夫，正妻凤氏为淑人。

### 十五世考

知府木高，字守贵，号端峰，又九江。嘉靖三十三年，建立你那天接黄金桥。四年，袭知丽江军民府。本年，得胜建立鼠罗那水天掌寨，立各以下归服。八年，孤蒲贼众来围忠甸，命长男领兵救援，杀贼有功，蒙授三品文职，照例差人赴京进贡，三台允给廪粮十分，马十匹，诰命一道，授亚中大夫，其褒辞略云：诚心报国，割股奉亲，化行边徼，威振北蕃，以德其名，忠孝两尽，因才而誉，文武兼全。兹特升尔官居三品，位列九卿，永为乔木世家，云云。诰封正妻为乔木世家，随夫授职三品淑人。敕赐玉音"乔木世家"四字，准建坊，并赏彩缎表里，宝钞六百锭。四十三年，令长男阿都救援胜保寨，前进鼠罗，安抚磋各立压地寨。又遣长男征讨巴托，各立等处叛贼，孤蒲悉皆平讫。公生正德十年乙亥，于隆庆二年戊辰卒。正妻阿室毛，官名左氏淑人。蒙化左知府女，生三子，长男木东继父职。

### 十六世考

知府木东，字震阳，号文岩，又郁华。隆庆三年，保勘袭知府世职。本年，建立你那天喜寨。六年，你那利干毛相刀胡目，自身叩头，悔赎前愆。又建立香水雷胜寨。敕赐"西北藩篱"四字，准建坊，及赏彩缎表礼，宝钞六百锭。本年，亲征剌秋光，命长男阿胜统兵前进那其音你保等处，斩叛贼甚多。五年，番贼犯界你那毛佉各，命长男阿胜领兵征讨，贼将预聚数万，占据刀那丁思江口阿西集、苴岩寨二处，扎营拒敌，后力攻破，斩贼首从，直捣巢穴，兵至娘的、果宗、草那、木春、干陶、其尾、阿西、你王、略哨等处荒服地方，悉皆平服。七年，建立杳水胜烈寨，又立俸扬寨。随例赴京进贡，奉诰命一道，升授中宪大夫。正妻高氏封为恭人，生三子。公生嘉靖十三年甲午，于万历七年己卯卒。正妻阿室鲁，官名高氏娴，系北胜州高知州女，长男木旺继父职。

### 十七世考

知府木旺，字万春，号玉龙，又神岗。万历八年保勘袭职，本年建立照可，立习各天灵寨。十年，永宁会五所兵毁伤鼠罗村寨二十七处，亲领兵杀退。本年八月，又亲领大兵分军前至鼠罗刀立左所，约领众兵围营杀溃解围。十一年，西寇叛乱，助饷数千，又亲领兵杀进永宁，攻克阿罗光立寨，又建立天佑寨。本年征缅，再助饷银，又建立香柱寨，随至剌他，抚得香水、戟买、罗相、丈明原等一概地方，又建立卜瓦宝之寨。本年剌他西番暗结五所来围香柱寨，亲领援急得胜。本年蒙巡抚萧具奏给诰命一道，授中宪大夫。正妻罗氏宁，封为恭人。本年建立照可均鲁瓦寨，又建立你那三巴丁佉铁锁桥，又修你那昭苍城，又建立巴托卜习城，缅寇围困永腾，亲领兵前去救援，遂终于阵。奉皇帝诰云：木旺性生忠孝，才裕武文，竭力御蕃，苦心守郡。适值王师西讨，不辞赤仄，频供当事，叠斾中朝，予诰因志存乎。靖乱遂身毙，于临戎九原增耀知陟降之。在天百世其昌，卜贻谋之长世等语。

崇祯四年以孙追赠二品，给诰命一道，授封通奉大夫、布政使职衔。公生嘉靖三十年，于万历二十四年丙申卒。正妻阿室能，官名罗氏宁，系兰州罗知州女，追封为夫人，生三子，长子木青，继父职。

### 十八世考

知府木青，字长生，号乔岳，又号鹤松。未袭职之先。万历二十年，云龙州力苏劫五井司提举皇盐作耗，奉征南将军黔国公及雨台明文，亲领兵随征有功，蒙奖花牌表礼。二十四年袭职管事。二十五年，顺宁大侯州逆叛，报助饷银四千，随例进贡，蒙给诰命一道，授中宪大夫。正妻罗氏春封为恭人，随奉文，亲领土兵进征大侯州，遂卒于军，后以子追封给诰命，封通政大夫、布政使司职衔。皇帝诰云：有贾勇，率师捐躯赴义者，兀庙堂之，所亟予也。尔乃土官木增之父，不得于身，则得于子，而身陨，则名益彰，灵爽实式承之服此，休光贲乎，泉壤等语。

公生隆庆三年己巳，于万历二十五年丁酉卒。正妻阿室加，官名罗氏春，系兰州罗知州女，诰封夫人，生一子木增，继父职。

### 十九世考

知府木增，字长卿，号华岳，又生白。万历二十六年保勘袭职，本年香水阿丈剌毛叛，攻剿得胜。次年，又平香水好尧叛。本司代奏，钦依准袭祖职。本年，亲领兵到忠甸，平服干普瓦，把托、孤蒲等率部投降，又剿照可巴托，杀贼得胜，通详三台题叙，随例进贡，恭庆圣寿，钦赐及妻纻丝、彩缎、纱罗、靴袜等项，并给镇边敕一道，继因辽阳大警饷银一万解京，户部移咨，兵部会题，蒙钦加三品服色。又差人赴阙陈言十事，朝廷褒以忠荩。钦赐忠义牌坊，吏部覆题，钦升云南布政使司右参政。

天启四年告政致事，又给诰命一道，并追封祖父母。本年，又助大工，随差奏为母节。七年，钦准建坊表扬节烈。崇祯元年，奉文领兵捕获云龙叛贼，又助京及黔饷，蒙总督朱题请，钦升广西布政使司右布政。七年，鹤庆捐修文庙，于乡饮酒礼，学道敦请，后入乡贤。十年，恢复照可，扬立吏部覆题，钦升四川布政使左布政，敕谕一道，着于省城建坊，以风励诸省土司。十六年，剑川百户李永镇弟兄啸，聚弑知州，本府奉文擒获无遗。解院捐坊工用急充京饷在南都，蒙钦加太仆寺正卿随，奉圣旨准太仆寺正卿晋阶，寻蒙合族优加移司照会。

公生于万历丁亥年八月十七日，卒于隆武丙戌年八月朔日。

正妻阿室于，官名禄氏繁，系宁州知州女，生四子，长男木懿，继父职。

## 二十世考

知府木懿，字昆仑，号台美。自幼颖异，爱敬浑全，夙具胆识，父静摄芝山，公承袭。崇祯九年，番蛮必哩猖獗。公承严命征服，后浪渠阿永年争职仇杀，公奉两院檄，亲征平复。奉旨将浪渠州属丽江，随授诰命一道，封中宪大夫、云南布政使司右参政职衔，颁赐纻丝、表礼、钞锭，随赐匾额"益笃忠贞"四字，着于省城建坊。十六年，巡抚吴兆元具题"历来忠顺，不侵不许"，缘由，奉圣旨，准封父太仆寺正卿晋阶，赐"位列九卿"四字建坊。至丁亥年，流寇久乱，搜掠历代敕诰牒物，焚掠一空，幸云开见日。适逢大清顺治十六年，大师临滇，公争先投诚，于十七年奉吏部颁给札付一道，丽江府印一颗，公迎焚香百拜到任。后吴逆到滇，心怀不轨，欲结吐蕃以为外援，见地方防御严密，着备土兵，公秉正不从，吴逆怀恨，将元朝所赐镇边金印一颗、三台银印一颗一并追去，又将原管江外照可等处五大地方割送吐蕃，以为和好之计，钱粮累公赔纳。至康熙八年始，蒙抚部院李具题，豁免彼时，滇省土司尽授伪职，争换札付，以媚吴逆，独公宁死不缴，留与子孙，以彰忠义，吴逆恨甚，拿赴云南省城囚禁七载。又将丽辖江内之其宗剌普，归并吐蕃，钱粮仍累公赔纳。至云贵总督范任内具题，豁免所著功绩，虽未蒙议叙，当时后世无不载在口碑。至寿愈耄耋，四世一堂，更非寻常比也。

公生于万历戊申年五月望日，康熙壬申年正月晦日卒。正妻禄氏琯，系武定府世宦女，追封二品□人，生四子，长子木靖，继父职。

## 二十一世考

知府木櫶，字君章，号治安，靖之胞弟，㼆之生父也。因靖抚养㼆，为应袭。公素性沉静，惟知诵经拜佛，事务人情，度外置之而已。康熙十一年，靖故，㼆应袭职，不忍令父独无悬荣，援兄终弟及之例。详巡抚云南都察院李具题顶袭，蒙准所请，于本年承袭。公虽受职地方，内外事体皆㼆辨理，在任六载，地方宁静，公得安其淡漠之天。至康熙十九年，因患痰湿，告替还，㼆致仕。公生于崇祯元年正月十五日子时，康熙甲申年七月十五日亥时卒，后于康熙二十七年十月二十三日咨遇覃恩，子㼆具文详请追封颁得诰命一道，授中宪大夫，世袭丽江府知府，母罗氏庆系兰州土舍亲女，诰封恭人，生十子，长曰木㼆，顶袭父职。

## 二十二世考

知府木㼆，字中嵩，号华岳公，秉性忠孝，刚毅多才，及至承袭，不忍令父独无恩荣，具文申详，援兄终弟及之例，让父邀荣具题准袭，褒嘉大义，荣膺六载，随请告休。时吴逆虎踞滇省，公不从叛，查明伙党，密遣头人入蜀，赴勇略将军赵军前投诚，蒙给密谕，优赏奖励，公遵谕，即调夷众于邱塘关砌墙堵御。康熙十九年，又奉镇守建昌。总镇王将军标下副总府王密谕公速调土兵二千共图进取，又奉勇略将军云贵总督赵谕，已知忠义，再图首倡，自当议叙。又蒙钦命定远平寇大将军固山贝子温谕旌奖赍赏，随于康熙二十年内，题请优叙，颁给印信给牌一张，令其料机务，仍着小心防御，后复奉谕云该府启称，足见怀忠抱义，为国效力之心。令大兵前往楚雄进剿，该府即点部兵共相协力擒杀，适有逆党胡国柱等七人统兵万余，奔溃至丽，欲潜渡江，钩引吐蕃复出为患，公着人诈指路途，密谕野人埋伏江外，亲身领众捕杀，国柱等见兵马俱毙，计穷自尽，所获器械报明固山贝子，王讫随奉总督部院蔡具题，承袭于康熙二十三年四月内。吏部颁给丽江府世袭土知府号纸乙道，因患痰湿，告替于嫡男木兴，其功虽未蒙议叙而名扬四方，忠孝已伸，临终将各宪印信文凭一束交于长子，以为子孙倡义。

公于顺治丁亥年六月初六日辰时生，于康熙戊子年八月廿八日戌时卒，诰授中宪大夫，世袭丽江府土知府。正妻高氏宁，系姚安土同知亲女，诰封正四品恭人。生子八人，次子木兴袭父职。

## 二十三世考

知府木兴，字维新，号雪城，公生而颖异，博稽群书。及长，通达政务，尤工于诗字，时云贵制军蒋见其诗字，屡命以吟题，锡予往来，甚蒙优渥。于康熙三十一年吏部颁给札付一道，顶袭父职，上任捐创文庙设立义馆。康熙五十九年，师出西藏，公克承忠义报效心，殷详请挑选土兵二千随征进讨，奉两院宪牌先备调一千，委公总理军务，亲领五百名帮安台站，搭造桥船，侦探乡导，办理粮饷。再给应袭木崇随征游击职衔札付一道，领土兵五百名随师进征。另在钦差大人伍标下听遣，以作先锋，搭桥开路，奋勇直前，公至刺普地方，摆台人巴松阻路，土兵杀之，搜获所耽搁公文，行至阿墩子，地方始知摆台巴松系川督年心腹，人惊惶之。时又接获云贵部院蒋密谕，抄发川督年捏词具奏一案，惊悸得疾，渐加沉重，拮据到家病故，子木崇在边餐雪宿露，亦染寒湿，遂成浮肿之症，及至回师，不可医治，父子相继为国身亡。军兴效命以来，怀忠抱赤之诚，承办呼应之苦难，未蒙议叙，至今啧啧人口，古云"鞠躬尽瘁，死而后已"，公父子其殆庶几乎！

公于康熙丁未年三月十三日子时生，康熙庚子年十一月初九辰时卒。覃恩得领诰命一轴，授中宪大夫，世袭丽江府土知府。正妻陆氏隆，系武定府陆氏宦女，无出抚养血侄木崇。木崇妻高氏成玉，系鹤庆土司高女，亦乏嗣。

## 二十四世考

原任知府木钟，字云林，号永茂，堃之嫡四子也。继兄职，公自幼纯雅，赋性友爱，于康熙五十九年军兴西藏，胞兄血侄勤劳效死，相继物故。阁府舍目、耆民等公保继袭，接办军务，竭力报效随奉。云贵总督部院长准委管土府事务，仅四十余日，远支族人阿知立等因兴崇继亡，心生觊觎，首众为谋，捏控胞兄，任内五虎十四彪头人指公摊派事案诬。云贵总督高与川督年公有旧，受嘱复巴松之恨，因此具题改设归流，以土府易流府，流通判换土通判，委初任丽江府杨盘查视，事反，以首后唆讼等人用作六房乡约，复将公遣发至剑，办纳钱粮，软困禁比，复着掌案追去巴松，前沉搁公文变束，并祖遗田册、凭据、卷宗等项尽行焚毁，幸正配高氏颇诚翰墨，曾将敕书、诰命及各宪功牌谕帖谨慎藏匿，夫卷宗已毁，报出兴崇任内军需亏空万有余金等语，竟将祖宅田产变卖填补。公在剑阳闻知家产破散，饮食不进，竟成疟疾，甫迎到家，病故。计公委任数日之中，危疑忧患，内外交攻，以致朝夕扼腕，竟含泪而赴九泉矣。

公于康熙丁卯年七月十七日亥时生，雍正乙巳年七月三十日亥时卒。后三十九年九月初三日恭逢覃恩诰命一道，追封为特授正六品承德郎。正妻高氏寿，系姚安高同知女，封为安人。生三子，长子木德继父职。

## 二十五世考

木公讳德，字芳盛，号念祖，云林公之长子也。云林公袭府职，值远族阿知立捏控案，随蒙改设勒将产业变卖抵项，前代世积搜求一空，云林公遂至无家署理府四十余日，尚未任通判新职，抱恨而没。时芳盛公甫九岁，遭家多故，茕茕孤苦，继袭通判新职，室如悬磬，贫之难堪，幸而聪颖天授，英哲性成，授业于石屏进士万公讳咸燕者，勤读诗书，洞晰讲义，依嫡母高氏珍藏案宗事由，查考旧籍，那借资斧，先恢复些微产业，以供衣食。及长，胆识兼优，通禀各宪申诉，改设苦情，省城往返数次，劳心竭力，不避艰险，尽瘁感格，幸蒙督宪题请，部议准给还土官庄租米京一百五十石，令赴府仓四季支领，始有以供朝夕，继又恢复永北桥头剌宝等庄，自行征收办纳钱粮，而不失末秩体统，凡此皆沾上宪之深惠，而荷盛朝之隆恩也，继则捐修玉音楼，为朝贺公所以昭忠也，葺家堂复勋祠之旧，以敦孝也，将祖遗铜器变价，助士子乡会之路费，以重维桑，而兴文教也。重修堂构竹苞松茂，匠心经营，百度俱举，是起衰振靡之杰也。

公为人根基朴茂，器量宏深，克勤克俭，有忍有容，不言人短不矜，已长谦和，可挹持重不佻，且勤学好问，于经史易象诸书殚心研究，傍通星评、相术、地理各家，自卜茔地，叶吉牛眠。晚年恒以琴书自娱，优游颐养，享清闲之福寿，跻六十四岁。

公生于康熙甲午年四月初四日午时，终于乾隆丁酉年六月初七日辰时。诰授承德郎，世袭丽江府通判。正室高氏顺英，系姚安世守高厚德侄女，敕封安人。生二子，次名秀，顶袭父职。长子名坤，在庠年二十病故。

# 概 说

土官禄麦，西域人（《木氏宦谱》作"西域蒙古人"），宋徽宗时至丽江。生子阿琮，宋理宗宝祐元年（1253年），蒙古兀良合台征大理，阿琮子阿良率夷众迎降，授茶罕章宣慰司总管。从世祖擒兴智，授副元帅。传子阿胡。阿胡传阿烈。阿烈传阿甲。元顺帝授宣抚司副使。传子阿得。明洪武十五年（1382年），大兵平云南，阿得归附，置丽江府，以阿得为知府。十六年（1383年），阿得入朝贡马，赐姓木。《土官底簿》载："木得通（安）州白沙村军，洪武十六年，总兵官札充本府副千夫长，管理土军，十七年实授副千夫长兼千户。"十八年（1385年），巨津土酋阿奴聪叛，劫石门关，阿得从征，斩其伪元帅朱保，又从沐英征景东、定边，皆有功，予世袭。二十二年（1390年）卒，子初当袭。（《土官底簿》载："二十四年，总兵官令男木初接缺办事，本年准袭，改除丽江府土官知府。"据《土官底簿》载，是从木初开始授知府）初传土。土传森。从黔国公沐晟征麓川有功，正统五年（1440年）赐诰命，加授大中大夫、资治少尹。传子嵚。成化十一年（1475年），疏奏鹤庆千夫长赵贤屡纠群贼，越境杀掠，乞调官军擒剿，宪宗命移知守臣计划。嵚传泰。泰传定。定传公。公传高。嘉靖三十九年（1560年），进助殿工银二千八百两，诏加文职三品服色，给诰命。四十年（1561年），又进木植银二千八百两，诏进一级，授亚中大夫，给诰命。高传东。东传旺。旺传青。万历三十一年（1603年），巡按御史宋兴祖奏：税使内监杨荣，欲责丽江土官（木增）退地听采。窃以丽江，自太祖令木氏世守石门，以绝西域，守铁桥以断吐蕃、滇南借为屏藩，今使退地听采，必失远蛮之心。疏上，事得寝。增善武略，且好文雅，北胜蛮乱，率兵擒贼首高兰，又助饷银二万余两，叙功，晋通奉大夫、布政使，升广西右参政、四川左参政，授太仆寺卿。其职以子懿袭，追赠祖旺、父青如其官。天启二年（1622年），以病告，加授左参政。增延纳儒流，所著作为一时名士称赏。《明史》谓云南诸土官好礼守义，以丽江木氏为首。清初平滇，懿投诚，缴上元朝所赐三台银印，明朝所赐镇边金印，顺治十七年（1660年）颁给印信，仍授知府世职。懿传子靖。靖传弟㭿。㭿传子堃。堃传子兴。兴传弟钟。雍正元年（1723年）为土人所控，降钟通判，改设流官知府，以原颁府印付之。传子德。德传子秀。乾隆五十年（1785年）改为正六品土官。嘉庆二十二年（1817年），秀子睿袭（《道光云南志钞·土司志》）。其后，睿死，子汉道光二十年（1840年）袭。汉死，长子煜早故，次子暻带练剿贼有功，赏给四品顶戴花翎，同治十三年（1874年）袭。光绪四年（1878年），暻子荫袭。递传标。民国十八年（1929年），木琼袭。木氏住居大研里（《新纂云南通志·土司考》）。

云 南

# 蒙化左族家谱

## 序

　　古世家族皆有谱，上而木本水源，下而支分派系，泐而成书，使后人得所考据，不致数典忘祖，途人宗族，诚崇先启后之要道也。滇西颇有名家，蒙阳左族尤为称盛，不但辟土开疆，世袭专城，且人文林立。自明至今，甲第科贡，代有其人，或以乡贤文行著，或以忠烈孝义传。披览史志，令人欣羡意。其家乘必有详于史志者，昔未得见，庚辰予膺五华讲席，蒙阳左子晓堂，以己卯副车上奉调来院肄业，予接其言论丰采，俨然儒者气象，既而屡阅课卷□□□□□□□□雅扬风允堪冕多士是岁。

　　恩科乡试诗一房富民令汪公揭晓后谒予，便欲见晓。堂谓其书艺含华佩实，文情畅茂，诗论经第，清新与确，已于八月十五日为之主司，汪公言毕，赞羡不已。十日内□□□□□□□□□抚宪，刘大人调阅书院诸生荐卷及未荐卷甄别膏火，以晓堂为第一，批其卷云，恬粹温雅，饶有大家笔意。是晓堂文虽棘闱，不售而得邀鉴赏于名公，其亦可以无憾矣。然晓堂不止优于文也，怀孺慕之沉笃氏，足之爱睦族，敦宗，崇师，敬老表忠，修祠建三层，祖父碑立六座，信于友朋，严于教读。表忠有实□梓而播传亲族；有难事力为排解。处乡党则恂恂，遇公事则侃侃。他如慎取与肃威仪，均平乡约，赞修学宫，隐恶扬善，恤寡矜孤，循规蹈矩，戒淫守谦，淡泊以明智，宁静以致远，留心功过之，格用力诚正之，修其敦行，如此吾门中何幸而得此醇儒。越数载，晓堂到予舍，手执一篇甫脱稿，请序于予。启视之盖其家乘也，详阅所载，如谱序、谱辨、谱例、谱规、赞缨告敕受姓源流以及世系总图，祠堂规制，祭祀礼仪，记序墓表，无不纲举目张，井井有条予阅他谱甚多，未有如此之周。密者深喜，向未得见，今得见之也，论语云惟孝友于兄弟施于有政，是亦为政。晓堂此举，定于当之。又何事出宁，苏州始验经济之设施哉，因序以弁谱首。

　　　　　　　　　　　　乾隆甲午岁清和月吉旦
　　赐进士出身朝天议大夫。钦命提督山西全省学政，都察院江南道监察御史，前钦差湖北、贵州二省典试，通家生苏霖渤海门甫拜撰

## 谱辩三条

一左氏卫邑名卫嗣君，时胥靡逸之，魏卫使五反，请不得乃易以左氏子孙遂受胙土氏也。

二鼻祖讳邺，字富书，自古润丹阳辟地禾州逢桥子孙因家焉。或云其初与兄寻同至鼻祖定居。之后，寻复去不在所之。又城山王孟孙尝云：曩参淮阃见一蜀氏姓左询其谱系，曰先世家河南唐保大间，昆第五人辟地江南徯于润乱靡有定由润入湘由润入蜀者讳晋，是为吾祖。其人淹血于润孰流吾祖，当时已不知诸孙愈不知矣，予曰昔有左润徙庐陵，其宗盟乎蜀士，后欲会谱而不果，以是论之，意吾鼻祖亦必来自河南也，今无文献足证，姑记来自润尔。

夫祖齐祖匐卫已详源流未矣，而旧谱谓评事府君，来自河南，则亦未珥陵谱尔。按珥陵谱以鼻祖府君邺徙求新，逢桥寻徙鄱阳郡，徙蜀，文献足证，而云来自河南者不辨也。

原谱书载五条，今仅录其二心备鉴。

### 直书者一

谓名字、行号、出身、履历、婚姻、男女、□□随其详略皆直书之。

### 六书者一

谓人物□簪缨虽总一图，于前而中世系每有科甲荐辟应例节行可录者，皆用自大书，□以识贤异。

## 谱规十条

### 一曰敦孝友

夫谱非徒记名号而已，所以别昭穆定尊卑而著孝友之情也。子之事父，弟之事兄，天植之性而不可解者。按先辈屡以孝友闻，兹谱既成，凡我宗族其共勉之。

### 二曰励廉耻

管子曰：礼义廉耻，谓之四维，修之吉，悖之凶。诚立身之大猷，按先世皆崇正守道，范俗轮物，为子孙者，修身慎行，励节贞志以廉耻之必可，尚不义之必不可为，日孜孜焉，毋替先人之训可。

### 三曰谨婚姻

按旧谱婚姻必择门第相等，声气攸同。吾宗先世嫁娶皆故家佑族，不苟慕富贵而厌贫贱也，盖夫妇人伦之首，有不慎，贻玷不小，勖我同宗尚知所择哉。

### 四曰世先业

我宗传达室世别无长物，惟以诗书起家或世职相沿或甲第先登或科贡联芳，皆苦心竭力为学，迄今犹大未艾焉。伏愿吾宗以诗书训其子孙，子孙以诗书勉率父兄之教。庶几为贤父兄为肖子弟能世其家云。

### 五曰矢忠义

按谱吾宗世禄于朝，率竭忠尽如开疆拓土，临难不屈者，代有其人，固世济其美而草野之士尤汲渔于忧国奉公之诚，此吾左氏夙以忠义闻也。伏愿吾宗仕者处者，咸竭忠义，斯有休烈前人勉之勖之。

### 六曰省先茔

按先世坟茔或在垅圩图山，或在祷雨村以及大寺岘葫庐山小麦庄禾里坡松树岭等处，皆先世福泽之隆，所以基业之广，几为子孙春秋拜扫岂容忽诸。

### 七曰时祭祀

朱子云祖宗虽远，祭祀不可不诚，自甲午岁□□□□仲春仲秋，合族祭祀已有成规，为子孙者□□□□无容先期。

### 八曰崇节俭

夫财本于耕，附于工商，而裕于节缩。按先世诗书之外惟工惟□家用日给吾宗其反朴还淳约财省费勤业务本用康乃家而后可。

### 九曰禁非义

夫族以故家称者，非以人类之繁也，以其能蹈仁守义范已黜污比贵显，如桧知者羞，以为祖富厚如陶谈者不多，其族于戏彼以宝贵而有不义，犹不免君子之口则夫贫贱之为奸宄为盗窃穷者其何齿于人哉。谱成矣，澡思浴德毋为兹谱之玷。

### 十曰开自新

夫谱之修，几不义既大书以黜而子孙敬力于为善，以仰盖前人愆如栾盈之能善于厌则史岂惟父之不善，而邊而弃子孙哉。谱虽黜矣，视其后能不囤世类所系振拔于不善之表他曰继修者宜收纱以开自新之门。

## 祠堂规制

表忠祠在蒙城内北正街，东至大街，南到沟，西至镇抚司墙廓，北至民房。崇祯二年，奉旨建厅三间，大门三间。雍正十三年，郡丞杜思贤重修。乾隆三十九年，熙俊率族增修牌坊大门三间，大厅三间，寝室楼房上下六间。

### 祭祀仪节

发鼓三通，执事者各司其事，序立，盥洗，子孙皆跪。读戒词：奉先思孝，承祭思敬，内则专一外则静。正神之来，思左右靡定式饮式食，汝则有庆，倘有拜立，歆邪念虑不静，神不汝福，汝其敬听。兴，参神，鞠躬。伏、兴、伏、兴、伏、兴、伏、兴，隆神。诣香案前跪，上香，酹酒，俯伏。兴复位，进馔，行初献礼，诸神位前跪。祭酒，奠酒，进饭，进羹，俯伏，兴，复位。子孙皆跪，读祝文，俯伏，兴，行亚献礼，诸神位前跪，祭酒，奠酒，进饭，进羹，俯伏，兴，复位，行三献礼，诣神位前跪，祭酒，奠酒，进饭，进羹，俯伏，兴，复位。有食，饮福，受胙，跪，读嘏词：

祖考命工，祝多致福无疆于汝，孝孙来，汝孝孙，使汝受禄于天，宜稼于田，眉寿永年，以似以绩绩汝之先，勿替引之，勿虑后单。俯伏，兴，告利成跪，读训词：

穆穆祖考，昭明在上，为子为孙，读书端向，勿坠家声，树立物望，善小必为，恶小必创，匪孝奚敦，匪忠奚遵，友于兄弟，睦族合邻，上希圣贤，次做善人，勤业守份，思义存仁，勿重财色，勿轻本根，神则汝福，纯佑无偏。倘有忘亲，嗜利游荡，不事甘心，崇恶轻浮，暴弃贻羞祖宗，取辱门第，神降汝殃，天不汝昌，悔过自强，转祸为康，代祖申训，勿替勿忘。俯伏。兴、伏、兴、伏、兴、伏、兴。送神，鞠躬，焚祝文，撤馔。

祝文

维

年　月　朔越祭日

辨祭嗣孙等族众咸在业秉

试敢昭告于

开祖考，奉政大夫，曲靖府宣尉司都事赠顺宁府同知，左公讳政子、开祖妣宜人老太君。

二世祖考，奉政大夫，阳瓜州州同，赠顺宁府同知，左公讳天与，祖妣宜人老太君。

三世祖考，中宪大夫，原任顺宁府同知，赠蒙化府知府，左公讳青罗，祖妣恭人，药师贵老太君。

四世祖考，中宪大夫，蒙化知州，赠蒙化知府，左公讳禾，祖妣恭人适海老太君。

五世祖考，中宪大夫，蒙化府世守知府，左公讳伽，祖妣恭人谢老太君。

八世祖考，修职郎，原任浪沧江巡政厅赠王府典膳，左公讳晏，祖妣孺人施老太君之神位前曰：于惟。

开祖储祥安福，筮仕曲阳。

二三四惠敷契郡，泽被瓜江，延及五世，开基中宪，代相沿迨我。

世祖，秉心迈俗，揖让黄堂，诗书愿足，致令子孙科甲蝉联。忠贞绩著，人文炳蔚，嗣续繁昌，巍宝宾苍，锦溪汪洋，世祖之风，山高水长，兹当仲春仲秋之始，追维报本，礼不敢忘，谨以刚鬣柔毛，粢盛醴齐式陈明荐，配以七世祖考妣，八世祖考妣，九世祖考妣，十世祖考妣，十一世祖考妣，十二世祖考妣，十三世祖考妣，十四世祖考妣，以及十五世，十六世配尚飨。

官祭文

维

年　月　朔越祭日

主祭官蒙化直隶厅同知

分祭官

儒学教授

训导

经历

助祭官驻心蒙化汛千总

陪祭官世守知府后裔

等致祭于钦赠太中大夫，光禄寺卿，元任蜀灌大尹、署按察使司、监军道佥事，赠尚书宝司卿，谥忠烈左公讳重之神，暨皇清崇祀，前明兵部观政进士，阴袭锦衣卫千户，左公讳廷皋之神位前曰惟，神忠义性生是父是子，科甲蝉联，一门迭起临危不变，后生仰止，父致身于国，子尽节于里，崇德报功，先于表忠祀父，乡评月旦，配以丞尝，享子时当仲春仲秋□献，必举双灵，如在钦承，典礼尚飨。

湘阴王题鉴，山东沂王府引礼典膳。

## 簪缨人物

### 一　世

左政子，江西吉安府安福县人，元泰定丁卯选取补大理宣慰司奏差。至正乙酉除曲靖宣慰司都事以孙青罗贵，诰赠奉政大夫。

### 二　世

左天与，元任云南阳瓜州同，以子青罗贵，诰赠奉政大夫。

## 三 世

左青罗，元任顺宁府土同知，以孙伽贵，诰赠中宪大夫。

## 四 世

左禾，明洪武十六年，领榜招民授蒙化州土官判官，入觐告封从仕郎。永乐三年，以招谕高天惠功，钦升蒙化州知州。诰授奉训大夫。以子伽贵，晋封中宪大夫。

## 五 世

左伽，永乐十三年，钦准袭蒙化州知州，正统三年，从征丽江、麓川，战于大侯，功第一，进秩临安知府，仍掌州事，寻升大理府知府。正统十年，升蒙化州为府编户三十五里，世袭蒙化府知府，诰授中宪大夫。

## 六 世

左刚，应袭蒙化府知府，诰赠中宪大夫。

左宴①，伽公嫡子，性喜诗书，揖让黄堂不骄于富，尤好老子，因号守元。最有阴德，义方训后科甲蝉联世家，鲜俪谪贵，辰阳李澈为其为人刚方多略。正统间征麓川，隶王大司马麾下，赞画为多，事平以功授浪沧江巡检，敕授登仕郎。以子鞔②贵，敕赠修职郎。

## 七 世

左琳，明天顺年，世袭蒙化州知府，诰授中宪大夫。

左瑛，明成化年，世袭蒙化州知府，诰授中宪大夫。

左辅，成化□□□□□□□□□□□□□□□□□□□□酒及少司成屡取特在此□□有哭母归来卷传于乡□□□□。

## 八 世

左铭，正德年，世袭蒙化府知府，诰授中宪大夫。

左承恩，万历贡元，开讲授书，蒙之名士，半出其门。

左明理，庠生究心诗学，不辞攻苦，题咏甚富，郡志文行。

## 九 世

左正，正德年，世袭蒙化州知府，诰授中宪大夫，能文翰工诗画，有魏晋风，好尚高洁，礼士崇文，详咸都称慎相友，善□辞印信归□官掌郡志文行。

左汝述，隆庆选贡，任河南开封府参军，敕封征仕郎。

左汝迁，以子殿贵，敕封文林郎，四川彭县知县。

左汝逊，以子重贵，敕封文林郎，四川成都府灌县知县。

## 十 世

左文臣，嘉靖年，世袭蒙化府知府，诰授中宪大夫。性至孝，母木氏不得于父早卒，每饮泣，无怨言善，伺色笑，以自韬晦。及嗣职事父愈谨承颜顺志，有老来之风，喜晋书，善小楷，通音律，娴礼度，抚彝民，不受货馈，民期甚德之，随征元江，染瘴卒，郡志文行。

左居易，任金吾营督粮守备。

左登，崇祯贡元，教授生徒，多所成就，因宗官星海少孤，护理蒙化府知府。

左重，万历甲午年科举人，任四川成都府灌县知县，丰标卓伟尚名节仁慈廉洁，天启辛酉年，奢崇明反自重庆，窥成都，围城数日，城中坚守，望援无至朱变，榜示所部谓灌去省咫尺。且地控吐蕃首尾受敌，□鼓行入省两全而有功，邑人听之，遂肃队薄城贼释围接，赋释为决战死□不却。力竭马蹶骂贼而死。崇祯二年，恤赠奉政大夫，尚宝司郎。崇祯十三年，加赠太中大夫，光禄寺卿，阴子□京，□□□□□，锦衣卫正千户，谥忠烈，建表忠祠，有司春秋致祭并崇祀乡贤滇蒙两志俱载。本朝大学士张公讳廷玉奉，敕纂修《明史》，录入《忠义传》。

左殿③，万历癸卯科举人，任四川彭县知县，敕封文才郎。

左学诗，钦依把总。

左文泉④，部授儒官，好尚清洁，工于诗翰韵致清逸不事浮华，郡志文行。

左垣，崇祯贡元，鸿胪寺署丞。

## 十一世

左柱石,嘉靖年世袭蒙化府知府,诰授中宪大夫。

左廷皋,崇祯己卯亚元,庚辰进士,兵部观政,阴袭北京锦衣卫正千户,学问竞瞻,敏于诗文,丙戌年,沙贼屠蒙不屈被难事闻入表忠祠,配享郡志忠烈崇祀乡贤。

左宸,万历癸卯科举人。

左国昌,加御守备。

左国礼,崇祯贡元。

## 十二世

左近嵩,万历年世袭蒙化府知府,诰授中宪大夫。

左定中,庠生,应袭北京锦衣卫千户。

## 十三世

左星海,崇祯年世袭蒙化府知府,顺治年,大师入滇,投诚仍授世职,诰授中宪大夫。

左之翰,康熙年贡元。

## 十四世

左世瑞,康熙年,世袭蒙化府知府,诰授中宪大夫,持躬雅洁好士崇文兼工书画,与张退庵、彭心符一时唱和,艺林称之。

左瑞龙,以子熙俊贵,例赠修职郎,以孙章照、章丙⑤贵叠赠文林郎。

左文龙,以子涯⑥贵,敕赠修职郎。

左兆龙,以孙开南贵,例赠文林郎。

## 十五世

左嘉汉,康熙年世袭蒙化府知府,诰授中宪大夫。

左嘉献,雍正年,岁进士。

左淮,乾隆辛酉科举人,任大理云龙州学政。

左熙俊,乾隆己卯副荐亚元,选授曲靖府平彝县教谕。

左熙伟,乾隆戊申年贡元,以子章照贵、章丙贵叠赠文林郎。

左淳，以子开南贵例封文林郎。

## 十六世

左麟哥，雍正年，世袭蒙化府知府，诰授中宪大夫。

左宣辅，乾隆年贡元。

左开南，乾隆甲寅，恩科举人。

## 十七世

左元生，乾隆年，世袭蒙化府知府，诰授朝议大夫。

## 世系总图

| | | | |
|---|---|---|---|
| 蒙化开祖 | 政子 | 行兆三，字淇溪，江西吉安府安福县人，元至正乙酉除曲靖府宣慰司都事 | 子二天与、人与 |
| 二世政子下 | 天与 | 州同 | 子一青罗 |
| | 人与 | | |
| 三世天与下 | 青罗 | 同知 | 子一禾 |
| 四世青罗下 | 禾 | 知州 | 子二伽、昶 |
| 五世禾下 | 伽 | 知府 | 子四刚、晏、晟、旻 |
| | 昶 | | 子一明 |
| 六世伽下 | 刚 | 应袭知府 | 子四琳、瑛、璟、琼 |
| | 晏 | 巡检，赠王府典膳，字守元，配施氏 | 子二辅、軨 |
| | 晟 | | 子一玉 |
| | 旻 | | 子一相 |
| 昶下 | 明 | | 子一荣 |
| 七世刚下 | 琳 | 知府 | |
| | 瑛 | 知府 | 子三铭、铨、钺 |
| | 璟 | | 子一铁 |
| | 琼 | | 子二钊、鉴 |

续表

| | | | |
|---|---|---|---|
| 晏下 | 辅 | 拔贡,崇祀乡贤,字廷相,配张氏 | 子四明善、明义、明德、明理 |
| | 锐 | 拔贡,典膳引礼,字竹斋,配张氏,葬祷雨村 | 子三承祖、承宗、承恩 |
| 晟下 | 玉 | | 子六锦、锐、铎、鍠、鏠、鏉 |
| 旻下 | 相 | | 子一镛 |
| 明下 | 荣 | | 子三钺、钟、钦 |
| 八世瑛下 | 铭 | 知府 | 子二正、福 |
| | 铨 | | 子一仲璋 |
| | 钺 | | 子二仲谋、仲略 |
| 璟下 | 铁 | | 子五祖、□、祚、祜、襘 |
| 琼下 | 钊 | | 子二禠、袀 |
| | 鉴 | | 子二佑⑦、礼 |
| 辅下 | 明善 | 字复初 | 子二焕、灿 |
| | 明义 | 庠生 | 子二烜、辉 |
| | 明德 | 庠生,字新之,号双松 | 子三炳、炜、烨 |
| | 明理 | 庠生 | 子一燧 |
| 锐下 | 承祖 | | |
| | 承宗 | 庠生,配杨氏 | 子二东生、东成 |
| | 承恩 | 岁贡,字世荣,号禹江,配周氏、钱氏,葬祷雨村 | 子十汝述、汝远、汝达、汝进、汝迁、汝遇、汝逊、汝迪、汝造、汝週 |
| 玉下 | 锦 | | |
| | 锐 | | |
| | 铎 | | 子二仕宗、仕贤 |
| | 鍠 | | |
| | 鏠 | | |
| | 鏉 | | |
| 相下 | 镛 | | 子四奇、光、韬、略 |

续表

| | | | |
|---|---|---|---|
| 荣下 | 钟 | | 子三应元、应魁、应先 |
| | 钺 | | 子三僖、儒、伦 |
| | 钦 | | 子三应皋、应夔、应周 |
| 九世铭下 | 正 | 知府，字瑞卿，号三鹤，配木氏 | 子五文臣、文衡、文器、文兴、文彖 |
| | 福 | 字庆之 | 子二文奎、文璧 |
| 铨下 | 仲璋 | | |
| 钺下 | 仲谋 | | |
| | 仲略 | | |
| 铁下 | 袒 | 字顺之 | 子二宗尧、宗汤 |
| | □ | 字诚之 | 子二宗舜、宗周 |
| | 祚 | 字理之 | 子二宗文、宗武 |
| | 祐 | 笃之 | 子一宗禹 |
| | 襜 | 字仪之 | |
| 钊下 | 禇 | | |
| | 衱 | | |
| 鉴下 | 祐 | | |
| | 礼 | | |
| 明善下 | 焕 | | |
| | 灿 | | |
| 明义下 | 烜 | | |
| | 辉 | | |
| 明德下 | 炳 | | 子一文举 |
| | 炜 | | |
| | 烨 | | |
| 明理下 | 燧 | | 子一居易 |
| 承宗下 | 东生 | | 子二学易、学礼 |
| | 东成 | | 子一学诗 |

续表

| | | | |
|---|---|---|---|
| 承恩下 | 汝述 | 参军 | |
| | 汝遄 | 增广生 | 子一量 |
| | 汝达 | 廪生 | 子一全 |
| | 汝进 | 庠生 | 子一登 |
| | 汝迁 | 敕封文林郎,字义斋,葬大寺顶 | 子二陞、璧 |
| | 汝遇 | 增广生 | 子一堂 |
| | 汝逊 | 敕封文林郎,配张氏,葬梯子坡 | 子一重 |
| | 汝迪 | 增广生 | 子一苍 |
| | 汝造 | | 子一立 |
| | 汝週 | | |
| 铎下 | 仕宗 | | |
| | 仕贤 | | |
| 镛下 | 奇 | | |
| | 光 | | |
| | 韬 | | |
| | 略 | | |
| 钟下 | 应元 | | |
| | 应魁 | | |
| | 应先 | | |
| 钺下 | 僖 | | 子一文星 |
| | 儒 | | |
| | 伦 | | 子一文斗 |
| 钦下 | 应皋 | | |
| | 应夔 | | |
| | 应周 | | |
| 十世正下 | 文臣 | 知府,字惟良,号黄山,配高氏 | 子二柱石、盘石 |
| | 文器 | 字邦用,号龙 | 子一介石 |
| | 文兴 | 字邦隆,号凤墩 | |
| | 文象 | 部授儒官,字光羲,号肖鹤 | 子一宸 |

续表

| | | | |
|---|---|---|---|
| 福下 | 文奎 | | |
| | 文璧 | | 子二金石、玉石 |
| 祖下 | 宗尧 | | |
| | 宗汤 | | |
| □下 | 宗舜 | | |
| | 宗周 | | |
| 祚下 | 宗文 | | |
| | 宗武 | | |
| 祐下 | 宗禹 | | |
| 炳下 | 文举 | 住神州渡口，配王氏 | 子三国昌、国熙、国宁 |
| 燧下 | 居易 | 督粮守备 | 子一国尊 |
| 东生下 | 学易 | 庠生，葬葫芦山 | 子一国望 |
| | 学礼 | | |
| 东成下 | 学诗 | 把总 | 子一国至 |
| 汝遰下 | 量 | 增广生 | |
| 汝达下 | 全 | | |
| 汝进下 | 登 | 贡元，字景华，号凌云，配□氏，葬大寺顶 | 子五尧宾、舜宾、禹宾、熙宾、镐宾 |
| 汝迁下 | 陞 | 字云阶，住锅盖村字 | |
| | 墅 | 癸卯举人，彭县知县，字玉阶 | 子一国礼 |
| 汝遇下 | 堂 | 字升之 | 子一舜卿 |
| 汝逊下 | 重 | 光禄寺卿，字景衡，配黄氏，葬梯子坡 | 子一廷皋 |
| 汝迪下 | 苠 | | |
| 汝造下 | 立 | | |
| 僖下 | 文星 | | |
| 伦下 | 文斗 | | |
| 十一世义臣下 | 柱石 | 知府 | 子一近嵩 |
| | 盘石 | | |
| 文器下 | 介石 | | |

续表

| | | | |
|---|---|---|---|
| 文象下 | 宸 | 癸卯举人 | 子一鹏升 |
| 文壁下 | 金石 | | |
| | 玉石 | | |
| 文举下 | 国昌 | 守备，配韩氏 | |
| | 国熙 | 配胡氏 | 子三琼、璇、璟 |
| | 国宁 | | |
| 居易下 | 国尊 | | 子五陈良、陈吕、陈善、陈忠、陈廉 |
| 学易下 | 国望 | 庠生，字鼎卿，配张氏、许氏 | 子三鸿勋、秉球、秉琳 |
| 学诗下 | 国至 | | 子一邦玺 |
| 登下 | 尧宾 | 郡学士，配张氏，葬大寺顶 | 子一印正 |
| | 舜宾 | | |
| | 禹宾 | | 子一秉璋 |
| | 熙宾 | | |
| | 镐宾 | | |
| 重下 | 廷皋 | 赐进兵部观政，字对阳，号月岩，配顾氏，葬梯子坡 | 子一定中 |
| 璧下 | 国礼 | 贡元，住鸡头村 | 子二念祖、经祖 |
| 堂下 | 顺卿 | | |
| 十二世柱石下 | 近嵩 | 知府 | 子一星海 |
| 宸下 | 鹏升 | | 子一光庶 |
| 国熙下 | 琼 | 配陈氏 | |
| | 璇 | | 子三联元、联魁、联科 |
| | 璟 | | |
| 国尊下 | 陈良 | | 子二端揆、经揆 |
| | 陈益 | | 子一绍宗 |
| | 陈善 | | |
| | 陈忠 | | |
| | 陈廉 | | |

续表

| | | | |
|---|---|---|---|
| 国望下 | 鸿勋 | | 子二之文、之武 |
| | 秉球 | 寿官 | 子二之翰、之卿 |
| | 秉琳 | 葬祷雨村 | 子四之恭、之明、之从、之聪 |
| 国玺下 | 邦玺 | | 子一式玉 |
| 尧宾下 | 印正 | 庠生，配胡氏，葬大寺顶 | 子二之衍、之善 |
| 廷皋下 | 定中 | 庠生 | 子一之源 |
| 禹宾下 | 秉璋 | | 子一瑾 |
| 国礼下 | 念祖 | 住山后箐 | 子三之杰、之瀛、之美 |
| | 经祖 | | 子二之簾、之箴 |
| 十三世近嵩 | 星海 | 知府，字壬源 | 子二世瑞、世先 |
| 鹏嵩下 | 光庶 | | 子二世瑶、世珂 |
| 璇下 | 联元 | | 子四觐龙、夔龙、赞龙、钦龙 |
| | 联魁 | | |
| | 联科 | | 子二德龙、相龙 |
| 陈良下 | 端揆 | | 子四铰龙、沛龙、锐龙、铉龙 |
| | 经揆 | | 子二起龙、锦龙 |
| 陈益下 | 绍宗 | | 子四世瑾、世琳、世瑛、世琏 |
| 鸿勋下 | 之文 | | 子三御龙、夔龙、士龙 |
| | 之武 | | 子二见龙、耀龙 |
| 秉球下 | 之翰 | 贡元，字凝谷，葬葫芦山 | 子四正龙、人龙、翔龙、瀛龙 |
| | 之卿 | | 子四腾龙、起龙、乘龙、登龙 |
| 秉琳下 | 之恭 | | |
| | 之明 | | 子三先龙、先登、先荣 |
| | 之从 | 庠生，字凝义，住鹤顶邑 | 子二触龙、庚龙 |
| | 之聪 | | 子三伯龙、翊龙、应龙 |
| 邦玺下 | 式玉 | | 子一云龙 |
| 定中下 | 之源 | 字清培，配张氏，葬大寺顶，住北正街 | 子三瑞龙、化龙、亚龙 |

续表

| | | | |
|---|---|---|---|
| 印正下 | 之衍 | 字清传，配李氏，葬祷雨村 | 子四文龙、兆龙、佩龙、时龙 |
| | 之普 | | |
| 秉璋下 | 瑾 | | 子二犹龙、攀龙 |
| 经祖下 | 之簾 | | 子一显龙 |
| | 之箴 | | 子三师龙、顺龙、朝龙 |
| 念祖下 | 之杰 | | 子一秀龙 |
| | 之瀛 | | 子一锦龙 |
| | 之美 | | 子一进龙 |
| 十四世星海下 | 世瑞 | 知府，字辑卿 | 子一嘉谟 |
| | 世先 | 国子生 | 子三士元、士恺、士级 |
| 光底下 | 世谣 | | 子一嘉训 |
| | 世珂 | | 子一嘉相 |
| 联元下 | 觐龙 | 国子生，配王氏 | 子二熙伦、淞 |
| | 夔龙 | | 子一汇 |
| | 赞龙 | 庠生 | 子三洲、洇、沧 |
| | 钦龙 | | 子二春、濢 |
| 联科下 | 德龙 | | |
| | 相龙 | | 子二澍、潮 |
| 端撰下 | 铰龙 | | 子一光裕 |
| | 沛龙 | | |
| | 锐龙 | | |
| | 铉龙 | | |
| 经撰下 | 起龙 | | 子一兴侯 |
| | 锦龙 | | |
| 绍宗下 | 世瑾 | 住东纸房 | 子二辉、明 |
| | 世琳 | | |
| | 世瑛 | | |
| | 世琏 | | |

续表

| | | | |
|---|---|---|---|
| 之文下 | 御龙 | | |
| | 士龙 | | 子二儒、佩 |
| 之武下 | 见龙 | 字泽字，配胡氏，住太平上街 | 子九轩、轮、辂、辕、𫐐、輼、辎、辖、轼 |
| 跃龙下 | | | 子一韶 |
| 之翰下 | 正龙 | | 子一平 |
| | 人龙 | 庠生，住马房村 | 子三斗、奎、堂 |
| | 翔龙 | 国子生，住铳楼 | 子四皋、星、昆、藩 |
| | 瀛龙 | 住罗白客 | 子二熙侯、熙瑛 |
| 之卿下 | 腾龙 | 庠生 | 子一岩 |
| | 起龙 | | |
| | 乘龙 | | |
| | 登龙 | | |
| 之明下 | 先龙 | | |
| | 先登 | | |
| | 先荣 | | |
| 之从下 | 触龙 | | 子一潘 |
| | 庚龙 | | 子二熙儒、熙巽 |
| 之聪下 | 伯龙 | | |
| | 翊龙 | 庠生 | 子一颢 |
| | 应龙 | | |
| 式玉下 | 云龙 | | 子二巡、晋 |
| | 端龙 | 例赠修职郎，字济熙，配殷氏，葬禾里坡 | 子三熙俊、熙杰、熙伟 |
| | 化龙 | 配毛氏，葬大寺顶 | 子一熙仁 |
| | 亚龙 | 配赵氏 | |
| 之衍下 | 文龙 | 庠生，例赠修职郎，字云卿，配李氏，葬祷雨村 | 子二准、浩 |
| | 佩龙 | | 子二达、浔 |
| | 兆龙 | 例赠文林郎，字云飞，配招氏，葬祷雨村 | 子二淳、濬 |
| | 时龙 | 庠生，字云程，配李氏，庙东村 | 子二森、澍 |

续表

| | | | |
|---|---|---|---|
| 瑾下 | 犹龙 | | 子一极 |
| | 攀龙 | 住东纸房 | 子三祝、栋、相 |
| 之簾下 | 显龙 | | 子一绪 |
| 之箴下 | 师龙 | | 子一淇 |
| | 顺龙 | | 子六诏、造、章、柴、赞、谟 |
| | 朝龙 | | 子三相、贤、卿 |
| 之杰下 | 秀龙 | | 子三宽、宏、清 |
| 之瀛下 | 锦龙 | | 子一安 |
| 之美下 | 进龙 | | 子一润 |
| 十五世世瑞下 | 嘉谟 | 知府 | 子一麟哥 |
| 世先下 | 士元 | | 子二玉书、玉牒 |
| | 士恺 | 庠生 | 子二麟炜、麟焯 |
| | 士级 | 庠生 | 子二麟彩、麟标 |
| 世瑶下 | 嘉训 | | 子一麟士 |
| 世珂下 | 嘉相 | | 子一麟尧 |
| 觐龙下 | 熙伦 | 国子生 | 子一朝骐 |
| | 淞 | | 子三朝骥、朝玺、朝玉 |
| 夔龙下 | 汇 | | 子二朝埠、朝壁 |
| 赞龙下 | 洲 | | 子三朝骢、朝斌、朝瑾 |
| | 洎 | | 子一朝璋 |
| | 沧 | | 子三朝骐、朝选、朝瑸 |
| 钦龙下 | 春 | | 子一朝珍 |
| | 潶 | | 子二朝珠、朝杜 |
| 相龙下 | 澍 | | |
| | 潮 | | |
| 钦龙下 | 光裕 | 庠生 | 子一赞乾 |
| 世瑾下 | 辉 | | 子一继善 |
| | 明 | | 子三继唐、继颜、继舜 |
| 士龙下 | 儒 | | 子一宣祚 |
| | 佩 | | |

续表

| | | | |
|---|---|---|---|
| 见龙下 | 轩 | | 子一宣诏 |
| | 轮 | | 子二相臣、宣臣 |
| | 辂 | | 子六宣辅、宣弼、宣敬、宣惠、宣和、宣泽 |
| | 辕 | 庠生 | 子三宣贤、宣猷、宣扬 |
| | 辕 | | 子二宣谟、宣烈 |
| | 辒 | | 子三亮臣、名臣、纯臣 |
| | 辖 | | |
| | 轼 | | 子一宣侯 |
| 跃龙下 | 韶 | | 子一宣义 |
| 正龙下 | 平 | | |
| 人龙下 | 斗 | 国子生 | 子四朝襄、朝聘、朝臣、朝勋 |
| | 奎 | | 子三朝纲、朝纪、朝经 |
| | 堂 | | 子四朝宗、朝兴、朝尉、朝贵 |
| 翔龙下 | 皋 | | 子三朝相、朝栋、朝柄 |
| | 星 | | 子一朝臣 |
| | 昆 | | |
| | 藩 | | 子三国丞、朝瑞、朝贤 |
| 瀛龙下 | 熙侯 | | 子三朝举、朝觐、朝文 |
| | 熙倛 | | 子一大年 |
| 触龙下 | 潘 | | 子二朝元、朝辅 |
| 庚龙下 | 熙儒 | 国子生，字德高，配杨氏 | 子六朝佐、朝珍、朝绅、朝缙、朝鼎、朝彦 |
| | 熙巽 | 字德亮，配李氏 | 子三朝文、朝武、朝选 |
| 云龙下 | 巡 | | 子一宣德 |
| | 晋 | | |

续表

| | | | |
|---|---|---|---|
| 瑞龙下 | 熙俊 | 平彝教谕,字用章,号晓堂,配陈氏 | 子二章升、章淏 |
| | 熙杰 | 字成章,配谢氏、熊氏,葬禾里坡 | 子二章昶、章映 |
| | 熙伟 | 贡元,字丕章,号晴轩,配刘氏,葬禾里坡 | 子四章暹、章昂、章昭、章晒 |
| 化龙下 | 熙仁 | 字德章,配朱氏,葬大寺顶 | 子三章罡、章昰、章嵩 |
| 文龙下 | 淮 | 元龙学政,字汇川,配沈氏,葬祷雨村 | 子五国栋、国梁、国柱、国臣、国棠 |
| | 浩 | 国学生,字腾川,配宫氏 | 子二安南、绍南 |
| 佩龙下 | 达 | 字霖川,配陈氏、刘氏 | 子三国侯、国和、国宁 |
| | 浔 | 字大川,配童氏 | 子三国霖、蔚南、国彦 |
| 兆龙下 | 淳 | 敕封文林郎,字巨川,配冯氏 | 子三开南、奠南、焕南 |
| | 潜 | 字名川,配高氏 | 子一魁南 |
| 时龙下 | 森 | 配高氏 | 子二定南、肇南 |
| | 澍 | 配黄氏 | 子四辅南、靖南、周南、辉南 |
| 犹龙下 | 极 | | 子一勋臣 |
| 攀龙下 | 枳 | | 子一亮臣 |
| | 栋 | | 子一清臣 |
| | 相 | | 子二良臣、元臣 |
| 显龙下 | 绪 | | 子二安福、安寿 |
| 师龙下 | 洪 | | 子二应才、应华、应富 |
| 顺龙下 | 诏 | | 子三安民、安邑、安郡 |
| | 诰 | | 子一安仁 |
| | 章 | | 子二安州、安全 |
| | 棠 | | 子一安庆 |
| | 赞 | | 子一安国 |
| | 谟 | | 子一安邦 |

续表

| | | | |
|---|---|---|---|
| 朝龙下 | 相 | | 子三应洪、应元、应候 |
| | 贤 | | 子四应科、应甲、应禄、应寿 |
| | 卿 | | 子一祖德 |
| | 宽 | | |
| | 宏 | | 子二联甲、联科 |
| | 清 | | 子一联佐 |
| 锦龙下 | 安 | | 子二联第、联魁 |
| 进龙下 | 润 | | 子二联明、联亮 |
| 十六世嘉谟下 | 麟哥 | 知府，字盛文 | 子一元生 |
| 士元下 | 玉书 | | 子四相国、富国、辅国、上国 |
| | 玉牒 | | |
| 士恺下 | 麟炜 | | 子二元正、元弼 |
| | 麟焯 | | 子一元吉 |
| 士级下 | 麟彩 | | 子一元智 |
| | 麟标 | | 子一元礼 |
| 嘉训下 | 麟士 | | 子三元英、元雄、元忠 |
| 嘉相下 | 麟尧 | | 子三元泰、元明、元清 |
| 熙伦下 | 朝骐 | | |
| 淞下 | 朝骥 | | |
| | 朝玺 | | |
| | 朝玉 | | |
| 汇下 | 朝埠 | | |
| | 朝璧 | | |
| 洲下 | 朝骕 | | |
| | 朝斌 | | |
| | 朝瑾 | | |
| 洍下 | 朝璋 | | |

续表

| | | | |
|---|---|---|---|
| 沧下 | 朝骓 | | |
| | 朝选 | | |
| | 朝骏 | | |
| 春下 | 朝珍 | | |
| 泽下 | 朝珠 | | |
| | 朝柱 | | |
| 光裕下 | 赞乾 | 住东门内 | 子二庆临、庆泰 |
| 辉下 | 继善 | | 子三毅生、特生、林生 |
| 明下 | 继唐 | | 子一祥生 |
| | 继颜 | | 子一庆生 |
| | 继舜 | | 子一大生 |
| 儒下 | 宣祚 | | |
| 轩下 | 宣诏 | | 子三珩、琦、玢 |
| 轮下 | 相臣 | 庠生 | 子二洋、润 |
| | 宣臣 | 庠生 | 子一班 |
| 辂下 | 宣辅 | 贡元 | 子一元良 |
| | 宣弼 | | 子一元缙 |
| | 宣敬 | | 子一元章 |
| | 宣惠 | | 子三元善、元佐、元捷 |
| | 宣和 | | 子二元文、元学 |
| | 宣泽 | | 子一元明 |
| 辕下 | 宣贤 | 庠生 | 子二庭相、庭侯 |
| | 宣猷 | 庠生 | 子一庭绅 |
| | 宣扬 | | 子二庭标、庭栋 |
| 輱下 | 宣谟 | | |
| | 宣烈 | | 子三璇、珍、琳 |

续表

| | | | |
|---|---|---|---|
| 辖下 | 亮臣 | | 子一珮 |
| | 名臣 | | 子一琼 |
| | 纯臣 | | |
| 轼下 | 宣侯 | | |
| 韶下 | 宣义 | | |
| 斗下 | 朝骧 | | 子四璋、斑、珄、璟 |
| | 朝聘 | | 子二兆凤、兆熊 |
| | 朝臣 | | 子一兆麟 |
| | 朝勋 | | 子二珵、理 |
| 奎下 | 朝纲 | | 子一赞文 |
| | 朝纪 | | |
| | 朝经 | | |
| 堂下 | 朝宗 | | |
| | 朝兴 | | |
| | 朝尉 | | |
| | 朝贵 | | |
| 皋下 | 朝相 | | 子一大成 |
| | 朝栋 | | 子一大业 |
| | 朝柄 | | 子一大受 |
| 星下 | 朝臣 | | 子一大儒 |
| 藩下 | 国丞 | 庠生 | |
| 熙侯下 | 朝举 | | |
| | 朝觐 | | |
| | 朝宾 | | |
| 熙俟下 | 大年 | | |
| 岩下 | 宣文 | 庠生 | 子一元捷 |

续表

| | | | |
|---|---|---|---|
| 潘下 | 朝元 | | 子四庆唐、□□、□□、□□ |
| | 朝辅 | 子三□□、□□、□□ | |
| 熙儒下 | 朝佐 | | |
| | 朝珍 | | |
| | 朝绅 | | |
| | 朝缙 | | |
| | 朝鼎 | | |
| | 朝彦 | | |
| 熙巽下 | 朝文 | | |
| | 朝武 | | |
| | 朝选 | | |
| 巡下 | 宣德 | | 子二元经、元绅 |
| 缙下 | 宣彩 | | |
| 熙俊下 | 章昇 | | 子三庆长、庆业、庆荣 |
| | 章淏 | 阴袭恩齐尉 | 子三庆年、庆富、庆丰 |
| 熙杰下 | 章昶 | | 子二庆春、庆安 |
| | 章映 | | 子二庆昌、庆宁 |
| 熙伟下 | 章遑 | 国子生 | 子三庆征、庆茂、庆位 |
| | 章昂 | 庠生，岁进士 | 子三庆余、庆来、庆裕 |
| | 章照 | 庠生，壬戌年进士，特授丽江府学正 | 子三庆远、庆云、庆楷 |
| | 章晒 | 庠生，甲戌进士，咸安宫教习，湖北枣阳县署蕲州 | 子三庆名、庆寿、庆芳 |
| 熙仁下 | 章罡 | | |
| | 章嵩 | | |
| | 章昱 | | |

续表

| | | | |
|---|---|---|---|
| 淮下 | 国栋 | | 子一大生 |
| | 国梁 | | |
| | 国柱 | | |
| | 国臣 | | |
| | 国棠 | | |
| 浩下 | 安南 | 国子生 | 子一荫生 |
| | 绍南 | | 子三□□、□□、□□ |
| 遂下 | 国侯 | | |
| | 国和 | | |
| | 国宁 | | |
| 浔下 | 国霖 | | 子一□□ |
| | 蔚南 | 庠生 | 子一□□ |
| | 国彦 | | |
| 淳下 | 开南 | 甲寅举人，字万启，配张氏 | 子二械、塾 |
| | 奠南 | 庠生 | |
| | 焕南 | 庠生 | |
| 濬下 | 魁南 | 庠生 | |
| 森下 | 定南 | | |
| | 肇南 | | |
| 澍下 | 辅南 | | |
| | 靖南 | | |
| | 周南 | | |
| | 辉南 | | |
| 极下 | 勋臣 | | 子一嗣荣 |
| 枳下 | 亮臣 | | 子二嗣钦、嗣贵 |
| 栋下 | 清臣 | | 子二嗣爵、嗣侯 |
| 相下 | 良臣 | | 子二嗣麟、嗣凤 |
| | 元臣 | | |

续表

|  |  |  |  |
|---|---|---|---|
| 绪下 | 安福 | 配苏氏 | 子一祖培 |
|  | 安寿 | 配方氏 | 子一喧 |
| 淇下 | 应才 | 配罗氏 | 子四旭、冔、遑、昂 |
|  | 应华 | 配曾氏 | 子三曜、昌、时 |
| 诏下 | 安民 |  | 子二联登、联芳 |
|  | 安邑 | 配土氏 | 子二联生、联元 |
| 诰下 | 安仁 |  | 子二联辉、联升 |
| 棠下 | 安庆 | 配冯氏 | 子三联奎、联璧、杨耀 |
| 相下 | 应洪 |  |  |
|  | 应元 |  |  |
| 卿下 | 祖德 |  |  |
| 宏下 | 联甲 |  |  |
|  | 联科 |  |  |
|  | 联翰 |  |  |
| 清下 | 联佐 |  |  |
| 安下 | 联第 |  |  |
|  | 联魁 |  |  |
| 润下 | 联明 |  |  |
|  | 联亮 |  |  |
| 十七世麟哥下 | 元生 | 知府，字赞乾，号云封 | 子三兴、发、珹 |
| 玉书下 | 相国 |  | 子一名远 |
|  | 富国 |  | 子一名贵 |
|  | 辅国 |  | 子一名高 |
|  | 上国 |  | 子一名耀 |
| 麟炜下 | 元弼 |  |  |
| 麟焯下 | 元吉 |  | 子一名扬 |
| 麟彩下 | 元智 |  | 子一天样 |

续表

| | | | |
|---|---|---|---|
| 麟标下 | 元礼 | | 子一鹤龄 |
| 赞乾下 | 庆临 | | |
| | 庆泰 | | 子一有年 |
| 麟士下 | 元英 | | |
| | 元忠 | | |
| | 元雄 | | |
| 麟尧下 | 元泰 | | |
| | 元明 | | |
| | 元清 | | |
| 继颜下 | 庆生 | | |
| 宣诏下 | 珩 | | 子一绍周 |
| | 琦 | | 子一承周 |
| | 玢 | | |
| 相臣下 | 洋 | | 子一兴周 |
| | 润 | | |
| 宣臣下 | 珫 | 庠生 | 子二鸣珮、鸣珂 |
| 宣辅下 | 元良 | | 子二宣周、学周 |
| 宣弼下 | 元缙 | | |
| 宣敬下 | 元章 | 寓永昌 | |
| 宣惠下 | 元善 | | 子一光前 |
| | 元佐 | | |
| | 元捷 | | |
| 宣和下 | 元文 | | |
| 宣泽下 | 元明 | | |
| 宣贤下 | 庭相 | | |
| | 庭侯 | | |

| | | | |
|---|---|---|---|
| 宣扬下 | 庭标 | | |
| 宣烈下 | 璇 | | 子一翊周 |
| | 珍 | | 子一法周 |
| | 琳 | | |
| 继善下 | 毅生 | | |
| 亮臣下 | 珮 | | |
| 名臣下 | 璟 | | 子五仕经、仕纶、仕荣、仕贵、仕显 |
| 朝骧下 | 璋 | | |
| | 珽 | | |
| | 玱 | | |
| | 璟 | | |
| 朝相下 | 大成 | | |
| 宣德下 | 元经 | | |
| | 元绅 | | 子三振周、□周、巨周 |
| 朝勋下 | 珵 | | |

右派特就刚，晏二公子孙亲支嫡派，顺次而书合为世系总图，此外有同姓不同宗者，概不收录，防乱宗也。至于七世子孙尚年幼未娶妻，年幼未生子者，今但即已经受室胪列三十余人，其余俟长成婚娶，子孙繁衍，陆续增补，谱成编号发给。须知修谱之意，原是要子孙存好心，行好事，忠孝友悌，做好人。前列谱规，原当遵守，后列教条，尤宜谨戒，不得倚势越次而乱伦，不得借口让官而滋讼，如有犯此二件及违背谱规，许合族鸣鼓而攻，叫至祠堂重责不贷，儆不肖也。凡我同宗，凛之慎之。

（大理白族自治州彝学会　提供）

## 校勘记

①宴:"世系总图"中作"晏"。
②鞔:"世系总图"中作"鞔"。
③殿:"世系总图"中作"壂"。
④泉:"世系总图"中作"象"。
⑤丙:"世系总图"中作"晒"。
⑥涯:"世系总图"中作"淮"。
⑦佑:"世系总图"中"琼下"栏作"祐"。此表中还有此类人名记录有出入的情况,不一一示出,读者使用中请注意甄别。

## 概　说

土官左禾,大理府蒙化州罗罗人,系本州火头。明洪武十五年(1382年)大军克复,仍充添摩牙等村火头。十六年(1383年)正月投首复业,总兵官拟充蒙化州判官,十七年(1384年)实授。续该西平侯奏,据里长张保等告保左禾授任二十余年,夷民信服,乞将升任。永乐三年(1405年)二月,奉圣旨升做知州。正统五年(1440年)上粮,升府同知,又掌州事。后征麓川有功,升从四品。又有功,升知府。又有功,升从三品散官亚中大夫,仍升知府掌州事。续该本州奏称,三十五里人民,四千一百四十八户,税粮四千七百余石,要将本州改为府治。本部行该会勘明白。正统十三年(1448年)六月奏准,将本州改为蒙化府,就令知府左伽掌印管事。年老,天顺五年(1461年)孙左琳替职。故,无嗣。成化四年(1468年),三司会奏亲弟左瑛应袭,准行令就彼冠带袭职。故,嫡长男左铭奏袭。弘治十三年(1500年)十一月袭职。故,十六年(1503年)三月,男左祯袭替。左祯缘事,男左文臣调征有功,给与冠带袭任(《土官底簿·蒙化府知府》)。其后,文臣传柱石。柱石传近嵩。近嵩传星海。清军平滇,星海投诚,仍授世职。传子世瑞。世瑞传嘉谟。嘉谟传麟哥。麟哥传元生。元生传孙长泰。长泰子荫曾,道光七年(1827年)袭(《道光云南志钞·土司志》)。

# 武定凤氏本末

凤氏者，邑之易龙里人也。本东爨之裔。世为乌蛮，居幸邱山中。当宋孝宗淳熙间，有阿而者能服其众。时段氏主滇，乃举阿而为罗武部长，即三十七部之一也。罗武，本为罗婺寨，在今幸邱山。

阿而死，其子矣袜袭前部长，雄冠三十七部，渐强矣。矣袜死，子普鼾袭。普鼾死，子矣根袭。矣根死，子矣格袭。

宋淳祐十二年，元世祖以太第统兵征云南段氏，矣格首先归附，授罗婺万户府。将仁德、于矣二部统入本部，名为北路，升矣格为北路土官总管，则兼制今寻甸、武定二郡地也。

矣格死，子群则袭。群则一名齬则，中统中，将仁德、于矣各立路府，为罗武路，以群则为罗武路土官总管。

群则死，子安邦袭。安邦一名阿巳。至元七年，改罗武路为武定路，以安邦为武定路军民府土官总管。

安邦死，子安慈袭。自阿而至安慈，传土已七世。安慈，字惠山，绰有武略，以功授武德将军，赐龙虎符金牌，兼管云南行中书省参政。至正二十四年卒。子弄积嗣。

弄积，一名三保奴，以功升管八百司元帅，加升亚中大夫。自世祖末年，征八百大甸，不敢服，丧师者屡矣。而定之者由弄积。其功大，至是凤氏且兼制全滇，势愈大。然安慈、弄积两世俱能官，祀名宦，与赛典赤辈争辉，孰谓蛮无人哉。

弄积死，子海积尚幼，其妻商胜继之。洪武十四年，大兵征云南，差张镇抚招谕。十五年正月，商胜即将金牌印信，缴于千户徐某，自运米千石，开通道路，至金马山接济大军，乃回本府招谕人民。十六年，遣阿额、黑次、曲里、使迷、诣寺等贡马二十四匹。七月，商胜亲身入觐。行至纳溪，上颁印信金带已至矣。领受，即赴都谢，即授中顺大夫、武定军民府土官知府，锡之世袭诰命，差官马景先伴回。十七年到任。二十六年，责告令子海积替职。建文二年死。

商胜虽蛮婆，而识天命所在，首先归附，又善于抚蛮，质直宽恤，夷民安之，地方宁谧，可不谓贤乎！

商胜未死时，海积已替职矣。时成祖继统，仍称洪武三十五年。其年十二月，海积贡马，带把事矣兜等进觐。永乐元年，死于会同馆。二年，以其妻萨周袭土知府。三年贡马入觐，十一年死。

商智者，海积子弄交之妻也。弄交前死，黔国奏请以商智袭，帝曰："黔国公说商智应袭，着他做土官知府。"十八年贡马入觐，二十一年差把事沙仕贤贡马。

初，商胜以武定土官率先中庆、澄江三路达鲁花赤归诚于沐英，英因资其入觐，得世守滇，服北门，英旋镇云南，倚为捍蔽，故武酉事沐氏最恭。至让帝遁荒至滇，黔国因送之凤氏所。成祖初年，海积觐上，詟于天威，恐其事露，殂于藁邸，实自裁也。而萨周、商智以二，女子仍遵前志，庇帝往来，不废忠顺，亦事之难者，而其迹甚隐矣。惜无发微者从而表之。二十四年，赐商智诰命中顺大夫。宣德二年死。无子。商智曾命通事张应修正续寺山门，为帝所潜处也。

阿宁者，海积之弟，弄积之子也。齿已艾矣。起受事，会武襄伯沐昂临群，因游狮山，率通事李贤，鸠功建前殿，阿宁起钟楼。二年，阿宁贡马入觐，三年予袭。会连年大发师征麓川，调各土兵，军□旁午，阿宁老不任剧，乃请告以子矣本替职，时景泰元年也。二年任事，七年差把事杨文胜等贡马。天顺年诰授中宪大夫。三年死。以子金甸袭。明年，令护府印。五年加冠带。六年任事。成化十二年死。

金甸曾于狮山建二浮屠。死后，厥妻商胜缵成。商胜无子，而凤英继职矣。凤英，本名阿英，字时杰，矣本之庶子也。弘治元年承袭。三年奉例赐姓凤，帝宠之甚，晋中宪大夫，赠其母索则、妻索国俱为恭人。十一年差把事董溥贡马，赐宝钞四千贯。十三年，奉命征竹子箐、梁王山，以功进亚中大夫，钦差行人吴某，赐英宝钞一千六百贯，彩缎八表里。十五年，征贵州普安，以功进云南布政司右参政。正德二年，征师宗豆温乡，功尤伟，赐尽心报国金带一具。六年卒。

英之在官也，正己爱民，勤干政务；四礼正家，一经教子；开辟田野，教民稼穑；历练武勇，弓马娴习；当道交荐，故所至有功。又知人善任，麾下乐为用命。既以功高，中涓厕养，皆被爵宠。其自梁王山归也，偕宾佐泛舟掌鸠河，勒功石壁。其徒为之歌曰："天生世守身堂堂，文谋武略真殊常。膂力过人善骑射，胸中筹策更无双。帐下相随多才俊，一心一德以身殉。忠肝义胆俱凛然，田文多士畴堪并。左右赞襄不避难，奋身勍敌敢当前。折馘执俘风烟熄，边疆安靖人民安。九重圣主验功赏，升爵加官金万两。海内争驰赫赫名，殊勋显著坚珉上。管家义官吴者二，勤干操持有才□。传名普得及凤仪，更有凤伦同者尼。四子有功俱受赏，冠带荣身耀里间。瓦禄勤干称总率，阿珀阿而俱曲角。几度捐躯锋镝中，将斩贼兵心胆落。把事董溥赵文衡，亦荣冠带以功升。世守亲之如手足，勒石应垂万古名。"世守，盖英之别字也。英尝出五百金，筑石城三百余雉，周护狮山。晁副使必登左迁郡司马，英时拉之游狮山，因为之记，称大参凤公英，世为此山功德主。则让帝潜踪，凤氏固累世不忘矣。

《郡志》载："正德丙寅，土府凤英贿交太监刘瑾，升以云南布政司左参政，仍管府事。拥众入省，欲于布政司堂上任，使司不许，英于仪门上任，即返。时元谋尉谈章署县事，揭英诸不法于抚按，具奏，奉旨勘问。"按，崖刻世系脚色俱载英晋参政在弘治壬戌，正朝政清明之时，不容有此滥授。造此说者，恶其后人之叛逆而波及之也。

英既没，其子朝明继袭。朝明字景昭，一云字子昭，土名矣禄。早补滇庠诸生。器宇轩昂，才情高迈。□沫经业，正大端庄。十五年，征广西府十八寨，以功赐宝钞表里。

先是，朝明被劾革职，阴遣刘宣、董溥载金宝贿钱宁求复官。钱宁者，故厮养结镇守太监钱能，甚用事，冒官参府，为朝明胁镇抚题袭。会巡按唐龙至，巡抚首为言，龙不可，驳还。其封客有为朝明者曰："凤氏持万金，伺半岁矣。"龙正色曰："即万金，一芥耳，斯言何为？"其人惭而去。朝明复求宁，宁令宣、溥诈冒滇人保举，得内批袭知府。部檄下，按察使沈仁辅持之，龙执奏凤氏及朝明罪不当袭。郎中苏天秀如龙议覆奏，得旨，朝明仍降土舍，然其管土府如故也。至是，以功请封，未及报，死。子凤昭袭。

昭，土名矣折，字承恩。聪敏纯正，心志向上，而凤氏亦渐衰。是时，昭奉母瞿氏主府，其妻索林佐之。

昭叔朝文，潜蓄异谋。嘉靖七年，寻甸土酋安铨反，都御史传习讨之，败绩。已而，欧阳重代，劚令朝文屯守禄劝之厂江。朝文素与安铨通，铨妻本凤氏也。明年春，朝文遂自厂江拥兵畔，还攻禄劝、武定，陷之，杀同知表俸、知州奉健等十三人。时，瞿氏母子俱奔省城，朝文遂与铨连兵二万，屯于省城西北门外，焚军民房屋，云南大震。诸大吏缩项城内，无能画一计，惟仓皇报闻而已。诏以右都御史伍文定为兵部尚书，提督云、贵、川、湖军务，调四镇土、汉官军讨之。

初，沐氏世镇云南，恩威著于蛮徼。每下片纸，诸番部必具威仪，出郭跪迎，盥而后启曰："此令旨也。"沐氏亦皆能以功名世其家，每大征伐，辄以征南将军印授之，沐氏未尝不在行间。数传，而西平裔孙当袭侯，守臣争之，谓滇人知有黔国公，不□西平侯也。孝宗以为然，许之。自是，遂以公爵佩印为故事。诸土司之进止予夺，归其掌握，土人尽归之。故有蠢动，辄易制。承平日久，文纲周密，临之以中官，牵之以抚按，有事必与三司会议，动多掣肘。土官承袭，积至二三十年不得职。自是镇臣之权分，而土官慢令玩法，无所忌惮矣。

朝文因是且绐其众，谓："瞿氏母子已被戮，朝廷且进剿武定。"蛮众信之。诸失职者，云集响应，尽从朝文。时官军遣二人入朝文军招谕之。仍抗命，且执留二人，不令返。所调集各土舍闻流言，又重自疑畏不敢前。于是，黔国公沐绍勋虽制于三司，意不慊，然世守土，有急，终自任。当文定未至时，即督所部先进，以便宜榜示："失职者，先以冠带给之，俟破贼后奏请承袭。"土官子弟咸感奋，竞进击贼，斩强渠十余人。朝文奔回武定，绍勋因疏请敕授已方略，获便宜行事，并宥各土舍罪，有功许承袭，作其敌忾之气。上报可，赐敕奖励。绍勋无所牵掣，益得发抒，即令瞿氏母子亲写夷书，解散其众。安铨势孤，亦走还寻甸。官军伺贼退，始敢出城，设空营以逐之。瞿氏与昭率众自省城回，武定蛮民，相顾惊喜曰："我主故在也！"咸投凤昭降。

朝文计穷，乃东奔绝普渡而走，土兵追败之。朝文仍与安铨合围副使张峨于木密。修撰杨慎戍滇，目击其事，愤大吏之畏缩，纵贼以殃民也。乃为《恶氛行》云："金碧山前恶氛起，贼马来饮滇池水。城西放火银汉红，炎焰城头高十里。两重日晕围白虹，万家仰首呼苍穹。相顾惨然无颜色，呜呼命寄须臾中。贼徒浑几个，枕戈临水卧。我军屯北门，分明不敢过。土酋胁盟来索官，城上无言骑堞看。父老苍茫双泣泗，细说去冬寻甸事。弦急柱促柄倒持，首祸今朝竟何自？堂堂之阵谁土兵，喁喁公等皆儒生。贼来不敢令出哨，贼去俱解抬空营。岂无雄主士，奋身思一决。咫尺辕门不敢前，怒发冲冠气喷咽。况闻千金逐日费，连月公储已倾竭。土官抄掠尽村园，升天无梯地无穴。熙皞闾阎逾百年，大平官府真神仙。紫微迢迢华盖远，虚将敲扑威穷边。边隅一旦纷解瓦，喑呜变作擎拳者。喑呜擎拳两奈何？君不见，建武年中任校尉。又不见，开元年中张虔陀。"

盖安铨之乱，由知府马性鲁系挞其妻所致也。慎既为诗伤之，会贼困峨于木密所，峨与慎同乡，慎闻即戎服率僮奴及步卒百余驰往援之，合谋固守。而绍勋所部各土司兵亦至。于是，十二关副长官李弼、邓川土知州阿国祯率凤羽乡尹巡检、上江嘴杨巡检、箭杆场字巡检及他土司兵，俱会于木密，战城外。慎率城内兵开门出，夹攻之。李弼于马上擒贼党沙凹、者乌等。尹巡检亦攻李锁飞、李牙保等，败之，贼大溃。朝文率家奴数人，取道沾益，走东川。沾益营长辅□追斩朝文于汤郎箐。而安铨众犹盛，据寻甸故巢，列寨数十，官军分哨夹攻之，先后皆破。乃并力攻，拔其必古老巢。铨奔东川，入芒部，为土舍禄庆所执，其下阿志因斩以降。生擒渠贼千余，斩首二千余级，俘获男女千二百余，牛马器械无算。迨文定至，而贼已平矣。

字巡检廷宣者，字忠之后也。字忠本商胜次子，当武定归顺时，上以为邓川州箭杆场土巡检。至是，字廷宣奋不顾亲，从阿国祯讨平安、凤之乱，力战功多，人颇贤之。

论者谓是役也，微瞿氏母子之夷书，贼不即解，省城必危。微慎之戎服往援，木密亦危，贼必复集，滇祸不可遽解。而先是，巡按晋安郭楠以疏乞宥慎，下诏狱。至是因上怒慎甚，毋敢叙慎功。文定既至，但处置未尽事宜，亦毋敢为慎言。

于是，枭朝文与铨首示诸夷，籍其产，家属戍边。而瞿氏与昭，招抚良善万有七千，出粟千石，给济复业，救出被掳男妇五百余口，给亲完聚。抚散余党二万余，武定人心自此安靖。

且夫土司非甘于乱也，夷人愚而恋主，番部谨于所事，其积威之渐有由来矣！彼其世严者沐氏耳，中官挠沐氏之权，而抚司从中牵率，吏胥上下其手，请袭非贿不行，彼所贪者爵命，既不可得，则益以自弃。至于罪大恶极，然后大兴师诛之。军民日困，地方日坏，惜空名之爵，贻无穷之祸，朝廷非忍为此，由奸腐迂鄙之徒，玩亵以济其私，至于斯极。大学士杨一清，本滇人也，深悉其弊，于是因凤氏之乱，恸切陈之。沐绍勋亦以为言，虽得旨允行，究不能革。自是朝廷惰偷，封疆败坏日甚一日。其后迄于明亡，皆坐此弊。

昭既以平朝文功，仍予土府职。阅三年，征蒙自、嶍峨有功，患疹卒于军，上加优恤，赐银百两，遣官致祭。昭既卒，而瞿氏以母袭子官。

先是，府印自洪武以来俱掌于土官，正德间，有司议以流官同知掌印，于是土府权轻，惟专巡捕征粮而已。瞿氏既袭，所辖四十七马头阿台等，数请以印属瞿氏，吏部覆言系旧例，宜如其请。十六年，瞿氏仍掌土府印，权复重。然瞿氏颇善于抚驭，自是，守土尽职，相安无事者数十年。

阿伦者，朝文之养子也。朝文既诛，阿伦幸免，虽蒙荡涤，而枭獍之念犹未忘。三十六年，易门夷李向阳与土县丞王一心作乱，称混王，王以普文为军师，构党七千人，分布四境，潜与阿伦通。然事犹未显，会小人构谋，劫印归索林，乃以瞿氏自愿请老，举索林自代上请。索林既袭，遂失事姑礼，瞿氏大恚，乃阴翼阿伦为子，挟其甥胥贵州水西土舍安国亨、四川建昌土官凤氏兵力，谋夺索林以与阿伦。不克，乃令阿伦挟赀入京具疏，自诬为索林囚禁，诣阙告之。阿伦因更名凤继祖，纳级指挥使，诈称受朝命已袭武定土府，舆马冠带以归，扬扬得意也，土人争附之。遂逐索林，据其府。索林抱印奔会理。巡按官谕解之。

索林归武定，视事如故，而复听继祖訾瞿氏所。于是，妇姑隙益深。索林囚与总管郑竑等谋诛继祖。事泄，继祖则大发兵围城，行劫和曲、禄劝等州县，杀伤调至土兵，索林复抱印走云南。巡抚曹忭下令收印，逮郑竑等系狱，令瞿氏暂理府事，而贷继祖，责其自新，愈虎而冠矣。敖宗庆接忭后，请讨继祖，不能克。云南土县丞杨训死之，遂罢兵。继祖复潜赴会理，招集亡命，诱索林与讲好。新抚吕光洵因遣索林与郑竑等回复业。继祖遂执杀竑等七十人，纠众攻武定之新城，临安通判胡文显督百户李鳌、土舍王德隆来援，至鸡溪子临遇伏，鳌及德隆俱死。自是，出掠富民、罗次界。东川营长阿科，其妇翁也，助之攻曲靖、寻甸诸府，其势大张。光洵以继祖劫杀自恣，恶焰熏逼，召同官谂之曰："贼祖黩乱国经，往者务为姑息，以致诸夷仿效，渐不可长。"于是奏请调各土司兵分路进剿。先是兵备佥事张泽将寻甸兵二千驰救新城，道遇伏，亦败。泽及千户刘裕被执，贼劫以求抚，泽不许，因潜书趣光洵进兵，毋以己为念。乃命分哨而进，列阵如云，呼声动地。逢贼于武定，我师奋勇，冲突虏营。矢锋雨集，炮声雷铿。百里之内，原草为赤。洵乃协于元戎，参于台史，躬莅大军，亲压敌境。藩臬大僚，矢谟先后。文武阖师，阚如虓虎，熊罴十万，纵横缪辔。贼遁归东山寨，即三台山也，官兵围之。兵锋笋束，行阵箦密，飞鸟不过，蟭螟不通。继祖计穷，乃携泽及索林走照姑。泽终不为求抚，乃害泽。官军追之急，乃由直勒渡过江，依阿科。贼既泳江入蜀，众谓贼既过江，地涉别省，茫茫林箐，无迹可攻，盍释诸！光洵力排群议，定策造舟。羽檄星驰，戒令速发，宪臣耸听，将士誓死，金炮掀天，旌旗蔽日，履险如夷，直趋姜堡。而巡按刘思问亦以状闻，乃诏云南、四川会兵讨贼。光洵招徕向导，图写地形。望影揣情，知贼不远。运筹遥授，警戒军中，将士翻然抖擞介胄。是夜果有三千余贼冲劫官营。我师有备，擒斩百余。大呼追逐，坠岩落涧者不算。遂乘胜尾贼至会理寨。又飞檄指示几微，恐有伏贼道旁乘隙，比军入葛可山，贼果有伏。我军先觉，遂大破之，直捣蒲桃村，毁贼营千余间，斩伐林箐一十三处。繇是刮野扫地，莽翳如濯，鬼无隐迹，物无遁形。四面夹攻，不容线罅。初，继祖之走东川也，土官凤氏与之通，已而见滇、蜀官兵与禄绍先等兵皆会，乃背继祖，发卒七千来济师，继祖益穷，贼师者色遂斩继祖，赴绍先营以降。于是，恶党下大才、阿力、赵士杰等，先后皆伏诛。先是，继祖既与李向阳、王一心通，而姚安土同知高钦及弟钧，亦与之首尾相应。光洵甫至，即诛李向阳。至是姚县土官高继先缚钦、钧并斩王一心。四凶既除，诸夷胆落，余党降者，释之复业。凯歌而旋，万姓欢迎，山川草木蔚有佳气。奏捷上闻，饮至论功。于是御史太和赵汝濂颂其功，立碑于点苍山。谓往者元江兴师，无成而罢。东川用武，竟非我功，遂使毡裘生心，狂夷攘臂。殆非所以示天下，我公莅止，申明国法，诛削群凶，不一而足。甲子之夏，斩僭号二贼于昆阳，秋斩奚本等三贼于禄纳，冬擒者索于新化州，乙丑诛齮遮于寻甸。昔之蜂屯猬集者，既一扫而空，乃今深根固蒂者，又一战而拔，自此当宁无南顾之忧。揆之武侯在汉，勋著南征，今日骏功，诚不多让云。然是役也，史称黔国公沐朝弼破贼巢三十余，而汝濂碑竟未之及。

光洵，字信娜，浙之新昌人。凤氏即平，于是武定同知邓世彦条二十事，请改土设流，奏记于光洵。光洵据以入奏，并请将凤索林免罪安置，凤思尧降授经历事。既允行，而邓世彦记之云："云南，古靡莫地，自哀牢内附不常。我国家混一区宇，中国其地，赤子其人，如武定设军民府，流同知佐焉。因俗易政，相忘于治，凤氏守官乐土，与国同休可也！"凤英谋孽朝文煽乱，索林窃位酿祸，逆祖再叛据城，杀官夺印，仅朝廷远威，大兵剿灭，法当诛族。当道悯思尧稚年，先逃省会，冠带之议改未决，民彝听抚前诉，激者謞者，叱者吸者，小恐惴惴，大恐缦缦，其发若机括，不佞因吁众悉造于庭曰："巨魁歼，余党附，众生矣。"若此者何居，咸仰天嘘唏不言。悟曰："势重莫反，当先之，如改设何。"庭叩震地曰："旦暮得此，其所由以生乎！"彦亦惴惴自任，若有真宰而不得其朕。夜草二十事，胥此意也。当道悉允行，上其议于朝，钦升刘公宗寅知府事，添设推官谭君经，建捕盗馆于撒内。

丕变有日，降思尧听袭经历，给庄田一百所，庄户以次编入图籍，不假之巡捕不期月，遌迡相目曰："昔苦其五：曰抄、曰杀，夺其妻不育其子，驱之为盗。今乐其一，曰安。为是而有瘳也。请言其瘳：耕者食，畜者群，行不必偶，出入无禁，屈者伸，寡弱无凌暴，父母妻子相聚！"见交贺曰："而今后知流官之便于民也！"夫川竭而谷虚，邱夷而渊实，改设行而宁谧，亦势也，难乎其议矣！此议生于人心，陈以臆见，谋丁通判某、知州某某等，决于司道某公等，主之者前院吕公光洵、刘公思问、今院陈公大宾、刘公应贤也。四公不自有其功，归之朝廷，吁亦奚功，纯朴不残，孰为牺樽？白玉不毁，孰为珪璋？土治相安，孰为改设？今日之功，凤氏积累之罪也。罪罪而功名焉？二十事其侈说与，以为是而必行，则俗惑于辨。以为非而必去，则政敝于矫，今种种之民，训行乡约，亲亲长长，甘食易服，乐俗安居，将至老死而不惑。且知法之无所用也。呜呼！星星之焰，涓涓之流，毋决防而易朴，因勒二十事于石，时隆庆元年十有一月也。

于时，索林窜于七州阿找地，其党吴志才、鸡苴、鲁章、段章相从。世彦恐其日久集众，拥立过江，为祸不小也。乃差总管郑韶取回报云：须银二百余两赎，乞官为助。因议动军饷银百两助之，即送省城，羁留养膳，以绝祸端。而分拨没官庄田，以安甸户。且革除土府所设总管、曲觉、遮古诸名目为马火头。

盖土官专制，设曲觉三人，分管地方。遮古三人，管理庄田。更资三人，管理喇㥒，一应调遣，各领步兵从征。扯墨一人，管六班快手。管家十二人，管庄田租谷，皆头目也。借土衙之势索取夷民，民畏之如虎，甘为盗贼劫掠以应其求，尽归于土府。故土府亦籍头目之为爪牙攫噬，其势益张。而是时，已立郑韶为总管，张顺为曲觉，不可复革。因议割禄劝二十七马与郑诏，和曲十马与张顺，使分其势。而革遮古以下诸人，则总管、曲觉之势益孤，又选把事中身家忠实者四人，立为二州提协，督同总管、曲觉分管地方，彼无忌惮，此必制之。自是夷民知势不得专，制之必易矣。

先是，凤继祖时，阿托以撒甸火头立为总管，阿色以无所管马立为曲觉。其补知阿遮、土色者虚、缴摆鸡苴、半果鲁章，皆以火头为曲觉、遮古大头目。而又有的多、阴龙、老额、乌改之属，虽已听抚，惟阿遮已经投见，余皆瞻顾不前，因议仍许为马火头，以安其心。而签新头，立村长，设通事，行赈济，禁报复，免钱粮，立学校，移州府治，增铺哨，选民壮，总二十事，俱为改土归流张设。故土祸之革，其议发自世彦，因详著之。

凤思尧既袭经历，而夷人之赴府者，必潜往拜谒思尧如主。其父凤历，以不得知府怨望，阴结四川七州及水西宣慰安国亨谋作乱。知府刘宗寅遣谕之，不听。三年，凤历聚众，称思尧知府，夜袭郡城，城中备严，不能入，退屯鲁墟。宗寅夜出兵砍其营，贼溃，追至马刺山，擒凤历伏诛。凤氏祸本谓永绝矣！

而万历三十五年，复有凤阿克之乱。

阿克者，继祖之从子也。凤氏绝时，阿克徙于江外，盖四十余年矣。有郑举者，阿克之马头也。阿克马头四十八人，惟郑举富于财。陈典，墨吏也，以同知晋知府，假廉访禁举。举置金鱼腹馈典，乃已，已复收之，如是再四，举恶其无厌，阴蓄异谋。而管甸马一龙、马化龙等侵夺诸夷，有司不为理，诸夷咸怨。举乃趁此与凤阿克号召诸夷，反形具矣，典心易之，略不为戒。曰："此夷虏小丑，何能为已！"典以入贺赴省，而阿克连江外土兵，大举入寇，攻武定，城中狂徒为内应。维时守城士皆纨绔子，传白呼卢，虚应故事，城溃竟莫知贼入。武定指挥金守仁、千户王应爵，男妇四百五十余人，俱执义死。千户梅应时等战死。十二月，阿克拥推官白明通，兵随其后，直抵省城，竟无一卒迎战。明通至城下，进公移请以典之冠带印信给贼。不许，贼进围城，从北门绕西门而东，分道四掠，焚劫一空，索印甚急，许之，乃去。明日复来，镇抚不得已，缒印与之，始拔营归武定，立阿克为知府，陷元谋、和曲、禄劝诸城。未一月，破一府三州四县，云南大震。

于是，寻甸夷目大理保、杨礼、招补、阿白、者色及夷妇海冲等尽叛。明年正月，贼破禄丰，知县苏梦旸死之。六月，合诸路兵进剿，贼弃武定走克梯、龙三藏，已复奔东川，土司禄哲缚阿克、郑举送军前，余党郑文、郑宗舜亦就擒，获各州印信，惟武定印竟失所在。俘阿克等九人至京师，磔于市。

贼既平，犹复勘定功次，巡按邓渼愤之，乃疏于朝曰："滇之厌乱也久矣！数十年间，干戈数动，反侧时闻，然或弄兵潢池，志在抄寇，扰害边鄙，患匪剥肤，未有如武定之祸之惨酷者。时变生不测，人心震动，尺籍皆虚，防御素懈。犬羊杂种，实繁有徒。攘背一呼，村寨皆应，所至必克。守无完郭，蹯蹂我郊关，虔刘我人民，戕杀我命官。甚且进逼会城，纵火示威，烟焰张天，血流成渠，滇池尽赤。而我婴城固守，□扰失措，索印则予，索冠裳则予，赖其蠢尔，无他大志，既饱所欲，逡巡引退。不然，合城之祸，尚忍言哉！于是大埂保起，寻甸、会川、法夏诸贼响应东西，士鲜完谋，人无固志，而六诏两迤之间，殆漫漫乎鱼烂兽骇之势矣！推原祸本，则以贪酷有司激变于先，乖张抚镇玩寇于后，数逢阳九，夫岂偶然。既援兵渐集，釜鱼几肉，扑灭何难？使当事者能槁席待罪，誓师吊伐，出生人于煨烬之余，而跻之衽席之上，岂不谓失之东隅，收之桑榆，而奈何不然也。"

贪酷有司谓陈典，乖张镇抚谓黔国沐叡及巡抚陈用宾也。时叡父右都督昌祚已老矣！恨叡与用宾比贻害滇南，亦疏论失事状。而都司张名世，杀平民冒首功，诏逮用宾及叡与名世、陈典、白明通，禄劝知州黄榜、元谋知县毛文彬俱下狱。叡仅予除名，用宾究亦释用，明政之不纲若此。

邓渼复为《武定变》诗一章，其词悲惨，读之者流涕。《诗》云："朝登武定城，暮宿抵罗次。有何庞眉叟，遮车泣诉事。问叟何所苦，问叟何所觊？叟髦复健忘，忆一不记二。往者万历初，边隅幸康乂。守令咸得人，民物鲜札厉。伍伯不到门，什一有恒税。斗米才十钱，半镪易一醉。龟贝自转输，工价集骈坒。相欢太平人，但供角觝戏。

呜呼十载间，乾坤一幽闭。中丞文且武，抵掌谈封拜。羽檄岂虚来，兵革靡宁岁。忍以百万命，而快一人意。忍血千里地，而希茅土赐。守臣本蟊贼，中垱甚狂狖。此辈纨绔子，况彼粪除隶。咆哮而负嵎，逢者鲜不噬。不忍因民怨，奈何虎冠吏。一夫敢倡难，余孽竟昌炽。讹传寇初集，颇遭守者詈。龟勉授残甲，垂头望睥睨。蜂涌围已合，蚁薄城遂溃。巷战力不敌，免胄期殒碎。烈烈金与玉，合门竟死义。宛转蛾眉女，慷慨丈夫气。泣抱黄口儿，牵挽及娣姒。相继付烈焰，义不污贼锸。草间苟求活，羞彼郡都尉。难扑燎原火，易乘破竹势。中丞文且武，小丑曾蒂芥。下令城中外，毋得辄引避。按堵第如故，已定退贼计。贼来如风雨，剥肤患孔亟。晨兴牙门起，文武咸就位。寇贼在门庭，请问计安出？中丞噤无语，汗流手颤悸。但云乌合众，不久自当退。

城外鼓盈天，城中哭震地。贼徒皆重铠，踉跄错其臂。每闻得汉儿，刃腹必洞刺。刳肠挂树枝，乌鸢下争食。尸积云津桥，血流滇海澨。中丞非不武，空拳安可试。登楼望贼徒，悚然思所畏。或用缓贼谋，姑为好语慰。彼贼若罔闻，瞋目仍攘袂。恶诟至不堪，左右皆沮愧。甘受城下盟，窃发虞奸细。犒用十二牛，文锦先皮币。棊紫织成衣，黄金钩落带。银印龟形钮，本自上方制。名器敢轻假，曾谢挈瓶智。贼众始拜舞，观者犹惴惴。贼来荷戈入，贼去驼金回。可怜窈窕娘，抑作犬羊配。虏获动无算，男妇必累骑。辎重百里间，绵绵行不绝。猡贼固骁悍，小胜辄忸怩。

中丞文且武，开门悉精锐。击归伺其怠，小丑安足殚。但闻攀墙看，谁将一矢遗。夷民旧部落，府主新仪卫。前歌后有舞，送归刺史廨。昭昭汉日月，几向蛮天坠。忍死幸须臾，延颈王师至。焚香拜马首，双颊如雨泪。不意沟壑躯，复睹汉旌帜。感激活我恩，人持一筥饵。长跽主帅前，帅闻乃大淬。怒声吼如雷，立命三军士。居此围城中，尽与贼勾结。从贼有显戮，任其所斩刈。军士拥上前，两手捽其发。举刀便欲砍，观者但愕眙。叩头连乞命，我辈有何罪？尔辈岂无罪，是尔命尽日。昨传中丞令，首开购级例。重赏不逾时，以此竞趋利。搜贼无所得，失利且有害。头颅许借我，谁能别真伪。老幼闻此言，号擗泪盈眦。生既无门控，死当诉上帝。骈首就锋刃，流血如泉沸。次第列功状，报捷日三四。中丞启捷书，抵掌大称快。催军益前进，功多赏亦倍。传教诸将营，努力功名会。今年杀诸贼，金印如斗大。当取悬肘后，急击慎勿失。天网恢恢布，多杀神所忌。逆贼既就俘，将吏亦被逮。糜烂同一理，谁逃百六阨。叟昔有三子，诸孙绕膝嬉。自经丧乱来，并无髦龀嗣。田园既芜没，居室遭焚燹。亲友凋零尽，生理迷所寄。人皆羡高年，高年有憔悴。叹息老叟语，停鞍重歔欷。召变良有初，妖象著为祟。町疃作战场，噫嘻岂偶值。"

溪，新城之进士也。中丞谓用宾，守臣谓叡，中珰谓镇守大监某，金、王谓金守仁、王应爵，都尉谓白明通也。然《滇志》尚称用宾有雄略，用兵如神，平阿克功进都御史，卒，予谥荫祠之名宦，其可信乎？

始，阿克之叛也，与寻甸、东川诸酋阴相结，大理保等既同时响应，而禄哲亦遣兵助之。贼既败走东川，禄哲即开门纳贼，要挟重赂，始缚送官军。时以大乱初平，讳寻兵端，姑为容忍，而禄哲愈骄，寇抄日甚。邓溪疏请改东川归滇辖，事竟不行，溪旋去。

而安福、周懋相按滇，以武定、寻甸为云南北门，守备单弱，恐乱之复起也。疏曰："自安、凤殄灭，改土设流，不见兵革四十余年。迩者克、举首难，陷武定而肘腋残，逼会城而腹心危，攻寻甸，破嵩丰而肩臂伤。白骨撑野，赤燧漫天，内地之惨，百年未有。以其近且不戒无备也。后之视今，犹今之视昔。夫兵不素练，不可以应猝，滇之遇警，惟调土司号召难齐，盗贼猖獗，束手无计，无练兵故耳。武定四十八马，近者得以文法羁束，其余分布江边，参错江外，箐林深谷，阴岩峻岭，险要可凭，结好外夷，互相倚恃，克、举之变，实由于斯。宜于环州、虚仁设守备，增兵五百，外与会、盐联络，内与群城鼎峙。武定虽复，而无兵守，与无城同，宜增千兵，镇以游击。节度三营。寻甸与东川仅隔一山，宜增兵五百，以守备控之。普渡河为东川咽喉，省城要害，以指挥提三百兵守之。会城增兵与卫军同练，视武、甸为左右臂，而会城居中，运之首尾相应，内外相联，以销睥睨，以安反侧。东川接壤武、寻，在蜀为属体之毛，在滇为剥肤之害，禄哲受叛贼重贿，提兵相助，寻甸再围。七州诸夷，助兵久寇。饱饫而归，岂复知法纪威灵哉！今郑文久献江外，渠首次第缚出，渐可结局，枭獍难驯，睥睨犹在，宜合两省之力，擒首恶置之法，使江外群夷弗敢复反，然后沿江群邑可安。因条议兵食十事。"其言切至，所防御略为施设，而禄哲竟至稽诛。夫夷、玀、蒲、僰混处内地，种类虽殊，其推髻、侏离、弓弩、剽掠、刻契号召不殊，彼实逼处我郊坰，芟夷既久，服习渐深。然其恋恋故主之心，老死传子孙，何尝一日忘哉！加之管甸通火视为利窟，指一科十，鱼肉弗厌，奸商点民，移居其寨，侵占田产，倍索利息，稍不当意，罗告抚词，不才有司，上下其手。彼畏城市如陷阱，见差役即魂销，宿怨深怒，郁结而不可解矣！一夫疾呼，诸蛮响应，其势然也。

阿克既平，越十余年，而凤阿歹复作乱。是时，运遭末造，疆事日非。天启二年，沾益土妇设科及土目补鲊、奈科、李贤、期曲等叛，陷各堡卫。而阿歹与夷目张世臣纠集东川贼千余，攻他颇、补知二堡，陷之。进攻武定。知府胡其愬竭力捍御，抗章请救。巡抚沈儆炌以便宜起参将李思忠援武定，走世臣，而东川酋亦反，与沾撒贼合陷城邑，没官军，势张甚。已而新抚闵洪学至，渐次恢复。世臣诈乞降，阳许之，而以守备金为贵驻倘甸，李瑷驻补知。四年七月，李瑷等袭张世臣于他颇，斩之。阿歹与其党阿仓降，乱始平。

阿歹旋死，其妇奢卓，东川法戛之女也。赘于江外鲁鸡为夫，自称土舍，剪灭凤族，肆行苛虐，数十年来，夷民受害滋甚。康熙四年，知州彭蠡以闻，命左镇沈应时剿之。卓逃匿东川母家，乃分武定、寻甸兵戍撒甸。七年索之急，其母家始缚卓夫鲁鸡及婢伪为卓以献。逆藩据滇，卓复窃入撒甸，雄制诸马，二十年吴逆荡平，始遵化。夫卓一夷妇，借凤氏之余威，其夫系后赘，并非凤氏裔，犹能煽胁诸种，抗颜行者十余年，究不能予以法，矧凤氏存日，又何如耶？

凤阿爱者，奢卓女，盖赘鲁鸡之所生也。冒姓凤，已嫁贵州普安龙天祐为妻矣。会奢卓死，阿爱假奔丧为名，逃归踞撒甸，不回普安。天祐死，私招常应运为夫。

应运者，马龙之夷酋也。应运最狡，非如鲁鸡之甘代妻就缚者，落冒凤裔，雄制诸夷。未及三载，阿爱死，遗子凤如松。应运旋娶陆氏，遂复姓常，生子曰常守嗣。应运踞撒甸，与慕连土酋那德发构难，仇杀无休。时有奴某最骁悍，与那酋战落崖，攒镖两下，接掷没腰，敌镖既尽，竟以石投之，糜烂而死。然那酋气慑此奴亦已极矣！应运每出游，从夷姬数十，戎装骑驭，纵辔山冈，围猎酣饮，夷姬绕坐，抗喉而歌，其徒连臂踏脚，与歌相和。所过村寨，鸡犬一空。然夷民愚而恋主，本非其主，犹爱其似者而奉之。虽虐之至，死终不肯叛。而是时，疏节阔目，漏于吞舟，虽以常酋恣肆弄兵，不过橄逐亟之而已。

五十四年冬，知州李廷宰委吏目史道隆、把总赵某，进撒甸逐，应运犹支吾逗留。明年正月初六日，廷宰因亲往逐之。应运闻廷宰来，即于初五日弃凤如松而挟妻陆氏及幼子潜遁。廷宰谕二十四马火头，宣布威令。侦应运潜匿数十里山箐，即领兵追捕，四散无影。夷民喜应运之去，如释重负矣。火头鲁甫、阿俄等请于廷宰，愿归流官治，无贰心，且自诡能捕应运献。于是改马为甲，分归仁、向化、怀德、慕义四里，立甲头统之。而递如松于马龙，廷宰大喜，谓："往者入撒甸，众夷长矛劲弩相迎。今那酋已平，追取牛羊牲畜，散给各马。常酋已逐，二患根株悉断，庶自是帖然也。"乃为诗曰："重来不作往时看，向化倾心比户安。麦绿正逢新雨润，人归犹带旧刀瘢。长矛劲弩销藏尽，夏税秋粮次第完。开府运筹威德远，春风夷地起歌欢。"廷宰既自喜，虽他人亦以为然。

已而，应运潜入绞平之树机，不时出没，五十七年正月，复入撒甸，诱胁数千人攻卓干马，已逼杉松营，距城四十里。时变起仓卒，城中固不知也。营卒距离营耕山，兀摆甲者，有塘卒妇某，见事急，挟大钞金鸣于山头，若集大众状。贼疑有备，遽退走。

是役也，微此妇几陷州城，廷宰愤极，报于总督蒋陈锡、巡抚甘国壁、提督张谷贞，发曲靖、寻沾、武定三路兵会剿之，以武定守杨天谷督运监其军。时武定参将戴坤率师与曲、寻二师俱会于撒甸，行次鹧鸪河不进，廷宰以诗趣之云："鹧鸪河畔拥貔貅，春柳山花忽变秋。月照宝刀横壮气，兵谈虎帐出奇谋。三军行过仍鸡犬，一令传来动岳丘。血溅平芜酋首落，昨宵东望堕旄头。"盖讽之也。坤得诗，始进撒甸与二镇师会。廷宰复寄诗云："春深荒甸集天师，大府监军夜共驰。火照连营兵正合，笳吹二月鬓成丝。天神妙算今优日，大树威名再见时。开府运筹劳指授，愿将决胜报如期。"坤等得诗，始进次树机，而应运已过江，遁入东川，迄漏诛。迨至五月，应运自死。川弁馘其首传于云南，撒甸平。若使应运自杉松甫退时，营将肯卷甲直趋之，其乌合之众必惊窜，可以坐缚，何至劳二镇会师。既失之矣，至二镇师行，犹复彼此瞻望逗留，使贼从容奔逸。甚哉！武防之不足恃也。

撒甸既平，大府以其地辽远，距州治二日程，居夷地正中，登高而呼，四面云集，与东川止隔一水，江深箐险，夷情叵测，出没靡常，进则扼撒甸肆掠，退则过江潜匿，曾不见影，故贼每据以为资，而戍卒往往昵贼，不足专恃。于是陈锡议于其地增兵弁，疏上甫报可。而应运已平，再疏请武定、撒甸戍兵各三百，彼此均备，事既施行，而甘国璧奏请设同知分理，兼立义馆，教养并施。自是撒甸得文武官驻防，不复生乱矣！

夫非以制驭得宜耶？应运授首后，陆氏亦死，诸夷遂散，田土悉入官，分给夷民，以如松送京师。而守嗣甫数龄，为其奴某所窜，竟不能获。会捕之急，某匿守嗣于山箐，采茅橡哺之。必用夷礼跪，进事如主。稍宽，辄呼其侣与俱来，所散党渐渐复，仍踞故业，阴相往来，长吏颇知之，然不能问。会雍正间征乌蒙、法戛，长吏募土兵助剿。而土兵惟凤氏所统，与那酋争战久，最练且强。

武定参府南天章询得守嗣故在也，招某至曰："吾知汝主在，汝毋欺吾，吾能出汝主，必不汝欺。幸此时征法戛，募土兵，汝能出几何兵助剿，幸有功，吾当为汝请上官奏报，贳汝主罪，复故业。于汝何如？其以汝主来。"某诺之，然不敢以守嗣出，恐诱而诛之。计以其子六斤代，如诛，可免吾主，不诛而得功，吾主可故出。遂以六斤见天章，不辨为非守嗣也。天章仍予挟之归。某大喜，自诡以五百兵从，果如约，某最劲健，骑乌骓，挟长镖，直入贼巢，官军乘之，遂平贼。

是役也，常氏主兵功最，天章大喜，遂以守嗣谒宪府诸辕给执照，仍居撒甸，出家财为官建撒城营署，复为磐石矣！守嗣知读书，应童子科，旋补诸生。土人称为常土司，不复名凤氏。而凤如松至都亦贳罪，近时闻尚存云。

　　论曰，土人传凤氏专土时，其富敌国，开二十四银厂，获银山积，而狮子尾厂尤盛，常一日出银，充二十四路。所畜牛马六畜，皆城而圈之，今永平村前土垣周里余，即凤氏鸭城也。相传其家照宝镜，每开厂，持镜照之，即知银之所在，其说不经。

　　予论凤氏之先世抚斯土，有功德于民，而矣格、商胜，当草昧之初，即知委命真主，不失旧物。安慈、弄积俱有功绩于滇，崇祀名宦。萨周、商智隐庇遁帝，世笃忠贞。凤英伟略雄才，奏绩于孝宗。清、明之代，虽朝文构逆，兵犯省城，西维震动，而瞿氏一纸，顿时解散，可谓贤于十万师矣！故能保土，享其富贵五百余年，末世骄盈，自取败灭，盛极而衰，数固然也。

　　字廷宣既屡从讨平安铨、凤朝文之乱，其后字元勋，从平奢崇明有功升州同。其子显道者，力学，补邓川州诸生。当明季时用经，明举乡贡进士，文行甚为州人所推，会当承袭，显道不乐就，乃以其子题凤为邓川州箭杆场土巡检。迨大兵平滇，题凤投诚，仍授世职，以土州同管巡检。康熙二年，改属云龙州。三十六年，题凤死，子世昃袭。世昃死，其子肪羲前亡，以孙生文袭；生文死，乾隆初，其弟生民袭。

　　嗟乎！凤氏既泯于武定，而一线仍延于云龙，非有功德于民，而能若是耶！

（云南大学图书馆　提供）

# 概　说

　　凤氏为东爨乌蛮之裔，初居幸邱山，有阿而者，当大理段氏时为罗武部长。四传至矣格，降元，授罗婺万户府。三传至安慈，即元武定府土官总管。长男法叔，妻商胜。夫法叔病故，弟三宝奴袭兄职事，亦故。为男年幼，商胜袭夫法叔职事（《明史·云南土司二》载：洪武十四年，云南下，武定女土官商胜首先归附。十五年改为武定军民府，以胜署府事）。

洪武二十二年（1389年）患病，令男海积替职，二十六年（1393年）钦依准替袭。海积于永乐元年（1403年）赴京朝贺病故，户无嫡庶儿男，正妻萨周应袭，永乐二年（1404年）六月准袭。故，保已保男弄交（海积子）妻商智承袭，十五年（1417年）九月袭职。故，布政司保结，咨呈起送夫叔阿宁（海积弟、弄积子）到部，正统三年（1438年）二月准袭。故，景泰二年（1451年）正月，亲男矣本袭职。故，亲男金甸，天顺四年（1460年）十二月，就彼袭职。故，无嗣，庶弟阿英（《新纂云南通志》谓阿英又名凤英，字时杰，弘治三年入觐，孝宗宠异之，赐姓凤，自此以凤为姓）告袭，成化二十三年（1487年）十一月袭。故，正德十二年（1517年）三月，男凤朝明袭职。故，嘉庆九年（1530年）十二月，亲男凤诏奉钦依，准就彼冠带。故，嘉靖十一年（1532年）十月，奏保凤朝明妻凤诏母瞿氏应袭，瞿氏袭职（《土官底簿·武定军民府知府》）。其后，嘉靖四十二年（1563年），瞿氏老，举凤诏妻索林自代。比索林袭，遂失事姑礼。瞿氏大恚，乃收异姓儿继祖入凤氏宗，挟其甥婿贵州水西土舍安国亨、四川建昌土官凤氏兵力，欲废索林，以继祖嗣。索林抱印奔会城，抚按官谕解之。索林归武定，视事如故。索林谋诛继祖，事泄，继祖遂大发兵围府。索林复抱印走云南，巡抚曹忭下令收印，令瞿氏暂理府事。四十五年（1566年）守臣（武定同知邓世彦）议改设流官，犹不欲绝凤氏，授索林支属凤历子思尧经历，给庄百余。万历三十五年（1607年），继祖侄阿克久徙金沙江外，贼党郑举等诱阿克作乱，阴结江外会川诸蛮，直陷武定，大肆劫掠，立阿克为知府。镇抚调集土兵，分五路进剿，克复武定，擒阿克及其党至京师，磔于市。武定平，遂悉置流官（《明史·云南土司二》）。其地建置：武定府，元武定路。明洪武十五年（1382年）三月为府，寻升军民府。隆庆三年（1569年）闰六月徙治狮子山。万历中，罢称军民（《明史·地理志》）。清乾隆三十五年（1770年）降为州（《清史稿·地理志》）。

# 车里宣慰使司宣慰使刀氏传袭史略

车里,元置撒里路军民总管府。明洪武十五年(1382年),蛮长刀坎来降,改置车里军民府,以刀坎为知府。洪武十七年(1384年),改置车里军民宣慰使司,以刀坎为宣慰使。

一代刀坎,明朝洪武十五年任职。接着,洪武十七年,刀坎遣其子来朝贡方物,诏赐刀坎等文绮、钞锭、冠带(《明太祖实录》卷一六三)。同年八月丙子,并赐朝服、冠带及织金、文绮、钞锭(《明太祖实录》卷一六四)。洪武十八年(1385年)六月乙卯,刀坎遣把事混民来朝贡方物(《明太祖实录》卷一七三)。洪武二十年(1387年)秋七月丙戌,刀坎等进象及方物,诏赐织金、文绮、帛四十四匹、钞三百三十锭(《明太祖实录》卷一八三)。刀坎有三子:长刀暹答,次子刀公满,三子彪裴法。洪武二十四年(1391年)刀坎卒。

二代刀暹答,明朝洪武二十四年嗣立。刀暹答遣其弟等贡象及方物(《明太祖实录》卷二一三)。二十七年(1394年)二月,暹答遣其弟等贡方物,诏赐绮、帛各十匹,钞一百八十锭(《明太祖实录》卷二三一)。永乐元年(1403年)九月,刀暹答令其下剽掠威远,虏其知州及民人以归,西平侯沐晟请发兵讨之,帝谓兵部臣曰:"兵易动难安,一或轻举,伤人必多,且人有不善以理,告谕未必不从,……遣人谕之,彼怙终不悛,乃发兵殄之。"(《明太宗实录》卷二三)永乐二年(1404年)夏四月,刀暹答还知州及威远州地,遣弟刀腊等诣京贡马及方物谢罪(《明太宗实录》卷三〇)。永乐三年(1405年)七月遣头目浑典等来朝,进象及方物,赐刀暹答钞五百五十锭,绮、帛各三十六匹,并赐浑典等钞币有差(《明太宗实录》卷四三)。永乐四年(1406年)五月,上以云南车里诸宣慰使司等每岁朝贡,道里险远,令自今三年一贡,著为令,如庆贺、谢恩之类,不拘此例(《明太宗实录》卷五四)。刀暹答有三子:长刀更孟,次子刀典,三子香囊。刀暹答永乐十一年(1413年)卒。在职二十二年。

三代刀更孟,明朝永乐十二年(1414年)嗣立。年仅十八岁。骄慢狠复，失其民心。推刀赛权署司事。在位三年病卒。死时仅二十一岁。

四代刀赛，明朝永乐十五年（1417年）嗣立。在位一年不足，因不满意刀弄串同彪裴法，乃起兵攻之。不敌，携金牌信符，逃死于南霭偲杭。无子嗣。

五代刀弄，明朝永乐十五年嗣立。刀弄屡以兵侵蛮民，乞别设治所以抚其众。诏分其地，置靖安宣慰司，以刀弄从弟刀双孟为使，命礼部铸印给之。刀弄大患，日兴兵仇杀。刀弄弃地投老挝。蛮民因而激变逐刀弄。帝命招之，刀弄寻回境内以死。一说刀弄未弃地外投，未与刀双猛仇杀。一说刀弄侵夺蛮民，是刀双孟请别设司治。一说只是刀弄屡侵蛮民。后说可信。此次之乱时间较长。

六代刀霸羡，明朝宣德七年（1432年）袭职。随后，遣头目召哀等贡象、马及方物（《明宣宗实录》卷九四）。宣德九年（1434年）遣头目召哀……来朝，贡象、马及方物。己卯，赐彩币、绢布及金织袭衣（《明宣宗实录》卷一一二）。宣德十年（1435年）十一月，奉敕送老挝使臣混伦等回抵本土，务在慎护优礼，以副朝廷柔远之意（《明英宗实录》卷一一）。正统五年（1440年）九月，刀霸羡遣头目来朝，贡象、马、金银器皿及象牙、犀角诸方物，赐宴并赐彩币、钞、绢等物有差（《明英宗实录》卷七一）。刀霸羡自杀于天顺元年（1457年），在职二十五年，卒年五十三岁。

七代三宝历代，明朝天顺元年，民众拥戴，嗣为宣慰使，次年，正式受命袭职，时年四十二岁。天顺五年（1461年）八月，遣头目刀罕富等来朝贡马及金银器皿等物，赐宴并赐彩币表里（《明英宗实录》卷三三一）。三宝历代有六男二女：长子刀伊为王储；次三凯冷，再次诏昂，再次诏爱，孟艮流亡散失，女则有：诏孃、孃燕逢、孃珂麦及诏厄。实为四男四女。三宝历代，在位四十年，卒年八十二岁。

八代刀糯猛，明朝嘉靖九年（1530年）袭职。时年十六岁。缅酋莽应里（莽瑞体）蚕食诸蛮。刀糯猛折而入缅，言有大、小车里之称。刀糯猛以大车里应缅，而以小车里应中国。万历十三年（1585年），命元江土舍那怒往招，糯猛复归，献驯象、金屏、象齿诸物，谢罪。诏受之，听复职。刀糯猛以元江那怒之招，回心向内，备物献琛，伏蒙皇上赦其前愆，准以承袭，优之赏赐，数年以来，感恩之深，图报无地。明朝廷之策，使一时迷失方向者及边人之归附、归顺，亦众矣哉！刀糯猛在职三十七年，有一子名刀韫猛。

九代刀韫猛，明朝万历二十六年（1598年）袭职。在明朝统治之下的边疆地方政权，相互侵夺是常有之事。缅甸宣慰司侵占车里，傣文《泐史》亦有记录，并有"称明王朝为父，称缅为母"的记载。天启七年（1627年），缅人侵孟艮，孟艮就车里求救，宣慰使刀韫猛遣兵象万余赴之。缅人以是恨车里，兴兵报复。缅托辞：闻韫猛子召河璇有女名召乌冈，色美，责献乌冈。攻车里愈急，韫猛父子不能支，遁至思毛（即今思茅）地，缅追执之以去（《明史·云南土司传》）。其后，中朝不及问。刀韫猛在职十一年，被掳后，年四十七岁卒。

十代刀穆祷，明朝崇祯十五年（1642年）袭职。时年十七岁。清军平滇，顺治元年（1644年）投诚，授宣慰世职。刀穆祷在职三十四年，卒四十一岁。时为吴三桂叛清（康熙四十二年，1673年）独立，称帝，将顺治所颁印信，概行缴去，而另颁新印信。刀穆祷入贡，命为宣慰使。有子二人：长子名香猛，早死；次子名刀懦猛，尚幼。

十一代刀猛桃，清朝康熙十七年（1678年）袭职。年十七岁。在职四年卒（康熙二十一年，1682年），年二十一岁。

十二代刀匾猛，清朝康熙二十一年袭职。时年尚幼，由母摄政。匾猛二十二岁，已经长大成人，但母仍共参政事。刀匾猛在职六十四年，八十六岁卒。有二子：长刀金宝，次刀绍文。

十三代刀金宝，清朝雍正七年（1729年）袭职。时年十六岁，在位五年。有一子名刀套呼糯，患口吃，言语不清。时思茅等六版纳改设流官，其余江外六版纳仍归土司管理。

十四代刀绍文，清朝雍正七年袭宣慰使。时年十五岁。乾隆三十三年（1767年），刀绍文怯懦无能，办事无一件周全者，被革职（《清朝文献通考》）。在职三十八年，卒年六十三岁。有六子：长刀维屏，次刀诏丁，三子刀诏丙，四子刀士宛，五子刀香猛，六子刀诏宰。

十五代刀维屏，清朝乾隆三十二年袭职。时年三十一岁。因受其弟刀诏丁及其婿诏猛乃之蛊惑，于乾隆三十八年（1773年）率领其父及官亲族属，离弃十二版纳，往投缅甸，遂裁宣慰司。乾隆四十年（1775年）经其弟刀士宛劝令投回，仍主管地方政务。上司疑之，派员莅查，先将刀士宛传至汉地，继又构刀维屏至宁洱，随并其弟一同解送至昆明，革去刀维屏宣慰使职务。后羁禁的刀维屏于乾隆四十六年（1781年）死于昆明。年四十五岁。

十六代刀士宛，清朝乾隆四十二年（1777年）袭职。时年三十四岁。乾隆四十四年（1779年）上司另颁发"车里宣慰"新印，而将旧印信缴回。刀士宛在职十九年，卒年五十三岁。刀士宛有四子：长太平，早卒；次太和；三子太安；四子太康。

十七代刀纯武，清朝嘉庆七年（1802年）袭职。时年方五岁，因年幼，由其叔刀太康代办司务。太康代办十六年，纯武已长大成人，于是太康乃还政于纯武，而报请上司正式给委，嘉庆二十二年（1817年）袭。后纯武于道光二年（1822年）被缅诱执以去。道光五年（1825年）缅王送纯武回国，经滇西腾冲，至思茅被留，未得回任。司务仍太康所把持。道光十三年（1833年）纯武潜赴六顺，诏集练勇，谋夺回司治，被太康所截击，纯武不敌，带印潜逃，遂被革职。纯武有五子：长刀靖臣，次刀汉臣，三子刀楷臣，四子刀熙臣，五子刀焕臣。后纯武死于老挝之猛梭。

十八代刀太和（刀太康长子刀正宗），清朝道光十四年（1834年）袭职。时年十二岁。道光二十一年（1841年）为刀维屏之弟刀诏丁之孙引缅兵至打各，杀都奄兴。同治三年（1864年）刀太和带练援思普，被戕于麻栗坪之大力士山脚。在职三十年，得年四十二岁。乏嗣。

十九代刀钧安，清朝同治十二年（1873年）袭职。时年二十岁。清光绪二年（1876年）被绷匪杀害。时年三十岁。有四子：长子刀承恩，次子诏捧玛，三子诏庄猛，四子诏空炕。

二十代刀承恩，清朝光绪二年袭职。时年十四岁。因年幼，由族人刀耀宗代办司事。年二十二岁，方亲政治事。民国十六年（1927年）卒，年六十五岁。有九子：长子刀栋梁，次子诏孟冈，三子诏维莫，四子诏孟兑，五子刀栋材，六子刀栋逯，七子刀栋宇，八子刀栋臣，九子刀栋新。

二十一代刀栋梁，民国十六年袭职。在位十七年，五十一岁卒。刀栋梁体弱多病。有二子：长子刀世德，次子诏摩诃宰。两子体弱。

二十二代刀世勋，民国三十二年（1943年）嗣立。民国三十三年（1944年）举行洗水加冕典礼。民国三十四年（1945年）云南省政府正式令准承袭车里宣慰使职。

二十三代刀栋刚，任代办。时间，民国三十六年（1947年）至解放后1956年中央人民政府宣布废除土司制度止。

## 宣慰使传袭

（1）刀 坎→（2）刀暹答→（3）刀更孟→（4）刀 赛→（5）刀 弄→（6）刀霸羡→（7）三宝历代→（8）刀糯猛→（9）刀韫猛→（10）刀穆祷→（11）刀猛桃→（12）刀匾猛→（13）刀金宝→（14）刀绍文→（15）刀维屏→（16）刀士宛→（17）刀纯武→（18）刀太和→（19）刀钧安→（20）刀承恩→（21）刀栋梁→（22）刀世勋→（23）刀栋刚

## 宣慰司治所

治所即今云南省景洪市东南曼景兰。天顺二年（1458年）移治今云南省景洪市。嘉靖十七年（1538年）又移治今景洪市东北小孟养。清同治后复迁今景洪市。

## 宣慰司管地

东至落恐蛮界，南至波勒蛮界，西至八百大甸宣慰使司界，西北至元江军民府界（《读史方舆纪要》）。大致为今西双版纳傣族自治州全境及北部之思茅、普洱两市，南部国界外之猛乌、乌得两地。

## 按　语

　　车里宣慰司传袭，主要是在明、清两朝，本节主要依据《明史》《明实录》《清朝文献通考》以及李拂一著《车里宣慰世系考订》整理。另外，传袭"代数"，拙著《中国土司制度史》中"云南土司·普洱府"中关于军民宣慰使司宣慰使刀氏的承袭表述有误，应是：刀世勋是"二十二代"，刀栋刚是"二十三代"。特此更正。

# 贵　州

# 于氏族谱

## 于氏宗谱序

盖闻：万物本乎，天人本乎，祖物之于天也，贵贱虽殊，而风雨露雷，无一不资其化。育人之于祖也，远近即异，而诒谋燕翼，亦无不赖其留遗，间考先世，原籍山东，记登州府，系临海之名县，属文登纪桃花之号，开创之原，今未胜述，而其初峥嵘，特出自慭志公秉理国政，留勋业于先朝，丕振家声，垂典常于后禩，今虽时代云遥，而于氏之肇兴固已振，古如兹矣，后暨明初洪武一十五年滇黔悖畔，一世祖希贤公奉调征南，始来普定，二世成公随父勤劳王事，功授康庄司职，安郡落籍，自成公至腾龙、益龙、起龙三公，凡九世，中间估公三世鉴公，四世瑛公，谦公则五世，六世而註公，与安林公则又七世八世矣，世系单传，承袭前职，降而崇祯，益龙公与腾龙公奉调征滇。继又提师往楚，遍征吴越闽中廿余年，驻镇于杭升授伯职，支分派别虽始于此。而世袭宠荣，盖自希贤以来而有明，数百年亦云与国同休耳，嗣我国朝应运而兴。腾龙、益龙二公又改西营正副总兵札于建宁，为国捐躯。递十世祖应蛟公仍然前修初剿贼于乌蒙。继荡冠于者贡始以康庄司，又提都督佥事，自是十一世而镗、钧二公矣。十二世而文举、湘芝二公矣，十三四世则又祥、超二公与昌云公矣。通计希贤公以降反于今，下代历乎两朝，传十六世，其初沐风栉雨王事勤劳，观历代之艰辛不为不大矣，而其间恩荣，北阙派衍南黔，论历代之留存不为不多矣，迄于兹用弃旧职锡命显荣虽未获。如曩日之盛，然念自安林公而后继，祖继称甫有支派之分，小宗大宗渐乎瓜瓞之咏。推厥由来如我辈之德薄能鲜而犹得以承先而启后者，谓非祖功宗德，其来有自乎。虽然创业垂统凡为祖父者其志恒乐于裕后保世承家；凡为子孙者，其事惟在乎光前。今日者，念昔先人，凡我后昆诚犹衣服之有冠冕。水之有本源矣，倘今数典而忘不几裂冠毁冕，拔本塞源，元缵旧服，黍乃祖考乎，惟是众贤之裔，克家之胄，感霜露而深念，勉为孝子慈孙，对梧桊而遐思，各求荣宗耀祖庶几百世，而下世泽常新在天之灵，欣欣然默慰已，兹者独溯渊源序其后，先请缨无路非谓祖武之克绳，投笔有怀，讵徒颂扬而溢美。所以然者，念吾先世来自戎行，未携族谱，籍贯世系可得而考者，推自一世祖以下焉，耳其在希贤公以上，愍忠公之余，其中昭穆源流，今已多未详核：道光五年，山东原籍族叔祖克襄公来为吾太守，继又提授贵阳转升东道，虽曾联宗，但谱未在官署，亦亲许着人回籍带来，不料十一年于古偶遇水灾，老太太因病告终，权祖公扶柩归回，无从谒。嗟嗟山东老谱。今若难于得见矣，因念今之视昔，亦如后之视今，昔吾一世祖来时，惟以不□撰谱，今乃备考而无由，兹□略综本源安知进此以往，世远年湮百世，本支安所考据。噫！后之人有与我同志者增而补之，庶几源远流长，昭如日星，而先世典型共相则傚也，夫是为序。

## 山东原籍序

原籍山东登州府宁海州文登县，始祖于希贤于洪武十五年发普定卫前所百户。希贤下军有病身故，一世祖于成系希贤嫡长亲男，代替跟随指挥曹贵，参随总兵安陆侯，征进西堡，当年开设永镇二州，十六年正月因于成谙晓广西土语，差摧粮马事务，当有泗城知州岑振与弟安龙硐土官岑子德上林硐土官岑子成各领军仇杀。接连普定卫地方蒙指挥顾成，差成讲和，退兵，至十七年指挥顾成征进马乃，往泗城州起调兵三千擒获马乃，二十九年征进广西南丹等处。蒙差招抚设法退散，三月初十日泗城州王郎记出没为，蒙贵州都司差成督同土官岑园童领督官目追杀王郎记等首级八十颗，解赴贵州，悬令示众。有永镇二州拖欠秋粮，差成追马一十九匹易米运赴安南仓，余贼招安。三十一年九月蒙顾都督斩获蛮人阿宋首级，令成解赴泗城州枭挂，功授千总职衔，招彝民。永乐元年八月初一日有康佐司正长官久已故绝夷民。鸳鸯钱粮，屡年无征，容留于成招抚夷民催办粮马。永乐六年二月内陀瓦等告因本司缺官，彝民四散，有于成夷信服屡蒙镇远侯行移保勘蒙除康佐司副长官职事。十八日给领兵部贵字第一十八号勘令文凭回还，八月初四日赴贵州都司呈缴讫，本月十九日到任管事，六年九月十七日，调本司土兵随总兵官镇远侯征进阻平。阻者、王召、王孔其居其边等处地方获功，于成永乐十八年五月内染病身故，二世祖于佑系成嫡长亲男，承袭前职，永乐二十二年十月内起文承袭未及一载染病身故。三世祖于鉴系佑嫡长亲男应宜承袭祖职，告明本卫保勘呈送都布，按三司并贵州萧巡按会合起送赴京，同普安指挥千户叶真等领兵部贵州十八号军职文凭回缴，本年十二月初十日到任管事。正统四年九月内奉贵州布政司札付准贵州都司□蒙总兵官黔国公沐批□所镇统□招晟到司为边各事，钦奉敕谕内阁长官司于鉴征麓川获功升授宣抚职事，仍管本司事务。本年十一月初一日到任，景泰四年六月内得染风湿调治不愈不能任事，致任四世祖于瑛系鉴嫡长亲男袭替前职，景泰六年十二月十九日到任管事。弘治三年九月内患疾，调治不愈，致任五世祖于谦系瑛嫡长亲男，弘治五年八月奉军门邓案验调谦管领土兵征进都匀等处，本年十一月内在军前具诉本，军门准批布政司参政刘照例折纳米价银六十五两充饷获寇收缴。八年五月内奉兵部顺字八百九十四号勘合准谦替授父职安抚职事，本年六月初三日到任管事，在任病故。六世祖于註系谦嫡长亲男，应袭前职。嘉靖十年内奉例就彼冠带到任管事，至二十年因病身故。七世祖于安林系註嫡长亲男承袭前职。万历十九年五月内病故。八世祖于腾龙系安林嫡长亲男，应袭前职，万历三十九年因盗贼变乱，蒙调取防御普定、威、清等卫雕剿叛夷斩获多功，至四十三年三月蒙本州具诉两院就彼冠带到任管事，蒙抚院张调征杉木石头等屯，九月内奉抚部院札付宪牌委今防守抵西一带军屯，又奉调征剿湧黎卡也。四十四年随监军道谢调征劳平屯。四十五年二月内奉调征剿毛口狼恨等处屯。天启二年忽值水西安邦彦作判围困省会安庄，攻陷普定、龙里，毕节全省鼎沸，滇、洪粤道阻。腾龙损产募兵，采买硝磺，制造火药，运赴安庄防守，督兵运米救济，兵民化谕洛架火烘等处，土目皆不附逆，疏通鸟道，邮传滇粤声息，附乞援塘报，保护无虞救济城村屯避难官生尽给衣食招抚，十三校苗仲协擒叛首沙国珍，蒙院镇监军札授守备复授都司。天启三年九月内奉部院杨札付看得于腾龙忠心报国，矢志勤王战守，屡建多功，损输赈济，士庶应宜晋衔参将。蒙两院行令威清道会同镇宁道动折花币银十两奖励。腾龙又粮饷告匮，愿损米一百石为诸司倡，蒙两院宪行看得于腾龙存心报国，损饷急公，有此百石之粮当为诸司之上，动支折花币银八两奖尝以示优异之意，复蒙部院蔡看得安酋之叛，全省土司无不左袒，独康佐司土司于腾龙心存忠顺，志不党贼，孤城永赖保全，众土多得化诲，尝折花币银十两。蒙察院付奖赏银牌重十两、蒙抚院王奖尝折花币银三十两。蒙云南抚院沈奖尝折花币银十两。蒙云南察院杨奖尝折花币银十两。蒙贵州察院侯陆差承差赏札加游击职御，仍赐奖尝。蒙总理督都鲁奖尝折花币银三十两，色缎四匹，四年四月内奉钦依部札寔授守备。蒙两院行布、行按二司转移镇宁道。仰安顺府查覆腾龙功次，蒙本府看得于腾龙心知报国，义不党酋，力捍孤城，勇忠并著，剿扑逆寨，擒斩多功，通道滇粤，官商称利，则前日之微劳可据。即此日防守堪嘉似应优报以为土司之功等因呈详到道。又蒙兼军镇宁道看得加御参将于腾龙锐勇可方汉将忠顺，永迈丑彝守城积悬，杀贼多功，滇黔梗阻之时且疏通鸟道，以传声息，关查甫辟之后护卫严，恰以利往来，数载功劳昭然耳目诚当优予以为土司之劝者也，移会到司。蒙按察司刘看得土官于腾龙真心报国壮志吞酋，临阵擒斩多功，路通往来无梗，忠勇素著，守叙宜优据授班林贵李正中事例相与符合，第查本官世居上卫苗彝素服倘有别，有更置人地未必相宜，复查康佐正长官薛麟地方，背叛粮马多逋该司印信久，追贮库合无以副长官提作正长官，给以印信，俾本官得展未竟之功，亦可收荡平之绩矣。转到司蒙布政司看得于腾龙忠心报国，威弹诸彝，鲠忠不怀狐兔，损输以保危疆，亲临战阵，斩获多功，捍御西南，独撑半壁，协通滇道，商贾坦行，救济残破之流离枭纳军前之需用，勋劳素著，似难泯灭，今准按察司镇宁道查核，本官来历，俱相画一，据援班林贵事例，若以都司加之恐属太过，合无垂念土司真诚竭力尽瘁效忠，且今陆梁扰攘之秋，收服必得其人。准九按察司会议，人地相宜一节，甚属妥便，查得康佐王长官司印信久贮司库相应改正作副，改副作正，请题实授给与印信，颁檄鼓舞俾本官稍展微权，以踊跃疆场，慰服诸夷，以备边圉之干城者也，等因申详部院蔡奉批于腾龙既一心忠顺，从征勤劳，仰候题授康佐正长土官给印管事可也，仍呈按院详示行缴，又奉监军，少卿傅批据于腾龙屡次建功诚宜拔擢，仰候会同部院题授正长土官缴奉本部院批于腾龙战守之功历查既确，候会题康佐司正长官缴随蒙两院会题。天启五年四月，内奉兵部颁发贵州五十三号康佐正长官司勘合文凭，本月十三日赴贵州都司呈缴，并赴布政司亲领康佐正长官司印信一颗回司，本月二十四日到任管事。至天启六年七月内奉布政司札付为俯赐替职,两便专责事奉抚院王批据本司详据镇宁州申据康佐司于腾龙自愿替职应袭于应鹏接管印务催办粮马等因,该本司看得正长官于腾龙忠奋抒诚,屡建功绩,督兵协守官道,则司印粮马两难,兼摄据请照黔中土司就彼冠带事例替应袭于应鹏管理,约束夷兵催办粮马两有责成果于理顺,今据该道府州结勘无碍相应呈请候详九目行令,于腾龙照例协守安庄城池,原管康佐司正长官职事印信给札行令于应鹏冠带管理催办粮马,束驳夷民,后有成效另详具奏承袭原由,奉批于腾龙既有安庄协守之责,该司印务准替职,伊子于应鹏冠带管理缴奉此文,奉察院傅批同前事,蒙批正长官司于腾龙以部札守备,协守安庄,其子于应鹏准冠带管理约束部夷,催办粮马,候有成效另详具奏承袭,该司转行遵照缴,蒙此备札仰康佐司正长官司于应鹏即便就彼到任管理长官印务,钤束部夷催办粮马,抒忠报效,毋员委任等因遵奉在案。天启六年八月十六到任管事。崇祯四年内奉云南府院王差官赍花币银聘调援滇,于腾龙、应鹏带汉土官兵一千三百名,应鹏守御路,南州恢复弥勒州并十八寨所地方,蒙抚院蔡札付照得参将于腾龙统兵援滇一载。战守功高,看得本官忠心报国,心如铁石,临阵勇若熊罴,敌气满胸,浑身是胆,暂给札付用酬劳绩,俟平逆之后,另优题叙,又奉抚院蔡国公沐会札照,得于参将部下随征掌印正长官司于应鹏效用久著行间御侮,堪资塞上应加守备职衔,另行优叙。至崇祯十五年正月内,于腾龙升授副总兵都督佥事,奉调督兵守御凤阳陵,留子于应鹏照旧管理康庄司印务,损产募兵五千多,自裹行粮,前抵南京,即值北直告变,复奉大清朝定鼎于腾龙投诚仍复以总兵官职衔,带兵随贝勒亲王征进福建,克取延平福州等处,蒙分发建宁府,遇土贼猖狂,攻破府城,于腾龙并子于应鹏皆没战阵。至顺治十五年太师临黔,九世祖于应鹏首先投诚,蒙宁南靖冠大将军罗经略阁部洪尝给花红告示,另给奖励,优尝世职,康熙元年八月内奉兵部颁给承袭号纸一张,因误填副字即具诉布政司达部在案,康熙六年二月内奉礼部颁发康庄正长官司康字三百十七号印信一颗,亲领到任管事。康熙七年七月二十八日于应鹏染病身故,十世祖于钧系应鹏嫡长亲男,于康熙八年八月内奉本州转详院司道府达部题明袭替前职,开印视事于康熙十二年十二月内遭吴逆盘踞贵州,将我朝颁给康字三百十七号印信一颗,差人追缴、复发伪印一颗，于康熙十九年十一月内，我朝恢复黔南有父于钧首先投诚，将伪印一颗呈缴绥远大将军总督部院蔡面谕抚苗发给告示奖尝花红仍给令牌一张。看得于钧缴印投诚，深为可嘉候题颁印仍以原衔照旧管理地方催办粮务，于本年十一月二十三日染病身故，当报明本州转报在案，十二世祖于湘芝系钧嫡长亲男，例应承袭前职于康熙二十年二月内详奉题袭应承，康熙二十二年十一月奉兵部颁发贵字九号号纸一张，所有印信未蒙颁给。至雍正年奉军门马调征长寨、者贡、麻谷笼阳城老君二屯安营设汛一带荡平。雍正九年九月内奉抚部院元调征九股逆苗，于湘芝病废着子于超带领本司土兵攻剿鸡讲、昂吃、台盘、排滩、新寨直通台拱救解臬宪方困围，复攻克桃赖、统硐、木羊、田火、台雄、南世南笋等寨。雍正十年正月内奉令撤出台拱、事靖，于五月内旋师蒙给功牌议叙于湘芝。于乾隆八年五月病故，于超系湘芝之嫡长亲男未经承袭前职，于乾隆元年病故，于昌隆系于超嫡长亲男例应承袭，因年甫十岁，与承袭之例不符，当经详请题准部覆行令于超代理。至乾隆十四年于昌隆年十五岁，详请题奉旨恩准袭替，乾隆十五年十一月内奉部颁发严字十一号号纸一张，乾隆五十四年十一月初九日于昌隆病故，遗子于晏、于景。于晏系嫡长亲男，例应袭替。乾隆五十六年十二月内奉部颁发号纸一张，仍管本司事务。嘉庆二年正月内兴义㧑匪蔓延，于晏祖母王氏年九十三岁，有孙于晏、于炅、于景奉祖母之命带领义勇一百五十六名，三月初二日到城，奉归化厅郑带兵官周派令于晏扎营于西门外兔耳坡防护城池。派于炅往交麻塘堵御，派于景往胃沙井堵御，于晏同官兵出敌打仗，层次军功。蒙抚部院冯具题奉御笔圈名已奉行知在案，于炅奉部议叙应授六品顶戴，至于祖母被逆放火焚家，祖母亡故，惨心何极，而且不能洽葬仅收骨烬于宅右，以事上闻皇上加恩旌奖孀魂忠魄，载之旌常，名入乡贤祠内，旌表建坊，俾名不没呜呼痛哉。祖母为妇尽孝、为妻尽节、为母尽恩、为臣尽忠，纲常大义常存，虽须眉男子亦所难全，据于晏因命案牵累厅主黄似瑶审验不明详，于晏问罪，庶母金氏心术贤良，悲痛嫡子于晏遭冤奔赴抚宪辕门诉冤，蒙委公局审明奉抚部院批示查得归化通判黄似瑶审验不清，理应除革职，于晏下乡用员威赫，逼出命案理应除革，蒙嗣后奉上宪饬查合例人等承顶正长官司，晏禀报族长于才，于才又禀年以七旬难以赴衙听事，禀于炅承顶造册达部发有号纸一张，上宪催领于炅得染疯病，又禀上宪饬查于晏长男外男族中合例之人详报，晏禀族中无有合例之人，并无外男，独有一子不幸病故，请上宪转详，因此停职。今炅念及祖宗勋猷，存有祖籍宗谱而众族未能周知，自古迄今，年远世渊，支派日繁，而众族无从查考，则有遗忘，木本水源之义，盖闻求木之长者必固其根，欲流之远者必浚其泉源，思家之安者必积其德义，炅今欲固其本，因请梓匠刊刻宗谱不敢增减一字，广为布散俾众族得以知之，不得忘本之意，但愿众族之子子孙孙效法祖人之忠君爱国孝顺齐家，不能忘其祖训学文习武承顶宗功，倘有不忠不孝不准入于宗派，所有宗图开列于后是以为序。

## 家教约条

祖宗一千百年之宗祀，于斯竟坠，虽曰天数岂非人事哉，然而水流千里终有会海之期，大木挺生必中栋梁之选。我祖积善久远，惟愿子孙努力芸窗，潜心经史，将来作忠臣为孝子，无复贪前人已去之故物而坠家声，外有圣贤之经书而求富贵，而求富贵则幸甚矣。水源木本赖人工之疏，值而长新，祖德宗功因子孙之修为而获报，要知祖宗之佑启后人，终不若后人之自佑后人也。盖国家设教以来，恐人逸居而无教则近于禽兽，于是有庠序学校之设，失教之防古人虑之矣，又必各乡选方正达礼者为塾师，举公直老诚者为乡约，欲使一乡共明礼义。一家之中既有父兄又拣立族长，欲一家咸谨幼习也，凡此无非恐人失近丁禽兽耳，所以先人教子弟必不使顷刻交接匪人须臾弃置诗礼，且更重其家长云父兄之教，不先子弟之率，不谨子弟贤知，启迪有人，父兄之任不尤重与。倘家庭之子侄愚蒙礼逾闲荡检者由于不严诫训，堕丧先德，非懦弱长奸之罪耶。兹述祖宗家教条约以诫，本支子侄倘有不遵者，或首于公庭，或惩于家庙，必不宽贷，不然与其陷子孙于不义，致干众议，俾获罪于王章，不若自任，愚骇惩前儆后以免失教之消矣，谨将应行家教条约敬书于左下：

一、修谱所以收族谱之人有言曰：三世不修谱即为不孝，今于炅既倡首而监修之，倘后世子孙据为陈籍，俱谓我祖宗之源流已悉，无有事于重修。其会谱之例，约于秋季之前一日，各捧谱于祀所，将五年内所生之子更名填入谱内，庶重修之时便于刊刻，凡我后人敦此忽怠。

二、春秋之祭，祀非徒知拜跪已也，燕毛之际长而贤者，将大清律内开载，不孝不悌例条解说明示，有初犯者尚可原情，必面斥于众人之前，俾知戒惧，或故意不遵再犯者严示扑责于祖宗神主之侧，三犯者众族首公庭惩治，甚或以公道为仇，悖亲从疏欺凌族长违逆众议者。众议屏绝之，不许入与祭祀。

三、祖宗坟塚繁多，俱备载追远录内，每年承首上坟之人自本年清明至下年交代后责任方完，倘若处坟茔有人侵犯惊动，俱系上坟之家料理，即或委曲费力亦不得推诿不前，然众人亦谅其轻重帮扶，亦不得坐视而旁观，如有疏忽不遵者众议罚之。

四、子弟姿秉可读书者，或困于境遇，叔伯父兄有力者宜当周恤引掖匡扶上进，若本俱庆及可以自赡有子弟而故不教训，任其结交匪类、行止不端、轻狂浮躁者族众宜公同教导，如再三不受教训强悍不仁，族众首于公庭惩创，宴会不与、祭祀不列，倘有悔过自新者仍复容之，如不知改悔者永黜宗谱之外。

五、每年春秋馔献已备载追远录内，兹故不赘，但有草率菲薄不遵旧例，蔑弃祖宗，推故不赴祭祠者，初则计过，再则责三次不赴祭者遂出会外，宗谱不列，凡吉凶燕会不及之。

六、本支子弟入学出贡，前人已帮襄、定例，后人更宜鼓励，但入学者谅其家事，每人轻则几钱，重则几钱，出贡登科者每人帮助几两，倘果力不能助者方免，如力有余而故吝杭不从众族鼓励者以达祖训，公议谅罚。

七、本支子侄素行忠仆，被人欺骗凌辱侵占等事，须采访会议，必宜明察暗访证据可凭，十分有理者，方许族众理处，如系自家理曲即将启祸者，量其轻重诫儆以肃，家教至若与匪结拜三五成群例有禁止，子弟倘有不知国法误入其类者，众族不许护短隐匿公同会议出首。

八、患难穷通人所不免，周急报德处事情，况属在同支苟冷眼旁观天理人情自难容恕，自今伯叔内倘罹徒天患实非自作遭难有力能援救者务必极力周族始无负同枝共本之谊，祖宗有灵自应呵护。天眼恢恢当有善报。倘或共见急危力能保全而不一援手者公议罚之，或保救护有人，至事后忘恩不思答报德反行欺侮是欺灭祖宗者，众族当鸣鼓攻之以彰公道，庶可激励为善，亦且天理良心不致埋没。

九、收族之道必严，出入异姓乱宗，即祖宗亦抱非类不享之憾，同宗失载，我子孙未免一人向隅之悲，此螟蛉有果蠃之负而抚子明归之条，吾族中凡有接养他姓之子以及他姓随母过堂者，虽更姓改名俨为于氏之裔，而即流溯之源确实有所出之人。自今厘正，以后有于姓子孙或随母适他姓者必查明收入谱中，有异姓子孙或径于姓接养及随适于姓者归宗与否听其自便，不可填入谱内。

十、祖茔除各亲祖父外，如官坟山祠堂每年春秋二祭无论远近必亲来与祭，或有他事不能尽来，亦宜各支各处必议一二人来祭方可，如有全不照应与祭者，一次议罚，再则议责，三则屏出谱外。

凡以上数条倡首不敢执为己见，曾就正于异姓之贤，亲朋友暨同姓之子侄之高明者从公论断，俱不以非故敢于列于之简端，期在永可遵循，仰体祖父佑启后人之至意聊表愚轶劝善规诫之姿心，或内有遗漏并违理徇私之言，公同违白立即改正如举念，偏颇一毫不礼，先人仰望子孙贤智之意，众人非之，亲友责之，祖宗监之，神鬼诛之，凡我后人慎之慎之。

盖闻木有根，水有源，亦犹人之有祖也，木之长者必固其根，流之远者必浚其泉源，思家之安者必积其德义，源不深而望其流之远，根不固而求木之长，德不厚而思家之安，愚者知其不可，而况于明哲乎，人生当以祖宗为重，居于太平之世不念居安思危，不念戒奢以俭，不念祖功宗德善始者，实繁守成者盖寡，岂取之易而守之难乎？人能殷忧必竭诚诚以待，下既得志则纵情而傲物，若竭诚则邻里为一体，若傲物则骨肉为陌路，若轻易动怒而人终不怀德，貌恭而心不服，怨不在大，可畏为人随地倾覆所宜深慎，诚能知足谦冲惧，盈满忧，懈怠惧逸邪忧动怒，忠厚为人，非有家教家法不能成人，吾家自始祖以来千百余年，族谱在于山东，至于希贤祖，来黔仅录自于希祖为始，计有家谱数十页，然今族众未能周知，不但失教而改名混乱，不知祖宗之名，不知避忌，倘再不修家谱，下辈子孙不但不认祖，本家族人不知亲疏，而反以为路人，岂非灭伦而不孝之罪何辞焉？今于炅思念祖功宗德，不敢渊湮没，捐资刊刻家谱，分给族人公同不忘一本之谊。但愿后人留心，遵依祖宗留传家教，忠厚成人，岂不谓之厚幸哉！

始祖希贤世孙于炅敬录全刊。

## 于氏家谱序

盖闻凡木之长者其夲也必固，凡水之远者其源也必深。凡宗族之盛者其德泽也必厚。本不固而求木长，源不深而望流之远，与夫德泽未厚而思宗族之盛者，虽在下愚知其不可况明哲乎？夫为祖父者莫不欲佑启而俗后，亦犹为子孙者无不思缵绪而光前，然而薄厚异变，盛衰循环，事有固然，其无足怪，至于盛则极盛，衰未极衰，此世所罕，观而先代之德泽所留遗者远矣。安郡于居表字廷飚辱以嗣居，从游于门，接膝之顷，每论前世渊源辄咨嗟太息，恨未克振，先绪既又出，其宗牒命冠敕言于首，并以叙其由来，辞不获命，敢拜读而敬撰曰：呜呼！家运盛衰，虽曰天命，实由人事。原于氏祖之开创于前与今之守成于后者，可知已粤稽先系原籍山东登州府属州纪临海泽润阀阅之名家，县号文登，光照簪缨之巨族，以故始祖愍忠公宰弼先朝，同平章事桃花庄前旧有令闻爰暨明初洪武年间滇征南，厥有殊勋，功授康庄司，落籍黔中。递及安林公八世祖，以上佑鉴二公偕瑛、谦、註三公承袭旧职，不参前人，至九世祖益龙公与腾龙公支分派别，子侄始繁，崇祯年起龙公奉调征滇，又奉往楚、吴、越、闽中二十余年，亲冒矢石，升授伯职，驻镇杭州，适际国朝定鼎改授西营总兵，驻扎建宁殁于王事。后十世祖应蛟公继剿乌蒙等处贼匪又题都督佥事，自应蛟公以下至廷飚君凡五世，由希贤公而来及于今，下代十有六世矣，噫其最盛者如愍忠公之论道经邦勋在先朝固已极矣，其在成公以降世笃忠贞，何攽其幸得用于朝封侯万里，以奖勤劳而追东鲁愍忠公之盛以开百世云极之绪，宁非幸欤，奈何功大位小司袭康庄，推厥由来亦云不满其德矣，况代传于今而复用失其官徒，窜居于罗施之城乎，由是言之，居之谈先绪以太息，将无谓盛极而衰者耶，抑知，黔邦辟自有明其间，贵宦显仕者各郡不乏亦夸一门之盛，其后枝叶陵夷不数传而门单祚问之先世亡厥本源不啻木之坏而疾用无枝，流之竭而井泥不食，若此类者非所谓德泽不厚而衰，则极衰者耶。今君先世来自明初延暨我朝历十余辈，数百年于兹矣，而其始创业垂统已有三朝之锡命，迄于今分门别户，犹见百室之盈，由此而观正所谓衰未剧衰具未有艾者乎，盖昔日之盛可谓盛也，本之固而源之深，如木之欣欣以向荣，泉之涓涓而如流也，今日之衰非云衰也，本既固而源既深如木之闭藏而待春水之停涵，而时出也，书曰："皇天无亲，惟德是辅。"易曰："积善之家必有余庆。"故曰："观于宗族而知前代之留遗者，此也。"虽然莫为之前，虽美弗彰莫为之后，虽盛弗传若作室家，既动坦墉先世之事也，众贤世胄有返本而溯源者，当思祖德宗功咸正无缺稽，古崇德之心与夫修仁洁义之感有不油然而兴者，修不敏承命构序惟上推，世德之承嘉厥善类，他若奉扬溢美之词皆略而不陈惧亵也，爰是为序。

清道光十七年安平河弯高启修拜撰

# 历代宗图

正大绍兴觐光上国
占汉世行培以先德
俊昆字辈
流传万世

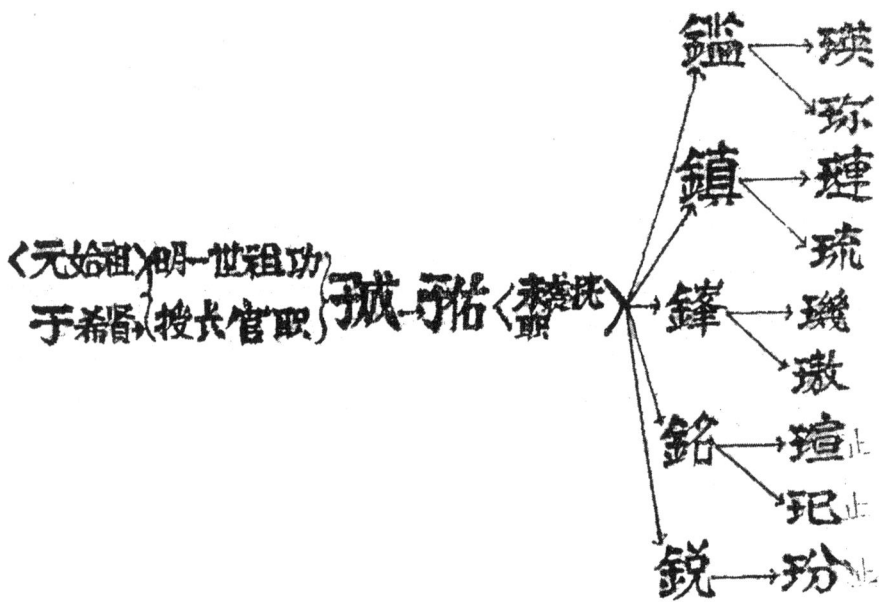

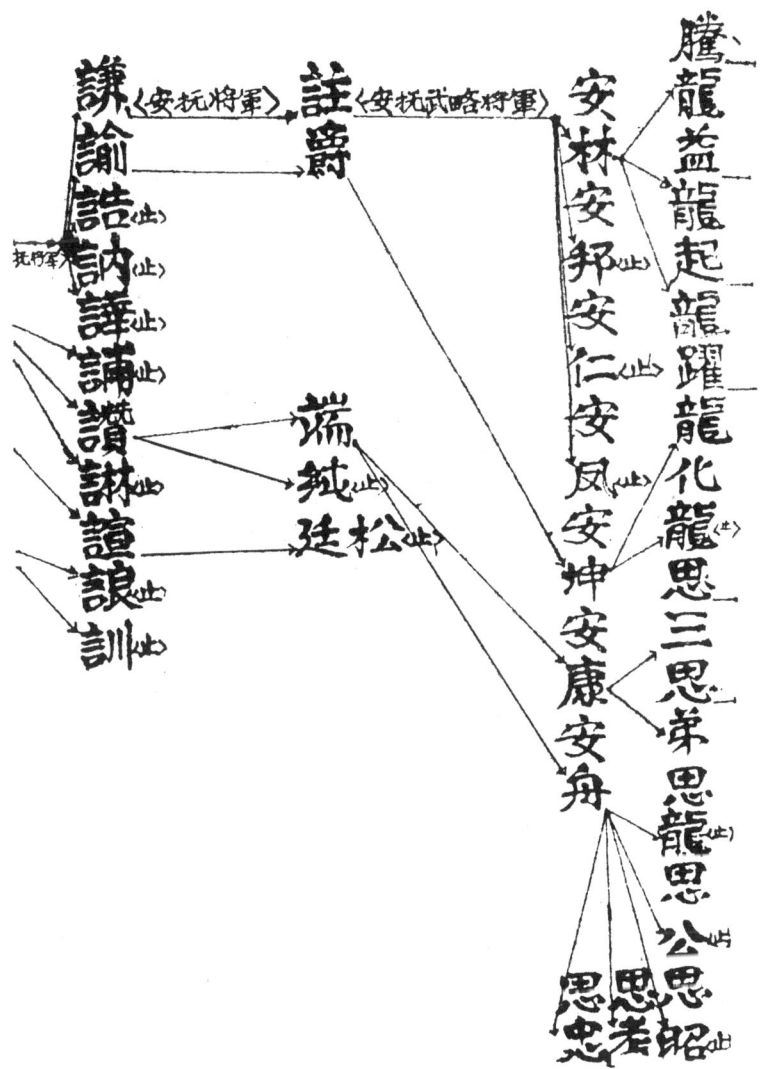

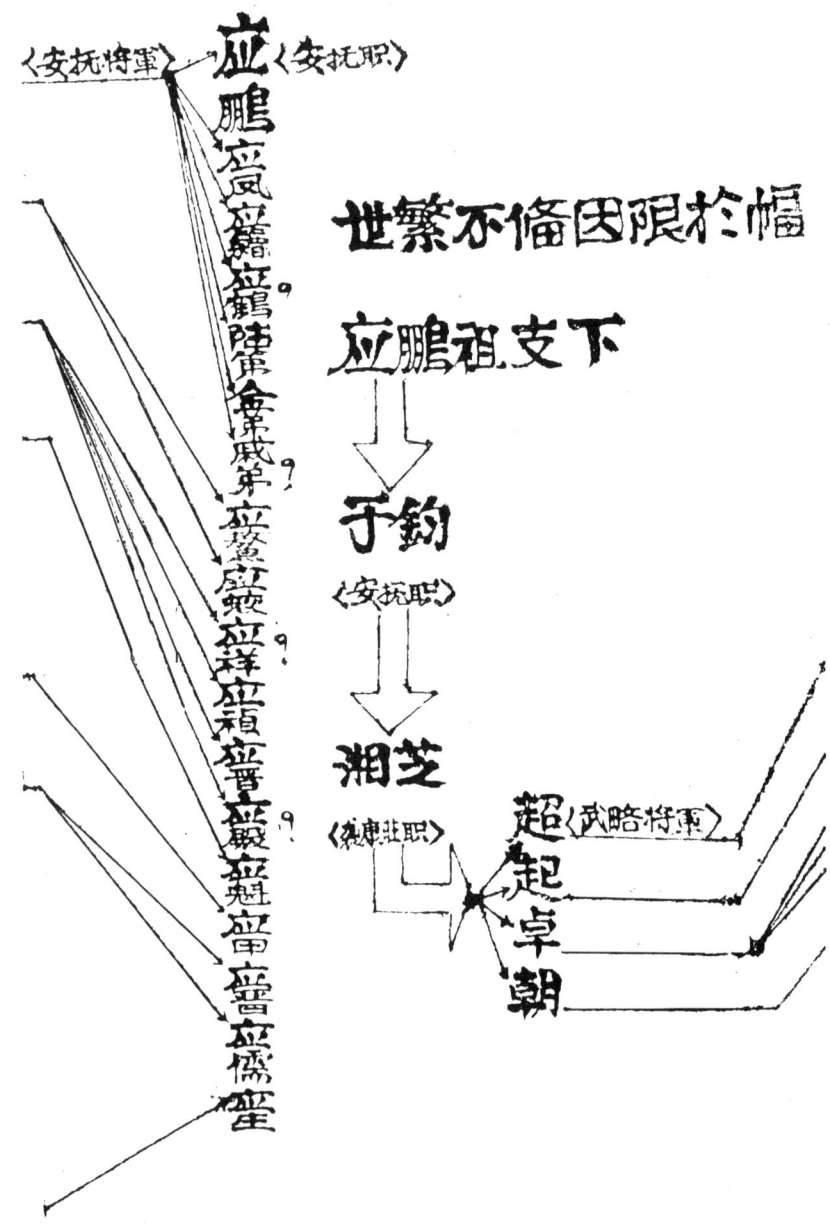

以下谨载某祖支下：

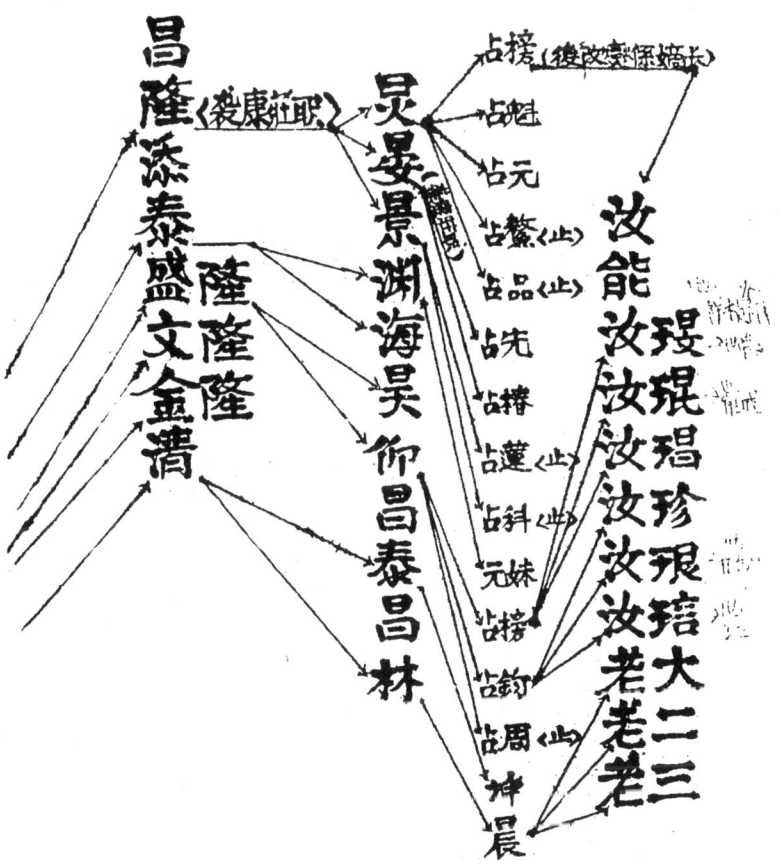

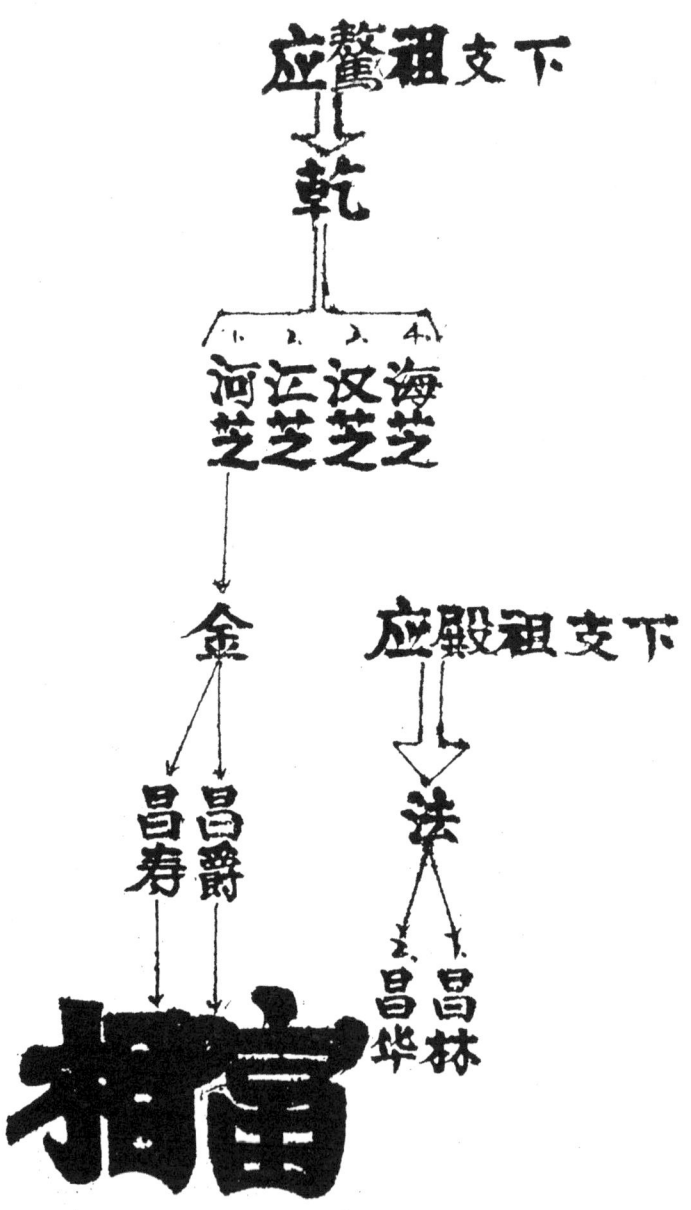

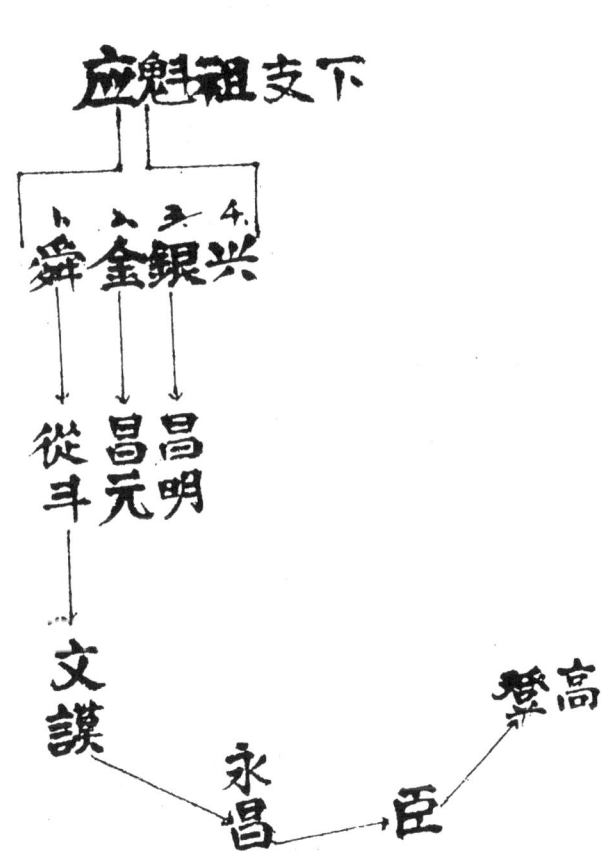

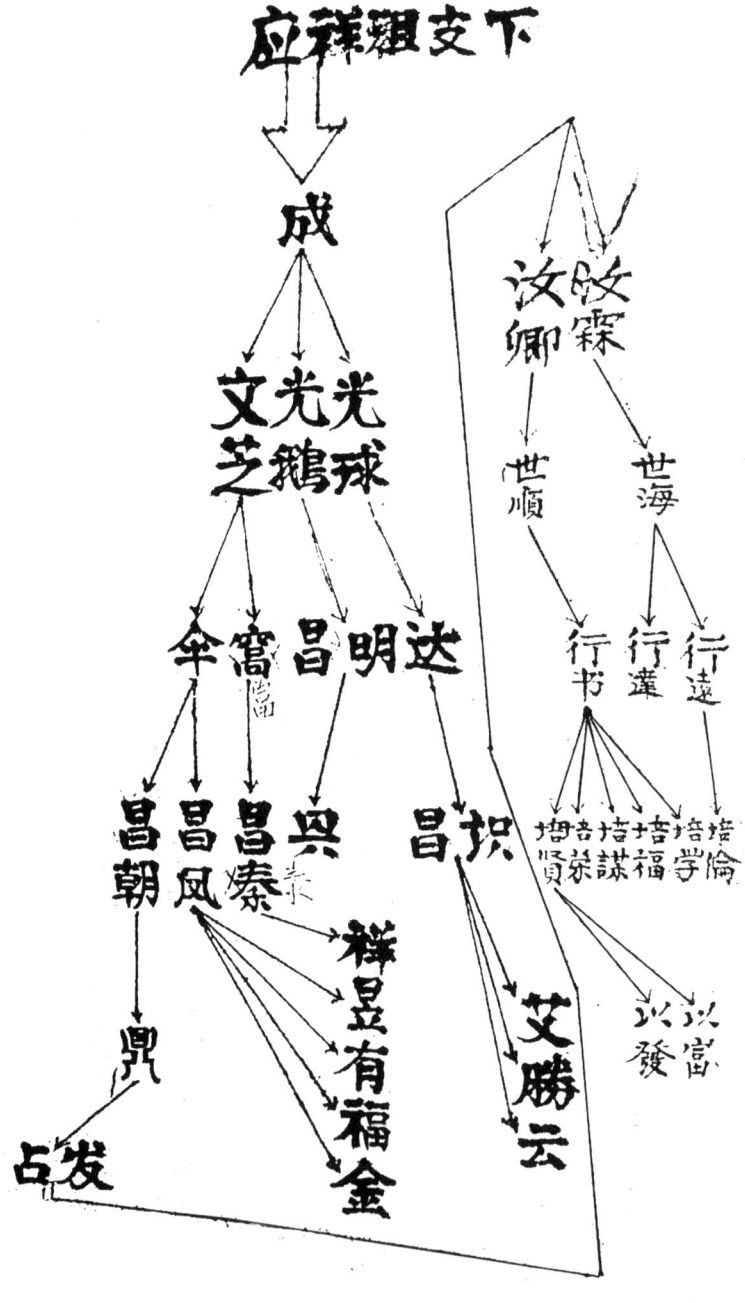

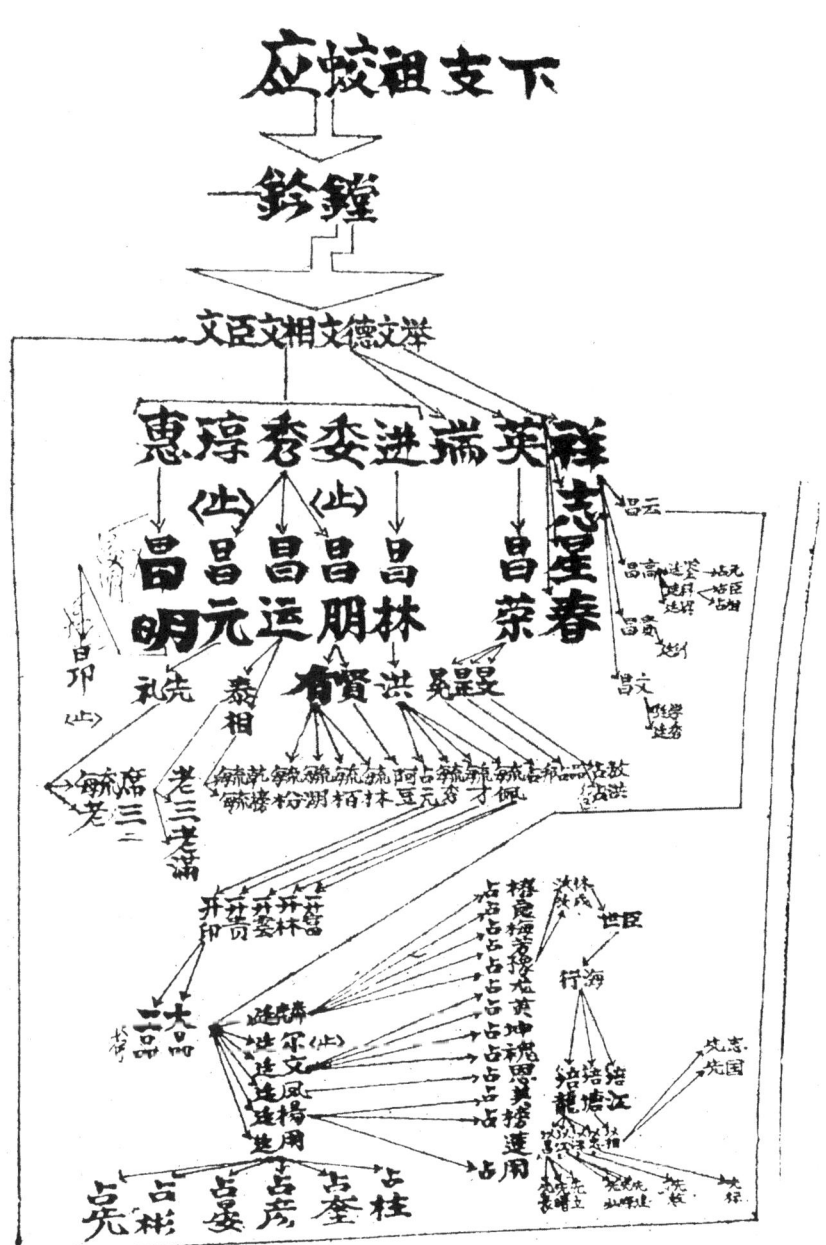

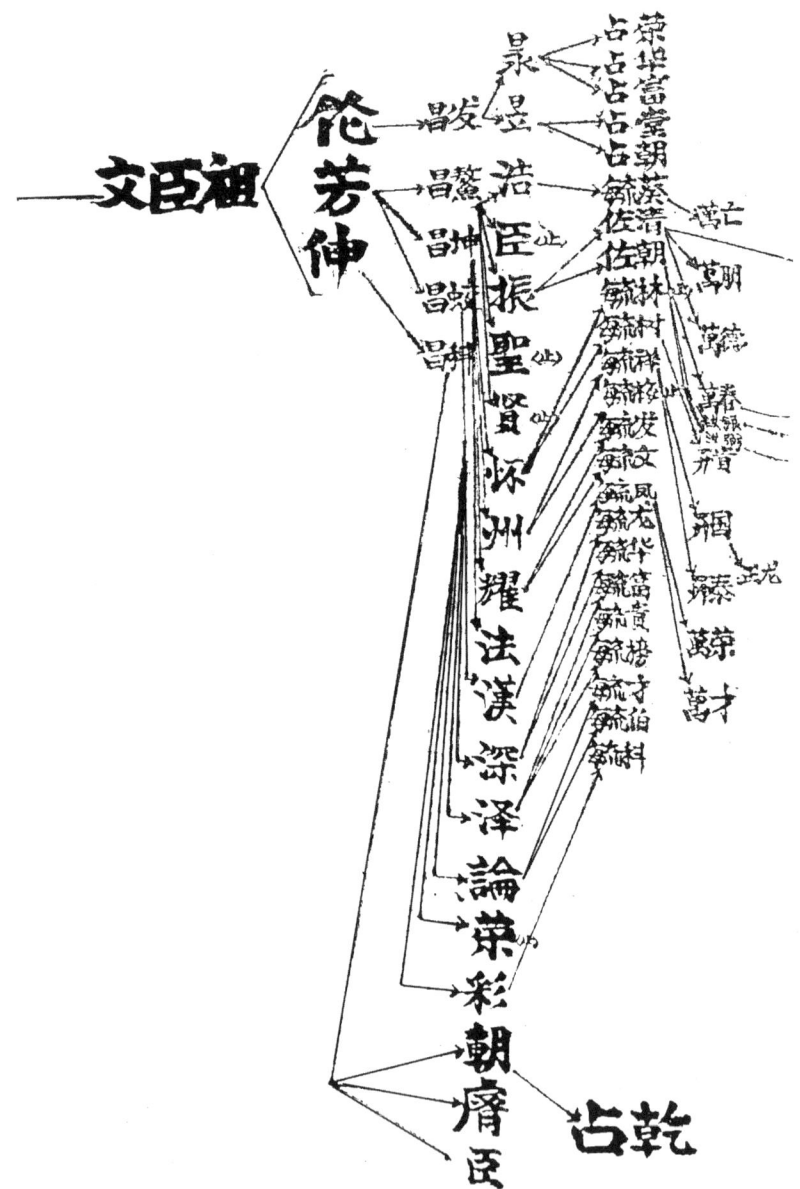

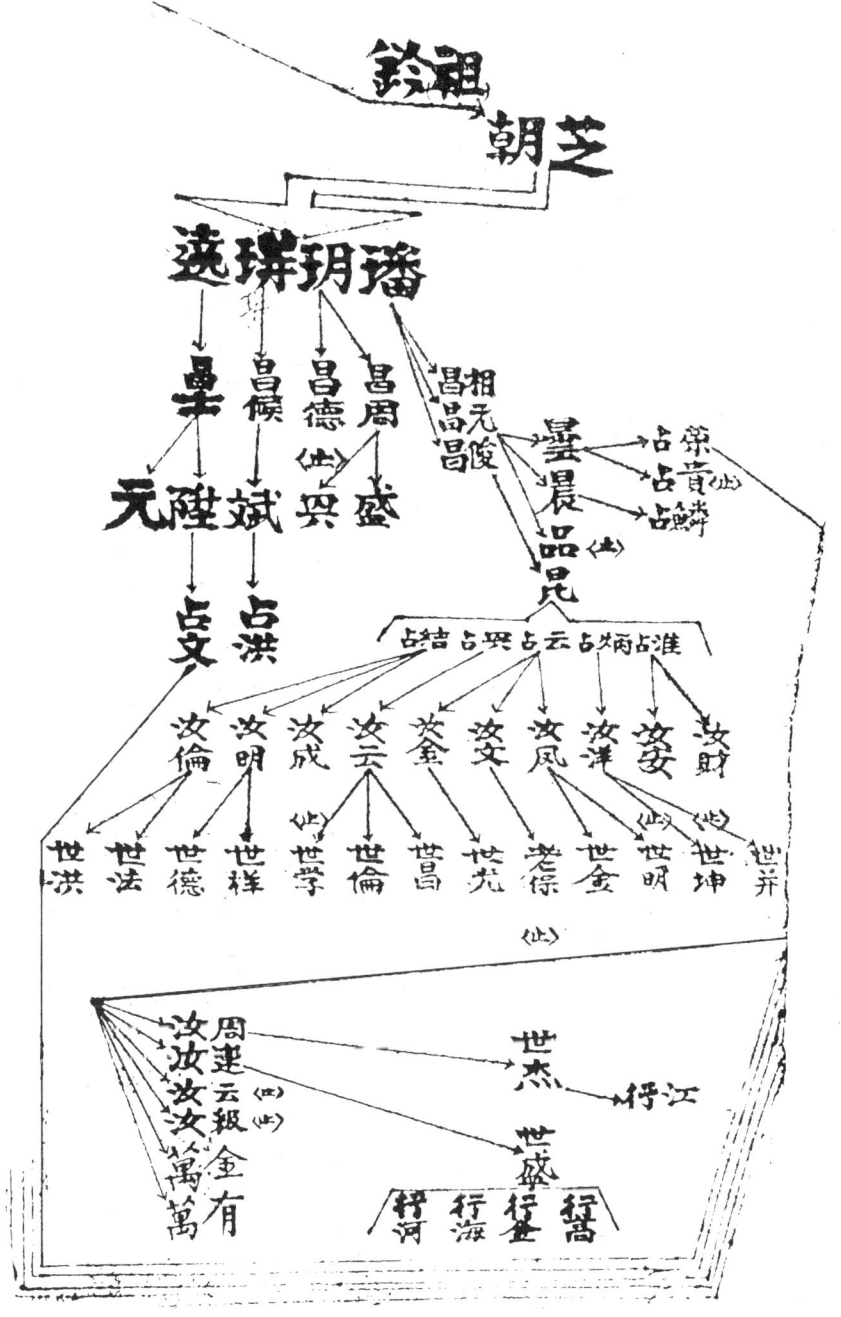

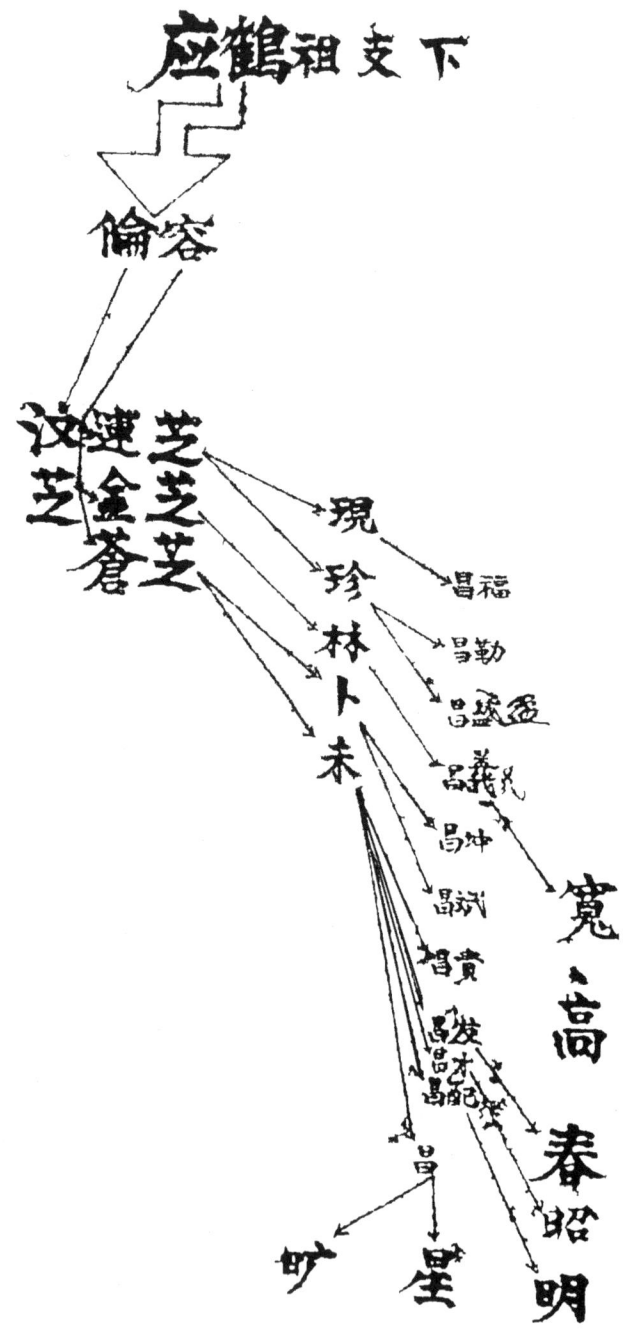

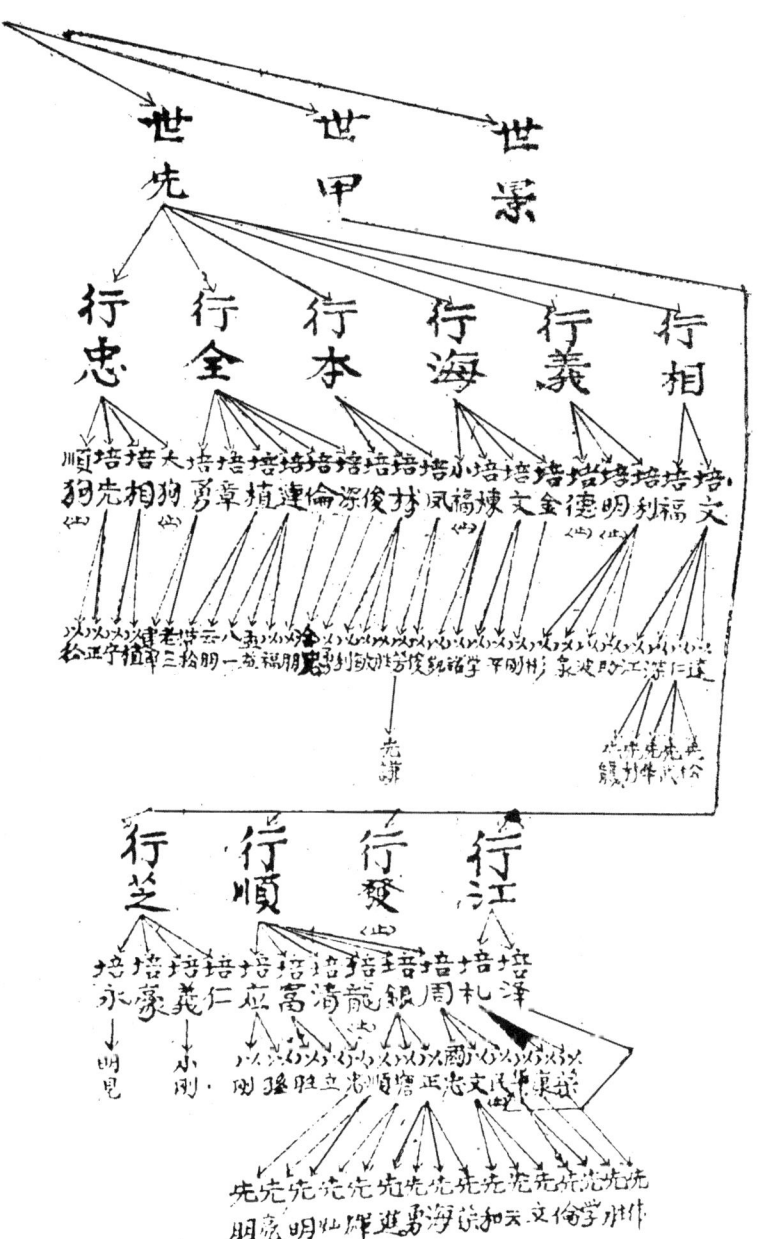

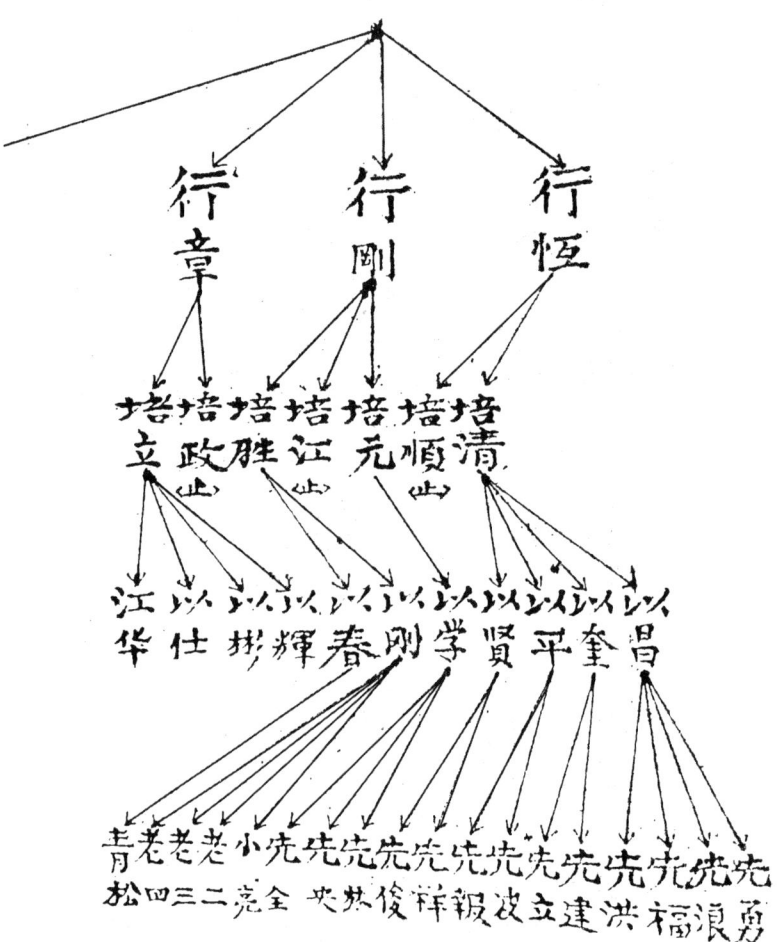

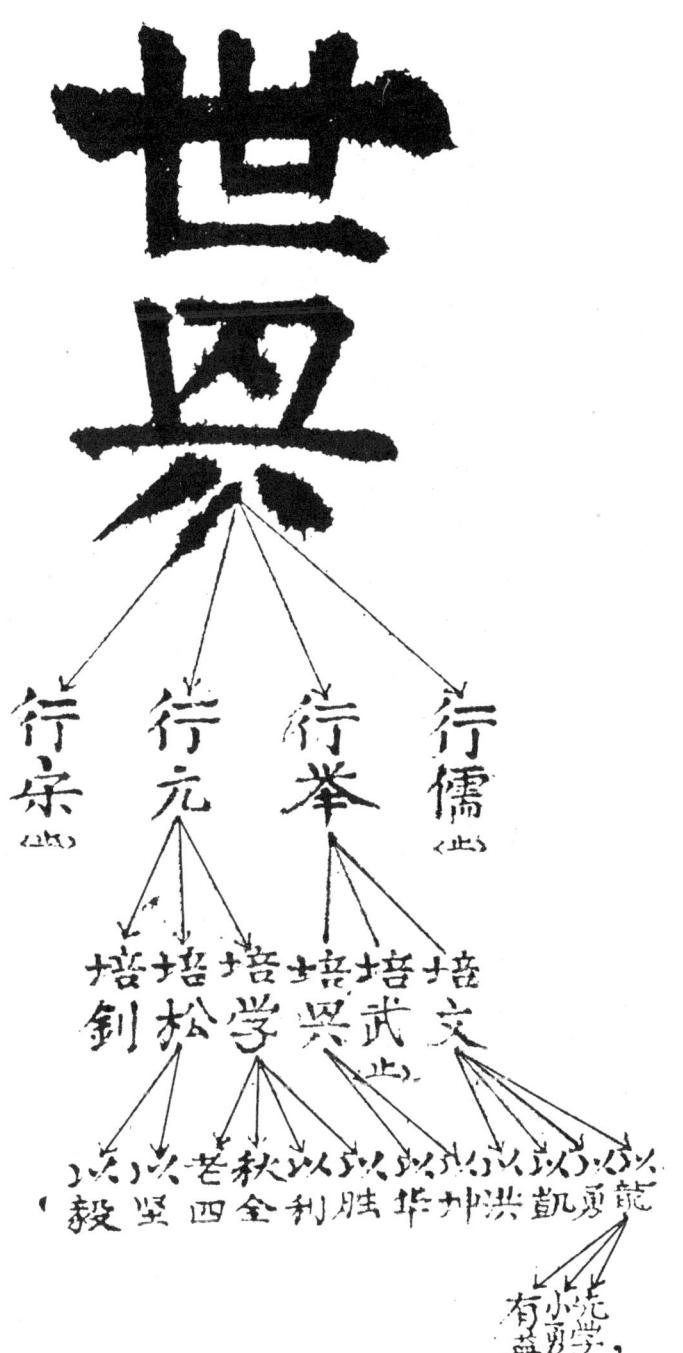

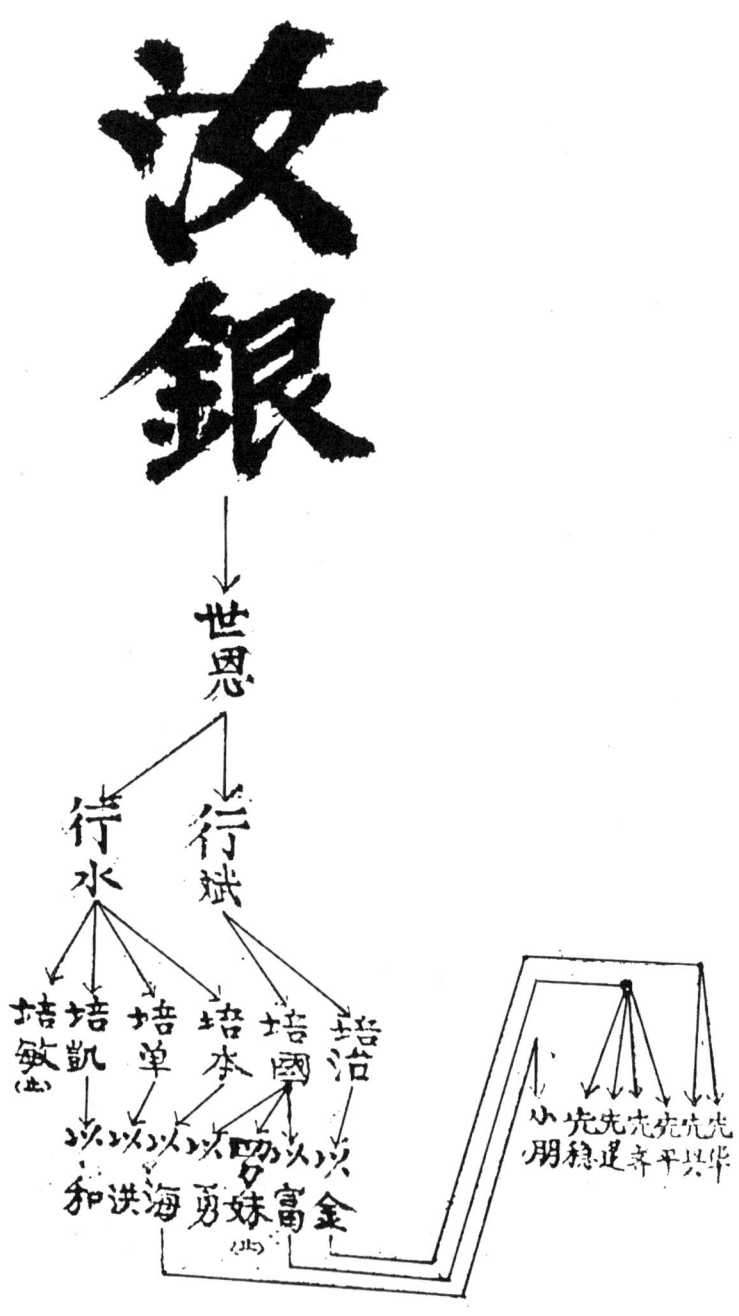

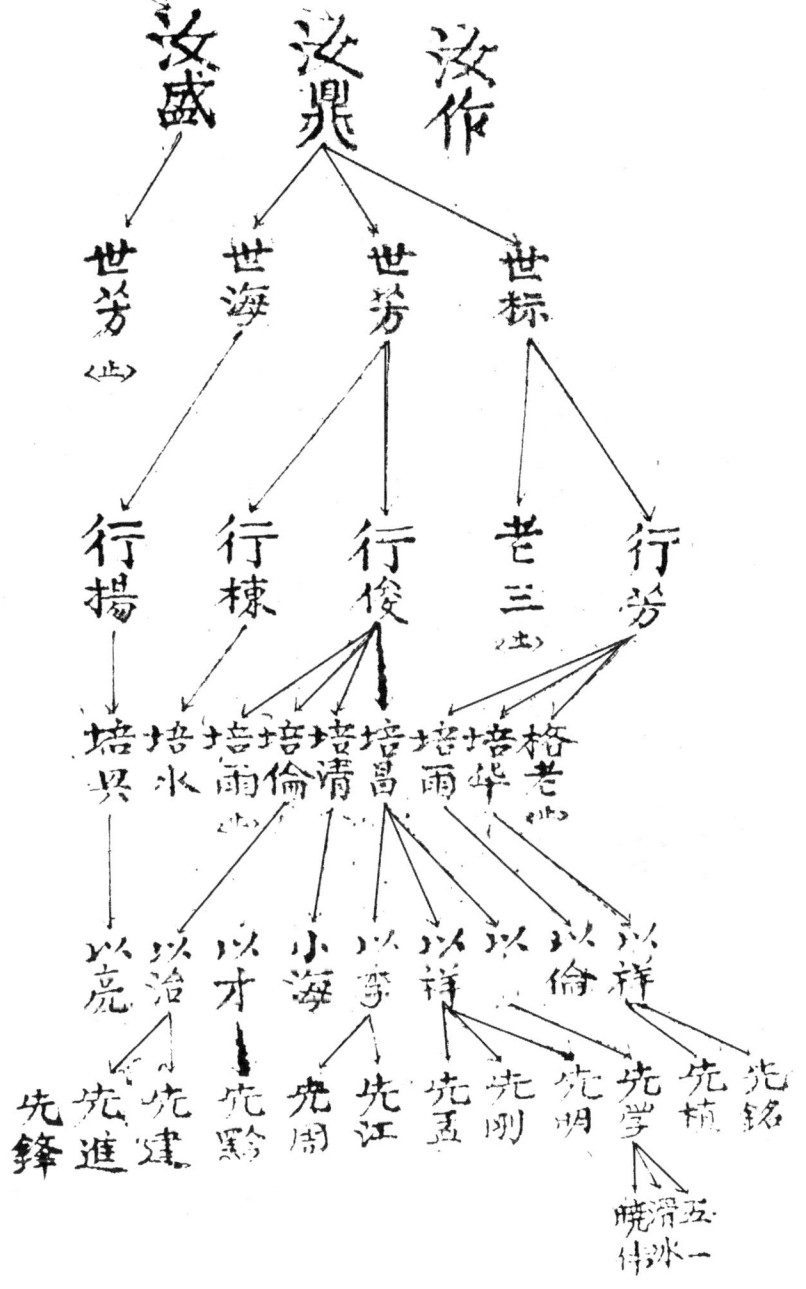

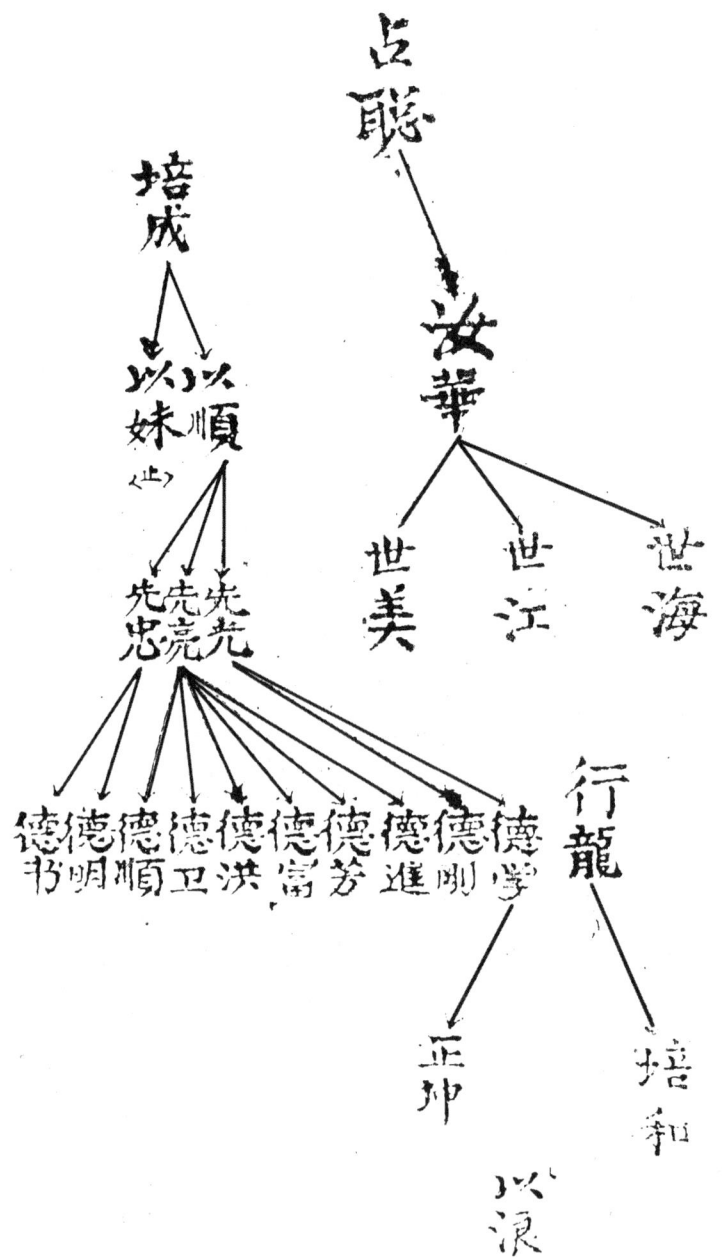

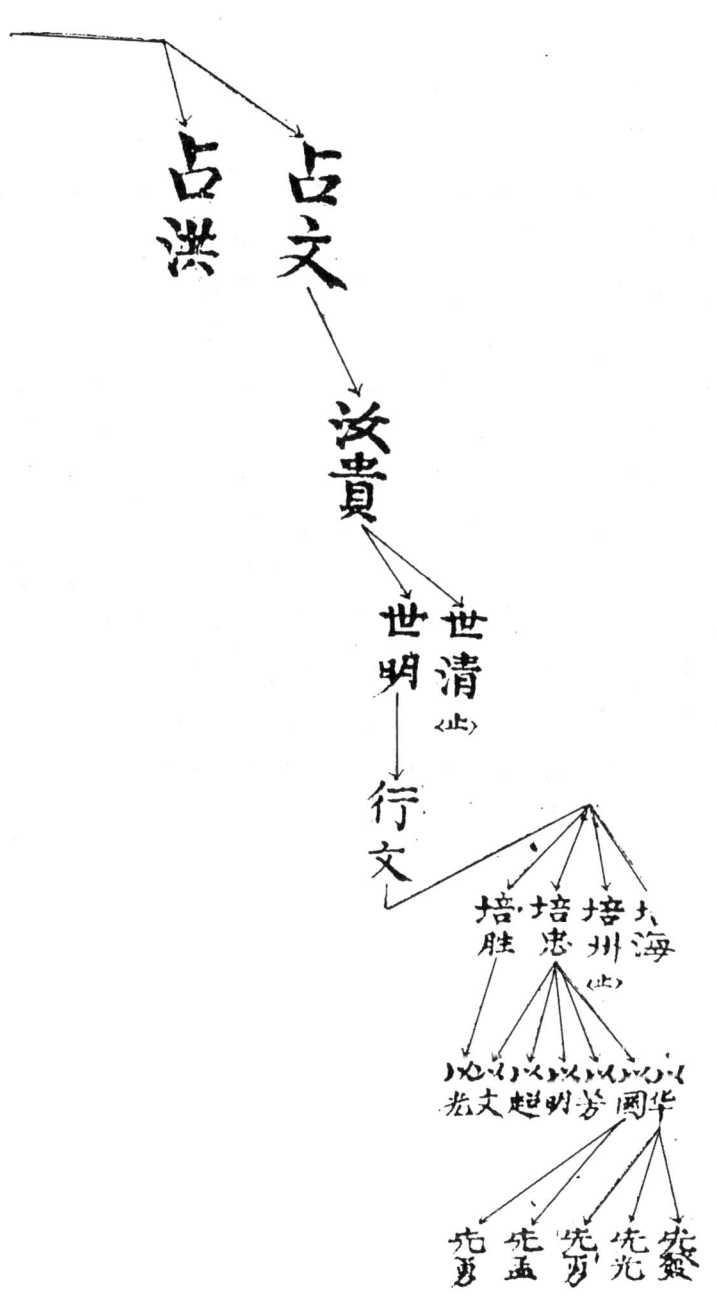

（贵州省文物管理局　提供）

## 概　说

　　康佐司，安抚于成，山东宁海州人。洪武十五年（1383年）功除本司长官。时州民因于征赋，逋窜者多，田亩荒废。成多方招，俾复生理，民咸载之。沿三世孙鉴，功升安抚。五世孙註（又作驻），为恶监故，绝。佥安插管理地方（明万历《黔志》卷五八镇宁州属土司）。据补：康佐司于氏，原籍山东登州府宁海州文登县桃庄人。明洪武十五年于希贤官普定卫前所百户。病故，长子成替之。成履随征讨有功，三十一年（1398年）授千总职衔。永乐十八年（1420年）五月病卒，子佑袭。佑之子鉴，正统四年（1439年）九月以征麓川功授安抚职。景泰四年（1453年）子瑛袭。弘治三年（1490年）子谦袭。谦子註。註子安林。安林子腾龙，万历间袭。腾龙子应鹏，天启六年（1626年）袭。清军入黔，应鹏投诚，仍袭原职。康熙七年（1668年）应鹏死子钧嗣。钧死子湘之嗣。雍正九年（1731年）湘之病废，子超先殁，以超弟起代理。乾隆十四年（1749年）超子昌隆袭。昌隆死子晏嗣。晏嘉庆初革驭族中无合例之人停袭（《访册》）。

# 田氏族谱

## 察院公诰命

奉天承运，皇帝诰曰：言路之重而难也。擘划大计存乎识，砥柱波流关乎品。唯得端亮纯真之彦，耿立墀陛间，审固不挠，克光厥职，肆有显庆，宜其首承之。尔广西道监察御史田景新，学术深宏，器资光洁，巍科初擢，岩邑载更。声蜚汾晋之间，名动殿廷之上。爰崇师锡，简置宪台。而尔屹矣无阿，矍然不淬。衡平而参国论，朝端共谅其赤诚；斧斫以触官邪，侪辈亦惊其铁面。直乃躬以对于天下，祗厥官以事余一人。夫耳黔乡山峭气郁，盘束深固。维尔嬗其奇秀，瑞于皇家。俾朕明目达聪，去稂莠以卫嘉谷。尔与助焉。兹用覃恩，授尔资政大夫，都察院右都御史。锡之诰命。于戏！国家置柱史，十九以循吏，谓其能行之，能言之也。尔既能行之有绩矣。坚尔英志，尽尔言懋哉。朕且允迪其德，以大振中兴之志。

附注：景新，字瞻明，号陇南，宏高公房庆嘉公一支三十一世孙。明万历乙卯科举人，己未科进士。历任山西高平县知事，广西监察御史，又转河南道坐道御史，掌十三道奏疏黄门都给事。乏嗣。

## 太仆寺公敕书

天启壬戌进士

皇帝敕曰：夫荩臣执干戈以卫社稷，九死何辞。乃功欲献于麟图，而数足穷于鹏赋。忠谋弗售，惨祸巨膺。豹略犹存，龙章特锡。赐尔兵部职方主事田景猷，间年通籍职方，简在金龟幛内。中军雅志，横戈紫塞。痛赤子之罹殃，悼生灵之涂炭。化毒雾为冷风，转肃杀为煦日。沐铁枕戈，只手奔驰于箐瘴；刳肠沥血，丹忱宛化其凶锋。拔鸾坡之华选，蹈虎穴之危机。慷慨成仇，间关赴难。薄禄未沾，寸心徒赤。伤哉！其人已不可复作矣。爰稽国典，用佩皇恩。兹特封尔中议大夫，赠尔太仆寺卿，荫一子入监，袭之诰命。于戏！幸羽林之有后，千秋忠孝为模；仗华衮之归来，百代英魂不泯。庶其忻服，视此明伦。

崇祯元年戊辰四月二十日敕

天启三年癸亥，公奉敕抚水西，四年甲子正月殉难。崇祯元年戊辰，朝廷悯殉难诸臣，立祠致祭。赠王三善兵部尚书，荫一子指挥佥事世袭，九年赠太子太保。赠田景猷太仆寺卿，封中义大夫，荫一子恩监生。

御赐忠臣庙联

魂飞天上乾坤老

血染疆场草木香

附注：景猷，宏高公房庆熹公一支三十一世孙。明天启壬戌科进士。授兵部职方主事。天启三年癸亥公奉敕抚水西，四年甲子正月殉难。载《思南府志》忠烈类。子一：儒特。

## 田姓原委歌

肇自姬轩继舜华，陈妫齐田称世家。
秦徙汾阳雁门地，汉移京兆易学夸。
晋代衣冠频接踵，和气祥兆紫荆花。
宗显自隋开黔后，南服文光映彩霞。

## 历代祖讳歌

宗显惟康与阳明，克昌道元及公荣。
载龙时丰传佐禹，凤翔承文正允兴。
士儒佑恭汝端显，祖衡宗翰庆裕承。
兴隆应寅偕应丙，谨珍分派继儒铭。

## 历代敕封歌

隋唐刺史节度封，宋赠少师恩遇隆。
应寅应丙各分守，宣尉爵赏伯仲同。
昆嗣谨贤万户府，季孙儒铭建殊功。
祥钟五桂列五土，应袭世代永无穷。

## 易学考略

经学始于汉田何。昔暴秦坑儒而书亡，汉儒注经多舛谬。易之为经，施、梁、费三家错综其说，郑、王二氏杂而不纯。惟田何得周孔之旨，演以为教，授其徒孙。虞四方之士多宗其门。后之子孙奉以为训，而家声名焉。

## 蓝田考略

陕西西安府，原为京兆路，本秦旧县。《周礼》，玉之次美者曰蓝。此县山多出玉，故名。一说作耀州同官县，亦属西安。《汉志》，汉都长安徙齐诸田。故西安府属田姓居多。

## 滥泥村考略

村居类皆田姓，上下烟户联络，不减千百余家。地势宽平，土性润泽。因泥之滥，立村之名，取义故也。其村灵秀独钟，衣冠不断。至今犹称盛族焉。

## 朗溪司考略

据《思南府志》载，朗溪元置峒官。隶婺州，仍宋置也。明洪武初，儒铭公奉命征讨周文贵于鄱阳湖有功，授沱江宣抚史，加封忠顺大夫。五子从征，各以功承袭土司世职。我茂能公授朗溪司正长官，改隶乌罗府。正统四年，乌罗府废，复隶思南府。民国四年，以朗溪于思南地属瓯脱，划隶印江县。是开拓朗溪，实由田姓创始。土司衙门即宗祠基址也。

## 朗溪司正长官考略

考《思南府志》载，隋开皇二年，宗显公以苏威荐为黔中太守。其四世孙克昌公卜筑思州。唐授以义军兵马使。思州遂为田氏世土。以故思南土司以田氏最先。元至正间，儒铭公征五溪蛮有功，封定蛮威武将军。明洪武元年，公率五子从征冶古答意，五子各赐土司之职。我茂能公即授朗溪司正长官。洪武十九年，仁泰公袭；正统七年，宏高公袭；成化五年，祖丰公袭；弘治三年，宗稷公袭；正德三年，庆嘉公袭；嘉靖二年，兴邦公袭；隆庆元年，应芃公袭；万历二十五年，儒胜公以孙袭祖职；崇祯六年，养民公袭；清康熙二十一年，仁寿公袭；康熙四十二年，宏鼎公袭；雍正十二年，祖爵公袭；乾隆四十一年，宗启公袭；嘉庆十六年，兴德公孙袭祖职；同治间，应朝公袭；光绪间，景庠公袭；至儒孺公，政治维新，土司之名裁废。土司肇自明初，终于清末，历事廿六君，经时五百四十三载。时人谓：两广秦黄，思播田杨，良有自也。

## 仕宦录

明姚雾峰先生序吾族谱云：夫天下古今姓田者，多也不能前后相盛，惟黔田氏，以才学荐于隋，黔中大治；以平贼宦于唐，南服镇静；以武功著于宋，交趾畏服；以宣抚重于明，群蛮向化。自国朝肃清海宇以来，思王虽云万里外，田氏子孙，尤以抚民得膺宠锡。而读书之士，竟斌斌焉。英雄奇特，何代无之。姚公之盛誉如此，实我列祖功在国家，名垂竹帛，有不可磨灭者。无怪乎姚公之缅怀忠烈，低徊不置也。继而文武诸公，克绳祖武，开疆辟土，世袭五司。此后，牧民事，司教铎者，代有其人。克绍家声于勿替。爰汇诸谱端，俾后观者，知所奋发而加勉焉。志仕宦。

三十九世孙厚坤氏田敦谨撰

## 历代仕宦

### 第一世

宗显　隋敕授开黔太守知黔州事。民夷率服。载《思南府志》名宦类。

### 第二世

惟康　唐授黔州刺史。武德九年，萧铣逼台省，太宗命公出辰州路，趋江陵讨平之。载《思南府志》名宦类。

### 第三世

阳明　唐高宗显庆五年，同长孙无忌杀贼有功，授都督府大总管。

### 第四世

克昌　以恩威服南夷，唐高宗永隆元年，授义军兵马使。暹罗国进礼纳贡乃公之力也。

### 第五世

道元　唐睿宗景云二年，以武功征服黄土坡猡獠，授义军兵马使。

### 第六世

公荣　唐元宗开元十七年，进贡宝马方物，授义军兵马使。二十三年加授思州节度使。

### 第七世

载龙　唐代宗大历八年，授义军兵马使。以武功靖边疆，官全都巡检使。

### 第八世

时丰　唐元和十五年，授义军兵马使。

### 第九世

佐禹　唐懿宗咸通十年，授义军兵马节度使。

### 第十世

凤翔　唐庄宗同光元年，授义军兵马使。后以征剿黑苗有功，加武略郎，大镇都巡检使。

### 第十一世

承文　后唐授义军兵马节度使。宋真宗祥符三年，奉檄安定交趾，加义勇将军都指挥右仆射平章事。

### 第十二世

正允　宋仁宗庆历八年秋八月，收服南边叛寇，初授义军兵马使加都指挥使，封武略将军。

### 第十三世

士儒　授义军兵马使。宋神宗僖宁五年正月，定庆元之乱，加都指挥使。元丰六年秋八月，讨平泸寇，赠武略郎加封义勇武将军。

### 第十四世

祐恭　宋建炎初，破剧贼王辟，保安蜀境，玺书嘉劳，迁通侍大夫、奉宁军承宣使，知思州军民事。重和元年封少师思国公。载《思南府志》名宦类。

祐祥　宋授左武大夫、都练使。熙隆间，以随赞乃兄，屡建奇功，赠果州团练使。

### 第十五世

汝端　宋高宗绍兴五年，授黔州防御使，升武功大夫，知思州军民事。九年加升通侍大夫。

### 第十六世

祖衡　宋授武功大夫，知思州军民事。

### 第十七世

宗翰　宋嘉定十七年，授武功大夫，知思州军民事。

### 第十八世

庆裕　宋授武功大夫，知思州军民劝农事，统夔路兵马节度使。宋末，以戡乱功，加封显庆侯。

### 第十九世

兴隆　宋授右武大夫，知思州军民事，统夔路兵马，珍州沿边巡检使，赠古州刺史。景炎三年封通利善佑侯。

### 第二十世

应寅　宋授武功大夫，知思州军民内劝农事，累功至节度兵马使，御史大夫。

应丙　宋授武烈大夫，吉州刺史兼知思州军。封壮愍英卫侯。

### 第二十一世

景珍　元泰定二年，诰封思南宣尉，加升廉访使。

景贤　元授南平军各峒宣抚使，保康军承宣使。至元十五年奉诏朝参，赐荣禄大夫，同知枢密院事。延祐七年，封柱国义敏公。

### 第二十二世

儒铭　元至正间征十五峒有功，授昭信校尉，定蛮威武大将军，敦武侯。明以功封忠顺大夫，任沱江宣抚使。授五子土司世职。

惟墉　元授思州军民宣抚使。

惟城　元授龙虎卫上将军侍卫，亲军都指挥使。

惟琦　元至正间授镇远军民知州。

### 第二十三世

茂文　明授承德郎，五寨直隶长官司（即今湖南凤凰县）。

茂武　明授承直郎，万山筸子长官司（即今湖南凤凰筸子坪）。

茂弼　明授承务郎，平头着可长官司（即今松桃平头司）。

茂良　明授承务郎，中林验峒长官司（即今秀山县宋农）。

茂能　明授承直郎，朗溪蛮夷长官司（即今印江县朗溪司）。

茂烈　元授思州宣抚使。

茂忠　元授资德大夫。

茂安　元授镇远军民同知。

### 第二十四世

仁泰　明洪武十九年，袭朗溪司正长官。

仁智　明洪武七年，袭思南宣慰使。

仁德　明授忠顺大夫。

仁寿　明授忠顺大夫。

仁厚　明授思州军民宣抚使。

### 第二十五世

宏高　明正统七年，袭朗溪司正长官。

宏义　明洪武十一年，袭思南宣慰使。

宏政　明授亚中大夫，知思州宣慰事。

### 第二十六世

祖丰　明成化五年，袭朗溪司正长官兼署水德司印。

大雅　明洪武二十年，袭思南宣慰使，授亚中大夫。

### 第二十七世

宗稷　明弘治三年，袭朗溪司正长官。

宗鼎　明洪武二十八年，袭思南宣慰使。

### 第二十八世

庆嘉　明正德三年，袭朗溪司正长官。

庆懿　岁贡生，任四川犍为县主簿。

庆远　岁贡生，任蜀府审理。

庆筠　明授京知太史。

庆湖　明授湖广南阳县知县。

庆郝　岁进士，教谕。

### 第二十九世

兴邦　明嘉靖二年，袭朗溪司正长官。以军功敕封昭信校尉，云骑尉，赠武略将军。

兴让　明嘉靖二十年，授江南凤阳府宿州大店驿丞。

兴吴　明万历二十五年，由选贡任湖广衡阳县丞。居官廉静有循声。载《思南府志》循吏类。

兴亿　明授提督军门。

### 第三十世

应芘　明隆庆元年，以郡庠生袭朗溪司正长官。

应藻　岁贡生，任南康县主簿。

应著　岁贡生，授四川丹陵雅州正堂。

应苏　授湖广彝陵州教谕。

应东　授武猷大夫。

### 第三十一世

景新　明万历己未科进士，授山西高平县知县，行取河南道监察御史。

景猷　明天启壬戌科进士，授兵部职方司主事，次年奉命抚水西殉难。赠太仆寺卿。载《思南府志》忠烈类。

景宏　岁贡生，任四川眉州教谕，升云南澄江府江川县知县。

### 第三十二世

儒胜　明万历二十五年，袭朗溪司正长官。

### 第三十三世

养民　明崇祯六年，袭朗溪司正长官。

茂遇　丙午科举人，授四川南川县知县。

茂通　岁进士，授安南县儒学正堂。

### 第三十四世

仁寿　康熙二十一年，袭朗溪司正长官。

仁阜　贡生，思南县训导。

### 第三十五世

宏鼎　康熙四十二年，袭朗溪司正长官。
宏祚　庚子科举人，授广东乐会县知县。

### 第三十六世

祖爵　雍正十二年，袭朗溪司正长官。

### 第三十七世

宗启　乾隆四十一年，袭朗溪司正长官。
宗润　壬戌科举人，授遵义府训导。
宗汉　清授乌罗司千总。
宗礼　清授修武将军。

### 第三十八世

庆清　清贡生，授荔波县训导。
庆赓　清庠生，代理四川酉阳县知事。
庆膏　清恩贡生，历任毕节、贵定、安顺、仁怀等县教谕、训导。
庆光　清拔贡，授湖南直棣州州判。
庆美　字瑞丞，任陆军三十四师第二旅上校经理处长。
庆尚　清授奉政大夫，覃皇驿指挥。
庆宣　历任团长、游击司令。
庆盈　武举，历任思南把总，玉屏县千总、铜仁府守备。
庆蛟　清云南昭通教授。
庆惠　历任陆军二十四军第七旅旅长，四川第二行政区督察专员。
庆恩　陆军二十四军军部上校参谋。

### 第三十九世

兴德　清嘉庆十六年，袭朗溪司正长官。
兴培　廪生，凤泉县教谕。
兴考　都司。

兴孝　四川彭山县县长。

兴畴　陆军二十八军第三师师部军需。

兴明　陆军十军军部副官长。

兴政　陆军二十四军少校营长。

兴铭　陆军八十五师五〇七团第二营营长。

兴尧　陆军一零三师机枪营营长。

### 第四十世

应朝　袭朗溪司正长官。

应芳　清授昭武将军。

应潼　廪生，清授桐梓县训导。

应鉴　字士珍，清庠生，湘西巡防军统部参谋长，署理四川酉阳县知事。

应元　钦赐蓝翎尽先守备，镇竿右营嵩城把总。

应种　任陆军三十九军副军长。

应泉　任川北清乡总司令。

应鼎　任靖国联军独立旅旅长。

应朝　任云南思茅县县长。

应坤　陆军少将旅长。

应铣　陆军七十九军第六师第三团少将团长。

### 第四十一世

景庠　清光绪间，袭朗溪司正长官。

### 第四十二世

儒煓　清光绪间，袭朗溪司正长官。

## 朗溪司舆图公据

洪武二十一年八月十九奉

按临公赏事照，得朗溪司正长官田仁泰立身端勤，竭力尽忠，招抚冶古答意长官司叛苗三十八寨，在彼驻守一载，辛勤百倍，与国出力。查照功劳，合当充赏。除将捞赏缎匹外，合将受封赐管地方。公据为凭，永远子孙世袭掌管。东以省溪司倒头崖；南以提溪司分水岭；西连思邛江司落茂溪直上长崖岭迄至短头崖白石溪；北以乌罗府林罩坡头顶为界。内有该纳常规年年计军民合项照规催。近邻人等毋妄侵扰，如违钧旨之徒，绑捉赴衙治罪不轻须至指挥。

右公据给付朗溪司长官田仁泰收执。

洪武二十一年八月十九日给

（注：本资料民国谱未收录，现根据《黔南田氏宗谱》补录入谱）

## 朗溪田氏渊源及朗溪司六百年变迁

从隋文帝开皇二年敕命田宗显开黔以来，田氏入黔已1430年。历事隋唐宋元明清，祖德宗功彪炳青史。从明洪武五年敕封我二十三世祖茂能公朗溪蛮夷长官司世职，至今已640年。640年来，茂能公后裔在此繁衍生息，瓜绵椒衍，现已遍及黔渝川鄂湘滇桂数十县市，总人口约15万。

为了让朗溪田氏后裔了解朗溪田氏历史渊源以及朗溪蛮夷长官司（以下简称朗溪司）640年变迁，特根据清乾隆六年辛酉官版刊行《黔南田氏宗谱》，明洪武十五年《征蛮实录》，朗溪民国三十七年《田氏族谱》，沿河、秀山、綦江等地《田氏族谱》以及部分手抄本族谱资料；《贵州通志》、明清《思南府志》、《印江土家族苗族自治县县志》（以下简称《印江县志》）、印江县政协编辑《文史资料》等文史资料和族中年长者口述及近几十年亲历亲见，作简要概述。

### 一、黔南田氏世系概述

清康熙八年田泰遇《续光裕宗谱序》，开宗明义阐明了黔南田氏渊源："田氏世族于黔南也，自隋文开皇间，黔太守之宗显祖始。""其肇自虞姚，实大舜之苗裔。于陈姓妫，奔齐改田，凡三易姓始定。至若居国也，乃数迁焉。分茅于陈，自周王也。食采于田，自桓公也。移徙于西安者，则汉高之世。而刺守于黔中，又在隋文之朝也。"

## 贵　州

隋文帝开皇二年，敕封田宗显为黔中太守，知黔州事（《贵州通志·前事志》卷一218页，引《隋书》）。我宗显祖率陕西、山西、陇西张杨邵安李，何冉谢朱覃十大姓开黔。"任久未迁。民夷率服，兹土大治，有太平，尽属乐。"田宗显即为田氏入黔始祖。

黔中郡及其历史建置沿革如下：《史记》载："楚自汉中，南有巴、黔中"两郡（卷一202页）。汉高祖五年，改黔中郡为武陵郡。南朝陈武帝永定元年重置黔中郡。唐武德元年改黔中郡为黔州。武德二年置务州。唐贞观四年改置思州。

在唐宋时期，田氏历代先祖南征北战，开疆拓土，代有忠臣良将。从隋文帝开皇二年，敕封田宗显为黔中太守，知黔州事，到宋大观元年，宋徽宗诏田佑恭入朝，领旨黔南路（《贵州通志》卷一）。田氏以黔州为基地，在大西南东部，川鄂湘黔滇桂间广大区域，剿贼平凶，定国安邦。经十四代，历时525年。正所谓"黔山纪时著之功，青史有光昭之誉"。

宋大观元年，佑恭祖建思南州治，始有印信。升武功大夫，知思州军民事，加团练观察使。明嘉靖《思南府志》载："《宋史》：建炎二年，剧贼王辟等破归州……调思州田氏兵讨之，大破贼众，保安蜀境。玺书嘉劳。自此，田氏世为思州守。"

绍兴二十三年，佑恭祖首修《黔南田氏宗谱》，以五百多年来田氏列祖列宗的祖德宗功，赢得了御赐"黔南第一世家"的盛誉，钦赐十字宗派的荣光。

从宋大观元年我十四世佑恭祖领旨黔南路，经元代至明成祖朱棣永乐十一年，废思州宣慰田琛、思南宣慰田宗鼎。以二州地设八府四州，始设贵州布政司。田氏世守思州、思南历十四世，计306年。

朗溪田氏为黔南田氏二十三世茂能公后裔。宗支分派情况如下：二世祖惟康、惟善（一说未详，一说乏嗣）分派；惟康公位下，三世祖阳明、昭明（后裔未详）分派；阳明公后裔，九世祖佐禹、佐舜、佐尧（后二公一说未详，一说乏嗣）分派；佐禹公后裔，十一世祖承文、承武（后裔未详）分派；承文公后裔十四世佑恭、佑祥分派；佑恭公位下，十五世汝端、汝弼、汝庆、汝泽分派；汝端公位下，十六世祖衡、祖律、祖常（尚）、祖严、祖信、祖周、祖格分派；祖衡公后裔，二十世应丙、应寅分派；应寅公后裔，二十二世儒锭（一说未详，一说乏嗣）、儒铭分派；儒铭公位下，二十三世茂文（湖南凤凰县五寨司一支）、茂武（湖南凤凰县竿子坪一支）、茂弼（贵州省松桃县平头司一支）、茂良（重庆市秀山县验洞司一支）、茂能分派。

## 二、朗溪司前史及茂能公受封朗溪司

朗溪司位于今贵州省东北部，武陵山脉中部主峰梵净山西麓。今大部属贵州省铜仁市印江土家族苗族自治县。本境在秦以前属黔中郡。汉属武陵郡永宁县。晋属涪陵郡万宁县。

"唐武德元年，置朗溪县，属叙州谭阳郡。"唐武德三年置思王县（治所在今朗溪镇），隶思州（明嘉靖《思南府志·沿革》）。唐天宝元年改黔州为黔中郡。改思州为宁夷郡。思王县隶属宁夷郡。唐至德二年，废宁夷郡，复置思州。领思王、多田、思邛三县，州治务川。五代时属黔州地。为后蜀孟知祥辖地。"元，置朗溪峒官，领其地。隶务川县。"宋建隆二年废思王县，改为朗水峒，设峒官，自理其政。元泰定元年（1324年）废朗水峒，改设朗溪蛮夷长官司（《印江县志》第10～11页、第63页、第68页，参见《后汉书》《旧唐书》《新唐书》《贵州古代史》）。

我二十二世祖儒铭公（1318～1401年），于元至正间征十五峒有功，敕封昭信校尉、定蛮威武大将军、敦武侯。任沱江（今湖南凤凰）宣抚使。

明洪武元年，儒铭公奉调助剿周文贵，于鄱阳湖凯旋。时值朗水十五峒四十七寨，罗、吴、杨、石、龙、王、乜、游、胥九姓苗民反叛朝廷。朝廷调派田儒铭带兵征剿。儒铭公率文武弼良能五子，于洪武二年正月出征，至思邛江司搭营，先侦查地形，谋划进军方略。做出不伐朗水上坪下坪（今朗溪上坝下坝）模样。于四月二十六日，使长子田茂文，次子田茂武领精兵一支于东庄搭营，鱼贯暂剿。使三子田茂弼，四子田茂良领精兵一支于南官庄搭营，鱼贯暂剿。使五子田茂能与义子张长子领兵一支，于昔土坝搭营，短截杠课等处。三处安营已定，旋转哨口响水岩，安放两鸣大炮。把邛江司营房做个无兵看守一样。叛苗且说大兵由上三路而入，不防由下而来，不顾朗水上坪、下坪，一齐去顾高寨坪，陬增旺后坪等处。

八月初四，田军在思州督兵二千三百，至八月初八齐集邛江司，杀牛马猪羊鸡祭旗、赏兵。日方西沉，即从哨口进兵，音佛硐（今观音岩）一路险道无阻塞至土地堂。借月光正明，从下坪起手，杀至上坪。独路溪（今巴山溪）不进兵，于白鹤岩搭兵一百，截住溪口。带二千二百兵，将十里槽（今十里冲）搜过，转龙虎硐歇力。迷眠二时，天气将晓，溯河进兵。父子七人，四路兵至高寨峒会合。因不忍剿杀降苗，于是招安复业。供纳熟粮六十一石二斗五升，丁银一百八十两余，交纳邛江司收解。安罗大车为下十峒大苗头，罗大保为上五峒二苗头。张长子转邛江司镇守。田军改苗东庄为东官庄，苗南庄为南官庄，取二处赋税以报苦劳，仍转沱江镇守。

明洪武五年壬子，朝廷以田儒铭奉调助剿周文贵于鄱阳湖有功，并招服中林验峒、箄子、五寨、朗溪、平头、都平、万山等处蛮夷。克服辰蛮，招降夷峒，开通云贵大道。敕赐三品服色，榜文一道。诰封忠顺大夫、任沱江宣抚使。五子从征，俱各有功。奉敕封五子世爵，各隆印信承袭。我二十三世祖茂能公敕封承直郎、朗溪蛮夷长官司正长官世职。

洪武二年朗水十五峒平伏安靖后未满十年，四川酉阳司冉万花心怀不忿，欲败田军之名。即从计王化闪，勾引杨绒飞等人，闯入朗水十五峒。用假银钞诓诱，策反大苗头罗大车、二苗头罗大保再次举事。降苗反心复叛，二载不纳赋税，困陷邛江司。洪武十三年二月初八，朝廷敕旨仍调田儒铭复征。

儒铭公率五子，至思邛江司搭营，借得厥册蛮夷长官司（今池坝）千总任甲弟之兵，又结思邛江长官司长官张坤载为义子。思邛、厥册二司同意助剿。按照谋划布局，儒铭公使五子茂能与张长子守营；次子茂武领兵在东官庄搭营；三子茂弼干苜土坝搭营；四子茂良丁南官庄守营；使总兵熊得胜统十大姓乡兵，于秀堡内河等处守营；使任将之子任守成于滴水岩搭营，取乡兵把住一带山岭；使茂文督乡兵于地阡屯搭营，顺岭修条小路通东官庄。兵分七方七路，形成围攻之势，同期会战。经营布置，安营搭寨用时二年半。洪武十五年壬戌八月十五日，田军借月光出征，会兵于增旺溪，追赶冉万花于平陬戮杀，更地名叫平头寨（今合水镇三坪）。天未晓，出小杉木，到马荆岩与茂良茂弼二路兵会合，出独路溪黑龙岗，苗头罗大车正在烧丹，追得罗大车爬岩不及，跌岩碎身。遂将独路溪更名爬抓溪（今称巴山溪），径出白鹤岩。一出溪口，得报：茂文茂武在龙虎硐搜出罗大保，追至蒲草坪剿杀；任将从滴水岩起兵已取上坪；熊得胜督十大姓乡兵于秀堡两河起兵，已取下坪；任嗣宗在老道硐搜出王化闪，追至逐水沱烧硝硐剿杀；茂能与张长子于哨口起兵，已到音佛洞。儒铭公统几路精兵，在土地堂合围，将杨绒飞戮于土地堂。遂安定十牌十甲，粮归牌甲。官山官土分峒界。一十五峒，各照峒界管业，苗民各峒归投乐业。儒铭公写表上奏朝廷，保荐任守成为副土司官，张长子、熊得胜等均论功行赏（本节据明洪武十五年《征蛮实录》整理）。

### 三、朗溪司所辖境域范围

朗溪司一十五峒，通称下十峒、上五峒。但对照《征蛮实录》《思南府志》《印江县志》的记载，峒名大部分不相吻合。《印江县志》亦称十五峒，但有十六峒名。兹按《印江县志》记载，将各峒峒名及大致辖区简介如下：

木黄峒，今木黄镇张家沟至三合、地茶、五甲、官塘一带；

木桶峒，今木黄镇乌巢至七百渡及松桃县红石乡凯梭村、石响村、百鸟村，石梁乡格善村、肖家寨，乌罗镇中利村、上街村、田家寨，三阳乡小河村、木材溪一带；

木社峒，今新业乡蜂子坳至坪所、格山、丰塘及松桃县乌罗镇鸳鸯嘴村、长干岭村、甘溪村、冷家坝村、擂钵底村一带；

迎恩峒，今永义乡团龙村、大园址村、袁家林村、豆凑林村，罗场乡两河村、快场村、岭丰村，江口县德旺乡迎风村、红光村、坝梅村、大河堰村、龙溪寨一带；

落囲峒，今新业乡落坳村、后河村一带；

木良峒，今木黄镇燕子岩至金厂、桅杆一带；

亥溪峒，今天堂镇陡溪至松桃永安乡、红石一带；

司前峒，今朗溪镇川岩村、白沙村至三村村及峨岭镇峨岭关村；

鬼冶峒，今新寨乡凯望至乐洋一带；

鬼寅峒，今朗溪镇太阳坪至甘龙一带；

富溪峒，今缠溪镇两路口至牛郎关、新阁一带；

高寨峒，今合水镇高寨至木腊、鱼泉一带；

增旺峒，今合水镇兴旺以上至石万、龙洞、汤家井一带；

逐水峒，今罗场乡大部、缠溪镇打杵场、打杵坳、湄坨一带；

岑台峒，今朗溪镇堂祠村至缠溪镇曾家、青杠林及罗场乡一部；

吉道峒，今朗溪镇打铁坳至坪阳、合水镇白元、永义乡慕龙、竹园、田家湾一带（详见《印江县志》68~70页）。

据明《朗溪司舆图公据》（洪武二十一年八月十九给付朗溪司正长官田仁泰收执）记载，朗溪司四至界为："东以省溪司倒头崖；南以提溪司分水岭；西连思邛江司落茂溪直上长崖岭迤至短头崖白石溪；北以乌罗府林罩坡头顶为界。""合将受封赐管地方。公据为凭，永远子孙世袭掌管。"

明嘉靖《思南府志·疆域》记载：朗溪司所辖境域，"东抵乌罗司界三十里，又六十里至司；西抵印江界五里，又十里至县；南抵铜仁府提溪司界四十里，又六十里至司；北抵沿河司界一百里，又百里至司。东西广一百里，南北袤一百四十里"。

清嘉庆二十四年重新划定朗溪司界：东抵乌罗司56里，西抵印江界15里，南抵铜仁府提溪司96里，北抵佑溪司110里，南北径200里，东西宽110里。

根据以上史料记载，朗溪司所辖境域，大致包括今印江县朗溪镇、合水镇、木黄镇、缠溪镇、永义乡、新业乡、罗场乡全境，新寨乡南部，天堂镇东北部，峨岭镇峨岭关村，以及松桃县、江口县各一部，总面积1500多平方公里。

### 四、朗溪司六百年建置沿革

明初，朗溪蛮夷长官司隶乌罗府。正统四年，乌罗府废，复隶思南府，直至清末。民国四年，以朗溪司于思南地属瓯脱，划隶印江县。

我茂能公受封朗溪司世职后，因仍随父在外征战，未赴朗溪任。洪武十九年，仁泰公袭。因奉命招抚冶古答意长官司叛苗三十八寨，并驻扎镇守。亦未赴朗溪任。据传，宏高公于18岁时，代父赴朗溪任（宏高公生于1390年，18岁时为永乐六年）。当时，有曾祖母蒲氏尚健在，恐宏高少不更事，即不顾年高，带曾孙一同赴朗溪理事。不数年在朗溪病故。葬于司治南二里许地名阳明溪飞燕衔书形（今朗溪镇孟关村）。正统七年，宏高公袭朗溪司世职。始建朗溪司衙署。

此后，明成化五年，田丰公袭；弘治三年，田稷公袭；正德三年，庆嘉公袭；嘉靖二年，兴邦公袭；隆庆元年，应芃公袭；万历二十五年，儒胜公以孙袭祖职；崇祯六年，养民公袭；清康熙二十年，仁寿公袭；康熙四十二年，宏鼎公袭；雍正十二年，祖爵公袭；乾隆四十一年，宗启公袭；嘉庆十六年兴德公孙袭祖职；咸丰十一年，应朝公袭；光绪元年，景庠公袭；至儒煓公，政治维新，土司制度裁废。朗溪田氏承袭土司，肇自明初，终于清末。历事廿六君，经时五百四十三载。共传承20世，一十八任。

1911年辛亥革命后，民国四年调整各县插花地。以朗溪于思南地属瓯脱，划隶印江县，"将原属思南府直辖的朗溪司划归印江县管辖"（《印江县志》62页）。民国二十九年，印江县分为五个区，原朗溪司境域主体属第二区以及第五区大部，另有第一区凯望联保。民国三十二年印江县调整为18个乡镇，215个保，1943个甲。民国三十三年，印江县缩编为15个乡镇（《印江县志》80～82页）。

1949年11月，印江解放。全县设4个区15个乡镇。1952年底改划为8个区74个乡。1961年12月印江重新调整为7个区，41个行政管理区。后全县调整为46个人民公社。1982年恢复乡、村称谓。1986年12月13日，国务院同意撤销印江县，设立印江土家族苗族自治县。1988年底全县设8个区（镇），46个乡（镇）。1991年实行"撤区并乡"，全县调整为现在的17个乡镇（详见《印江县志》82～84页）。

## 五、朗溪田氏宗祠

朗溪田氏于壬申年（乾隆十七年）仲秋月祭祖时，由时任朗溪司正长官田大（祖）爵（1734年袭世职）提议，田仕（儒）位、田茂阡、田丘、田茂晓、田茂宣、田仁普、田宏才、田宏记、田仁坤、田茂骊、田仁同、田仁丘、田仁仲、田绍尧、田宏区等首士倡议，公议决定新建田氏宗祠。公推田仕位、田茂阡为总理。四房各推首领一人。"各房照户记名登簿。随即收领银钱，约集族众，和同会议。选请良工，登山采办木料，搬运以至司城。安排制度，精细起造。""历经十余载，为首诸公，费尽艰难，厥功告成，纪名勒石。"于乾隆二十七年壬午岁季秋月竣工。"由是合我族众，安设神主，举行祀典。"

朗溪田氏宗祠基址原为土司衙门基址。宗祠坐东向西，共分三进。现根据族谱所载示意图和族中年长者讲述，将被毁前概貌记述如下。

宗祠头门为牌楼式，三重檐四柱三层，砖石结构，两翼有围墙。头门外有约300平方米空地，外侧是朗溪大堰水渠（水渠至今仍尚存）。头门外水渠边建有照壁及杨柳树一行，左右各有石拱桥一座，与街道相通。石拱桥桥面宽约3米，长约4米。大门上部正中书"田氏宗祠"四个大字，楹联一副："汗马功垂麟阁古　紫荆花发雁门奇。"大门楹联为"率十姓以开黔立德立功在昔铭历朝竹帛　控百蛮而袭爵世宦世守于今重五土衣冠"。进头门即为宗祠花园，南北宽约40米（西侧约窄），东西长约60米。有围墙围护。头门内有为贵州巡抚田兴恕所建大圩子，两侧各有圩台一个。圩台高约五尺，宽约六尺，正方形，四周有护栏。花园内还有为田氏举人而建的圩桩数十个。临近二门左右各有紫荆树一株，胸围一人难以合抱。南侧围墙边有厕所数间。

宗祠二门为牌楼式，三重檐六柱三层，砖石结构，通面阔约40米，通高约12米，位于宗祠主体建筑的西面。大门为石库门，宽约3米，高约4.5米，石门槛高约25～30厘米。大门上部正中书"庙貌维新"四字。石门柱上书楹联："卦袭太交思易学　木秉春旺见荆花"，两旁抱柱上书二副楹联，内为："三田德茂家声古　五土荣封世泽长"，外为"绩著鼎彝勋橐笔　威昭黔楚剑磨天"。

进二门，南侧有耳房两间，北侧为仓房一间。仓房后面是楼梯间，通戏楼和厢房遛廊。进二门过耳房，中间背座为戏楼，戏楼下部是通道。戏台高度约3米，通面阔约15米，通进深约10米。戏楼前檐柱上书楹联一副："听丝竹管弦之音不啻鸣球击石今乐犹古乐倾耳处真好声腔允足恰和宗祖　看衣冠文物之胜居然拜相封侯前人教后人过眼前许多角色长堪程式子孙。"

正殿、戏台东西相向，与南北厢房构成"天井"。天井系料石镶砌，约25×25米。南北厢房各有六间，有石阶沿，地基比天井约高60厘米。南北厢房各占地约200平方米。二层有遛廊可通耳房及戏楼。过天井迎面上十余步石阶即是正殿。

正殿为五间，通面阔约40米，通进深约18米。中间三间为敞殿，房檐下迎面上悬三张匾额。正中为御赐贴金匾额"黔南第一世家"，左边为"荆荣奕叶"、右边为"绩厚流光"。"黔南第一世家"匾额由督黔学使张大受手书。正殿内还有匾额数张，其中有一巨匾："本支百世"，落款为"钦命提督全黔军务贵州省提督军门尚势勇巴图鲁第三十九世孙兴恕敬立"。

正殿正中神龛上供奉宗显祖、佑恭祖、儒铭祖、茂能祖、仁泰祖神主牌位。神主牌贴金制作，四周镂空雕花装饰。高约2米，底座设有两重台，雕花护栏围护。神主牌前有一应祭器陈设，置巨型祭祀桌一张，直径近2米，圆形六脚，用紫檀木精工制作。四周雕刻狮子头、卷草、万福装饰，桌脚为象脚型。神主牌后两侧有大屏风四座，上书《出师表》。左右墙壁上挂有巨幅书画《墨龙》一幅及名家书画若干。

正殿檐柱上书楹联一副："肇黔自开皇三十五世冠裳远　守朗源洪武四百余春锦绣长"。正殿木柱均用合抱以上原木，挑檐、川枋均为宽40厘米、厚10厘米以上的木枋，雕花、油漆彩绘装饰。石柱础为青石鼓形雕花草人物图案。正殿地坪比天井约高2米，用六角地砖铺砌。左右稍间分别是会客室、图书室，木地板装置。图书室藏有图书数千册。其中有古版线装《资治通鉴》及《万有文库》一部。

正殿后面有石天井一个，约5×25米。左右各有厢房一间。过天井即是寝殿。寝殿为五间，房檐下有匾额三张，中间为"武圣祠"，左右分别为"绳其祖武""公侯世胄"。寝殿正中一间为武圣殿，左右四间分别供奉宏高祖、宏玉祖、宏瑀祖、宏琢祖神主牌位。左侧稍间另设有修建田氏宗祠总理，长房三十二世仕位祖神主牌位。神主牌位均为贴金制作，四周雕花镂空装饰。

宗祠南北两面有封火墙，高约8～15米。二门牌楼、南北两面封火墙与寝殿后墙，共同围护宗祠成整体建筑。通面阔约40米，通进深约65米，占地约2600平方米。头门及花园占地约2400平方米。宗祠总占地面积约

5000平方米。

总之，朗溪田氏宗祠规模宏大，庄重宏伟，工艺精湛。尤以雕刻装饰精美，雕工堪称一绝。宗祠楹联、匾额、书画均出自名家之手。由于笔者古建筑知识缺乏，又无文字资料或实物图片可考，因此，以上记述难免挂一漏万，数据有欠准确，描述亦不尽妥帖。

解放后，田氏宗祠被用作朗溪区公所办公场所。

田氏宗祠因失火毁于1974年12月12日。是日晚19时许，由南侧第一间厢房楼上起火。因宗祠内部建筑均为木质，且已两百多年，戏台、房柱及外侧板壁多次油漆，因此，火势之猛，世所罕见。火警发生后，朗溪街上及四乡群众蜂拥前来救火，因时值冬季，宗祠前面堰沟无水，只能到河边取水或到周边厕所取粪水灭火。由于火势太猛，宗祠建筑高大，四周有封火墙，又无专业灭火工具，数千民众只能眼睁睁看着烈火将田氏宗祠吞噬殆尽。至次日9时许，残火熄灭。田氏宗祠除四周封火墙外，已成一片废墟。石门柱、石柱础几成石灰。事后，经印江县公安局勘验，起火原因为用电不慎。

朗溪田氏宗祠存世仅212年。

田氏宗祠被毁后，朗溪区革委在原寝殿基址新建办公楼。即今朗溪镇政府办公楼。此后，在原宗祠基址范围内，又陆续修建文化站、政府食堂、财政所、派出所以及今"土司食品厂"。

除朗溪田氏宗祠外，朗溪田氏还建有木黄燕子岩田氏宗祠、落佑田氏宗祠、大田田氏宗祠三处分祠。

燕子岩田氏宗祠始建于清光绪二十三年，系三进高封火墙围护古建筑。通面阔24.9米，通进深32.5米，系砖木结构。现有照壁、牌楼式大门、戏楼、厢房、天井、正殿、围墙、燕翼亭等建筑。县人民政府于1986年将燕子岩田氏宗祠公布为县级文物保护单位。现已作为第五批省保单位上报待批。

燕子岩田氏宗祠建筑布局仿朗溪田氏宗祠，其主体建筑规模相当于朗溪田氏宗祠的三分之一，占地面积约为五分之一。朗溪田氏宗祠头门、牌楼式大门、戏楼、正殿、后殿、围墙等更加高大。因朗溪田氏宗祠已不存，特将县文物管理局对燕子岩田氏宗祠的实测数据资料照录如下。

照壁：面阔24.9米，斗合砖墙通高5米，厚0.4米，两侧各建小门作通道，照壁及两侧小门的上部分为"弓"形造型，门宽1.5米，高2米，墙面为小青瓦覆顶。

牌楼式大门：为三重檐六柱三层，砖石结构，通高9米，方形石库门高3.2米，宽2.2米，第一层门额隶书"黔南第一世家"，第三层楷体竖书"田氏宗祠"四个大字，顶层墙为"弓"形造型小青瓦顶。六个砖体柱框内为书法对联。门联行书"鱼泉环绕少师祠　燕岭蜿蜒敦武庙"。侧联"三百载宏开祖庙但祝衣冠文物望重黔南第一家　四十世克绍前光回思燕翼贻谋蔚成汉族无双士"。外联"为祖宗神享式格际兹庙堂肇造雍雍肃穆鲁灵光　是山川间气所钟忆昔文武相承济济菁莪周髦士"。正面柱框内遍施灰塑。

戏楼：戏楼居中，两侧为耳房，通面阔24.5米。戏楼进深9檩，通面阔6米，通进深8米，坐东北向西南，石砌台基，鼓形石柱础雕花草人物图案。落地柱8根，戏楼梁架为抬梁式。采用20柱，其中6柱落于楼福。两侧耳房为硬山式，采用14柱，其中6柱落地。戏楼檐柱间装挂落，耳房檐下为带梗式走马板。戏楼挑檐下为木狮子造型撑拱。落地柱间有雀替，卷棚为正方形藻井。楼层额枋木雕五幅人物故事图案。西、南翼角高翘。戏楼为青筒瓦屋面，葫芦宝顶，"回"状脊刹。耳房则小青瓦盖顶。

厢房：南北厢房建筑面积144平方米。面阔各三间，通面阔16米，通进深4.5米。梁架为穿斗式木结构，硬山式小青瓦屋面。面壁饰"回"字格雕花窗及走马板。二层建有遛廊可通耳房及戏楼。地面为地楼板装置。

天井：戏楼、厢房与正殿构成四合院式天井。地坪为梵净山大青石墁铺，东北—西南向错缝。正面台阶三级可上正殿。

正殿：正殿地坪比天井高0.8米，大梁题记为清光绪二十三年，八卦太极图案。建筑面积257平方米，面阔五间，通面阔24.5米，通进深10.5米，进深16檩。明间圆材长跨梁为抬梁结构，共用24柱，其中10柱落地。两次间采用穿斗式结构，共用24柱，其中12柱落地。稍间仍采用穿斗式结构，共用落地柱16根。屋面为硬山式小青瓦覆顶，脊饰为"米"字状造型连接两端封火墙，中饰葫芦宝顶。明、次间地坪为三合土结构，稍间地楼板装置。

后殿：后殿地坪比正殿地坪高出0.6米，建筑面积232.7平方米。面阔五间，通面阔24.5米。通进深9.5米，进深16檩。明间圆材长跨梁为抬梁结构，共用24柱，其中10柱落地。两次间采用穿斗式结构，共用24柱，其中10柱落地。稍间相同。屋面为硬山式小青瓦顶。正殿与后殿间建小厢房连接，使天井构成四合院式结构。

围墙：总长120米，高1.8米，厚0.42米，斗砖合结构，小青瓦覆顶。东面围墙等距方窗布置。

燕翼亭：系砖木结构正四边形建筑，边长5.2米，硬山式小青瓦屋面，共两层。二层建有木结构追廊。两层皆扇状额书"燕翼亭"三字。上下两层四边皆开门窗并书门联。（朗溪田氏宗祠无"燕翼亭"建筑）

落佑田氏宗祠为四房宏琢祖一支分祠。于清同治十二年癸酉岁，由田宗全、田应朝、田宗顺、田庆燠等20人承首修建，木匠刘永玖。2012年印江县政府公布为县级文物保护单位。现由落佑、官庄田氏族人组成管理委员会管理。

大田田氏宗祠因年久失修，现已在原宗祠基址上新建大田小学。

## 六、朗溪田氏字派

《黔南田氏宗谱》由我十四世祖佑恭公于宋绍兴二十三年首修。其时，天下大族盛行编定字派，从而有南宋高宗钦赐我族十字宗派"祖宗庆兴应　景儒茂仁宏"之举。此时佑恭祖已是七十九岁高龄，其子汝端辈均已成年，因此，十字宗派从十六世祖衡辈启始使用。

田氏十字宗派在传承过程中，不知何时何因，字派发生了三种变化。一是仍然保持十字，但将"祖"字派改为"大"字、"太"字派，将"儒"字派改用"维"字、"仕"字派。二是把十字宗派从祖字派起始，改为从仁字派开头。记述为"仁宏大（太）宗庆　兴应景儒（维）茂"。三是有的支系认为十字太少而新续字派。如二十字："仁宏大（太）宗庆　兴应景儒（维）茂　时丰（亨）荣贵永　世裕（代）德泽长"；二十五字"文全宏太守　幼汝祖宗庆　兴旺佐朝廷　时丰荣贵永　世裕德泽长"等等。在近些年续修族谱时，有的支系又续添新字成四十字。以致形成字派越添越多越杂，同宗同世而字派不同的现象。

有鉴于此，为尊祖训，民国间朗溪田氏续修族谱时，即规定统一按钦赐十字宗派入谱。本次续修族谱时，经修谱大会讨论，仍按钦赐十字宗派传承不变。望朗溪田氏后裔世代谨遵之。

**七、朗溪田氏续修宗谱概略**

关于《田氏族谱》的续修情况，由于年代久远，现有族谱版本有限，现依据现存族谱版本和族谱序言，做简单概述。

佑恭祖在《黔南田氏宗谱·少师公家谱原序》中谆谆告诫后世子孙："凡我子孙，自兹以始，务宜五世一续，十世再举。否则，难免不孝之诛，祖宗在天之谴也。"

佑恭祖于南宋公元1153年首修族谱。126年以后，南宋灭亡，历史进入元代。元代百余年间，战乱不断。其间兴隆祖、应丙祖、应寅祖、景珍祖、景贤祖，三代均是武将，长期四处征战。直至二十二世祖儒铭公"挂冠林下"之后，"肃振朝纲，六宇奠安"之时，才能"谨仿先代少师公旧谱，续修其后"。于明洪武五年第一次续修。其间已传承八世，计219年。

明正德十五年庚辰，二十八世孙田庆懿（岁贡，长房宗资公之子）任四川犍为县（今叙永县）主簿，求赐进士及第云南按察司佥事前南京监察御史姚雾峰先生为《田氏族谱》作序，即《田氏谱序》。我们认为，修谱才求序，此次当为第二次续修《田氏族谱》。其间已传承六世，计148年。但今未见其版本留存。

据清康熙八年己酉岁，三十三世孙田泰遇（即丙午科举人茂遇）《续光裕宗谱序》记述。丙午会试归来，即续修《光裕宗谱》。此为第三次续修族谱。距第二次续修族谱，相隔五世，计146年。

清康熙四十六年丁亥，三十三世孙田茂颖《续修家谱叙》，详细记述了续修族谱始末，据此可以断定当时曾续修过族谱。康熙六十一年壬寅督黔学使张大受在"恭谒少师田公祠"，并阅田氏宗谱后，有感而作《田氏宗谱序》。此序可以佐证茂颖公续修族谱属实。此为第四次续修族谱，距茂遇公续修族谱，相隔38年。

茂遇公与茂颖公都生活在清康熙时期，将《续光裕宗谱序》与《续修家谱叙》两相对照。茂遇公是风华正茂时修谱，茂颖公是颐养天年时修谱。其间相隔38年，而后者竟有"历四十八年竟未举行"之语。可见茂遇公所修族谱采访范围、流传范围均有限，以致二公同时代却先后两次修谱。

乾隆六年有由"朗水田普续订　诸缙绅先生鉴订"，广州官板刊行《田氏族谱》。封面书"光前裕后"，内页标《黔南田氏宗谱》。扉页载："乾隆六年辛酉年新镌《雁门郡田氏光裕谱》。"并有《跋》一篇，介绍了续订及付梓始末。现照录如下："家谱不修，统系失叙，莫考其源并昧其流。吾家有志修谱不乏其人，而卒未果者，以族姓殷繁，居处星布。谁能遍历攒集，从而倾赀，梓以散及族党耶。此徒托之空言也。祚出宰海外，族兄普持携至署，命亟为梓。何敢惮劳，何敢惜费。第阅所录，采罗未丰，记载弗详。难免不醇不备之感。退食之馀，思欲勉为修饰。向谁考核，向谁汇订。岂鞅掌弗遑哉。以地以人以时以势限之矣。仅就其所录者而梓之。以俟后人黼黻润色，免俾先德，昭垂百世，流芳万年。吾家祖德高厚，遗泽悠久，各自修培，代启贤嗣，以继志述事云。皇清乾隆五年庚申春三月，三十五世孙宏祚丕业民谨跋书于乐会县署。"因此，此谱为朗溪田（宏）普采集，交由时任广东乐会县知事田宏祚出资刊行。宏祚、宏普均是长房庆嘉公一支后裔。宏祚，字丕业，茂养公孙。康熙五十九年庚子举人，授文林郎广东乐会县。

如跋文所述，此谱未能详记各支世系。仅记朗溪司长房至三十五世；应丙祖一支记至二十八世；佑祥祖一支记至三十五世。此版族谱不属全面续修，与茂颖公修谱仅隔34年。但是现存唯一官版刊行版本（此版族谱有庆湖公一支，三十三世茂本公迁綦江邓家田之后裔田兴钰家传。并在谱后增页，于民国元年、民国二十一年补续本支世系）。

（土司研究会　提供）

# 概　说

土司田谷（万历《黔记》作田谷保），陕西西安蓝田县人，至正间征十五峒有功，封定蛮威武将军。明洪武元年（1368年），茂能从征治

· 259 ·

古、答意有功，授朗溪正长官司。永乐二年（1404年），仁泰袭。正统七年（1442年），洪高袭（据万历《黔记》补：洪高后尚有田丰、田积、田庆，才传兴邦）。嘉靖二年（1523年），兴邦袭。时镇箪苗乱，印江失守，掳邑令以去，邦挺身率兵捣巢穴，计擒首恶吴黑，斩获甚众。隆庆元年（1567年），庠生芘袭。万历二十五年（1597年），儒胜袭。崇祯六年（1633年），养民袭。国朝康熙二十一年（1682年），仁寿袭。康熙四十二年（1703年），宏鼎袭。雍正十二年（1734年），大爵袭。乾隆四十一年（1776年），宗启袭。嘉庆十六年（1811年），宗启孙兴德袭（清道光《思南府续志·第五卷·土司》）。

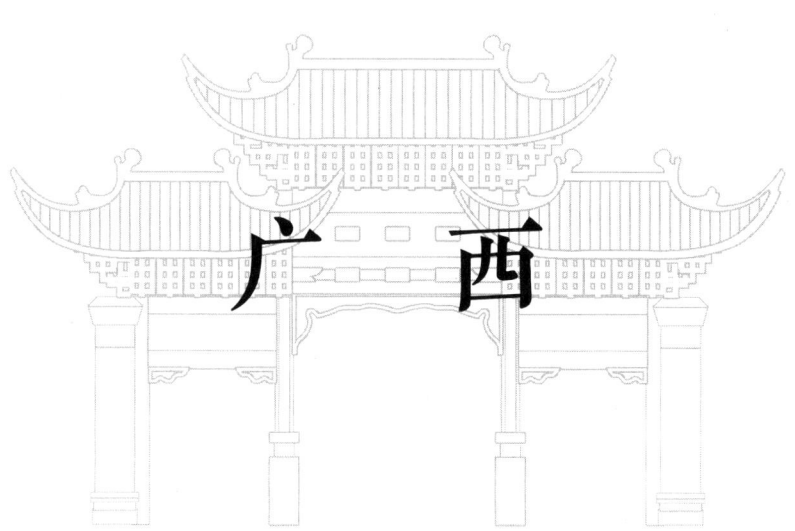

广 西

# 田州岑氏源流谱

## 岑氏源流谱叙

世出周文王封其异母弟耀之子渠为岑亭，子孙以国为氏。自渠历十九世传至东汉舞阴侯彭公，之后，迁居浙江绍兴府余姚县上林乡石人里岑王村。世家大族，莫不著宗牒，以昭示来兹，岂存荐陈其姓望之美丑？所以敦本笃亲，使后世子孙不敢忘所自也。盖子姓繁衍，则迁析众多，倘非笔之，以致将数世以还，茫然不知祖考所自出，以视如秦越焉。则家乘之作，敢以为不敢一诱而忽诸！

我岭右岑氏来自浙之余姚。留镇之后，振振绳绳，为前明参将总兵瓦氏，为将军，为都督，为方册所致以授封，间入名宦而祀乡贤之绅士，蔚然得以功勋彪炳方册明诏，所谓五百年忠孝之家也。由田初大宗，而推子孙迁移支派，凡南、太、泗、镇、柳、庆、思、浔，俱皆有之；而统宗会元，必先溯其根本，以分疏其枝叶，庶无依草附木之患焉。况自西粤而追溯南阳，我兴远祖舞阴侯，图灿云台，功标炎汉，更有三岑载颂，卓尔循良。此外，名播嘉州，声传魏郡，展猷幕府，坐兴棠芾之歌，共赏莲花之赋，诗与李杜相颉颃，而怀才以处者，亦彬彬焉。

揭于篇首，俾子孙知所法守，亦以使后世兴思其源流之长远焉尔。

## 南阳岑氏源流支派图

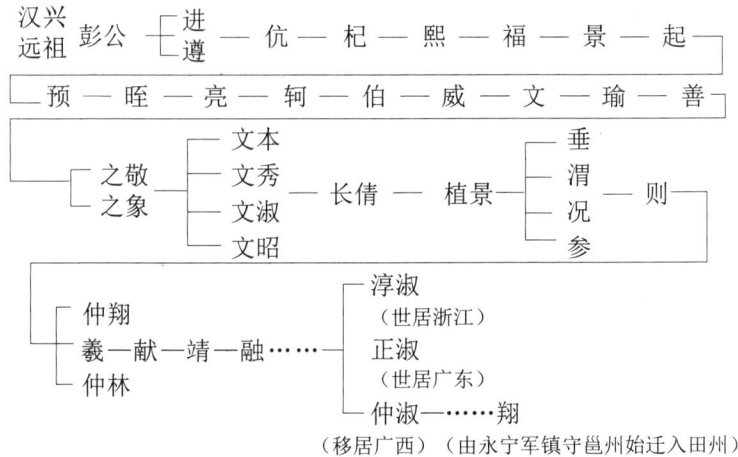

## 田州岑氏嫡派正系大宗图

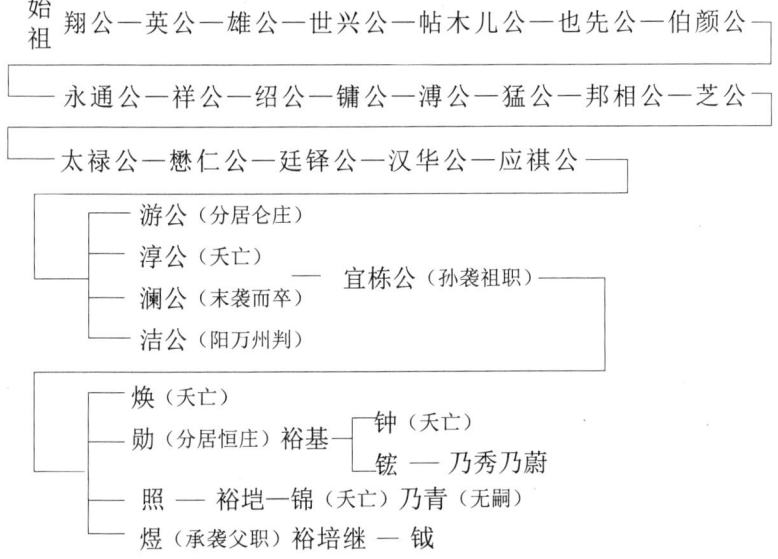

## 粤田岑氏历代官职

宋岑仲淑公，授银青光禄大夫，麒麟武卫上将军，加封粤国公，都督桂林、象郡三江诸州兵马，镇守邕宁。

宋岑自停公，授金紫光禄大夫，麒麟武卫大将军，镇守左右两江羁縻诸州；知永宁州。镇守左右两江羁縻诸州；授武略大将军、沿边溪峒安抚使，田州、来安二路总管，羁縻诸州。

宋二世祖岑英公，袭封田州、来安二路军民都总管，沿边溪峒安抚使。

元三世祖岑雄公，授武略大将军，来安、田州二路军民都总管、沿边溪峒安抚使。

元四世祖岑世兴公，授来安、田州二路都督总管，加授怀远大将军，佩双珠虎符，兼左右两江安抚使。

元五世祖岑帖木儿公，授明威将军，田州二路军民都总管，统辖十六州九知县。佩双珠虎符。

元六世祖岑也先公，授武德将军，加忠顺大夫，知田州、来安路军民都督总管。

明七世祖岑伯颜公，授怀远大将军，领田州知府事。

明八世祖岑永通公，授忠顺大夫，晋都指挥使，管田州府事。

明十世祖岑绍公，授中宪大夫田州知府。

明十一世祖岑镛公，授通议大夫布政使司右参政，仍管田州知府事。

明十二世祖岑溥公，田州府知府。

明十三世祖岑猛公，授指挥同知，领田州事。

明十四世祖岑邦相公，授奉训大夫，田州知事。

明十五世祖岑芝公，授奉训大夫，田州知州。

明十六世祖岑太禄公，授奉训大夫，田州知州。

明十七世祖岑懋仁公，授参将，加总兵服，领田州事。

明十八世祖岑廷铎公，授右都督恢剿将军，领田州事。

皇清十九世祖岑汉华公，授奉直大夫，田州知州。

皇清二十世祖岑应祺公，授奉直大夫，田州知州，加四级。

皇清二十一世祖岑澜公，赠奉直大夫。

皇清二十二世祖岑宜栋公，授中宪大夫。

皇清二十三世祖岑煜公，钦赐四品官，中宪大夫，世袭云骑尉，知田州知州。

## 余姚岑氏粤田源流世谱

顾未有离其源而自为大者，水之流莫大于江河，况于人乎！自耳孙推而上至鼻祖，且自鼻祖更推其所自出之祖，此追远之义也。穷流溯源，可谓仁至义尽矣。吾家大族，岑王以西谱系，以迁祖为始。遥遥华胄，更推其所拟依，蓦然南阳之谓何？则又掌管州路，奔以前而推源之。譬诸泉水之流，莫大给分而淮、黄之流云耳。

粤田岑氏，源从舜水，系出于姬周。文王封异母弟耀之子渠于岑亭，后世子孙依以为氏。自渠历传十九世，至彭公，居棘阳，为颍川守，有甘露嘉禾凤凰麒麟之瑞。光武中兴，拜大将军，封舞阴侯，图象云台，薨谥曰壮。蜀人感公威信，立庙貌岁时祀，详载史传。生有二子：长曰遵，次曰进。

遵，二世祖，授永平中官，屯骑校尉，嗣封细阳侯。建武十三年，益封遵之弟进为谷阳侯。

长房遵，生三世祖伉，嗣爵为细阳侯。

生四世祖祀，嗣侯爵。元初三年，坐事失国。建光元年，帝追思彭公功，复封公为细阳侯。顺帝时，为光禄勋。

生五世祖熙公，袭侯爵，少为侍中虎贲中郎将，朝廷每称其能。尚安帝妹涅阳公主，迁魏郡太守。招聘隐逸，与参政事。视事二年，与人歌之曰："我有枳棘，岑公伐之；我有蟊贼，岑君遏之。狗吠不惊，足下生牦，含哺鼓腹，焉知凶灾。我喜我生，独丁斯时。美矣岑君，于戏休兹！"年逾古稀，无疾而终，相州为之立祠祀焉。

生六世祖福公，袭侯爵，兼黄门侍郎。

生七世祖景公，暮年退隐田野，自耕自食，时人高之。

生八世祖起公，顺帝时为城门校尉。

生九世祖豫，岑世祖，为太守，逮事坐罪。

生十世祖晊公，长绍次即慨然有董正天下之志，郭林宗、朱公叔皆与友善。弘农太守成谱闻公名，请为功曹，执法不避权奸。后以党锢之祸，挂冠隐去，终于江夏山中。有传垂世。

生十一世祖伯亮公，随父避难，隐居江夏，文行为时推重。

生十二世祖轲公，仕吴，为会稽太守，政声丕著。

生十三世祖伯然公，亦仕于吴，书法与蔡邕齐名。

生十四世祖威公，建安末年官镇远将军。性忠贞，殉国难。

生十五世祖文瑜公，官于广州，后入长安，七子交游，流寓江陵。

生十六世祖，长曰善纡公，次曰善方公。纡公生子之敬公，之敬生子德润公，德润生子道愿公及珏公，皆学道，道成仙去。愿谥睿鉴真人，珏封号珠仙。善方公官散骑常侍、吏部尚书。

生十七世祖象公，仕隋，为邯郸令。

生十八世祖，长曰文幸公，次曰文昭公，三曰文本公，四曰文德公，五曰文叔公。时父象公坐罪入狱，文本公见父冤不白，赴上台直辩，知公能文，令作莲花赋。赋就，顶台德赏称美，父罪乃释。文叔公历官校书郎。

生十九世祖，长曰长倩公，次曰长鞠公。长倩公，垂拱初仕至夏官尚书，拜文昌右相，晋爵邓国公，谥烈。有传垂世。

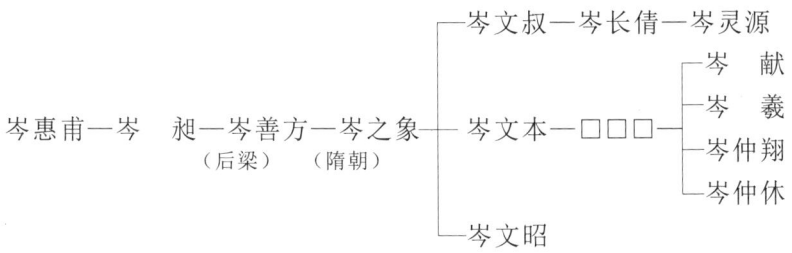

生二十世祖，长曰植景，次曰槢景。植景公历仙、晋二州刺史。

生二十一世祖，长曰垂，次曰渭，三曰况，四曰参，俱皆贵显。时父子兄弟在朝显要者三十六人，史称岑氏为一时之盛。参诗与李、杜相颉颃。况公官潮州别驾。

生二十二世祖则公，官右卫府参军。

生二十三世祖，长曰羲，次曰献，三曰仲林，四曰仲翔，五曰季翔，同时为官，俱皆贵显。献公官拜国子监司业。公与弟仲林、仲翔及兄羲，同时为官，皆著勋绩。时宰相宋楚客语御史曰："无遗江东三岑。"此之谓也。

生二十四世祖弘通公。寒倩公，官后唐州刺史。

生二十五世祖，长曰融，次曰珍。融公仕唐为谏议大夫，知襄州军。

管内劝农事,兼提督隋郢诸州兵马巡检公事,加上柱国银青光禄大夫。

生二十六世祖象求公,袭父爵。

生二十七世祖,曰孟祥,曰世衡公。工歧黄术,积德行义,率州人皆称长者。

生二十八世祖,曰正淑,曰仲淑,曰淳淑。正淑公仕官至上柱国,迁居广东之沙堤,今为东瓯望族。淳淑公世居浙江。仲淑公仕宋,为麒麟武卫上将军。随狄青武襄公来粤西,征侬智高建功,事平,留公治永宁军,封粤国公,家于邕管。凡岭西有岑氏者,皆自公始也。

生二十九世祖自停公,功封武阴侯。

生三十世祖,曰国瑛,曰国勋,曰国珍。然瑛、勋二人旋里,国珍公授武功将军。

生三十一世祖,长曰翱,少年夭亡;次翔公。宋崇宁间归化州蛮叛,募义兵平之,得地内附,诏赐世守西土,授沿边溪峒军民安抚使,移治田州,凡东州、泗城、思恩、安德、武隆、顺龙、恩城、上隆诸州皆隶焉,是为田州世守。

一世始祖生二世祖英公,官授沿边溪峒安抚使,兼来安、田州二路总管。

生三世祖,曰毅,曰雄,曰高,曰聪。雄公官拜沿边溪峒安抚使,加武略将军,兼来安、田州二路总管。贞元元年间,举庶兄毅,分管镇安路,子孙皆得传袭焉。

雄公生四世祖,曰世兴,曰世坚,曰世元,曰世隆,曰世昌,曰世权,循例以嫡长世兴袭父职,官拜沿边溪峒军民安抚使,佩双珠虎符,仍兼来安、田州二路总管。贞元元年时,羁縻诸州蛮叛,檄公平之,统辖左右两江兵备(军务)。屡建奇绩,加封怀远大将军。时公举弟世坚授上隆州,世昌授功饶州,世隆授恩城州,世权授万德州。

世兴公生五世祖,长曰帖木儿,次曰阿剌兰,三曰恕木罕,四曰阿剌辛，五曰不花乜；延祐六年，循例以帖木儿公袭父职，官拜来安、田州二路总管，加明威将军，仍兼军民安抚使，佩双珠虎符，统辖十六州九县。当此之时，举弟怒木罕分管泗城，弟阿刺辛出继镇安；弟阿刺兰分管思恩。弟不花乜分管奉议，皆得传袭焉。

帖木儿公生六世祖，长曰也先，次曰佐元，三曰佐应，四曰佐罄；循例以也先公嫡子袭父职。至元六年，以平溪嫡功加封武德将军，授来安、田州二路总管，仍兼军民安抚使。是时，公庶母黄氏欲谋害公，以己子为官。初，贿赂刺客害公，不获，乃复阴谋于五月五日设竞渡陷公。先不悟。至期，黄氏偕公登舟，众鼓棹争斗，而黄氏于别舟遁先回。俄而龙舟覆，公溺于江流，求尸不得。后之子孙，皆望江设祭。今东慕洲地，即公所溺之处也。

公妻周氏闻变，一恸几绝。既泣曰："此黄氏毒谋耳！夫君既遭害，急宜存孤。"乃怀印，召家奴永伍负七岁子伯颜走匿头目李什家。什惧不免，即与众头目黄道庇、韦宾、李道仕、韦道理、黄寿忠、黄牛等，谋奉伯颜奔归顺。黄氏索伯颜，不获，遂以己子佐应冒袭领田州事。甲申年，佐应复据镇安，伯颜奔思恩。未几，佐应为佐元部下所杀。黄氏又以其季子罄伪领，复索伯颜甚急。颜更走乐昌，徙武缘，变姓名，就学邕州。

是时泗城岑福广因田州有黄氏之乱，欲谋吞并田州。乙酉年勒兵入田，罄及黄氏皆为所杀。据佐州地，招谕目民，佯为也先报仇，且言求亡孤承袭。颜闻之，将往见福广。头目黄牛谏曰："福广尝言来安路本其父业，今据我镇土，久假不归，名虽代为报仇，实图吞并，佐见恐不利。望主裁之。"颜曰："彼雪我恨，理宜往谢。况彼以求孤为名，若不早出见，后将诬我子虚。今乘民心未集，宜往投之，使众知我尚存，而不二于彼。是亦兴复之一计也。我命在天，彼岂能害我乎！"于是诣福广。广果诘辨真假。头目李什出曰："此真幼主伯颜也。"广曰："吾为尔报仇守境，子镇我否？"颜曰："骨肉相残，颜之罪。得公董正，永矢含环。"广曰："吾非利尔土，忧尔力弱，自治未能，故代为守耳。"颜答曰："颜不幸，先君遭难，越在草莽，无能手刃父仇，烦劳车马，不孝莫大矣。感公威德，除害安民，俾亡父得瞑目泉下，公之惠也。苟得数顷田以存宗祀，终养老母，予愿足矣，遑德其他。"广曰："子真智人也。可权领上隆州事。"颜再拜而退，事广甚恭。或有言于广曰："伯颜贤，且得人心，恐非池中物，宜早图之。"广于是亟促颜来州，欲将加害。李什觉其谋，扶颜渡河奔富劳。继又偕母夺路奔归德州，州牧黄隍城纳之。旋以会猎为名，约向武州牧黄志、果化州牧赵荣、上林邑令黄嵩，毕至丹良。隍城乃出颜语以故，众皆愤起曰："福广不仁，使孤郎颠沛至此，不与图恢复其土，非丈夫也。西北诸寨，公自代之；东南二关，某等助击。"于是颜由思恩过东兰，入德州安清峒。李什探知来迎颜于岜马。颜曰："尔来，吾事济矣。"遂命李什招谕兵目。不数日，至者以千计，遂守鹅州。福广闻知，乃率众来攻。数却之。丁亥年，公略上、下隆，克之。寻，复为福广所夺。颜败走，福广追之甚急，俄有兵拒福广。兵退，人马忽隐去，人以为明威将军之灵也。

明年，公复上、下隆；又明年乙丑复恩城巩例隘等处。一夜，兵目咸梦怀远大将军世兴公嘱曰："善保吾孙，复我故土。"次日，战于锦。部下有叛卒挥刃刺颜，不中，颜擒斩之。自是，部下无敢携贰者。辛卯年，福广攻鹅州，不克。乙未年，归德州诸州会兵入田讨福广。广败，遁回泗城，田州乃定。秋九月，颜旋复袭父职，设位告祖，衣缟哭奠。明年戊申，明太祖洪武元年也，平章杨景下两广，岑伯颜率上林邑令黄嵩、归德州牧黄隍城、向武州牧黄荣诸州纳款，缴元朝印绶。诏改田州路为府，授伯颜知府事。时元有伯颜宰相，太祖恶其名，因赐改名坚，且赐宴。下诏曰："广西岑、黄二姓，乃五百年忠孝之家，敕礼部好好看待，着江夏侯送岑坚回田州，世守知府事，子孙代代相承传替。钦此。"颜归田二年，遣子永宣上贡马匹方物。诏赐钱币，自是朝贡如制。六年，溪峒苗贼窃发。颜讨平之。叙功晋授怀远大将军。奏请赈恤安州、顺龙州、侯州、阳县、罗博州、龙威几寨居处人民等。诏从所请，命有司蠲免税租二年，各给牛米。十六年，举子永昌出继思恩州，永通分治上隆。癸丑年，妻周氏卒，颜哀痛几绝，丧葬悉尽礼制。甲寅年，福广逆命。颜从江夏侯征之。福广败死，颜释前怨，谕其子善忠归附，并奏请仍授以知泗城州职。诏命许之。戊午年，颜奉檄征东兰叛贼韦钱保，平之。

二十年，颜复遣子思恩知州永昌贡马匹方物。诏赐颜飞鱼服。颜悯州境人民迭遭兵燹，设水陆醮会，超度阵亡；修筑城垣，整理衙署，葺钟鼓楼，题其楼曰思居堂。又修德政，延师教诸子，建城隍、社稷、神农诸坛庙，劝课农桑。又仿各卫纛帜屯练之制，以简训兵目。诸州翕然从风，惟都康州不遵约束，颜于是请改隶布政司而不贪权辖。颜秉性仁孝，每痛父不得其死，辄涕泣终日。邻封无不称其贤。颜疾病，勖诸子曰："福善祸淫，天道也；修吉悖凶，人事也。煌煌经史，尔曹勉之。吾生恨不能保父正终，吾死后，凡事一切从俭，无违我言。"永乐元年卒。生子曰永通，曰永宣、永泰、永高、永隆、永宝、永平、永宁、永康、永禄、永寿、永福、永兴、永盛、永昌、永真。

循例以嫡长子永通袭父职。通字心庵，正统八年赐知府。通好学工诗，著作甚富。上游咸器其才。时诸蛮煽乱，洪武十七年时都指挥使耿良奏称：田州知府岑坚、泗城知州岑善忠，率土兵讨捕苗瑶，多树功绩。臣请令各选其壮丁五千，分立二卫，以坚子永通、以善忠之子振为千户，统领守御，可战可耕。是亦屯田御寇之一术也。诏如其请，授永通千户。继而出知上隆州。洪武二十九年，永通遣从子岑安入贡，诏赐绮、帛、钞锭。永乐元年，伯颜卒，通回田州袭职；其上隆州事，以次子琼代，琼母陈氏同子赴上隆任。通自回田袭任以来，民颂其德，建留丽楼，通自作文以记之。永乐二年，交趾陪臣黎季犛弑其主曰焜，大杀陈氏宗室，自立为主。更姓名曰胡奎，改国号曰虞，改元曰元圣；复诈为曰焜表上言无子，陈氏绝嗣，甥胡奎为众所推，乞准署国事。帝觉其奸，四年七月命新成侯张辅、沐晟、都督柳升等提兵讨之。以张辅佩征蛮将军印，委永通为前部。时通领田州土兵万人随征，破鸡陵关，连败贼于嘉林，拜克东都、西都，胡奎焚宫而遁。于是三江、宣洮等州县，皆望风而降。通皆抚绥得宜，秋毫无犯，民情悦服。兵次富良，与大兵合，会师大破海舟，生擒胡奎父子及黎氏支属，俘获无余，安南悉平。诏置交趾郡县，设三司领之。又于交广分界立丘温卫及隘留关。通领兵守御。未几复有残党简定，纠众作乱，伪称日南王。七年，复命张辅会兵往剿之，通随从征。兵进慈廉等州，大破贼众，简定授首。陈其臣李扩乘乱啸聚，垒石寨海口，集巨木立砦，以抗王师。张辅檄通进捕。通谕众曰："贼得地利，守险负隅，水中兵不可以克。"乃夤夜含枚直入海口，出其不意，遂起石通舟，径抵其穴。贼大骇曰："天兵飞来矣！"悉溃走。通选部众，以老弱者留后，以健壮者充锋，昼夜追袭。贼自相蹂践，死者不可胜数，李扩及妻子皆就擒，交趾悉平。十一年冬，师乃旋。议叙功，授都指挥使，仍摄田州知府事，晋阶中顺大夫。

生子祥，字善政，洪熙十九年袭知田州府事，抚绥兵目。宣德元年，清化县土巡检黎利复叛，势猖狂。荣昌伯陈智不能御，因之免官，以成山侯王通代之，统兵进讨。通知岑祥缮兵，征为左翼，隶都督柳升麾下，命兼程进取，务灭此而后朝食。祥进曰："交贼乃乌合之众，易散轻合，合则易击，散则难捕，我进彼退，难于成功，不如静以待动。若孤军深入，倘入伏中，谁为我援？请公裁之。"升曰："不入虎穴，焉得虎子。吾从大将军张辅，身临数十余阵，觇此小丑，如猫捕鼠耳，何足为虑！"遂不听祥言，且饬令祥居后，自领前锋而进。祥出而叹曰："不能成功，数使然也。"升先士众进，至倒马坡，迷失道途，陷于伏中。贼兵四起，升不能支，中创身殒。黎明，祥领后军亦至，不知升所在，已而士卒溃回，知升已没，祥督兵前进。遇贼于途，大败之。追至倒马坡，得升尸于泥淖中，乃旋。黎利知不可敌，乃遗书与王通请和，拜乞立陈氏。通以书献于朝，帝以示众臣。宰相杨士奇曰："求立陈氏者，乃太宗初心也。求之不得，乃郡县其地，叛乱相寻。今陈氏既有后，因其请立之，以息吾众。汉弃珠崖，前史荣之。"帝曰："皇考言，朕亦闻之。"乃议罢兵。廷议以祥援迟，致升陷没，不叙其功。后因恶目捏款诬祥，赴告南京御史台下。符逮祥，州民留行。祥曰："抗拒宪令，非保宗计也。吾理直气壮，行何惧焉？惟得二三贤目辅行可矣。"乃请其叔永真暂代理州事，力疾前往，卒于长沙。

生子绍，字克先，正统二年袭职。正统八年，诏赐知府岑绍诰命，并封赠其父母妻。随御史马昂平泷水贼赵普旺。平之，有功，诏晋崇阶授中宪大夫，母及妻皆封恭人。

绍生子鉴、镛、铎、镇、钦、钰，循例以嫡子镛字在东袭职。

景泰五年，土目吕赵挟庶长子鉴争袭，镛奔省城。时父绍，因恚忿而卒。镛闻讣，悲号几绝，勺水不入口者累日。越数年，吕赵杀鉴立钰，寻又弑钰，以己孙吕婴冒袭。天顺元年，自称无敌大将军，张旗帜，鸣钲鼓，率众掠南丹州，又寇向武诸州。武进伯朱瑛以事上闻，兵部命瑛及思恩守岑瑛剿捕，未克。三年，巡按叶盛复奏："田州叛目吕赵兵势猖獗，杀知府岑鉴,占据地方,伪称太平王,图谋岑氏宗族,冒袭府职。"帝命总兵速讨之。四年巡按御史吴祯奉敕剿捕,乃选调官军、土兵攻破工饶、婪凤二关,直捣府城。吕赵度不能御,携妻子并挟上隆州知州岑铎宵遁,铎系鉴弟。官兵追至云南富州,夺回铎等及子若婿,斩首四十级,贼众率降;赵仅数骑逸镇安,亦追获斩之,及其子四人与从贼十八人,获其妻奴并伪太平王木印、无敌将军铜印、凤旗、盔甲等物,田州乃宁。诏命镛公归袭,掌知府事。帝遣使赍敕奖谕祯等,并敕镛谨守法度,保全疆土。

镛至境,始为父发丧,蔬食三年,居宿于外,每镛经视事。好读书,通经史及诸家兵法,为治有体;修城浚池,葺公厅,建义学,禁火葬,一变蛮瑶之陋习。成化元年,大藤峡侯大狗劫掠城市无虚日,盘踞要害,修仁、荔浦二县民更为贼羽翼。韩雍檄镛兼程趋桂林,以汉、土官兵十六万破修仁等地,穷追侯大狗至力山,大败之,斩俘凡八千五百有余,藤峡悉平。诏遣兵科给事中王秉彝赍敕谕镛,并赐银币。继又檄调赴剿广东獠寇。奋勇破贼,屡以奇兵胜。朝廷嘉之,擢授布政使司右参政,仍管田州知府事,并赐银币。二年,总兵赵辅奏镛从戎勋绩,请给诰命,旌其父母及妻。诏从之。五年,复以辅言予镛官诰,田州故有祠祀。

清季雍正四年,州牧以目民耆老议状,详请从祀乡贤。详载省志人物。

生子曰灏,曰澄,曰清,曰溥;循例以溥袭。溥字广沛,于成化十年袭职。十六年,田州土目黄明聚众作乱,知府岑溥公走避思恩。总督朱瑛调参将马义率兵捕明。明败走,为恩城州岑钦所执,并族属诛之。继钦与溥交恶,攻夺田州,逐溥,杀害五百余家,溥出亡。时泗城州岑应方恃兵强,复党钦,杀掳人民二万六千余,与钦剖田州而分据其地。弘治三年,总制遣官护溥子猇入田州,为钦所逐,寓居浔州。按察使陶鲁率官军次南宁,岑钦拒敌,败走,而岑应复援之入城,陈兵以备。巡抚秦纮请合贵州、湖广及两广军兵合剿之。岑钦势孤,乞兵于岑应。应不从,岑钦遂杀岑应父子,已而梁接诈以兵送岑钦至田州界,亦杀岑钦父子。事闻,廷议仍命岑溥还田州供职,留知府任以观后效。弘治九年,总督邓廷瓒奏言:"岑溥前以罪革,比随征屡有功绩,乞复其冠带,领兵赴梧州听调。"从之。寻以武宗登极,晋中顺大夫。

生子曰猇,曰猛。循例以猇袭职,惟猇性桀悍不驯,目民怨之。溥曰："岂可因一人而失民望乎？"遂议传袭于猛公，猇怒。十二年，溥自梧州回田州，按部四境，猇以兵劫溥夺印。溥愤愤成疾，以官篆付猛，嘱头目黄骥、李蛮等善辅佐之。遂呕血数升而卒，众遵命以猛告袭。

猛字济夫，于正德三年准袭知田州府事。父为逆兄猇逼死，时猛甫幼龄，土目李蛮谓黄骥曰："乱臣贼子，人人得而诛之，况吾济奉老主之遗命乎！子善保幼主，吾走赴宪台告袭。"即召众杀猇雪耻。骥首肯，奉猛之祖母岑氏，将猛匿衣柜中偕出，奔苍梧。李蛮招集义兵，杀猇于朔勒。闻于督抚邓廷瓒，题奏准猛公归袭府职。旋至南宁，李蛮来迎。黄骥恐蛮分其权，杀其使。时蛮率兵至旧田州，骥惧，诬蛮为变，请讨之。廷瓒檄思恩守岑浚以兵卫猛归。骥阴叛事浚。浚受骥赂，纳其女，且挟制猛公，分其六甲地与浚。李蛮闻骥贰于浚，拥兵拒之。浚使人责蛮。蛮曰："吾无贰。不幸祸及先主。幸蒙天鉴，贼子已诛，今复遇乱，仆不敢纳，愿明公明正骥罪，使幼主得安宗祀，仆之愿也，否则非仆所知也。"浚怒，命骥复以猛奔思恩幽之。事觉，督抚廷瓒檄浚归猛，浚不听。十一年，总督邓廷瓒复檄副总兵欧磐等临之以威，浚始畏惧，出猛置于会城。久得奏，命猛袭知府事。骥与浚怒其事之不由己出也，要约泗城岑接（即梁接）、东兰州韦祖琅，各起兵攻蛮。接兵二万，先入田州，大掠人民，杀戮八百余，驱之溺水无数；刮府库，放火扰掠，城郭为圩。浚兵二万，攻旧州据之，杀掠男妇五千三百余人。复大索田州官族，尽坑之。猛与蛮出奔，仅以身免。十八年，都御史潘蕃请兵讨之，浚留犹子洪守旧州。蕃兵直抵其寨，浚势穷，遁于旧城。诸军合剿攻之，浚死。洪闻之，弃兵随浚子起云远扬，不知所在。初蛮之迎猛也，无他念，及猛在外，蛮守土以待其归。骥争权首乱，浚、接、祖琅党恶，以致兹变。参政武清受浚赂，曲右之，且诬蛮据府治，阻兵弄权，事竟不直。有司请治浚罪，于是总督邓廷瓒议以思恩既平，宜设流官知府。

岑浚罪恶正在逐捕。而田亦宜乘此区画，降府为州，毋基异日尾大之患。从之。廷议以岑猛失职，致陷府治，宜降为福建平海卫千户，举参政谢湖掌田州府事。目民思岑氏历代恩德，不忍猛去，持兵卫之。谢湖至郡，则环跪乞留故主。因贿赂内监刘瑾，以事上闻。诏命降猛以同知领府事。

猛抚绥遗民，矢心报国。尝言："督抚有征调，愿自效力立功。"

继而江西华林盗起，都御史陈金德调猛从征。公奋勇当先，所向无敌。盗率平，擢迁指挥同知，管府事。正德十五年，猛奏："田州土兵，每征调辄许户留一二壮丁耕种，以供常税。其久画于外者，乞酌量赈给，免其输税。"诏从所请。嘉靖二年，泗城土目梁接弑其主岑应，遂以异姓乱宗，冒袭州事。事闻于邻封，莫不切齿。于是南丹州、那地州、东兰诸州，合兵问其弑主之罪。猛亦与焉。兵进皈乐，连拔六寨，遂破泗城。接乃告急于军门，言猛无故兴兵。猛亦上陈，言接罪状。事未定，而猛奉檄从征逆目刘召。适猛有疾，贿子邦彦以待。时参将李璋，不待会齐兵目而轻举，为贼所杀。都御史盛应期使校尉诣猛，多所恐吓，欲得厚赂。且言前日华林之役，沿途劫掠，蹂躏龙州，及摭拾擅杀岑接凌虐邻封诸事以入猛罪。猛曰："沿途缺粮，行兵抢掠，不独田人。而龙州赵相夺袭，应袭者赵璋，吾之甥也。猛未敢言，至若。正德十三年镇守傅太监声言有诏给璋袭职，镇猛卫之。事由太监，非猛罪也。泗城岑豹，攻占利州，总戎阮司龙诣责还所占地，豹不听，且又杀知州岑颜父，复遂流言。又杀安隆长官司岑琼、上林长官司岑瑶，据其地。历岑应、岑接之世，怙恶不悛。十六年都督密饬邻近诸州会兵讨之，檄文犹存，非猛罪也。至蹂躏邻邑，缘邻邑先凌烁我，何独不问邻邑，而独罪猛也耶？刘召之役，李参将轻进失机，猛无罪，猛子邦彦亦无辜。愿军门察实而宥之，幸甚！"校尉复命。应期怒，诬猛反状，与巡按谢汝仪议大征田州，条陈征调事宜。诏报可，旋应期以他事去，诏以都御史姚镆代，命悬金拿猛。然镆知猛无反心，猛方奏辩，镆亦欲缓师征进。奈谢汝仪与镆不合，乃诬镆子涞受猛万金，假徕书献之。镆惶恐，乃再疏请征，于是部趣镆克期进。镆偕总兵官朱麟发兵八万，分道并入。猛闻大兵将至，谕部下毋许交兵，裂帛书冤，遣子邦彦赴军门乞告，镆不听。邦彦旋至丁尧，途遇富州沈希仪，以兵截杀，中流矢殁。猛惧，复遣老目斋疏跪阙奏辩。疏曰：

臣闻：君亲无将，春秋诛意。臣子事迹，苟嫌不轨之间，则神鬼所必诛，而天下所共殛者也。臣罹家难，颠沛流离，设非沐浴皇恩，降敕边臣，保护袭职，不知蝼蚁喘息，委弃于何所？此伦常大变，虽将梁接寸磔藁街，犹且罪浮于律！督巡大臣，岂无见闻，乃竟置而不问，养痈若此，势将安极？臣以大义责梁接，反率众图臣，不得不以兵自卫。然究未尝履其地，损其寸草片木也。况臣与岑应，虽则同宗，实为邻虎。成化十六年，持兵凌铄臣父，掳男妇二万余人，暴骨原野，百里荒圩。臣父具闻，上官乃以土司仇杀了事。今梁接以奴仆谋主，岂可与仇杀同科？而督臣右袒巨恶，颠倒是非，朦胧妄奏，置梁接之弑主，诬臣之叛国，臣死何甘心？

思恩土知府岑浚，亦臣宗派，但臣幼时受其钳制，夺地屠民，仇怨切骨，今触法殒躯，改土归流，此亦天理王法之所必然也。逆目刘召等，又敢蚁聚蜂屯，骚扰郡县，臣奉兵备道檄令合剿，情实踊跃，私谓借是可以稍泄宿怨。但臣所辖土兵，无事归农，有事调集，非如营伍可以朝呼夕应。臣于奉文之日，即饬长子邦彦，先领守城兵五百名急趋思恩。讵参将李璋及都指挥孙震。孤军先入，致陷贼巢。邦彦及臣，固誓捐生，纵使革躯疆场，亦未足报达国恩于万一。今四海承平，偃武休兵，方自抱嗟形影，虚此年力，往往中夜涕泣而不能成寐。突闻天兵云合，声言讨臣叛逆之罪，惊骇失魄，莫知所为。细叩从来，方知督臣偏听冒袭岑接诳词，奏称臣凌铄邻境，欲拓地开疆，迹近不轨，又党庇思恩叛目，以结声援等语。臣伏地自哀，冤枉太甚。即条列原委，驰辩军门，不听。遣亲丁泣诉，为群黎丐命，留泗城岑氏宗祧，亦不听。草莽苦心，无路申白，用敢缕陈冤悃，冒死登闻。伏望皇上圣明，垂察岑氏自宋崇宁间归化勋绩，诏命世守田州疆土。元时以恕木罕分管来安路，颁授知州印诰，传袭至今，虽不无贤否之分，而激扬公正，吏治澄清，从未有弑主夺主之事。不谓传至岑应，虽曰惨刻寡恩，国家自有明宪。乃岑接者，本梁姓，泗城一头目耳，恃其勇悍，敢于手刃其官，夺其妻孥，假其族目，据其土地人民，更岑姓，袭州事，其目中尚知有朝廷纲纪耶？继至兵少，亦为所败。迨臣兵到境，又檄令回兵，臣方诧异，怏怏而退。及后乃知守巡所给，刘召惧田兵，为此要制挟嫌之计耳。牌文尚存，今督臣置孙震轻举弗议，而论臣观望逗遛，此又臣之冤不白也。

刘召余党，出没山谷，掳掠村堡。守巡惧贼，拥兵自卫，饬臣轻骑招抚。夫以仇说仇，自然冰炭，臣几毙于虎穴，督臣乃责臣二心党贼。臣草芥微生，死何足惜，惟污臣以叛逆之名，死不瞑目。臣拟自到沟壑，辄惧恶名莫白，有玷国史；欲遂负锁军门，沉冤不较，然徒令武臣幸邀献俘之功，则臣之罪弥深矣。臣死生两难，进退维谷。

今望阙拜疏之后，即遂逸山林，求缓须臾死，恭待恩命。哀恳皇上垂怜臣冤，暂息军旅，敕命公忠大臣临粤，逐事确勘，庶泾渭分而罪名正，虽寸磔亦所甘心。臣不能文，五衷崩裂，语昧伦次，伏惟睿鉴。

上疏后，复遣人持帛迎军门，诸将佯许之，兵进愈急。猛携契友钱一真及眷属潜逃归顺。继追捕日迫，一真曰："事急矣，如之何？"猛曰："身死不足惜，第恨冤受逆名，何颜见先人于地下乎？"遂欲引剑自刎，一真夺而救之，乃谓猛曰："军兴八万，兵连二广，其势不可已矣。某深受公恩，无可为报，愿捐躯以救公。"猛曰："计将安出？"一真曰："闻军门檄归顺岑璋购公谋为之事，某当往说之，相机定策。"猛谢之。一真欣然往，见璋曰："某特来为君贺喜。"璋愀然曰："兵连楚粤，祸及田宗，子应吊我，奚贺为？"一真曰："朝廷悬赏购猛，君何不缚而献之，万户侯计日可得也。"璋曰："唇亡齿寒，田州灭，归顺岂能独安乎？"一真曰："君乃猛宗派也，前曾结怨，何不借此报仇？"璋正色曰："借小怨而自灭宗祧，岂仁人所忍为耶？子与猛友善，不图拯救，翻诱我于不义，于心安乎？"一真乃泣跪而请曰："某受猛公深恩，碎身难报，固有良谋。因未识君意，聊以言试之耳。"璋喜曰："将何策以救之？"一真曰："闻汝仪与镆不合，诬猛反叛，致祸结已深，非得其人，莫可省释。君真意扶危，翌日设席宴猛。某伪衣猛衣，凭君解赴军门请功。"璋如其言，擒一真解献。而猛始得奔于天泉岩内栖，后得急病身死。

时田州头目卢苏，即今那马司之祖，王授系白山司之祖，其二人为田州府主岑猛冤不白，各据地方待命。事闻于朝，诏起兵部尚书王守仁为行粤安抚使，提兵至广西。公先宣谕朝廷威德，令赍飞牌，晓示招降。卢苏、王授感其恩德，惕其威信，乃率众自缚，赴军门请命，呈递悔罪投降陈情乞恩状云：

窃为本府土官岑猛，与泗城州屡年互相仇杀，获罪上司，于嘉靖五年六月内，致蒙奏调官兵征剿临境。岑猛自思原无反叛情由，意得招抚，先自同道士钱一真及亲信家人逃躲归顺州界。苏、授等俱各畏避四散，逃入山林。止有各处寄居客民千余，躲避不及，冒犯官兵，俱被剿戮。目民人等，何敢抵抗官兵？惟有陆授不曾远遁，当被擒斩。其余韦好、罗河等，俱被官兵陆续搜获杀死。蓦于当年九月内归顺土官岑璋书报："岑猛现在该州，前月已将道士钱一真功次假作猛解报军门，尔可作急平定地方，来迎尔主。"苏等听信，遣人送衣服、槟榔等物，岑璋一一收受，回言说："尔主岑猛不可轻易见人，恐上台闻，必致累我。"继于十月内，岑璋又差人促令苏邀王授招复各村目兵。苏因见府治空虚，乘便入城休息。又差人迎岑猛。岑璋回说："尔地方未定，姑候来春，我当发兵三十营送尔主回田州。"苏等因此逃命，屯聚山林，以候岑猛，并无叛心。嘉靖六年正月，有人传说岑猛于天泉岩得急病身死，遗金银衣物，俱被岑璋收获。随遣人去归顺探问，又被岑璋杀死。苏等痛悔无由，窃思官男岑邦彦，先已于齐村病故，今闻猛又死，无主可依，欲出投诉上宪，窃见四方兵马，云集充斥，声言务要尽剿，诚恐飞虫附火，必殒其身。又闻上司阴使王授图卢苏，又使卢苏图王授，反复难信，授降无路，万里军门，未由控诉。

今幸朝廷钦命总制天星按临至此，神鬼信服，苏等方敢舍命求生，率领合府目民男子大小共计四万余口，尽数投降。伏乞悯念生灵，草全赦死，立功以赎前罪，哀乞怜恤。岑猛原无反叛之罪，祈存一脉，俯顺舆情，办纳差粮，实为万幸。

守仁将苏、授各杖一百，乃解其缚，论之曰："今日之宥尔死者，朝廷好生之德也；必予尔杖者，人臣执法之义也。"众皆悦服。守仁复疏称："田州外捍交夷，内屏各郡，治田州非岑氏不可。臣窃承文武之疏，罪人不孥；兴废继绝，而天下归心。今声其恶，而起兵加诛，法之正也；明其非叛，而不及孥，仁之至也；录其先忠，不绝其祀，德之厚也；不利其土地，而复与其民，义之尽也；矜其冥顽，而曲加全，恩之极也。即此一举而四方之土官莫不畏威怀德，心悦诚服，而蛮夷自此大定矣。请降田州府为州，而官子以存岑氏之后。"诏从所议。先时田州未乱，忽盘江起浮石，其大数顷。民有谣："浮石平，田州宁。"是时果平。

猛生子，长曰邦佐，自幼出继武靖州知州。次邦彦，前征华林军。邦彦从征，叙功授指挥佥事。素有胆气，智略过人。时盛应期诳诬猛反状，发兵八万，分道并入田州。猛闻大兵将至，令其部下无交兵，裂帛书冤，饬子邦彦亲往军门陈诉。将行，部下曰："军门好大希功，且姚、谢二人有隙，移罪于岑氏，此去恐不利。"彦曰："吾五百年忠孝传家，帝诰煌煌，载在史鉴。今我父为岑接所诬，含冤莫白，故书陈冤状，以自矢明心耳。主辱臣亡，况父子乎？但能事白，吾虽死锋刃之下，无怨也。"乃负状往陈军门，镆不听。旋过工尧，途遇贵州沈希仪以兵截杀。彦中流矢，奔归那齐而卒。三曰邦辅，土目谓外婢所生，名实不正。四曰邦相，正派，质貌厚重，堪继岑氏。守仁再疏请以邦相授吏，自领州事，俟后递升为知州，以承岑氏之祀，亦所正名慎始，杜后日之争也，继为卢苏所杀。

邦彦子岑芝，字瑞征，年方垂髫，依祖母瓦氏以居。王授、卢苏等乃疏请给芝冠带以抚绥田民。诏可，准袭祖职。嘉靖八年知田州事，而励精图治，虽老成莫能。及抚集逃亡，革弊除奸，以忠孝自矢，克缵前徽，皆赖祖母瓦氏之训焉。而琼州黎酋那燕等叛，军门檄清芝随征，为左先锋，破敌屡建奇功。黎酋知芝勇，出奇兵加之。寡不敌众，身受缵创。土目请芝乞假，芝以大义责之曰："土司之设，原以屏翰中邦，况吾宗几复，蒙圣恩浩荡，得延一线。今日虽肝胆涂地，不足报高厚于万一，忍以身家之念而偾事乎？尔等努力，无以我为念！"言毕，含叹而终。事闻于朝，恤典有加，赐奉训大夫，赖祭。

生子曰太寿，曰太禄。父芝尽忠于琼州时，太寿与太禄年事弱冠，寿袭州职。土人莫苇见岑氏弱，遂冒姓岑，与土目覃施相煽为乱。提督郎杠讨平之。嘉靖三十四年，倭寇江南，军门檄寿，调目兵往剿，曾祖母瓦氏亲率狼兵五千应调，授瓦氏女参将。寿与禄皆从军至苏，隶于总兵俞大猷麾下。屡赖奇功，诏给瓦氏二品夫人，及其曾孙太寿、太禄银币，余目兵令军门分别奖赏。

三十五年太寿卒，无嗣，以太禄袭职，禄字复齐。于隆庆三年古田瑶韦银豹乱，据古田地上下六里，出据无时。朝议以广西专设巡抚，推江西观察使殷正茂以佥都御史统理军务。正茂抵宾州，乃合汉、土官兵十万进讨。太禄领土兵二千应调，途次宾州，晋谒正茂，共议兵机。太禄曰："贼持险以逸待劳，非可力击，当分兵为二，更番清道，必先清数里，而后行数里，比及巢穴，乃合官而攻之。我逸彼劳，贼无为矣。"正茂曰："善！"太禄乃分兵为二队，席卷而进。步击严建，贼不能御。生缵银豹父朝涌，献于军门，阵前斩四百余级，俘掳男妇一千余口，瑶众悉平。方议班师，适遇怀远县知县马希武以戍兵数十骑为卫士，出入用鼓吹节旄。诸瑶不知所为，各怀骇愕，因之谋叛。大噪而起，共推怀远蛮酋隆扶牛为主，纠众千余人环攻希武。希武与县尉陆锦出御，为贼所杀。总督殷正茂即移兵讨之，檄太禄领右部。奉命之日，即使招白果、黄土、大梅、青祯诸瑶，并以利害说之。诸瑶咸感德，随使归降。右道既无患，太禄乃率众鼓行而进。遂拔丹阳，杀其贼党胡金田、荣富才等。迨至大稂、天鹅二岭会合各路兵，攻破七团四寨，擒扶牛及其党王伯、牛夷等，怀远悉平。太禄领兵回田治，抚德勤劳，理积年案牍，未迎月而一清，目民无不德其明缴。又古田贼党韦狼要复啸聚阳朔，永宁里瑶廖金滥纠众起南原兵应之，攻土舍莫栋营，袭古岩口，进据山湾，而金马及田诸峒皆附焉。万历元年冬，都御史郭应聘檄调太禄率向武、锦康合兵一万讨捕。太禄引兵分道并进，遂破山湾，诱擒韦狼要。又破榕峒，周公楼等皆降，永宁等处悉平。六年春凯旋，议献军功，准实授知州职。太禄归田宁，内德政治，外屏交夷，休兵养士，甫及一载，适有龙哈瑶樊尚复纠党为乱。巡抚郭应聘密令黄赐领兵袭之，擒斩尚复。已而黄赐、如金复占其地。划马长弩，横行四出。总督刘尧海、巡抚张任奏请汉、土官兵十万征之。委太禄领土兵三千，进攻思吉、古蓬、罗墨，皆破之。按太禄莅任共二十有二年，而从戎十居其七。每临阵破寇，必身先士卒，所向无不披靡。以平蛮论功，诰授奉训大夫，知田州事。

生子曰懋仁，曰懋德，曰懋意，循例以长子懋仁袭父职。仁字中玄。于万历二十年，安南国王维潭与其臣郑松攻杀莫茂洽，寇犯边境。下雷诸州，皆为所陷。事闻于军门，檄懋仁击败之。继而，岑溪县蛮潘积善叛，自称平天王，纠合粤东罗旁贼，占据峻岭，共拒官兵。弘治、嘉靖年间，数征不克。二十三年冬，大侵粤东，浪贼复蜂起。总督陈大科檄调两粤汉、土官兵一万八千，以总兵童元镇、侯国弼等分路进剿。懋仁领兵五千，隶总兵童元镇麾下，分兵深入贼所。贼闻官兵至，伐大木塞道，环布竹签。懋仁佯督土兵开道，而阴经由间道趋孔亮山。贼发弩矢，将士前行而却。懋仁立斩退卒以殉，诸兵畏奋，火铳齐发，贼遂溃走。追至东滩，溺死者众多，斩首一千余级，俘获甚众，余党悉平。二十五年，怀集瑶严秀珠聚党数百人劫掠蔡村。是时，有金鹅、松柏、龙圹诸苗，皆慕秀珠名，推为渠魁，凡据十五寨，周匝二百余里，肆行剽据，居民苦之。都御史吴善檄总兵呼良朋调汉、土官兵二万五千，分为五路进剿。懋仁领兵出兰峒山，连破古城、大湾等处。二月二日，合五路兵并举，擒斩秀珠及其党羽韦湖通凡二百四十人，怀集悉平。二十六年春，兵旋思陇。因北陀抚瑶黄朝田与把总曾茂有隙，中以蜚语，遂下朝田于狱。其部下数百人鼓噪围城，掳指挥朱元庆家口，复寇平西、下陂，杀生员莫汝贤等数十人。指挥张懋功死之。众复推韦扶仲纠两江贼，攻陷下雷土司城。于是，平邑之岩头瑶、恭城之站面瑶，各乘势倡乱，劫掠郡邑。巡抚戴耀调汉、土官兵六万人马，以都指挥童元镇为总统，孟宗文、侯国弼、李应汤、杨元、甘霖、郭西科偕懋仁皆隶之，分七路兵并进。懋仁领兵进取恭城。贼恃站面险，聚众抗敌。懋仁以火器攻之，贼众溃散。复以兵会合元镇，夜攻白马冲口，获贼首韦扶仲等，共斩首二千余级，诸贼悉平。议叙军功，加参将，寻加总兵官服，领田州事。

生子廷铎，字觉期，于崇祯四年袭职。廷铎生而奇特，躯干魁梧，擅文章，通武略。时流贼有自安隆来者，铎以兵御之，摧锋克敌，所向披靡。捷闻十朝，擢授恢剿将军。继流贼复吞二楚，浸肆西粤。铎奉诏统兵堵御。长子汉贵请从军，铎曰："流贼猖獗，蔓延五省，将虑其后，请入滇、黔据我背。田宁失守，则粤藩撤矣，吾何归乎？"因命汉贵代治州事。总兵何没耳堵御石门，铎自领兵进桂林。所过帖然，会提督马世雄于黄沙河。顷之，贼众逼进军垒。马提督偕廷铎领中军头目陆师、黄秀、杨子龙等分翼左右，三路奋击。贼溃，捷闻于朝，晋懋仁都督佥事，授黄秀、陆师、杨子龙游击职衔，黄国崇、覃嫩计功奖赏有差，留军御粤境。

是年五月，有流贼号曰白毡帽者，由安顺攻石门，何没耳与战不利，遂失守。汉贵知田境平旷，无关隘不可制敌，命督粮总管苏义护粤避居乌龙洞，汉贵率守城兵迎贼于八面山。以众寡不敌，俱陷贼中。持索汉贵，白锢，何没耳曰："万笏金易致耳，且羁吾主为质，释我往措，否则主仆空系无益也。"贼信而释之。时贼四出焚掳，羁汉贵于魁星楼，守者百人。越二日，何没耳驱牛、羊、酒食以犒贼军。酒中俱渗蒙汗药，贼不知是计，喜而畅饮，移时皆昏迷不醒。迨暮，何没耳携汉贵奔逸，昼伏宵行，避于篆里岩。有山曰岜马，峭壁千寻，仅辟一径，盘行而上。继富州沈伯附贼，追汉贵。贵命欧阳琼下山责沈曰："君未奉明旨，提兵犯界，残我生灵，蹂躏邻境，因色构怨，是兴无名之师也。请熟思之。"沈伯不理，率兵过隘。懋仁令头目黄乔、辛敬、罗荣统兵迎敌，战于六冲。败之，遂至那毕河，斩溺殆尽。时州治兵尽归农，守城者兵不满千人，廷铎谋之将备，议论纷纷。铎曰："兵不以多为能，谋为能耳。"令移眷属退避上林。盖其时上林、果化、都康、向武、归德诸州皆隶田宁统辖者也，遂飞檄调诸路兵应援，廷铎亲率将领以守城。兵御之，不能胜，退守入八面山。陆师进言曰："沈伯不乘胜追袭，疑我有兵埋伏耳。彼众我寡，终难与敌，不若暂避，待各路兵集，出奇制之。"铎听其言，令汉贵与陆师断后，且战且走，遂陷州城。铎至上林，而上林黄令乃铎婿也，乘间进曰："援兵未至，势难御敌，请以二姬伪与之援，彼意欢悦，必不我备，而后袭之，灭贼必矣。"铎乃命欧阳琼说与沈伯，择吉送姬。沈伯悦，兵退屯平马。时二姬窃知盟言，相与悲愤，是夜各题绝命诗于壁，携手投江。苏月梅女诗曰："儿家身逐江流去，千古依依恋主心。空说康成曾有婢，黄昏愁听雨淋铃。"秦春兰女诗曰："堪嗟底事太猖狂，戈战如霜凄断肠。浮石江头双殉节，班湘洒泪哭媖皇。"呜呼！其志可悯也，其节可钦也，世可以红颜薄命嘲之耶？沈伯知二女不辱死，复议进兵，而廷铎救兵云集。铎令季子汉华与陆康为左翼，出渌弘；五子汉昌率陆师为右翼，出岸谷；向武州黄牧袭贼营；四子汉晖等间道袭剥隘，断其归路；上林黄令为后应；廷铎自帅中军，率诸州牧将备发工尧，直趋棼凤。皈朝土目吕恩迎战于岩巨，列阵方成，探报廷铎三子汉华兵渡渌弘，汉昌兵复截岩谷。三面攻击，势如山崩潮涌，皈朝土目李良殁于阵，吕恩单骑而遁。沈伯闻报，急提兵往应。未行半里，即遇向武狼兵与敌。顷之，廷铎大兵亦至，并力合击。沈伯兵溃，奔回田州城，招集残卒，将图背城一战。大兵气丧力竭，望北逃窜。适汉晖与国泰自剥隘掩至，沈伯兵腹背受敌，歼伤殆尽。惟吕恩保沈伯仅百余人夺路往小镇安而逃。时镇安牧岑宏汉乃廷铎族侄，闻知铎困于沈伯，议起兵来援，既闻沈伯取道入镇安，议计诱入城而擒之。佯为饬驿路备供帐，迎沈伯进署，宴集怀远堂。李高闯筵而进，摔沈伯下堦，随卒各鼠窜遁归。吕恩从容进曰："皈朝，使君之邻也，素无嫌隙，今兵败而获罪于君，吕恩知之矣。唇亡齿寒，君可亡乎？若舍沈伯归州，愿将达旺田为质，否则主辱臣亡。皈朝虽小，岂遂无人？惟刺史裁之。"宏汉感其言，释沈伯去。廷铎凯旋，奖劳士卒，纪战功之大小，定赏赉之重轻，祭阵亡卒，存恤家属，修葺祠宇，引咎自责，州事多委汉贵代之。岁在乙酉。

清世祖章皇帝定鼎中原。顺治二年，前明崇祯甲申三月，流贼陷京师，怀宗皇帝殉社稷，干戈扰攘，道路阻塞。乙酉夏，始知煤山之变，廷铎设位于莲山寺，日三朝而三哭，以未及勤王赴难为终身之憾。服衰坐蓐，一准朝礼，百日遂致仕，解印绶付汉贵。铎移居于棋盘山，诸子率目民入山请铎出仕。铎曰："贤者不以盛衰改节，我食明禄，何忍背之？"遂不出。顺治庚寅七年，经略使金节，奉命按部两广，招谕土司官。目民知廷铎尽忠于明室，遂不复请。

汉贵赴邕州纳款既归，喟然叹曰："父为忠臣，我当勉为孝子。"嘱弟汉隆理州事，亦入山随父偕隐。数椽茅屋，几竿修竹，一泓流水，千迭青峦，徜徉自适，绝口不问世事。继而桂王逸六诏，滇黔未定。经略金公廉识汉贵名，遣副总兵姜龙征贵。贵垂涕曰："老夫年耄矣，无能为也。况永历昔曾仕之，今复征之，不义甚矣。不义之人，公何所取乎？"经略义而舍之。

顺治辛卯八年，汉隆授知田州。闰八月卒，无嗣，兄终弟及，以汉华袭职，于康熙二十年正月初二日奉两广都部院金颁给新印到州，汉华领印管奉。二十六年二月十一日，奉诏旨准袭田州知州职，莅任四十五载，地方宁靖，不知兵患。卒故。

生子曰应祺，曰应祐，曰应裕。时祖母赵宜人请命于廷铎，以嫡子裕袭职视事。甫一年又卒，无嗣，以庶长子应祺袭职。

时老头目陆师等见头目辛琦钟等欺主年幼，骄横恣虐，若不早除之，恐田宁非复岑氏有也。目睹都督廷铎老主数十年汗马，获此宁宇，安忍坐视？签言图之。于是，陆师求援于东兰州韦牧；杨秉升求援于广南郡农司马。不两月，兵至，战于昧马。辛琦钟败走，黄天祐亦负伤而遁，惟岑子疆随辛琦钟潜陇西之鹿奔村，为负隅计。陇西山深箐密，丛径曲折，进兵惧有埋伏，未敢轻进，环营四面以困。琦钟计无所出，遣岑子疆求援于皈朝。时沈伯已死，其子仅欲借此发兵以复前仇。老目吕恩，鹤发皤然，扶杖而入，疾呼曰："不可！不可！田州世戚，况都督公虽隐其治，兵多卒广，当年老主负衄，身几不保，家几不振，迄今言之，尚多怨言。而我主未得民心，先结邻怨，恐督蹈前辙也。"乃罢发兵之议。岑子疆知事不济，潜迹于阳甲。琦钟困旬余候援兵不至，且乏食，拟奔高寨，潜入向武。杨秉升闻之，伏兵于峡。琦钟出，斩于独秀山下，并戮其家属四十八口。黄天祐自昧马之败，逃窜乡僻，继而知辛琦钟被诛，密夺路赴会城，以"陆师、杨秉升私逞兵戈，擅杀目民"上控。抚按城援鞫讯。杨秉升挺身对众曰："我与辛琦钟本无夙怨，因其揽权柄，致将不利于主，只得借兵诛之，以雪众愤。愿诸君督事幼主，罪遣予自当之，虽汤火弗惕也。"遂赴会城投狱。上官以擅杀罪归于杨秉升，余尽释之。

是时，祺任事尚幼，且当兵戈扰攘之时，赖有老目陆师等实心协力，匡扶佐治，民幸安生。惟有黄天祐悲其愿氏辛琦钟合寨毙于非命，与其党黎光生谋诱阳万狆人，欲雪前怨，兵犯州城。时头领周师曰："贼众我寡，州城兵不满百，何以御敌？宜早避之。"陆师曰："弃城则主愤谁辅，若同逸恐敌人擅击，不分玉石，为罪大矣。"命周师守赖，各移眷属居于署左。明日，外城破，黄天祐兵围宫厅。厉声曰："夺衙郡众，速将陆师、汉晖掷出，我兵即退，否则寸草不留！"陆师、汉晖相与登钟鼓楼谕众曰："都督公甫薨，幼主新袭，尔等既不奔丧，乃敢聚众围署惊主，不畏王法耶？"黄天祐援臂叱曰："尔擅把持州事，我今起义复仇，尔就戮即已，非夺印谋官也。"陆师扬言于众曰："辛琦钟废长立幼，通州人切齿，我等诛之，实出公愤，非私怨也。"狆兵群唧唧私语曰："我侪只因陆师而来，当俟其内变，逸出时则擒之可也。"遂相约缓攻。时陆师在内，与汉晖计议曰："自东兰韦咬骚扰四邻，吾兄陆康奉令防守里定，今危迫之际，须取回陆康兵方解此围。"乃作血书，遣其家人林宫桂黄昏越墙而出。宫桂故多智，能译狼语，杂入狼兵中，狼弗觉也。夤夜奔走，翌午至里定。陆康率健儿数千蜂拥而至。时黄天祐列营署外，知内无劲卒，外无援兵，遂弛防守，耽酒娱色，毫不为备。更漏四点，陆康兵忽至，偃旗息鼓，突踩贼营，狼兵尚在蒙首酣睡。陆康兵入城，声如霹雳，陆师袭应。狼兵在梦中惊觉，衣甲器械，茫然无知处，手足无措，四散逃窜不及。里外合攻，贼骸狼藉相枕于道，半复挤入浮石江中。黄天祐夺路奔出南门，陆师追之。黄天祐将至平马，见尘扬前路，兵自东来，仰天叹曰："前截后追，吾必死矣！"兵至，为黄天祐之族弟下旺司叛目黄东府、黄东口也。二人叛其主为官兵所败，因求援于黄天祐而至。暴与暴遇，相得甚欢，合兵奔回驮濑。陆师知有兵应，亦振旅还州，所获器械、马匹、粮食，尽赏军士。应祺时方弱冠，出外见尸横遍野，上干天和，抚膺恻然，掘深坑于那豆坡前，藏埋贼尸首，共成九窖。又收敛水陆骨骸于东墓洲岸埋，共成十三堆。事闻于军门，委观察耿公聚两造于庭而讯之。卒以土司仇杀例，从宽题奏结案。自是干戈始定。

雍正四年，大计荐举卓异。部议照同知以下官员奉异之例赏给朝衣。六年，从征八达，议叙头等军功，加一级，纪录二次。九年，从征邓横，议叙头等军功，加一级，纪录二次。乾隆二年，奉调搜剿黎平，议叙头等军功，加一级，纪录二次，奉旨恩赏鞍马、腰刀、弓箭、撒袋、纱缎。五年，从征义宁，议叙头等军功，加二级，纪录二次。应祺视事四十余年，兴利除弊，有善政莫不次第举行。招集流亡，开辟田野，建文庙、义学及养济院诸所，皆祺之德政也；五次从戎，未闻奔北，此祺之忠勇也；兵荒之后，宗族流离，祺以多金赎回，给田养膳，此祺之孝友也。忠孝贤良如应祺，实名宦中之贤能者也。卒。

生子长澜，次淳，三洁，四游。淳早亡，洁分管阳万州判，游分居仑，以长子澜袭州职，未袭故。

生子宜栋，袭。于乾隆二十八年，拿获东兰凶瑶蒙蓬等，奉旨加二级；三十八年德捕上林县逆匪陆李能等犯，奉旨赏银万两，给与四品职衔；五十三年，从征安南，于五十四年五月初五日阵亡。

生子长曰照，次勋，三焕，四煜。时中堂福康安行查承袭，以岑宜栋长子岑照因科场舞弊正法，三子岑焕业经夭亡，现存次子生员岑勋、四子岑煜，俱系庶生，与承袭之例不符，惟查岑照之子岑裕垲系宜栋嫡长孙，垲以承袭祖职，但年甫八龄，不能办理州务。岑勋年虽较长，而笃学成名，志为汉员。然岑煜现年十八岁，质性淳良，可以协理州务，俟裕垲年满十五岁，再行请袭等情。具奏。乾隆五十四年十月十四日，内阁奉上谕：

据福康安奏，查明土田州知州岑宜栋于本年五月初五日被贼围绕，实系受伤阵亡。请旨敕部议恤，并将土田州世职，以伊四子岑煜系属庶出，与承袭之例不符。请暂行协理，俟伊孙岑裕垲年已及岁，再行请袭等语。岑宜栋以边土世职，深明大义，于官兵进讨安南，即带兵助剿，又复策马陷敌，临阵捐躯，实情可悯。俟土州前因出力，经前任督臣李侍尧奏明，赏给四品顶戴，着交部即照四品之例从优议恤。

至土田州世职，既据福康安查明，其第四子岑煜，质性淳良，不必复拘嫡庶之例，着即令岑煜承袭，管理州务。但知州系属五品，今岑宜栋奋勉出力，又复阵亡，岑煜亦着加恩赏四品顶戴。岑煜承袭后，若果克继家声，始终勤奋出力，将来其子承袭时，亦准戴用。如不过循分供职，其余仍照旧戴知州顶戴，以示朕优恤勤劳，一视同仁至意。

岑煜钦奉谕旨，以子承袭父职，于乾隆五十五年二月袭职，管理州务。于嘉庆元年五月内拿获投递悖妄牌纸，求取点金丹药之梁文贵一案。蒙抚部院成林具奏，嘉庆元年九月十三日奉上谕："土官岑煜，因见牌文悖妄，将梁文贵立即解究恭顺之忱，殊属可嘉，着加恩钦赐四品官，并赏戴花翎，再加赏蟒缎二匹，补服二副，以示奖励。钦此。"于嘉庆十四年六月煜故。

先是，嘉庆三年以应祺公第三子分管阳万州判，岑洁之曾孙裕培过继为嗣。是时，因尚未报名立案请袭，而兄勋曾于嘉庆二年有西隆苗匪之乱，勋告奋勇，随总督觉罗吉庆出师进讨平之，议叙头等军功，赏给州同职衔，并赏戴蓝翎，援例部选安徽和州分府任事。二年丁母忧旋田，服将满而起用。时适十四年六月弟煜病危，告兄曰："弟僭兄袭，已廿年矣。

恐弟有不测，先出通禀上宪，为兄替袭。"斯时勋兄再三推让曰："我现有汉员，母服满例当起复。"而弟煜出禀请袭，未几病故。上宪以地方为微，先委勋协理三载，勋亦病故，其子裕基尚未满月，以阳万州判岑熙代理州事。

以裕垲遗腹子锦详报立案，然代理协理，连年屡更。至道光六年，岑锦袭职。未几病故。

生子乃青，详请立案。因田州水陆通衢，公件浩繁，不能兼理，俱辞退。族目民公举呈请先州牧煜公之孙岑钺协理。蒙上宪准给札，钺于道光十八年六月初九视事。

## 二十一世祖田州分管阳万州判

岑洁公系应祺公之第三子也，天性孝友，敦睦亲族，自甘淡薄，克勤克俭，且敏而好学，自少不释卷，恂恂儒雅人也。年十六，即受知于学使卫太史之门，补郡博士弟子员；棘闱三试，荐而未售。乾隆辛酉年，缘田州之阳万两里，地僻民顽，界连滇黔，壤近交趾，应祺公援例举公请以明经授职，分符治之。适义宁桑江苗乱，应祺公奉调进讨。公侍父随营参赞军务，继遣父奉兵攻通水并灵八甲炮台。高山险嶂，郡皆畏缩，莫敢先登。公奋勇而上，众始随之。夺炮台，破其巢穴。经张广泗频为嘉奖，给大银功牌一面。军门谭公行义、监军道李锡泰以功上闻，录为第一。事竣，议叙头等军功，加一级，纪录二次，仍准前议，授职田州分管阳万州判，子孙世袭，建署于百峰，距田治五十里。公居官十余年，恪守庭训，保障边隅，恩庭目役，子视斯民，黎庶咸歌乐只，不愧为民父母焉。是为分支阳万之世。

生有长子宜杆，次宜桧，三宜柏，四宜柽，五宜祀，六宜梓，七宜梗，八宜楠，九宜榕。公因足疾，告致仕，卒。以长子宜杆公袭。卒。

生有六子：长熹，次熙，三煦，四杰，五烈，六默。循例以嫡次子熙承袭，于嘉庆二年奉两广督部堂觉罗吉庆调带土兵从征西隆苗匪。事竣，议叙头等军功，加二级，纪录一次，赏给州同职衔。

生有六子：长裕坦，次裕垣，三裕增，四裕城，五裕堂，六裕墀。于嘉庆十五年，熙公卒。以嫡长子裕坦承袭。于嘉庆二十五年告病。

生有三子：长铭，次镇，三鉴。以长子铭袭。于道光二十二年为八角山乱报废，以弟镇代理州事。

### 十九世祖分居香炉支派记

汉晖公生应礼，礼生泗、淑、浓、潜、澍、瀚。澍出继那邑。长泗生宜枝、宜椿。次房淑生宜枢、宜桥、宜树。三房浓生宜权。四房潜，生宜极、宜桐、宜恒。六房瀚生宜柜、宜格、宜枝、宜械、宜楚、宜橡。又宜椿生焘熊；又宜枢生烋。又宜极生煎、然。

### 十九世祖分居那沙支派记

汉昌公生应福、应禧、应褋、应褆、应禔。长应福生济、渭、河、海、河、洛；二房应禧生沛、演、湛、沈、汉；三房应褋生清、渊；四房应禔生泮、泷。济公生宜相、宜材、宜槐、宜榆；渭公生宜梅、宜棣；河公生宜楚、宜樾；海公生宜排。洛公生宜森、宜棣。沛公生宜杨。演公生宜桐。湛公生宜楳。沈公生宜槿、宜楾。汉公生宜林、宜朴、宜棚。清公生宜宋。渊公生宜植、宜柿。泮公生宜椋、宜校、宜櫃、宜樠。泷公生宜柱、宜机、宜桓。又宜材生燃。又宜槐生烁、燧。又宜榆生煐。又宜梅生炰。又宜棣生烝、熟。又宜楚生燎。又宜排生爆、辉。又宜森生炉、灯。又宜杨生煮、炎。又宜桐生辉、烨。又宋生燮、炘、然。

### 二十世祖分居那邑支派记

应祎公生宜梁、宜植、宜荣。长宜梁生子熠、燿。次宜植生子蒸。

### 二十一世祖田州分居仑庄支谱

岑游公，字艺之，系应祺公之第四子也。初与阳万藻之公同举州佐，以游公分管恩城里。部议以无二子并举之例行驳，事遂止。适义宁桑江苗乱，公随父征讨，议叙军功，给授巡检，后援例授府通判。乾隆十年，改授西城兵马司正指挥使，引见。奏时奉命宣土音，游以世受国恩，全家食禄对，天颜开霁。旋丁父忧，奔丧回籍。游以父终，未能省视，悔恨终天，号痛几绝。读礼三年，服将阕，而母丧继至。游积哀成病，遂不起。享年四十有九。为人孝友敦睦，宗族犹子宜栋，以父事之，给以官庄膳田。生二子：长宜椿，夭亡；次宜桂，字化堂，少年老成，情性纯谨，事嫡母李氏及生母凌氏以孝称，饮食不私，钱财不隐，州牧宜栋视如同胞，曾随征磨阳峒瑶，奋勇争先。州牧以功请，巡抚冯大中赐桂袍褂银牌，以奖其功。桂益自奋勉，事州牧不减事父，目民绅士莫不爱敬之。生子燕，省闱中武举。生有三子，长裕均，次裕址，三裕塘。俱无嗣，以阳万宁庄族兄裕埒之第三子钱入继。

## 那逻支派记

瑜公，系指挥使管田州事永通公之季子也，分居于上田里怕寮图之育村。娶妻马氏，生子细。细生子镜。镜生子浣。浣生子觉思。思生子良。良生子善。善生子存义。义生子应。应生子黄。黄生子明学。学时，武靖州岑清宝与该州吏目有隙，田汝成议废岑氏，另立千户统率狼兵。黄因改流之初，携金济清宝久不归，妻周氏与子明学往武靖探亲，遂住家焉。明学生子汉杰，明时复遭安西王之乱，汉杰走龙英州，与州官赵荫昌交善。荫昌因以女妻之，后荫昌为族人所杀，大索荫昌亲属。汉杰因避乱，携眷来田，更姓曰罩，居那浪村。生子视田，有干才，充当田头目。生子文贵，随州牧领兵应调平蛮，颇有芳绩。应祺公拔为首目时，仍以罩为氏，犹未归宗。于乾隆十七年州牧宜栋公审问确实，乃索图序世，文贵、文郁为州牧兄弟行，始令复姓岑，今移家于那逻村。生二子，长鸿犹，次鸿绪。于嘉庆二年告奋勇征西隆，议叙头等军功，赏给布政司经历职衔，并赏蓝翎。生三子，长大松，州训导；次大柱，亦随征西隆，军功给县丞职衔；三子大林，拔贡。大松生子象游、象酵。大柱生子象周。大林生子象南。

## 楞村支派记

懋意公，系太禄公之三子也，移居楞村。生二子：长康，次明。康生二子：长松，次六。明生一子马。因九窖十三堆辛琦钟之乱，避难远逃，易姓更名。康熙四十年，勘定之后，应祺公招徕遗民，购求亡族。五十四年访出六之长子昂，次子富，三子苗；继访出松之长子宽，次子增，三子昌；又于白山司访出明之子马，俱迎归楞村故居。后苗生五子：长教，次墙，三春，四贤，五善。宽生二子：长良，次付。富生二子：长贵，次忠。增生二子：长常，次满。昌生五子：长斗，次从，三闹，四福，五还。斗生四子：长寄，次巩，三瞻，四美。闹生子和。和生三子：长旺，次撵，三拿。马生二子：长赵，次双。赵生二子：长恩，次欧。恩生三子：长约，次幼，三拜。欧生二子：长兰，次领。双生子墙。福生子详，给以膳田六坯，命自耕种养家，并供祭祀。

## 婪凤支派记

邦辅公，系猛公之第四子也，移居婪凤。生二子：长诗，次清宝。宝出继武靖州岑纪祥接祀。诗生二子：长秀，次贤。秀分居渌弘村。贤生二子：长子疆，次子芳。因九窖十三堆疆附辛琦钟之乱，改姓覃。应祺公询知，饬令归宗。生三子：长德清，次德济，三德明。德清生子学贵。贵生二子：长向，次康。向生子保。二房德济生二子：长善，次雅。子芳生四子：长德京，次德成，三德彩，四德念。德彩生子秤。德念生子何。

## 渌弘支派记

邦辅公之长孙名秀，系诗之子也。分居渌弘。生子登。登生二子：长慈良，次慈忠。慈良生三子：长稳，次求，三平。州牧给以养膳田六坯，岁供祭祀。

## 武靖州支派记

铎公系田州镛公之弟，分御浔州，移居武靖，生子玘。玘无嗣，其部下渐散。正德十六年，议以田州知府猛公长子邦佐继之。生子鋆。鋆生子清宝。时吏目与清宝有隙，言瑶民不愿置州，请改为千户所，推贤能一人掌管兵众，足备提调。田汝成以其言上闻于朝，议改州为镇，以千户所率狼兵，属本府通判掌之，不设土官。清宝子义方遂还家，仍于浔，是为浔州世族。生子镇毫。毫生子张隆。隆生子观恩。恩生子三：长社，次余，三玖。玖生文。文生六子：长上，次逵，三峻，四达，五建，六超。上达生二子：长瑞璋，次瑞刚；克振家声，勤修事业，乾隆二十六年辛巳瑞刚中式武闱第十名进士，拣发广东以守备衔。此武靖州后子孙之杰者也。

## 田州分出思恩府岑氏支派记

阿思兰，系田州五世祖帖儿公之弟，分管思恩。世传未考。按《通志》，明朝弘治十一年，田州土官男岑猛避乱奔思恩，都御史邓廷瓒檄思恩土官岑浚护送猛归田。浚不从，寻以兵征之，浚始释猛。督抚纳之田州，猛与浚，由是构衅，浚集泗城、东兰兵陷田州，猛走免。都御史潘蕃讨之，浚诛，改置流官知府。盖阿思兰至浚，八世而亡。其中世次，文献不足征矣。

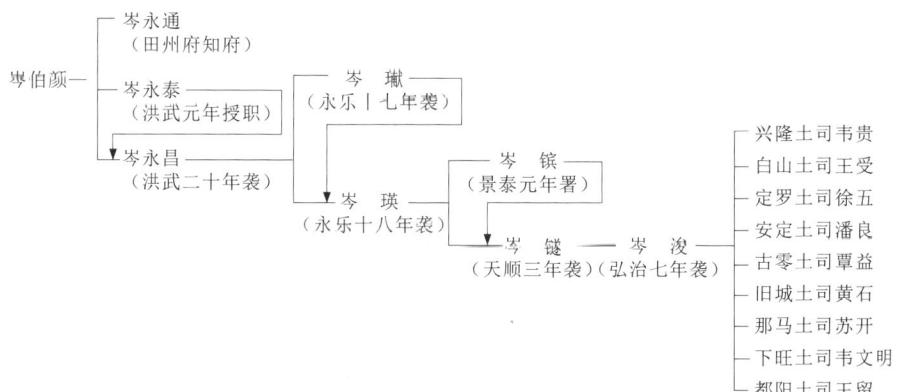

## 田州分出泗城府岑氏支派记

恕木罕公,系田州五世祖帖木儿公之弟。元朝改授东道宣尉使司,加封武德将军。生三子:长法祜,次真荫,三福广。法佑分管安隆等地,真荫分管利州等地,福广承袭。明朝初归附,封怀远将军。生子善忠,洪武六年,授奉直大夫,知泗城州事。生三子:长德,次成,三振。德分管安隆峒,成分管上林峒,振承袭。生子均,袭。生二子:长琮,次瑄。瑄袭。故,无嗣,妻卢氏视事。妻死,以女妙定视事。女死,以蛭豹承袭。生应,袭。时为土目梁接冒姓岑谋袭,后为岑钦所杀。生子永璋,未袭而亡;生子施,袭。生二子:绍熙、绍勋。长子绍熙袭,从征广东大罗山阵亡,无嗣,以弟绍勋袭。生子云汉。从征,军功加广东都司签书。生子兆祯,袭。生子继禄。清朝顺治十五年随征滇黔有功,升州为土知府,世袭。生齐,代袭。生七子:长映宸,次映翰,三映赐,四映奎,五映照,六映御,七映霖。又映翰武举,授福建都司,赐岁贡;映御乡钦大宾;映奎岁贡,湖北施南分府;映照贡生;映御庠生;映霖监生。映宸承袭,于雍正五年,以罪参革,改置流官知府,迁徙省城安置。生子鸿仁,故绝。二房映翰,生子六人:长鸿基,授八品,承祀,管瑶民;次鸿业,庠生;三鸿爵,庠生;四鸿逵;五鸿章;六鸿列。三房映赐,生四子:长庆元,庠生;次嘉元;三廷元,岁贡;四瑞元。四房映奎,生三子:长树本;次树廉,监生,直隶河间府龙华镇巡检;三树淳。五房映照,生二子:长鸿慈,次鸿德。六房映御,生二子:长树经,次树纬。七房映霖,生二子:长永芳,次永清。又鸿基生二子:长文浚,贡生;次文渊,承祀,八品,于嘉庆二年随征西隆,议叙头等军功,赏给守备职衔,并赏戴蓝翎。

## 田州分出镇安府岑氏支派记

阿刺辛系田州帖木儿公之弟,分管镇安路。生子察空,元朝宣抚使司。生子天保,明朝授镇安土府世职。生三子:长志刚;次志英,分知小镇安峒事;三志德,分知化峒事。志刚袭,生子永寿,袭。生二子:次元禧，题分武宁县知县，长元铨，袭。生二子：次综，出化峒；长纪，袭。生子金，袭。生子二人：次学，题分湖润州知州；长鎏，袭。生子真宝，袭。生子缘，袭。生子二：次吉缊，题分傍峒峒官；长吉祥，袭。于崇祯十五年故，绝。有女如宝视事。康熙二年改流，置流官，岑统藩入继，承祀禋祀。生四子，曰智雍、智亢、智充、智亮，承祀。生二子，曰上述，上进。上述承祀。生毓玺承祀，生凤仪出继长房。上述生七子：曰毓玺、毓瑚、毓珣、毓珍、毓玑、毓珑、毓斌。次房上进生二子：毓玳、毓瑁。长房毓玺，无嗣；三房毓珣长子凤仪入继，次凤朝。四房毓珍，生子凤集。五房毓玑，生二子：凤立、凤文。六房毓珑，生子翱。上进长子毓玳。生子凤起、凤栖、凤颉。次子毓瑁，生子凤诏。智雍生二子：上道、上遇。又上道生子毓珩。珩生子凤贤。上遇生子毓珑。珑生二子：凤萃、凤碧。智亢生子上逵。逵生二子：毓玒，玒生三子凤毓、凤圣、凤岳；毓坤生子凤岐。智充生子五：上遴、上遇、上迓、上回、上逢。又上遴生二子：毓璧，毓理。又上回生四子：毓瑶，毓玛，毓珮，毓琨。又上迓生三子：毓玶，毓绍，毓瑛。上回无嗣。又上逢生子毓珈。又毓璧生子凤佛。又毓理生子凤怀。又毓瑁生子凤碧。

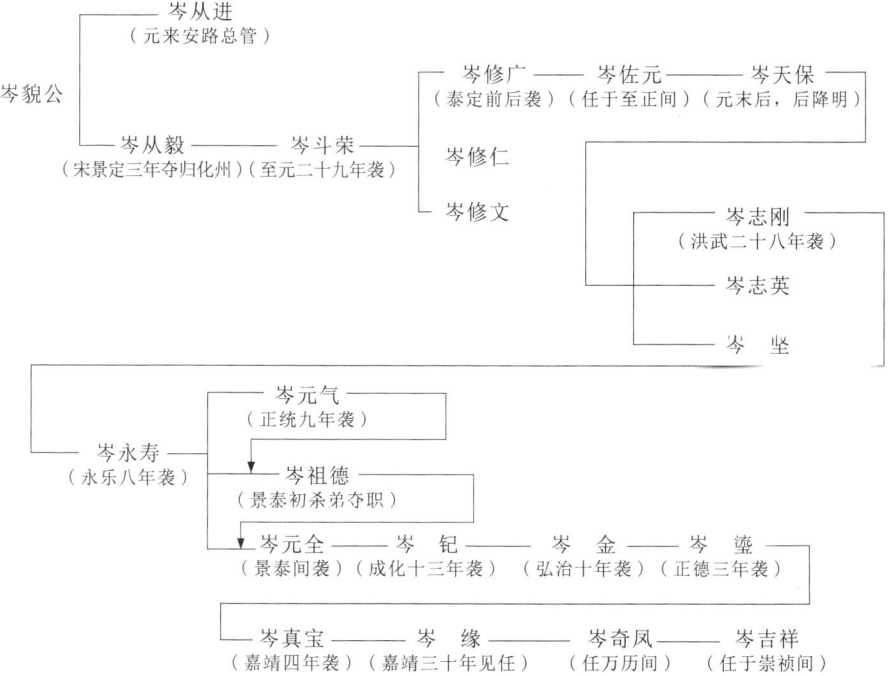

## 岑统藩承祀始末

统藩字魁梧，镇安土府岑真宝之五世孙、正延之三子也。先是，顺治三年，土府岑吉祥故绝，族人争袭，自相仇杀。吉祥有女曰平瓦，字如宝，痛父无嗣，誓终身不嫁，哀告族人罢兵息战，得与二三老头目安辑府治。未几，遭吴世璠系三桂之孙及陈邦辅、李定国之乱，滇粤骚然。土富州沈文崇，乃田州婿也，护兵附世璠，据镇安，如宝出奔上映州。顺治十三年，沈文崇知人心不附，迎如宝归，以统藩为嗣。顺治十八年，王师下广西，李定国走死，诛文崇。康熙元年，如宝以统藩诣军门报袭。而一时争袭，内则武宁县岑征善、天丰甲岑苍麟，外则泗城、田州，归顺，各起纷争。宪司不决，于康熙二年改流，置通判流官，隶思恩军民府。时通判赵振，令岑统藩多方招抚，流民安集。康熙六年，奏请以多念、逐斗、咟哙官庄三村给统藩承祀。八年，通判彭权署镇安，吴逆叛，沈文崇之子绍基乘乱占据镇安府城，族目逃奔归顺。十五年，吴逆亡于汉口，其部将刘礼率兵奔回，沿途抄杀。归顺土官岑承乾大惧，令统藩迎之。统藩至向武，卑词厚礼，阳为趋附。刘礼悦，得免。礼邀与偕，得同行。统藩以母年老辞，于是归。礼感之，酢以千金，拨下峒统藩，俾为世业。十九年，王师征讨刘礼，统藩出千金募义兵数百，赴思恩军前报效。简大人即命通判胡晋思率统藩为向导，宪期进兵，沈绍基携印宵遁。二十五年三月十九日，克复府城。时岁荒饥，民康诱，而韦之皇等复勾结皈朝贼黄韬及沈绍基余党数千围城。通判胡晋思战死，城遂陷。城守邓京、知厅杜俞、岑统杰等被执，死之。李协镇提兵进剿，知印失，谋之统藩；使其兄统顺，表弟黄志韬、内弟黄天锡入贼营为质，其印乃还。而王师大进，而三人被害。师至多峒岭，贼败走，镇安悉平。二十年十二月，授统藩土千总，承土府埋祀，仍世继，而祖宗基业荡然矣。

## 小镇安岑氏支派记

志英公,由镇安府第四世分出。生祖德,生应宗,生承智,生善经,生国御,生旭,生勇,生大经。入大清国朝,生缜至,生宏汉,生池凤,生光绪,生金佩,故绝。传叔光绥,生绳武,改流。生子煊,生子荣生。于乾隆三十年内为头目黄应宿、黄文韬等勾结交夷莫家大案,改流,绳武母子安插省城。至四十四年,蒙恩赦还。

## 归顺州岑氏支派记

永福公,由镇安府五世分出。生宗瑛,弘治九年升峒为州。生璋,生天锡,生嘉,无嗣,以族人进宝次子仅入继。生良琯,生大伦,生承乾,生纲,生荫宗,生佐祚。雍正八年,总督鄂尔泰、巡抚金铁廉以佐祚不法状,参革职,改流州。

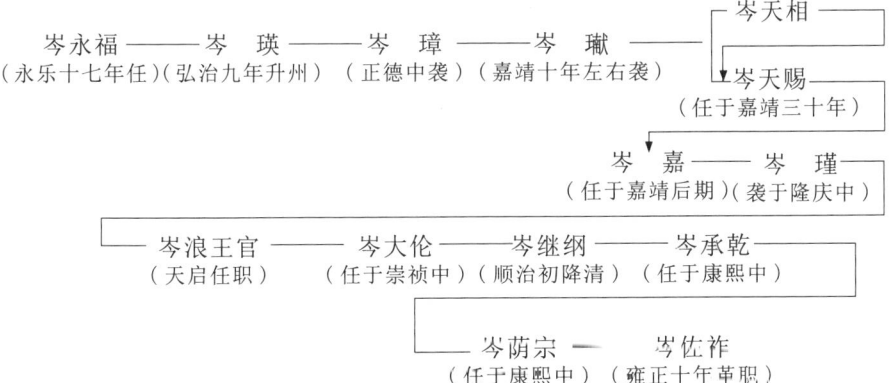

## 湖润寨岑氏支派记

垦公知润州,生稳,生松涛,生应实,生志威,生宗熙,入国朝。生参极,无嗣。传弟参岱。生英俊,生祚桂,无嗣,故绝。族人互争,乾隆十三年,改流官巡检司。

## 化峒岑氏支派记

志德公，明朝题分知化峒事，由镇安土府第四世祖分出。生承玉，无嗣，以元铨子综入继。生铎，生子紫，生子瑜，失峒事。生子缊，生子合，生子正求。生二子：统绍，统善。又绍生智读。又善生智兴。二房锡，生子正乾；生七子：统丈、统义、统巍、统钦、统启、统臣、统开。又统丈生二子：智清，智秉。又统义生智奉。又统巍生智忠。又统钦生智政。又统启生招。又统臣生三子：国器，国理，国裔。又统开生四子：智景，智保，智李，智琼。三房正延，生统杰、统俊、统藩、统意、统廉、统华。又统杰生子智鼎、智崇、智超。又统俊生四子：智昂，智烈，智慎，智旺。又统意无嗣。又统廉生二子：智虑，智允。又统华生智举。又统章生二子：智辉，智灿。

## 忠孝志

忠孝原无二理，求忠臣于孝子之门，而移孝可以作忠，交相责也，亦交相需也。吾祖宗立功岭表，克振家声，捍边以卫中土，斯之谓忠；扬名以光前烈，斯之谓孝。且有战阵捐躯，尸藏马革，墓庐读礼，哀召鸟鸣，绩载旗常，名传汗简，从祀名宦，配享乡贤，自宋元以来，历世有之。兹复载于家牒，使后人观感而兴起焉。荩臣肖子，其绵绵乎？曰忠曰孝。

## 列　传

元修武郎岑世元，号云雾，武略将军岑雄公之季子也。善骑射，通蒙古语。兄世兴，频遣其赴都入贡，奏对称旨，授忠武校尉。时云南乱，兵犯田境，诏世兴公讨之。朝廷知世元勇力，晋授修武郎，敕田州从征，所向克捷，后以兵寡不支，为滇兵所挫，被创甚。元曰："生未能报效国家，铭勋竹帛，死当为民驱厉，庇此一方。"遂单骑策马入河，逆行数里而没。久之，百色有人结伴河千夜行者，风月恬然，忽江心浪起数尺，逆涌而上。众惊怪视听，若有人冠带乘马踏浪，比至，则一木神主。拾出水面，大书修武郎岑公之神主，不类人间笔画。众异之，结茅江浒，岁时祀祷灵应；仕宦商贾经过者，或亲见形影，或感梦中，因遍地建祠享祀。迄今其赫赫邕管以南，咸称"岑三爷爷"。

明田州协理岑永贞，系坚之子。幼聪颖好学，孝友笃行，博览群书，尤精性理。派宗鹿洞鹅湖，少年失偶，义不再娶；鸡窗萤案，吟咏自娱。辅幼侄协理府事，洁己奉公，族目无闲言。才学兼优，上游咸器重之。侄长归政，飘然远游，访学仙山，以□程济诸公，不知住止。

明廷尉岑业，系田州岑猛之从弟也。博士，工文，成化年间以贤良举于朝，当殿对策，洒洒千言，切中时隐，上深器之。弘治年间，历官山东参议，内迁大理寺副掌制敕。朝廷大手笔，俱出其手。继以其再从兄思恩土府岑浚叛，三司总镇请敕业往谕，业自陈于陛前，愿以身往谕，格于部议，不果。十六年，广西督臣潘蕃疏奏浚乱当剿，因其从弟业在内阁副掌制敕房办事，禁密之地，恐有泄漏，吏部拟改调。上知业忠，寝其议，业遂奏乞归养。舟渡寒江，有诗云"看看山色撑心事，咽咽江声冷世情"之句，意味永为当时才人巨公所叹赏。逍遥林泉十余年，终以堂兄猛公冤事莫白忧闷，时时关心，成疾而卒。

明归顺州牧岑獃，于嘉靖二年，安南莫登庸叛，诏命咸宁侯仇鸾、兵部尚书毛伯温调兵便宜剿抚，獃从征。兵至木马，遇贼于途。与之战，贼大败。既而设伏，兵诱獃。獃堕其计，深入庸地，遂为贼困。獃领众奋杀，不能脱出，乃仰天叹曰："天乎，不期而丧斯乎！吾当捐躯以酬国恩耳。"于是踊身入贼阵，旁若无人，连杀贼数十人，力竭而死，名垂青史。獃之死，有余荣矣。

泗城州牧岑施，于明隆庆五年，广东大罗山贼叛。施奉檄调从征，所向披靡，深入贼巢，贼惧其勇，合兵围之，三日不解。施左右冲杀，身中数枪，不能脱围。抚胸叹曰："惜乎君恩未报，罗贼未平，而身先死！"乃下马北面再拜。贼逼近之后，上马奋杀数贼，力竭阵亡。事闻于朝，赐祭以表其忠。

## 节义志

史载烈女,而壶范著焉。吾家遵祖训,闺内肃然。咏采频繁,静调琴瑟,淑媛贤妇,笔难尽书。节操如周氏,义烈如瓦氏,犹铁中铮铮者,匪直脉延一线,茹苦存孤,抑且勇冠三军,矢忠报国,较迈克之肖子,依稀当宁之勋绩,洵可谓巾帼丈夫、闺阁英杰。标扬方策,灿烂明星,夫人城娘子军奚让焉。更有诸母之行不朽者,俱表而出之,为岑氏妇后者当效之。

元周氏,田州路总管岑也先妻,事姑顺孝。姑亡。哀恸若所生,期年不茹酒肉。也先父妾黄氏专宠,生三子,部下多附之。黄氏遂欲害也先而官己子。周氏常觉之,从容语夫以善处。及黄氏买赂客行刺,不克,复谋之。以至正六年五月五日竞渡,觅善水者为也先公驾舟,至中流而沉溺没之谋。至期,黄氏盛饰龙舟,请也先往。周氏私忧曰:"意厚而言酣,诱也。"谏夫勿往,夫不听。黄氏避去,也先登舟。鼓棹争捷,俄而舟覆。众皆得出,也先溺死。周氏闻变痛绝,忽泣曰:"天乎!不听吾言,乃至如此。且祸及孤儿矣!"急怀印,召家奴永伍负七岁子伯颜奔头目李什家。黄氏大索周氏母子,不获。遂以己子佐应及佐磬相继冒袭。及泗城牧岑福广杀黄氏并佐磬而据田州,凡十余年。周氏与子伯颜,奔窜迁徙,艰苦跋涉,常隐于村野,乏食,求吃于瑶人。瑶人见其端重,怜而敬之。继岑福广求亡孤,周氏曰:"儿可往彼陈出名,彼见我势孤,必不我虞。幸耆老犹在,能辨识,否则恐以儿为假冒。但宜谦谨,察去留之机。"伯颜如命往见福广,果全身远害,得入鹈州,继复旧业。伯颜知田州府,绰有政声,皆周氏之教训。年六十九,以完节终。

明陈氏,系上隆州岑琼之母也。琼故无嗣,众请陈氏权理州事。洪熙元年,陈氏来朝贡马,诏赐钞币。宣德四年,诏敕陈氏为女官知州。时因州人诉于朝,愿得陈氏袭职,故有是命。居官二十余年,内修贡赋,外屏瑶僚,虽三尺幼童,罕见色笑,蛮瑶悦服,咸称女中丈夫。

明黄氏,恩城州岑钦之子名郎寄之妻。寄幼失怙,乃翁多媵侍,如夫人者数辈。黄氏接之,皆尽其道。而事舅如父,事夫如兄,内外称淑媛,无间言。正德年间,泗城州岑接与钦夙有嫌而壤接,久图报怨,乘恩城岁饥，其民疲敝，接率精锐兵来攻。郎寄从父以兵御，猝遇敌于峒老地，接故知摧割衄常岳视邻境，钦复以鸠形鹄面之众当其锋，故一战而败。于是钦父子闻警，下令聚战。黄氏前请，曰："□□□冲锋，愿警备守险，乞援恩田为犄角以制之。"弗听，卒至败亡。斯时也，泗城兵疾驱直入，凌轹州地，焚州署，眷属之毙于兵燹者甚多。有老仆随黄氏及幼子女走蓬岩地，既而知钦父子俱没，劝黄氏遁旧城。氏不答，登山巅。仰呼曰："天乎！天乎！我何以为生乎？"竟跃身而堕岩。两子哀号泣，相携投崖，老仆亦碎首石壁下。嗟乎！可谓死得其所矣。其子若女，亦知所殉，即其仆亦明大义，同死难中，不易得者也。

明瓦氏，田州府岑猛之妻，生子邦彦。嘉靖六年，夫与子相继沦丧。瓦氏年三十余，媳妇赵氏死殉。所遗孙芝，尚幼，瓦氏祖母抚护之。及长，邦相不恩让嫡，与卢苏有隙，因欲购害芝。瓦氏辛劬刻苦，委曲保全，得袭州职。朝夕训以朝廷恩德，宜抚循遗民，修职图报。二十九年芝从征海南，没于王事。瓦氏抚曾孙太寿，寿夭，又抚太禄。凡州之利病，躬为规画，内外凛然。三十三年倭寇南畿并浙江，朝议，征请广西狼兵。督抚以檄至，瓦氏以曾孙太禄年幼不能任军兵事，请于督府，愿以己身往。督抚壮之，题奏授瓦氏女官参将，统兵赴南畿。次年四月至苏州。寇方据州沙洼枯木为□□□至众数千，过金卫山□□□游击白泫之敌，颇多斩获。移兵□□□利，头目钟富、黄维等十四人死于阵。五月，贼犯嘉兴，从参将卢镗攻之，大败贼于石塘湾，杀贼无数。时宰相赵文华视师江南，极称土兵有用，可赏犒劳。具奏瓦氏所向胜敌功绩，诏封二品夫人，并赏银币。后以疾告归田阳。抵署，即告家庙，厚恤随征诸目兵。丁未，几无疾而终于内寝。

明赵氏，乃岑邦彦妻。嘉靖五年，都御史姚镆诬猛公反状，不待报，进兵八万讨之。猛裂帛书冤，命邦彦赴军门陈诉，镆不纳。回过工尧，被贵州沈希仪以兵截杀。中流矢奔回，至那齐村，创发而死。赵氏携芝随姑瓦氏太君避难在外，闻邦彦凶信，泣曰："子以孝殉父，吾独不能以义殉夫乎？所不瞑目者，幼子耳。幸姑尚康健，可嘱托幼孙。天亦必不绝孝子嗣也。"至夜，遂于房中自缢。

明苏月梅及秦春兰，同为右都督岑廷铎之侍妾。二姬聪慧，颜色颇鲜，且能诗。主人甚爱之，花朝月夕，唱和甚多。才媛之名，传流于外。崇祯十七年，廷铎侧室王氏故，邻封会帛。有滇南皈朝州牧沈伯，与王氏故邻邻表亲，窥见二姬皆羡。□□起兵犯境，陷州城。都督廷铎□□□林。敌人乃宣言曰："可献出二姬□□。"廷铎益愤，欲决战，乃与上林黄令画策帐中。两姬在屏后窃听，得其情，相与悲愤，必不辱身负主，誓以一死谢贼，乃各题绝命诗一首于壁。至夜，两姬奔投江死。苏月梅诗云："儿家身逐江流去，千古依依恋主心。空说康成曾有婢，黄昏愁听雨淋铃。"秦春兰诗云："堪嗟贼势太猖狂，戈战如霜凄断肠。浮石江头双殉节，月明夜夜泣英皇。"可谓节烈矣。

清杨氏，系土知州岑汉华之妾。年十八归于汉华，侍奉惟谨，居恒言笑不妄发。生一女，汉华卒，矢志守贞，百龄完节。乾隆十七年，曾孙宜栋详请题旌。十八年，奉旨准建坊，表曰："贞寿之门"。

清黄氏，乃岑澜嫡配，宜栋之母也。二十二岁孀居，矢志敬事姑训子，贤孝之称，于兹四十年。虽童稚，非奉呼唤不敢逾内廷。躬自经绩，屏弃罗绮，目民咸称其德。请旌表，格于命妇之例。

清左氏，乃岑宜松之生母也。十七岁适岑澜为妾，生子宜松。甫三月，澜卒，氏矢志守节。毁妆菇素，步不出门庭，虽童仆罕知其面。事主母殷勤，目民共诵其节义。而观察御史黄文辉经过田州，上云南，闻左氏贞节，书额旌之曰："秀闺流芳。"

清黄氏女润、辛氏女绣、□□□□□女和、王氏女嫩，五女乃岑澜公之侍妾。三年，澜卒，五氏合志守节，誓不再嫁。主母怜其年幼，议改嫁之。五氏皆曰："妾等虽微，亦知礼义。谚云烈女不更二夫，氏等虽贱，岂肯再醮以辱主名门乎？"宜栋公感其言，敬奉之若母。后百色司马杨仲兴闻知氏等贞节，题额旌之曰"节配岱松"以表之。

明卢氏，系泗城州知州岑瑄之妻。瑄故无嗣，目民共推卢氏权摄州印视事。天顺六年，奉调出征贵州苗贼有功，封二品贞寿夫人。

皇明岑妙定，乃岑瑄之女，卢氏所生也。宣德□年，卢氏致仕，以女妙定代袭。奉调出征贵州苗贼，陷没于军，追赠镇国二品忠贞夫人。

明李氏，乃归顺州岑瑶之妻。瑶为弟弑，时氏二十七岁，归于母家，逼之改嫁，氏坚志不从，孤孀苦守。侍婢四十余人，氏训之甚严，昼则锁外门不使与童仆相见，夜则明灯坐中堂，诸婢环坐，□□□门而睡卧。守节以终。

## 岑氏历代坟墓

皇宋粤国公岑仲淑公，生于乾兴三年，卒于熙宁九年，享阳六十有三。葬于邕管昆仑山之南。

皇宋金紫光禄大夫岑自停公，生于天圣八年，卒于元祐五年，享阳六十有一。葬于武缘县，地名止戈。

皇宋武阴侯岑国珍公，卒葬于武缘止戈地傍。

皇宋沿边溪峒安抚使岑翔公，生于元祐二年，卒于淳熙十五年，享阳九十有三。

皇元安抚使左右两江军务岑英公，生于绍兴二十年，卒于淳祐八年，享阳八十有六。

皇元武略大将军、来安路总管岑雄公，生于宝庆元年，卒于元贞二年，享年八十四。葬于思恩定罗山。

皇元怀远大将军岑世兴公，生于景炎元年，卒于延祐六年，享阳六十年。

皇元明威将军、来安田州二路军民安抚使总督，统辖十六州九县，佩双珠虎符岑帖木儿公，卒□庄山。妣李氏夫人合墓。

皇元武德将军、田州来安路军民安抚岑也先公，生于某年，卒于某年，葬于东慕洲地。妣周淑人，附葬。

皇明怀远大将军领田州府事岑伯颜公，生于延祐五年，卒于永乐元年，享阳七十八。葬于上隆州之册村山。妣张氏大人合葬。

皇明都指挥使、知田州府事岑永通公，生于洪武三年，卒于洪熙十九年，享阳六十五，葬于渌玉山，置管坟田一坯。

皇明中宪大夫、知田州府事岑祥公，卒葬上幢山。妣黄氏、何氏恭人，俱合葬。置有管坟田一坯。

皇明中宪大夫、知田州府事岑绍公，卒葬于那斛山，置管坟田一坯。

皇明知布政使司右参政、知田州府事岑镛公，卒葬于邑妨山，置管坟田一垆。

皇明知田州府事下缺，当为岑溥。

皇明指挥同知、知田州府事岑猛公，卒葬于河洲山。妣瓦氏夫人，葬于州城东婆地，置管坟田半垆。

皇明指挥佥事、知田州岑邦彦公，卒于葬于五彩笃图齐山，置管坟田二垆。

皇明奉训大夫、知田州知州岑芝公，卒葬于江图伏山村，置管坟田二垆。

皇明奉训大夫、田州知州岑太禄公，卒葬于州城东婆地。妣黄氏、周氏宜人，俱葬于剥哂村山，均置有管坟田，东溥一垆，剥哂二垆。

皇明参将、加总兵服、知田州事岑懋仁公，卒葬于甲诺图怕呆山。妣陆氏夫人，葬于剥哂山，置有管坟二垆。

皇明右都督恢剿将军领田州事岑廷铎公，卒葬于闷图岩龙村标杨山。妣辛氏夫人，合墓葬。置有管坟田二垆。

明奉直大夫田州知州岑汉华公，卒葬于州城墙柳村地。

## 洪武元年诏

朕惟武功以定天下，文德以化远人。此古先哲王威德并施，遐迩咸服者也。酯兹两江，边地南徼，风土质朴，自唐、宋以来，岑黄二氏，代居其间，世乱则保境土，世治则修职贡，良由其审时知机，故能若此。顷者，朕命将南征八闽，平定两广。不烦师旅，奉印来归，向慕之诚，良定嘉尚。今特遣使往谕，尔等其克慎乃心，益懋厥职，宣布朕意，以安居民。钦此。

## 洪武二年赐宴诏

岑黄二氏，五百年忠孝传家，礼部好生看待，着江夏侯护送岑伯颜回田，为田州知府职事，传授子孙，代代相承，世袭罔替。钦此。

广 西

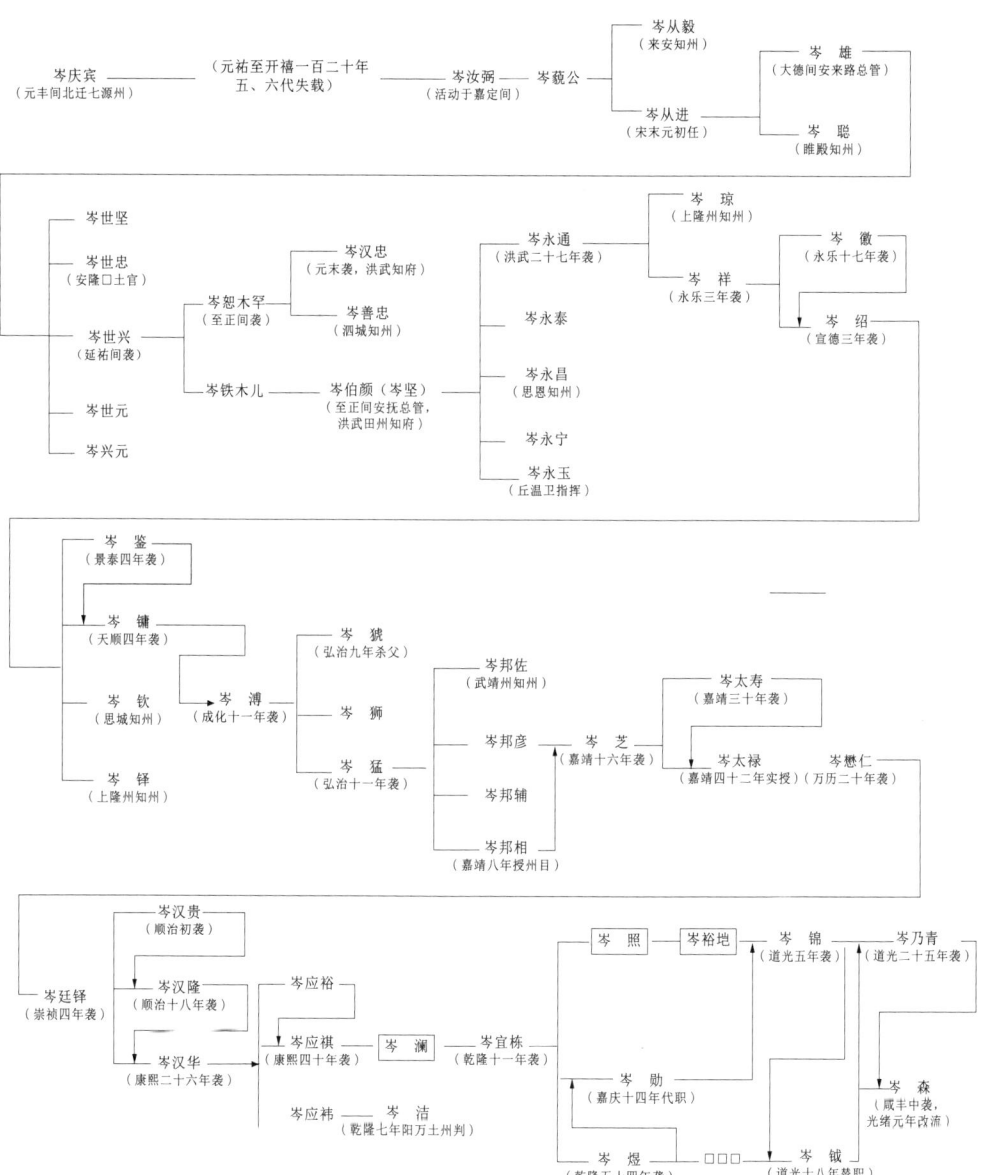

（摘选自谷口房男、白耀天编著《壮族土官族谱集成》，广西民族出版社，1998年版）

## 概　说

　　田州土官岑氏，元以来，有岑翔、岑英、岑雄、岑世兴、岑也先、岑伯颜者，相继为田州及来安二路总管。明洪武元年（1368年），岑伯颜归附，伯颜又名坚。二十年（1387年）改路为府，给印，授坚田州知府，长子永通授上隆州知州。二十六年（1393年）坚死，永通袭知府。永通病，永乐三年（1405年）子祥袭。祥死，十七年（1419年）子徽袭。被岑永宁毒死，洪熙元年（1425年）徽子绍袭。绍于景泰二年（1451年）令总兵武毅保庶子镛替职，绍死，镛嫡长兄鉴兴兵逐镛，镛寄迹广西城内，三司会勘鉴系嫡子应袭，景泰四年（1453年）鉴袭，镛仍令冠带，总兵官听调。鉴死，无嗣，镛袭。镛死，子溥，成化十一年（1475年）袭（《土官底簿·田州知府》及嘉靖《广西通志·外志三》）。弘治三年（1490年），思城州土官岑钦、泗城州土官岑应，攻田州，逐岑溥。都御史秦纮逐钦，以溥归府。溥二子：长猇次猛。猇以失爱，弑溥。土目黄骥、李蛮杀猇。猛方四岁，骥以猛奔思恩。弘治十一年（1498年），都御史邓廷瓒檄思恩知府岑浚归猛，浚不从。寻以兵征之，浚始释猛，督府纳之田州。猛与浚由是衅。浚集泗城、东兰州兵陷田，猛走免。都御史潘藩讨浚，诛之，改流官。降猛福建平海千户，迁延不行。正德中，赂太监刘瑾，得旨，以猛为田州同知，摄府事。会江西华林盗起，都御史陈金檄猛从征。贼平，论功迁指挥同知，非猛初意，颇怨望，袭龙州、泗城。时方有上思州之役，又征兵不至，总督张嵿以状闻。提督盛应期、巡按谢汝仪，议大征猛，诏报可。而盛期以他事去，以都御史姚镆代。猛方奏辩，欲缓师，巡按谢汝仪遂发兵八万分道并入，杀猛及其长子邦彦。镆以田州平告捷京师，请改田州为流官，留官兵镇其地。逆党卢苏、王受，复煽蛮民聚众，杀逐官军，据府城。王受等又攻据思恩城，执知府吴期英、守备指挥门祖荫等。已而释之。苏、受俱佯遣人投牒，愿听招抚。姚镆以调兵未集，姑受之，以缓其谋。会上起原任兵部尚书新建伯王守仁总督军务，同镆讨之。守仁至南宁，使人约降苏、受，上疏极陈穷兵之害，罢官招抚之善，治田州非岑氏不可，请降田州府为田州，以猛幼子帮相授吏目署州事，俟后递升知州，设土巡检诸司以杀其势。初，邦相兄邦彦有子芝，依大母林氏、瓦氏居，官给养田。后邦相恶苏专擅，谋诛苏及芝。苏知之。会邦相又侵削二氏原食庄田，二氏与苏合谋，以芝奔据梧州，赴军门告袭。苏又令人刺邦相，邦相觉，杀行刺者。苏遂围邦相宅，诱邦相出，与瓦氏缢杀之。巡按御使史曾守约以闻。苏请早给芝冠带，以抚田州。部议以土蛮自相仇杀，当从末减，皆令立功方复官。嘉靖三十二年（1553年），芝死，子大寿方四岁，土人莫苇冒岑姓，及土官岑施相煽乱，以守备张启元驻田州镇之而定。三十四年（1555年），田州土官妇瓦氏（岑猛妻），以狼兵应调至苏州剿倭寇，王江泾一战，以杀贼多，诏赐瓦氏及其孙男大寿、大禄银币。四十二年（1563年），以平广西猺獞功，许大禄实授知州。大禄死，子懋仁袭。懋仁死，子廷铎顺治初袭，以调征功，授右都督管州事。廷铎死，子汉贵袭。汉贵死，兄汉隆袭。汉隆死，无子，弟汉华袭。汉华死，子应裕袭。应裕死，弟应祺袭。应祺子澜，未袭卒；子宜栋，以讨上林逆贼李能功加四品衔，从征安南阵亡，赐祭葬。其后，子煜袭（《粤西文载·土司志》与嘉庆《广西通志·土司》）。

# 莫氏宗谱

## 续修莫氏族谱序

窃以宗法废，而天下无世家。无世家，而孝友之意衰，风俗之薄日甚。此震川先生归氏《家谱记》所载语也。并载源远而末分，口多而心异；又载贪鄙诈戾者，往往杂出于其间。盖震川维时视其骨肉，举目动心，故其言震切如此。即今卒读之，见其所遘各情，多有类于吾族近状。何古今风俗人心如出一辙，可慨也夫溯吾莫族，在忻称为著姓。昔远祖讳亮公，于元代自吴来粤，未几，孙子享有世禄，历五百余年之久。中间盛衰绝续，必有仿佛宗法以维之也。有清乾隆九年，吾忻莫氏始有谱，采其遗闻佚事，嘉言谱行，汇为一编，付之剖厥；复于县治署右，建立世柯，与家谱相表里。子孙不至日失其序，未始不有赖夫此。是殆仿佛宗法乎？无如宗旅谱牒，载荡于风雨，或荡于兵火，求仍有所借以观感，饥寒而不相娱，意贵而不相攘者，殊不易得。抑知宗族虽繁且远，而其初固原于一人之身也；一人之身，而化为途人。遗人其宗族，是即遗人其父母，呜呼可？究之谱学不讲，将欲数典而不忘其祖者难矣。前哲有言："祖宗有善，而震灭不署于后世者，子孙之贵也。"《西堂杂俎》亦有云："族谱之作，非止列名氏、记年代而已，而劝戒之意存震，且使近者不疏，远者不紊，尤为眉山之遗意。"于以知修谱之举，义不容缓。惟是吾族逮今，分支益众，为文益繁，谱叙当少变其体，做古世表，略为分别。所宜载与否，以期卷册少而检易传久，亦有合乎姚桐城所言作谱之式也。爰据诸旧谱，修葺而删省之，附记先世故事，摘录同姓名人，及关于本族之著作。虽日补缺，虽日拾遗，而编次厘订，要皆可以资考镜，而非敢出于依托谬妄也。由是推而广之，各房各修支谱，用以衔接，较易详而愈确。譬诸全国路线，然由家而村道，而乡道，而县道，而省道，循交达干，会于首都焉。《礼大传》所谓人道亲亲也，亲亲故尊祖，尊祖故敬宗，敬宗故收族，意在此欤？愿同族思之勉之。知其非徒谱也，求其所以为谱者也，庶不泥于古之家族制，不背于今之社会制，相得益彰，则吾莫族之兴，其不艾乎！

中华民国二十五年孔历丙子孟冬远孙萱莛敬序

　　裕定公，讳保，协理忻城始祖也。生而奇俊，有智略，好善乐施，以德行著闻，人号其门曰德门。元至正年间征蛮有功，例授千户，屯于庆远宜山之八仙。其后晚年，奉檄副理忻城县事。未久归田，适志畎亩，督率子弟力田。凡往来晋接，无不以诚相待，以义相恤也。寿终归葬木菜，副于祖茔。

　　何太史公赞曰：繁惟保公，生而骨异，倜傥英豪，从戎振立。赋性仁慈，分金济急。厥后归农，优游寝食。寇攘地方，官不能辑，资其经纶，民赖以治。裕德绵长，卜年万亿。

　　二世懋勋公，讳敬诚，始祖保公之元孙也。谨按《明史》载，举莫保元孙敬诚为土官，而保公以下阙而未载。今以敬诚公为二世，是因立土官例，以授职者为系故也。享寿六旬，生一子凤。

　　何太史赞曰：诚能格天，德可服众，哲人云亡。瑶僮复动，爰举贤孙，扫除诸峒。兵威既振，皇恩斯重，协理忻城，土民称颂。世代相承，边隅梁栋。

　　三世武靖公，讳凤，生而强武，胆识俱优。为荫官时，任艰巨之来，无所惊疑。天顺七年二世祖告致，始命袭职。是岁大藤峡贼复起，应调出征。获病于军，卒于龙城，归葬三寨堡毯条村，寿三十有八。生一子：鲁。

　　何太史赞曰：扶舆灵淑，酝酿钟奇，巍然气概，任重弗辞。提兵代父，战守得宜，所向必克。斩寇夺旗，贼人俯首，险阻斯夷。勋业屡著，上官励之。论功第一，天子曰吁，赐以冠带，赏赉有差。未了诚悃，犹见遗词。报国身死，仰慕心悲。

　　四世启昌公，讳鲁。弘治初年，总督邓廷瓒奏革流官，命土官莫鲁专理县事，仍予世袭。著有官箴，并分田例议。公寿六十有四，生三子：继清，继珠，继恒。

　　何太史公赞曰：理彻盈虚，洞明天道。出政仁慈，与民同好。保赤诚求，无烦文诰。赋课狱词，惟公是告。独任芝州，愈加来劳。弊除利兴，福星照耀。一箴垂训，百代蒙教。

五世承宣公，讳继清，以长嫡袭职。能有循声，贤郡守曾题句以赠之。公寿五十有三，生二子：廷臣，廷学。

何太史公赞曰：风流余韵，久洽蛮乡。敬承父政，不愆不忘。留心案牍，亦细亦详。存诚告诫，感发天良。本根是务，并力农桑。赏而不窃，劳而亦康。一人醇厚，百福是将。

六世恪章公，讳廷臣，以长谪承袭。持身敬，秉性朴。公生于弘治十二年己未，卒于嘉靖十四年乙未，寿三十有七。祖妣覃氏孺人，生于弘治十三年庚申，卒于万历二十三年乙未，寿九十有六。均葬于县前松岭。生四子：应朝，应府，应喜，应云。

何太史公赞曰：敬是圣学，朴为天真；奢非居室，俭可化民。武已不事，文堪作新。变此汶汶，焕然彬彬，名人君子，借以相亲。祖功宗德，于兹不湮。夫人覃氏，幼娴母仪，归而宜家。琴瑟未久，松柏致嗟。母代父教，不须幔纱。五朝受宠，一室兰芽。惟兹厚德，锡嘏斯遐。

七世守文公，讳应朝，号南峰，嘉靖十五年丙申袭职。生于嘉靖三年甲申，卒于万历十年壬午，寿五十有九。祖妣罗孺人，生于正德十五年庚辰，卒于嘉靖三十四年乙卯，寿三十有六。均葬盘鹤岭。生三子：镇威，镇武，镇降。

何太史公赞曰：生而英灵，醇而且朴。既蒙贤慈，复获内淑。其严如霜，其温如玉。天地和平，万物化育。乐只兴歌，相传蘸屋。驭鹤骑鲸，闻之额蹙。惟德斯馨，千秋犹馥。

八世忠惠公，讳镇威，号双江。万历三年乙亥七世祖告致，公袭职。著有《训荫官》及《协剿八寨记》《石牛山记》。公生于嘉靖二十六年丁未，卒于万历三十八年庚戌，寿六十有四。祖妣恭人罗氏，生于嘉靖三十八年己未，卒于万历十五年丁亥，寿二十有九。均葬盘鹤岭。嫡庶共十一子：志明，志德，志善，志本，志达，志新，志洪，志坚，志良，志超，志全。庶出分支失考。

何太史公赞曰：松岭挺青乔，迎霜永不雕；寸丹映日月，浩气凌云霄。鞍马效微绩，鼓吹报圣朝。宸枫宠锡重，边吏骨皮焦。三战夺瑶魄，一车唤雨调。祥开旧栋宇，瑞启新禾苗。不见羊肠道，欣看龙偃桥。荒疆披草棘，芝野普歌谣。更喜鼓琴瑟，频称得舜尧。参军已有配，内政恃无嚣。惟惜神伤早，莫嗣桃色夭。一朝永诀别，廿载独萧条。白鹤继骑去，神凫自此遥。瑶光入窀穸，史氏传芳标。追溯当年迹，风声尚未消。

九世宽顺公，讳志明，号春山，长房大宗子也。万历十一年八世祖致仕，公以嫡长承袭。于嘉靖四十四年乙丑生，于万历四十二年甲寅卒，享寿五旬。原配韦氏，生二子：恩光，恩辉。继配慕氏生。子：恩达。

何太史公赞曰：公生世室，义方教悉。堂上鸣琴，四野自质。一军英雄，万众股栗；初乐鼓钟，续和琴瑟。惟此吕人，福禄具必。

十世庄和公，讳恩达，号秉贤。嫡兄恩光、恩辉相继袭职，均无嗣，例以兄终弟及，公得承袭焉。生于万历二十二年甲午，卒于崇祯十年丁丑。寿四十四，葬盘鹤岭。妣覃氏，生二子，长猛，次谨。

何太史公赞曰：创业綦重，未易承拱。数世相延，始获隆宠。浪静风恬，水秀山耸，砥柱中流，别派莫涌。一人嗣兴，万祈无恐。

十一世怀仁公，讳猛，号骐山，崇祯十一年戊寅以长嫡承袭。清顺治九年献图纳土，照予世袭。公生于万历四十三年乙卯，卒于顺治九年壬辰季冬。寿三十八，葬盘鹤岭。妣韦氏，生三子：宗启，宗昌，宗诏。

何太史公赞曰：天道难知，屡出数奇。智为亲短，仁以爱迷。借此厚德，增护材殊。一根未拔，百世蕃支。于兹盛际，千载封贻。

十二世贞恪公，讳宗绍，号一轮。长兄宗启未袭，与次兄宗昌同时遇变罹害，例以公袭职。著有"遗训"四条。生于顺治六年己丑，卒于康熙五十二年甲午，寿六十有六。妣南丹莫氏。均葬于西山。生四子：元相，元卿，元魁，元彪。

何太史公赞曰：蒙蒙芝城，贤哲挺牛：相以天意，烈风不惊；扶以人力，折剑为盟。颠连十载，抚成零丁。一朝承任，独断独行。寸心作刃，肉仇为羹。一怀明镜，照奸常莹。云消雾散，始见天青。披荆斩棘，奏报太平。采江浪静，月泛歌声。凤岭翠滴，风送琴鸣。一人中蔚，百代流名。

十三世绍基公，讳元相，号伯藩，康熙四十八年以长嫡承袭。有《劝官族示》《黄竹岩记》《翠屏山赋》等著作。生于康熙六年丁未，卒于雍正八年庚戌，寿六十四，葬独正山。生二子：振国，振邦。

何太史公赞曰：天地和气，保合无伤。致为百昌，蕃厥庶物。休哉嘉训，万世勿忘，以此睦族，以此勖王。更乐琴瑟，韵起中房。不刚不元，是训是将。桂飘兰茁，三代流芳。繁维厚德，长发其祥。

十四世文懿公，讳振国，号卓臣，康熙五十三年以长嫡承袭。随即设立义塾，有《教士条规》十六则及《迎晖楼文》《游西山寺记》等著作。生于康熙二十九年庚午，卒于雍正二年甲辰，寿三十有五。妣邓氏，生于康熙三十六年丁丑，卒于雍正六年戊申，寿三十有二。均葬盘鹤岭。生三子：景隆，峻隆，际隆。

何太史公赞曰：蛮烟久积，春风拂被。秀增翠屏，光焕芝地。妙不夸功，治无恃智。文章风流，实驾三异。庆云埋光，清尘莫恃。诀别一朝，数日绝食。生也何荣，死也遂志。流此徽音，坤维独植。

十五世讳景隆，字德昭，号斗山，以长嫡袭职。著有《芝州家训》十条并《舆地志说》；复于乾隆九年纂修家谱付刊，足为县志嚆矢。妣韦氏、欧阳氏。生一子：若恭。

十六世讳若恭，号敬臣，以例承袭。妣黄氏。生子世卓，报袭早逝。以际隆之孙、系若俭之子世禧入继大宗。

十七世讳世禧，以承继袭职。妣邓氏。无嗣，乃以峻隆之曾孙、系世禧长子昌荣入继。

十八世讳昌荣，号向岩，以承继袭职。同治年间重修宗谱，请比部郑献甫小谷氏作序。旋承学使鲍源深复为之序，以光家乘焉。原配王氏，继配朱氏。生三子：秉经，传经，立经。

十九世讳秉经，未及袭职，早逝。生遗腹子绳武，以承重报袭。

二十世讳绳武，号宜斋，以例袭职。在任十余年，光绪中叶，因事遗职，以胞叔传经代理。未几，以次子增瑞接理县事。旋因世变去职，上峰任以弹压委员。迄民纪十七年戊辰，忻城始，改正县。

广 西

## 历代图表

忻城莫氏土官,其先从南丹州莫氏族中分出来以后,先为宜山县端简里屯田千户,入明流明徙忻城。其为忻城县土官知县自宣德三年的莫贤始至光绪三十二年莫绳武被革,中间经历了四百七十多年,传承了二十一代二十一任土官:

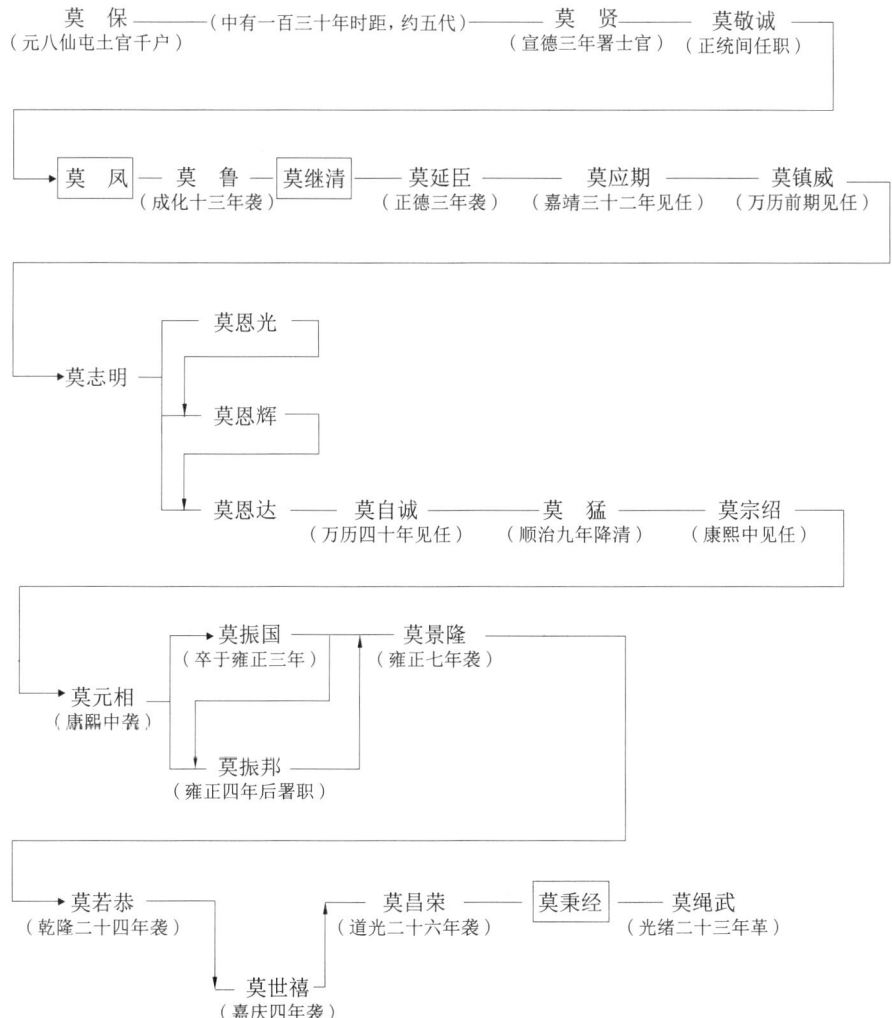

## 先世事略

粤稽我忻城莫氏之祖,原系讳亮公,自江南来始。

亮公之子继本公,人表其里曰仁里。

亮公曾孙保公,于元至正间粤西蛮寇犯边,奉命随征。设计擒贼,著有功绩,例授千户,屯于庆远宜山之八仙。明洪武初年罢管兵官,借其屯为民,保公遂偕子孙亲丁数十人移居忻城界。著有《力田箴》曰:"追维帝降嘉种为重,复思厚生稼穑为先。昔我江左巨族,今作粤西细民。汝其收甲兵之锋,整乃袯襫,将争战之力瘁厥犁锄。是货不弃地,食为所天,勿荒于嬉。山头岭角皆金珠,勿舍乃业。耕耘收获是根本,矧粱盛蔬菜。羞之祖考,以此为孝;菽粟布帛,贻之来世,以此为慈。物蓄然后有礼,末耜之力普矣。子若孙其勿忘乃训。"云云。

保公之孙敬诚公,于明宣德二年忻城瑶贼不靖,劫村庄,攻县治,官廨民舍,多成灰烬。县宰苏宽不事事,耆老韦公泰等,遂公举敬诚为土官,流官苏宽为监军。自元莫氏受千户屯,于明受世袭土知县,传及清代。故同治年间,广西学政鲍源深曾题世祠楹联,有"永念三朝勋业"之句,职是故也。正统年间,宾州八寨蛮寇蜂起,征蛮将军陈橓调协剿。敬诚公因抱恙难以从征,令三世祖凤公率兵前往。后凡有征调,俱委代之。当时有武缘县民被寇掳害,凤公率兵直入贼穴,救回良民百有十余。先声夺人,共推为髫年名将。旋有藤峡贼侯大狗,纠浔柳诸蛮,负险作乱,攻陷州郡。急闻,即移兵随总兵山云进剿。凤公与南丹州官莫继祯,分土兵为两队,排闼而入,直擒蛮酋蓝受贰,枭首徇于军,斩获贼伙覃公虫等三十人。功上闻,赐冠带。

天顺七年,二世祖告致,始命凤公袭职。是岁大藤峡贼复起,遂应征西将军韩雍调,破阵斩贼。兵戈所向,无不披靡。贼尚未灭,获病于军,撤兵回至龙城。疾笃,召各目及亲丁到寝前令之曰:"吾以频年征战,尽瘁驰躯,只欲代父报国,无负君恩。乃大寇未平,获病回师,是天将夺吾志。无可如何,惟此微躯,捐效而已。至高堂亲老,汝等归其善事之。幼主未谙庶务,须小心扶持之,更为我嘱曰:伊父未了之怀,先人可缵之业，须早夜尽职，无坠莫氏家声，吾亦可瞑目于九泉矣。"言讫而卒，享年三十有八。

凤公之子，四世祖鲁公，为人忠厚，不尚华靡。袭职后，尝谓人曰："霜雪之后，继以阳春，天之道也。吾祖父屡著战功，民畏威久矣。今者四方已靖，一邑无嚣，可不事干戈，吾其与诸民讲德教，共游光天化日乎！"由是事无巨细，谨慎为先，俭以治家，和以处众。山瑶土僮，俱待之如子。人亦依为父母，钱粮讼狱，咸归纳焉。同事流官丁学隆，徒拥虚名，弘治初年总督邓廷瓒以一任两官，靡费廪禄，奏革流官。旨依议，命土官莫鲁接印，专理县事，仍予世袭。任后兴利刷弊，立训垂教，靡不备焉。著有《官箴》，《初训》曰："追溯我祖，出自军门。千户授职，八仙为屯。我朝定鼎，降及荒村。蠢斯瑶僮，摇动至尊。田间檄调，再效驰奔。鞍马无歇，皮骨仅存。连年鼙鼓，势撼昆仑。惟帝报绩，大功是论。芝州赞助，传及子孙。子蒙世袭，恐负君恩，戴星出入，不暇饔飧。化日无事，只念春温。仁民爱物，为官本根。"《再训》曰："勿贪富贵，须知艰难。蒙养惟正，长人勿残。锦可学制，琴也须弹。鼓置楼上，花满地攒。枭鸣急化，虎逐莫看。有劳当尽，得情勿欢。猛不堪命，宽易藏奸，无作侥幸，暮夜自安。寸心能尽，始免素餐。后来袭职，亟书诸壁。祖父劳苦，汗尚未干。"鲁公后疾卒，民思遗爱，有挽歌曰："我公名鲁，为官劳苦。声闻于上，命宰斯土。惟此仁人，其利甚普。岂第乐逢，如云如雨。不竞不求，是育是抚。我念遗爱，方之上古。我公逝矣，于民何怙。望厥后承，谁克嗣主。"云云。

五世祖继清公，身承善政，不事更张。凡来讼狱，虚衷以鞫之，平情以理之，雀角之风，于兹顿息。间有桀骜者，谆谆劝谕，无不输服。当其时，男力耕，女知绩。农桑之外，别无他事。郡大夫有赠曰"松岭不惊花下犬，采江常放月中舟"之句。

六世祖廷臣公。虽五代承袭，家颇有而幕以布，啖惟菜，雕刻之烦，俱不事焉。念祖宗操弓挟矢，绝少文事，日以鄙塞为愧。延名士教子侄，诗书之声，渐出蛮乡。述组绩镌于版，先人之遗，赖以不坠矣。胡天不寿，卒年仅三十有七也。祖妣覃氏，生而静正，亦知勤俭，纺绩之劳，身亲为之。主中馈外，惟内助之以德。闻子侄读书，训之曰："汝辈须加勤苦，多识几个字，自能多认得道理。从古为官，尽用读书人，可勿自误。"值廷臣公卒，时妣年方三十六，抚棺悲涕曰："未亡人愿从之地下，奈子女幼，将恃何人？"含泪教七世祖应朝公，愈加严谨。承袭后，事无大小，禀命而行。一不如意，辄怒不食。尝言曰："我女流不读书，严姬责子吾闻之；镌不疑之母，吾亦能言之。何得以世蒙一命之荣，竟以弓矢为乐，而不念忠孝之教乎？"身历五朝，毫不倦勤，传及三代，慈以为教。寿届百龄，固阃德之报也。

七世应朝公，十二岁失怙，只承妣训，无怠无荒，惟醇惟谨。长成袭职，待族姓以爱，驭家人以宽。目役有小过宥之，无大故不改。所有条教禁令，严而不酷，内外里堡，咸以慈父母称焉。疾卒，群相痛泣，如丧考妣。祖妣罗氏，那地刺史公女也。守名门之训，亦甚仁厚。尝训八世祖镇威公曰："淡泊足以明志，宁静可以致远，吾未见纷华浮躁者能成大器也。异日承袭，勿忘斯言。"乃天夺之速，妣仅享年三旬余也。

八世祖镇威公，状貌魁梧，智勇兼备，有为之概，常不可羁。万历四年，广东罗旁群贼蜂起。奉调征剿，奋勇争先，擒获贼首龙旺等，余党死伤无算。功上闻，加四品服色，赐黄缴金帛有差。万历七年，奏调征八寨樊公宾等。师未及旬，即斩贼首以酬，蛮贼悉平，叙功第一，蒙赏金帛有差。万历九年，县边界同其功德窟灰、凉阴等蛮贼负固猖獗，奉檄灭之，遂率师前往。以灾深入巢穴，生擒韦王朋、韦王长、李公坛、蒙公占等，缚以献，都督刘尧诲嘉其功绩。奏闻，命同其等处归忻城管辖，仍赐金帛奖励之。自此十年以后，地方无事，征调不闻，遂造思练堡官房，作劝农停车所，拓衙署，筑城围，修西隆、古学等桥，及各处桥梁百余座。复开崎岖险路，使羊肠之道，尽变康庄。于是民得所托，神获所依。德讼之暇，辄留心词翰。盖尝言曰："仕学兼优。"斯言将终身诵之，威振之余，泽以文教。边城之地驳骚乎向化矣。后以疾终，奏闻，上赐谕祭。所镌碑文，因兵燹残缺无考。祖妣恭人罗氏，那地州袭官之女也。产自豪门，性情雅淡，归字之后，相敬如宾。凡大小内政，裁决如流，机宜悉合。八世祖频年出师，一切地方事务，目役禀命而行，无有逆施倒持者。所以一向征战，无内顾忧，得用力于疆场，肤功克奏。至其平素，慈祥怜恤，贫苦有告急者辄周之。初无德色，老幼相谓曰："主母惠爱小民，实女中君子也。"《协剿八寨记》，镇威公所作，已采入县志可考，不复赘焉。

九世志明公，居长袭职。原配韦氏，生二子：恩光，恩辉。继室慕氏，生子恩达。又先有抚子恩耀，兄弟四人，皆承祖父之训，能敦孝友，家翕如焉。志明公历年奉檄征剿：东兰叛目陈星囚偕土官族韦应隆等作乱，患平之；复调剿武缘寇；调剿恭平两邑瑶僮；调剿思平府北禁诸巢。皆大捷，功闻，赐金帛。当时军威甚振，咸称有乃父之风焉。

长子恩光，以长承袭，未娶而逝。次子恩辉，以兄终弟及，虽年轻而例得袭职。维时八、九两世祖尚在，告老不管事，顾谓族人曰："若子袭，恐吾家自此多事矣。"特限于例，无可如何，乃令从父志仁为权官副理。而仁系镇武公之子，以亲属胞侄，因托之，又以可信之头目杨双帮理之。乃有奸人卖弄，不告在堂祖父，竟暗使袭官恩辉娶县治寨构村民女麦氏，生子名昂。帮理者每以村民女微贱，未便作主母为言，麦氏闻而恨之。一日权官同杨双游黄竹岩酌酒，适族之士民付刚经过，邀之同饮。奸目萧士文查知，诬二人歃血，欲辅抚子恩耀为官，言于麦氏，愈含恨焉，计杀之心遂起。着人密探两人行踪，刺权官于板石村。伊子付稳、付定、付连、付才等，知父被刺，而奔告无门，且惧祸延及己，遂窜马平之三都住焉。麦氏随计擒杨双，缢杀之。其子亦奔往宜山。两愤既泄，而恩耀未除，尚难安枕，日与奸目谋。耀知之，逃三都。设计诱归毡条村，勒杀之。家人惧，负伊子莫贵、莫接奔三都，与付稳等纠八堡民莫老隆、莫良护、莫洪志，与三都蛮韦志贵、韦志道等攻县，焚掠一空。恩辉宵奔永定，次日起兵拒之。良护等势莫敌，星散奔逃，未获斩灭，遂请南丹州兵同永定兵征之。连破数村，良护等惧而远遁，搜山莫获，收兵回县。是岁万历三十二年也。九月二十五日，付稳复结龙门之石牛村群贼数百来攻县治，毁城焚署，恩辉与子莫昂俱遭难而死，麦氏奔都乐村乃免，私立莫贵为官。彼时八世祖闻变，老不能起；而志明公又大病在床，不得有为，遣目民书承献等奔永定，同司官韦世兴报郡侯。随檄调永定邓长官协谭指挥合兵剿洗。擒付才、良护等，缚送上司斩之。乱平，仍以志明继室慕氏所生之子恩达替袭。当时城署灰烬，内无听政之所，外无防御之资，志明公命移居县西之山冲村。民间疾苦，尝亲问之，好恶与同，忧乐与共。不十年间，人心归向，犹然先世之遗焉。万历四十年，麦氏见志明公辞世，复生祸胎，遂同谋志德子付祥，诬恩达为庶出，上控争袭，仍买嘱头目扛帮，延而未结。时志明公有女，适永定长官韦世兴，假以归宁，密谕各目曰："以继为庶，悖谬甚矣。莫氏基业，岂以尔等贿嘱之私妄为去取乎？"乘其送回永定，复由韦长官谕晓以理。各目俯首，遂诣府出结，请以恩达袭职，麦氏计始穷矣。

崇祯年间，恩达公之子莫猛袭职。莫付祥等因争袭不遂，阴蓄异志，暗布人于左右，伺隙举事。猛公觉，转委付祥管江信堡，以服其心。未两载，付祥托他故辞，猛公以至亲叔侄，略无猜嫌意。时南丹人莫大敦者充思练堡目，回见付祥潜过内外，滋蔓日延，将为不轨，遂细密禀猛公，不听。大敦辞归，临行时犹曰："事将发矣，其预图之。毋使龙门之衅，复见今日。"猛公笃于亲谊，始终无疑。时清顺治九年十二月，付祥果纠内外族目共攻县治。猛公及长子宗启、次子宗昌俱遭逆弑，惟季子宗诏免焉。

猛公原配孺人韦氏，永定长官司萌发公女也，性好俭朴，不事绮罗。于归之后，亲自纺绩，一署大小侍婢，终岁不费一钱，而冬裘夏葛，悉自为之。至日用饮食，非宾祭不杀牲。尝谓人曰："富贵无定，口腹之养，更当谨约，况菜根味长，何必过残物畜，有伤天地之生。我为人主母，以身先之，则今日省一费，明日积一金，倘遇需急告，齐取之，房中裕如，不亦乐哉！"及猛公父子三人遇害，流离疾苦，不堪言状，韦孺人其后竟能抚养季子宗诏成人，心亦瘁矣。

当时变生，宗诏公仅三岁。乳母蓝氏，石公排之妻也，见二家遇害，将宗诏藏猪窝草内，群贼抢箱夺笼，击门碎户，声撼山谷，宗诏在草窝中，寂然不动。黄昏贼退，蓝氏连夜背逃至木万村，投于前害恩辉之莫付稳家，告之曰："天未绝莫氏，是在此子。人有良心，何可尽没。"付稳闻之，亦恻然，遂谋于莫付道曰："付祥逆党，凶不可当，倘将幼主停留此地，万一漏觉，是蓝氏出于虎口，而我等复哌之于狼也。不如早为之计！"付稳、付道自度不能保全，速奔报于外堡同族之有实力者。卜佑村讳奇公，号梅山，慨然以存孤为己任，亲往木万接宗诏回卜佑，防护抚字之。转念长此密藏，终非持久妥善之计，乞援于外戚永定韦土司，较易为力，乃送宗诏往永定。到时甫抱入怀，呱呱始啼，观者莫不潸然。不日，石公排偕子光鸾并家人黄奉奇、罗奉泰等，护送宗诏母韦孺人到永定，相向而哭。随后，宗诏胞叔莫谨公亦至永定。顺治十年，司官韦世兴具文通报。郡侯檄指挥戚辅臣率兵剿捕，复敦请南丹官叔莫士英带侬兵六百，合永定兵三百，莫谨公得家丁亲族百余人，会同戚指挥兵共为一军，噪鼓扬旗，长驱直入，逆党惊溃。未几乱平，地方稍靖，而县署凄凉，阒无人矣。士英留头目李德贞率兵守护，将县印交郡库，以待宗诏长成承袭。但当时宗诏与母居永定，叛党犹屡图暗害，皆赖韦世兴调停而力保之，始怡然无事。

康熙元年壬寅，宗诏公十三岁，虽在冲龄，而已有成人之概。因而永定现任长官同族祖莫志全、乡老樊公道等赴郡出结，保宗诏承袭。奏准，始回县莅事。士英仍留兵护焉，有伊母舅李应春亦在守卫中。是年见宗诏公任职，莫谨公颇当事，李心有不服，欲杀之。谨公觉，令莫恩泽、恩润星夜接家眷往板黄堡去，李凶不得逞。宗诏公亦念其劳，而不问之。康熙二年癸卯，戚辅臣之子扬烈挟嫌，招贼覃明贵等越占同其三寨两堡。宗诏公谕以理，不退，令莫谨公同恩泽、恩润等率兵攻之。扬烈等败走，即使谨公住三寨，恩泽等住同其，互相保守焉。康熙四年，恩泽擅带人杀莫贵汉。宗诏公曰："倚恃官势，妄自杀人，渐不可长。"遂请南丹莫士英率兵攻之，泽败走三都，委陆四管同其。泽复纠众来攻，陆四被杀。报知，传兵剿之，恩泽闻风远扬。康熙六年士英卒，宗诏公闻之甚痛，给新村、木罗、古尚三村与其子莫与煌收管食租，以酬劳焉。时叛党知士英已故，复谋起事。康熙九年，恩泽与叛目黄奉祥又纠三都党羽来霸外八堡，莫谨公率兵御之。遇贼于桥头村，分兵夹攻，贼退兵回。贼至板留村，喝众破之，遂霸焉。飞谋戚扬烈统贼合攻三寨，谨公夫妇仅以身免。报至，宗诏公亲提兵围攻之。贼胆皆寒，俯首屈服，退还三寨，乃撤兵。康熙十三年，叛目黄奉祥又勾逆族莫贵忠欲攻县，宗诏公亲自往调莫与煌侬兵百余以为防卫。回至中途遇奉祥叔，斩之，到县按兵不动，贼亦不敢举事。后计诱奉祥入署，杀之。康熙十五年逆族贵忠子宗威纠贼党丁毛峒，再欲攻县。正宰牛起议，有大蛇绕于牛旁，又见白虹阻道，由此惧畏而期待。康熙五十年官族莫元彩不循规矩，袭官元相知之，随密禀上宪，檄擒解治。自此亲疏房族，俱知敛迹。盖百十年间，而亲亲相残之风从斯息矣。

嘉庆初年外堡十五世芹陵公，讳欺，改名震，乃十一世梅山公元孙也。当时土匪结盟拜会，纠党焚劫，地方骚然。族中有一二不肖子弟勾匪掠及孤寡。芹陵公愤甚，爰设计诱杀贼党数十，遂被诬告，囚解上司。旋幸仗义者为之伸雪，于是效苏洵发愤读书。四十八岁应嘉庆乙卯科乡试，中式第三名举人。刊有《廉书》及《草草集》等著作。其子鹤集公，讳子随，优廪生，庐墓三年，孝闻于乡。学使孙锵鸣考庆远古学，批子随卷，有"历试八郡，始亲此麟角凤毛"云。

道光二年，敏轩公，讳尚逸，亦系梅山公元孙，欲于县厢莫氏总祠外再立支祠，而力有未逮，爰就梅山公墓前建立飨亭，请三元陈继昌题名"六一亭"，以光宗族，并刊家法二十四条，以示宗党。

敏轩公长子，讳云卿，号梧庄，原名子密。五十九岁，应道光甲辰恩科，中式举人。郡侯张凯嵩器之，聘主讲龙江书院，旋委办团务，望重一郡。时有附入逆党、欲隐郡城之首要徐宝书、黄瞎子者二人，闻梧庄公总持合郡团事，即望风降服，地方赖以转危为安，郡守张公益重之。讵咸丰七年九月，会匪因柳庆失守，大肆猖獗，远近勾结为害。适梧庄公目疾家居，土匪乘机勾引迁邑东乡股匪首彭八斤纠党入境，四出焚杀。公与合族男女一百四十余人，同时殉难。值年冬，芹陵公嫡孙讳有如（号汝侯），乞援于来宾属周村族人莫离经、莫若忠等。梧庄公从堂侄讳有䒷（号蕙圃），乞援于马平团绅韦载信（号孟侯），共集壮丁四百余人。兼以梧庄公胞侄讳有葵（号向臣）及堂侄孙讳宝森（号昆树）各督率义愤之子弟数百人同时会合，分几路进兵。于思练一带为合族百余殉难者复仇，倾巢扫穴。连日杀贼六百余人，伤逃无算，而悍贼凶手均陆续就擒，斩决以祭殉难墓前，人心称快。盖时当乱极，郡县皆陷，无从请官兵剿荡，是役悉靠自力，联络各处之好义者以歼仇雪冤。当年之苦，至今思之，犹有余痛。迄同治初年，蒙张公凯嵩升任广西抚台时，将莫姓合族守正殉难事迹奏闻。旋由梧庄公嫡孙讳莆森（号尧宾）以拔贡入京会考，重请御史陆仁恬夹片并奏折中，有"臣籍隶广西，见闻较确"之语，以故奉旨，准建立昭忠祠于思练。不徒百余节义，得以安慰忠魂，亦足以永垂纪念矣。

光绪中年，内里叛民黄道殷、樊道交相继借端抗粮，希图扰乱。二十世袭官绳武曾被乱党围攻行署两次，岌岌可危，均赖援至获免。嗣后，道殷、道交皆失败远匿；悬赏缉解，先后就地正法示众，乱事乃弭。奈至光绪二十八年后，土匪韦十一、覃火生勾结为害。内外里堡糜烂不堪，而县署后堂亦被匪焚毁。光绪三十年甲辰冬，幸蒙提督军门丁槐率兵七营按临外堡，剿抚兼施，妥为善后。曾委卸任土官莫绳武偕清乡委员梁鸿芬协同办公，意在用以效力而维持世守，无如自此地方多变，时势日殊，忻城已改为正县也。越数十年来，莫氏衍至廿二三世，生齿益繁，收族之道，更不容缓也已。

（忻城县土司博物馆馆长陈寿文　提供）

## 概　说

土官莫氏，其先居宜山端简里。元至元间，有莫保者，以僮民授八仙屯土官千户。洪武初，设流官知县，罢管兵官，籍其屯兵为民，莫氏遂徙居忻城界。《明史·广西土司一》忻城云：宣、正后，瑶、僮狂悖，知县苏宽不任职。瑶老韦公泰等举莫保之孙敬诚为土官，宽为请于上官，具奏，得世袭知县。由是邑有二令，权不相统，流官握空印，僦居府城而已。《莫氏家谱》云：天顺七年（1463年），敬诚去世，子凤袭。时大藤峡瑶乱，凤应调出征，病故军中。凤故，子鲁袭（见嘉靖《广西通志·外志》）。弘治间，总督邓廷瓒奏革流官，而土人韦涓为内监官用事，阴主之，始独任土官，以印授之，仍属庆远府。鲁传子继清。继清传子廷臣。廷臣子应朝，嘉靖十五年（1536年）袭。应朝传子镇威。镇威万历三十八年（1610年）故，子志明袭。志明传子恩光。恩光无子，弟恩辉袭。恩辉为叛目杀，弟恩达袭。恩达子猛，顺治九年（1652年）袭。猛传子宗绍。宗绍传子元相。元相子振国，康熙五十三年（1714年）袭。振国传子景隆。景隆传子若恭。若恭无子，侄世禧袭（嘉庆《广西通志·土司志》）。世禧故，子昌荣继。昌荣故，绳武继。在任十余年，光绪三十二年（1906年）因事革职，以胞叔传经代理。未几，以次子增瑞理事，又因事变去职（《莫氏族谱》）。

# 韦氏亲供世系宗支图本

广西太平府思陵州为土司承袭事，遵将应袭韦□□亲供世系宗支图本逐一备开造报施行须至册者。

计开：

亲供应袭韦□□，现年□□岁。系广西太平府思陵土州已故土官韦□□（妻妾）所（生出）。

上始祖韦延寿，原籍山东青州府白马县人氏。自宋朝皇祐五年，随狄青将军征平侬智高授土开基，分立州治，职守边土，控制交夷王。

元、明历代世系，年久篇牍蠹坏，除不备载外，今由明朝相承。一世祖韦成袭授土知州，故，二世祖韦常袭；故，三世祖韦昌袭；故，四世祖韦宣袭；故，生五世祖韦仙保袭；故，生六世祖韦祜袭；故，生三子：长三才，次思伦，三思蒙。

七世祖韦三才系居长，承袭。故，绝。次思伦亦故，绝。序应三祖思蒙袭；故，生三子：长绍宗，次绍祖早故无嗣，三绍保。

八世祖绍宗系居长，承袭；故，生九世祖韦懋烈；故，生二子：长恩绍，次大振。韦恩绍居长，袭；故，无嗣，大振袭；故亦无嗣。按伦序应三房祖韦绍保应袭，因老病不能视事，族目民人推举高祖韦懋选居长承袭。至顺治十六年内奉王师大定疆土。时高祖韦懋选遵依投诚，随将明初原颁州印一颗、宗图、钱粮、户口册籍，缴赴太平府推官，验明转缴。唐推官给赏委牌、关防，通详管理州事；并未有投见藩院将军给札牌等项。至于应札，向系父殁子承，兄终弟及，按伦承袭，从未领有旧札（委任状），亦未有奉本朝新札。至顺治十七年正月初十日，被夷侵戮，烧毁州场，委牌、关防无存遗。

堂伯祖韦恩耀年幼未谙时务，次高祖韦懋达于顺治十七年四月内详袭权理州务，至顺治十八年闰七月内病故。伯祖母黄氏呈报，蒙道府行查议袭。因悍夷侵占，地方未复，故高祖韦懋连寄居思明府安马寨，故堂伯祖韦恩耀寄养忠州。康熙元年七月内，蒙太平府给示安抚地方，百姓幸复。

时通州目民见故伯祖韦恩耀年幼，州地枕近交夷，遂举高祖韦懋连权袭料理州务。经（太平）府详明转详，蒙督部院卢会同抚部院金题准堂伯祖韦恩耀承袭，奉部文遵照。不料堂伯祖韦恩耀于康熙六年五月内病故，未娶乏嗣，通州目民保举高祖韦荣耀系祖韦懋连遗腹子，序应承袭。太平府行委结安州吏目张鼎到州验明，回复转详具题，奉部文遵照立案。另立权官韦继鲁代理州事，俟高祖父韦荣耀年长之日题请承袭。于康熙九年三月内蒙发到印一颗，就经高祖父韦荣耀及衩官韦继鲁开用视事。康熙十三年八月内伪逆变乱（指吴三桂反清），迫取原颁州印一颗，仍令照旧办事，并未发有伪印伪札。于康熙十八年七月内，大兵恢复南（宁）、太（平），高祖父韦荣耀遂依归正料理钱粮公务，备具亲供宗图、州结详缴太平府转缴。于康熙二十三年六月内奉准部文承袭。康熙二十四年十月十五日奉督部院颁发号纸到州，高祖父韦荣耀钦遵承袭；其印信于康熙二十六年十二月初四发到，高祖父韦荣耀开用视事。

因高祖父韦荣耀身染疯瘫等症，举步维艰，不能抚理州务，族目民人遴封按例推举嫡祖伯韦世芳；（渠）系高祖父韦荣耀已故正妻闭氏嫡生长子。详明替袭，业经备选宗图、州结，详太平府转缴。随于康熙四十五年十一月初一日奉准部文，嫡祖伯韦世芳承袭州职。于是月十二日奉督部院奉准，部颁发号纸，嫡祖伯韦世芳领回，钦遵任事。不料嫡祖伯韦世芳于康熙五十一年正月十三日病故，报明在案。嫡祖伯在日，娶妻黄氏并无所生，乏嗣。奉行查袭之人，于族目民人遴封按以兄终弟继之例，公举曾祖父韦世华。（渠）系已故土官韦世芳胞弟、告老病土官韦荣耀第四子，序应承袭兄职；备造亲供宗图、州结呈缴。于康熙五十二年八月二十六日具题，本年九月初二日奉旨准袭。于康熙五十三年正月十七日奉部颁发号纸到州，曾祖父韦世华承袭州职。（韦世华）嫡庶共生十二子：长韦口新，庶室陆氏所生，夭亡；次韦日升，正室赵氏所生，夭亡；三祖父韦日昱，庶室李氏所生，序应承袭；四韦日晃，庶室黄氏所生；五韦日界，庶室李氏所生；六韦日昂，庶室李氏所生；七韦日晕，庶室黄氏所生；八韦日炅，庶室李氏所生，俱夭亡；九韦日曼，庶室黄氏所生；十韦日曷，庶室李氏所生，存；十一韦日晏，庶室李氏所生，夭亡；十二韦日昌，庶室黄氏所生，夭亡。

因曾祖父不幸于乾隆元年九月二十三日病故，祖父韦日昱呈报本府，转报在案。奉行查取应袭之人。随据族目民人遴封按以无嫡立庶论长之例，应于李氏生祖父第三子韦日昱承袭父职。照例备选亲供宗图、族目民人遴封册结缴本府转缴司道核转。蒙督部院鄂具题，于乾隆三年二月十二日奉旨依议准袭。又奉吏部颁发思陵州韦日昱号纸一道于乾隆三年七月二十一日到州，祖父韦日昱钦遵接领，就于是日承袭任事。

祖父韦日昱于乾隆十六年九月内，因头人罗父拉越界堆路种竹，图占夷田，捏报夷人堆墙，据词转报情由。奉委万承州同李慕羔摘印。随又奉委思州州同姜震署理土州事务，追缴祖父韦日昱原领号纸；又经该署土州姜震详缴本府转缴在案；续奉本府案司遵奉抚部院案验。乾隆十六年十二月二十五日，奉吏部咨行一件，特参疏玩狡诈等事，因于乾隆十六年九月十六日题，十月十八日奉旨："这所参韦日昱、李仰高俱着革职。其疏玩狡诈情由及本内有名人犯，该抚一并严审究拟，具奉该部知道。钦此。"随于乾隆十六年十一月内奉行提解参革祖父韦日昱赴省审，拟具："思陵土州知州韦日昱既不指示头人按界种竹，及据罗父拉禀又不确查严究，照溺取例革，仍迁徙桂林府省城安插。其土职另行查明承袭。等因。"奉行查取应袭之人。

时父韦璋年方十二岁，未符袭例。该目民人保举官叔韦日曷协理州务，官祖母赵氏护印，造具亲供宗图、各结，详请具题，奉准部复在案。父韦璋年长十五岁，例应承袭州职，备选亲供宗图、册结，详缴太平府转缴司道核转。蒙督部院具题，于乾隆二十年十二月二十日奉旨依议准袭。又奉吏部颁发思陵土州韦璋号纸一道于乾隆二十一年五月十三日到州，父韦璋钦遵接领，是日承袭任事。父在，嫡妻黄氏并无所出，有侍妾周氏生庶长子一麟，报明在案；尚有庶次子一彪，系妾农氏所生，未经报明。父韦璋染患吐血病症不效，于乾隆四十三年九月十八日身故，具报。

奉行查取应袭之人，随据族目民人遴封按以土司承袭，无嫡立庶伦长之例，韦一麟系已故土官韦璋庶生长子，序应承袭父职，管理州政，与例相符。至于乾隆五十三年十一月十一日，胞兄韦一麟染病身故，具报在案。奉行查取应袭之人，随据族目民人具结：按以土司承袭，父殁子承，兄终弟继，今故兄韦一麟在日娶室许氏，无嗣，序应韦一彪。（一彪）系故官韦璋庶生次子，承袭兄职管理州事，名正言顺，众心悦服，并无搀越情弊。韦一彪生子三人：长韦绣，嫡妻黄氏生；次编，庶室胡氏生；组，妾王氏生。韦绣系嫡生长子，例应承袭父职。理合，造具亲供宗图、各结，呈缴施行须至册者。

韦绣。

韦象贤。

韦昭武。

韦明武。

韦绳武。

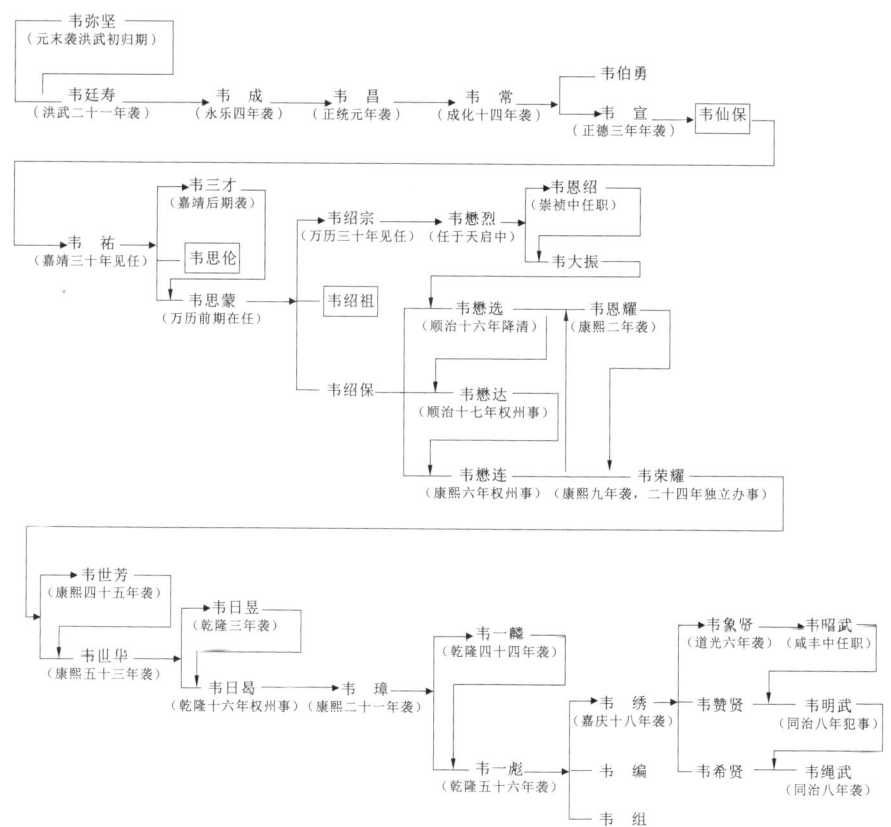

（广西壮族自治区民族研究所李干芬研究员等　提供）

## 按　语

  此系广西思陵州土知州韦氏向朝廷呈报承袭之《亲供世系宗支图本》。按明朝朝廷规定之土官承袭法规：土官承袭，务要验封司委官体勘，别无争袭之人。明白取具宗支图本，并官吏人等结状，呈部具奏，照例承袭（见《大明会典》卷六"土官承袭"条）。即是，应袭者须呈报《亲供世系宗支图本》——载其先世事绩、职位，所领境界人户及贡赋之数。且有邻近土职具结证明文书。经（省）布政司核夺，给予准于呈报之文，呈送朝廷吏部，等候敕书，由朝廷验封司签发号纸为凭。

  上述承袭做法，可以看成是明清时代土官（土司）承袭之范式。

# 湖 南

# 永顺彭氏历代稽勋录

## 历代稽勋录序

　　永顺彭侯者，世有爵主，所辖三知州、六长官、三百八十洞苗疆，带砺山河，赫然为天朝柱石臣也。顾予谫劣草昧，赋性愚蒙，暇时阅览诸史，则有玕公□□□□□□，世远年烟□，□□□议其由，一日，□公子□，□□□□□□□□之传也，余细心参考诸□□□□夫序，□□有鲁鱼亥豕之误，故敢漫笔记述，搜阅群史，考订误者，发明简略，未详者增补之，是以益培宗派，庶乎历世之不磨矣。盖彭氏乃高辛氏陆终第三子，名曰籛铿，臣事唐尧，建封彭城，名曰彭祖，始为彭姓鼻祖，肇自唐尧，历虞夏至殷朝以迄于周，传至春秋，终及秦汉，下至两唐五代宋元以迄我明朝，世封名宦。夫唐虞而及秦汉，列公去古甚远，什记其一，不敢尽述，敢自玕公历传者记之。夫玕公都吉水龙江，一门金紫，世不乏宦，玕性沉毅，尚大节，博通古今，时五代梁太祖任吉州刺史，保民捍国，建树奇勋，□□朱□□□□□□□□尽收江西□□，公避乱率众，是以图□，恢复旧都□□□□，烈议者谓不奔淮而奔楚，斯何意也。《史记》淮南杨行密，乃大唐昭宗部将，灭黄巢，威权日盛，割据金陵，密就僭号。南唐时，玕公窥行密不轨，公不往焉，会梁祖因梁强盛，声震天下，行密畏势，遣家臣周谟入贡于梁，保固金陵，苟延五代，终于部将徐温所杀，温得位木几，寻周世宗并之。玕公因钟富吉州之乱，遂即奔楚焉。是时，楚王马殷乃湖南人也，勇略持重，屈己下贤，东汉马援之后，唐昭宗知武宗留后时，湖南内多群盗所据，殷得潭郡二州，屡建奇勋，悉平楚地。梁祖开平四年，封殷为楚工天策上将军，世守楚地，都国长沙。当是时，楚王殷国富兵强，大有谋谟。时玕从戎帐下，殷聘玕之女妻子希范，封为彭夫人，其貌虽陋，治家尚严，希范每敬畏之。玕由是内结骨肉之亲，外协君臣之好，胞弟瑊亦臣事马氏，秉政持衡，职任金紫光禄大夫，夫承显秩，若鸿毛遇顺风、巨鱼纵大壑也。一日，玡公疾卒，嘱公子彦昭曰："汝仁孝能继吾志，吾没之后，将柩浅殡，俟西土宁静，归葬旧都。"嘱玡弟曰："汝臣事楚王，世守此土，毋二尔心。"公卒，公子彦昭谨遵父命，移葬吉州，遂家焉。玡之后裔，振振延继，历唐宋金元以入我朝，文学治世，珰珮满朝，著诸青史，足为国家硕辅之臣，信不诬也。迨至梁主龙德三年，为唐庄宗所灭，楚王殷遣瑊公入贡于唐，全赖瑊参赞庙谟。至唐明宗长兴三年，殷卒。会石敬瑭天福二年，并吞唐氏。天福五年，楚王希范以瑊子士然职溪州刺史，抚管蛮獠。及《史记》初溪州，古春秋蛮夷地。唐玄宗开元十二年秋七月，溪州蛮覃行璋反，以辅国大将军杨思勖奉命而擒之，马氏据得楚地，士然即任溪州。先是，彭夫人卒，希范背盟亲好，势分矛盾。天福五年，士然率群蛮侵扰辰、澧，希范讨平。盖范伏波援后，因效祖树立铜柱为记，以铜五千斤铸柱，高一丈二尺，入地六尺，命学士李宏皋铭誓状于铜柱之上，竖于溪岸，其铭曰："五溪之险不足恃，我旅争登若平地，五溪之众不足凭，我师轻蹑如春冰。"溪人畏威，纳质共盟。自此，希范穷奢日盛，违弃天伦，弟兄各裂地土，互相犄角，自踵灭亡。于是，马氏日见危削，弃国降唐，遣将即迁马氏于金陵，一旦变宗庙为丘墟，置市朝于霜露，良可慨矣！乃天启我彭氏，故其列祖相承，绵传世业，雄镇楚南，为兆民之主，功业之隆，何其伟哉！余敢自梁太祖开平戊辰年叙之。士然公生子五人，长曰师裕，次曰师嵒，三曰师佐，四曰师搪，五曰师晃。俱受武安军节度使金紫光禄大夫，时有从子师旺，先事楚王，居湖南，笔难尽述。夫长子师裕，承立溪州刺史，传于允林，允林传于弟允殊，允殊见侄成立，复传于侄文勇，文勇传于儒猛。儒猛生四子，长曰仕进，次曰仕汉，三曰仕端，季曰仕义。大、二、三公子俱受朝职检校，皆坐以事，不得保证。众议立季子仕义嗣父职，宋仁宗二年即任，在任五十一年，寿七十二岁，葬弄塔村。义生二子，长曰师晏，次曰师宝，俱受显职。时师晏立事期年，因姜菲出宦，逊位弟师宝。而师宝传福石宠，土讳曰呼送，呼送传于安国，安国传于思万。时思万生一子，瞽目，未立。再传于弟胜祖，胜祖传于万潜，万潜传于天宝，天宝传于源，源传于仲，仲传于世雄。世雄子瑄，早卒，未立。继传于孙显英，显英传于世麒，世麒传于明辅。明辅二子，长子曰宗汉，次曰宗舜。宗汉袭，故，无继，传于宗舜。宗舜亦生四子，长曰翼云，次曰翼南，三曰翼万，四曰翼程。云卒，传于南。翼南传于永年，永年则传于今任钦赐飞鱼服色、骠骑将军彭侯主君，中间相继二十五主，彪炳琳琅，为楚南屏翰。于戏，人不考古，何以证今故。

忠烈讳天宝，忠顺讳源，忠诚讳仲，忠勤讳世雄，忠肃讳显英，忠毅讳世麟，忠敬讳明辅，忠庄讳宗舜，忠贵讳翼南，忠敏讳永年。

凡十代，各有玉音徽谥。当是时，甚赖忠勤、忠肃、忠毅三公，用夏变夷，移风易俗，立学校于东关城外，为国为民，壮修祠祀于雅草之坪，笃宗思本。公之令德伟名允宜不泯，而允林至万潜又凡十二主矣，既受官爵，岂无徽谥也哉？且历代帝王徽谥名号，俱皆臣下尊上。顾不揣愚劣，乃敢想象各神武英风，法名取义，谨上徽谥以续尊称，敢自允林公谥之。

允林公谥曰忠武，允殊公谥曰忠简，文勇公谥曰忠彦，儒猛公谥曰忠穆，仕羲公谥曰忠献，师晏公谥曰忠勇，师宝公谥曰忠纯，福石宠谥曰忠朴，安国公谥曰忠弼，思万公谥曰忠亿，胜祖公谥曰忠襄，万潜公谥曰忠靖。

庶乎，余之少酬万一，而尽知源之报者也。夫五代宋元时，列主授有刺史、金紫光禄大夫、尚书，节度强弩，指挥礼宾，副使、安抚、宣慰职，管束溪洞。迨至我朝，高皇帝龙飞淮甸，扫灭胡元，悉归一统。洪武三年，然公内附。六年，升永顺宣慰使，司辖三州六司，各权司事，即其长国讨贼之伟绩，献木纳贡之输忱，世恭朝廷，名垂诸史。列主有授进阶诰命者，有授怀远、昭勇、昭毅、骠骑、龙虎将军者，有授湖广都司、云南布政通奉大夫者，有赐蟒衣、飞鱼、狮衣、玉带服色者，世受圣恩，身荣华衮，雄镇楚南，开创绵远，历传千有余载。螽斯振振，苟有贤臣赞助辅佐，谅为不磨之业余也。先世洪都，沐恩无报，暂于闲暇专考群史，载叙彭氏功绩源流，名曰《稽勋录》。上以叙鼻祖筬铿，中以叙玗、瑊割土，崇上列祖谥法以传于后，顾思赋性迂梗，鲁钝微才，但怀积忠悃，不能自尽犬马，是以寒窗之下强而述之。若曰嫫姆效颦，愈不自知其丑也！故稍有未尽者，以俟后之君子，又当补辑焉。于是乎序。

## 彭氏鼻祖

**篯铿公** 陶唐,封之于彭城,曰彭祖,始姓彭,历唐虞而夏,有其孙曰元哲。

**元哲公** 夏朝,封于韦、代,为侯伯。夏末助桀,汤恶而伐之,复有老彭传立。

**老彭** 显为侯伯。殷末,复有伯窟传继。

**伯窟** 当殷末时,自窜于南周以来,党族渐盛,布满溪谷。历至春秋,与楚王通好,生夔公。

**夔公** 此时,楚恶其不附己,执而灭之。中间历秦而汉,漫无所考。则是有昌平之彭,立越公。

**越公** 乃昌平之彭,仕西汉,封梁王,以吕后之变,无传,是有淮阳之彭继之。

**宣公** 乃淮阳之彭也,仕汉成帝时,有明继重望,事荐于朝,封长平侯,帝子室淮阳女,历至萧十九世,名曰兴居继立。

**兴居公** 名乐,时安定北齐,有大功,封陈留王。

**景直公** 二十二世孙,唐中宗景龙间,仕礼部侍郎,居河涧瀛州,生子构云。

**云公** 字构云,景直之子。唐天宝十一年,袁州刺史李璟以德学奏闻于朝,玄宗遣中使齐延邱以蒲轮礼征三次,乃行,欲官之,辞归。中使黄嘉送之,赐金帛副衣,赠为征君,时天宝十二年十一月二十九日。具谢衣表,则十三年七月十三日。明朝庚辰《吉水谱》云,征君有震山钓台、石室,其所居处,今袁州宜春也。著《通元经述》《阴阳图》,学者称曰"介亭夫子"。生玄宗开元乙卯正月望日,大历丁未年,没年五十三岁,配阳氏,赠庐陵郡一品夫人,合葬东原。袁州刺史郑审志公墓。子五:东里、南容、西华、北叟、兹。

**兹公** 字世臣,征君第五子。宪宗朝进士,任洪州进贤令,像赞为昌黎伯韩文公题。配李氏,合葬东原。生子三:伉、倜、仪。

**伉公** 字维嵩,兹公长子也。贞元七年,与弟仪同登进士,官大理评事，有《珠环合浦赋》《青云》诗。生一子，名远。《黄堂谱》载：伉徙陵陵南港。《江西谱》载，伉传十一，分居太和之南塘、龙泉、雩田。

伱公　字维贤，兹公次子也。德宗朝进士，任袁州宜春令。因宦寺窃柄，弃官，家庐陵五十九都隐源山口，即今古住场。像、赞为枢密院洪迈题。配郭氏，合葬本都佐护铁芒砀，旗形，令字穴，对金、华二峰。前"硕字谱"作塘，误也。生三子：輖、辅、霁。

仪公　字维岳，兹公三子。与兄伉同登贞元七年进士，官大理评事，惜乎早卒。

輖公　字致正，号中立，伱公长子。穆宗长庆四年，家攸县曹泊石砦寨。宣宗大中八年甲戌岁，荐明经，有《拜彭城墓》诗。生于宪宗元和三年，昭宗龙纪元年没，葬东江乡小田，盆形。配张氏，生宪宗元和六年，僖宗光启二年没，葬东乡严塘，象形。生二子：景豫、景兑。

辅公　字国相，伱公次子。懿宗朝进士，官光禄大夫、信州刺史，像赞为湘州韩琦题。配李氏，合葬五十八都七里相公坪，枕北趾南。生五子：珏、琳、璋、玕、瑊。

霁公　伱公三子，僖宗朝进士。

珏公　字璋亭，辅公长子。唐进士，官南康军节度使、金紫光禄大夫、检校司空。

琳公　字珪亭，辅公次子，唐武宁军节度使行军司马、检校太尉。

璋公　又名麔，字瑚亭，辅公三子，登进士，武昌军节度使行军司马、检校太尉。

玕公　字宗鼎，号叔宝，辅之四子。乾化末，官光禄大夫、检校太保，爵开国侯。后唐明宗天成二年丁亥，拜左龙韬上将军、武平节度使，进太尉。长兴三年壬辰，封安定王，食邑万户。是年，就第四年癸巳二月薨，年九十八岁，绩书不衰，戴礼及春秋子弟从之者千余人，敕葬长沙县善化乡集贤里莲花岗，后改葬吉水县折桂乡二十九都之枫仙杰原。原配醮国夫人夏侯氏早亡，葬折桂乡。继配原国夫人郭氏，葬永丰沙溪。又《莲塘谱》载，有何、罗二氏，生子十一。《吉州志》载，州南黄原岭下有安定王庙，每岁旱，乡民祷雨，甫盥荐，辄有微溜出石岩，以器盛之，溜流多则雨随至。广陵笔工李郁善为诗，玕以白金十两市一笔，就令访求石本五经，以白金百两为挚。州人谓曰："十金易一笔，百金易一卷，况得士乎？"吉水有五经井盖，石本是也。生十一子、十三女。先是，公因吉州之乱，偕弟瑊率众奔楚，今玕之后裔，吉水泷江之彭是也。时授明朝仕宦，则载著《皇明通纪》诸书，不暇尽述其事。

十一子：

彦武　玕公之长子，官金紫光禄大夫、刑部尚书、检校太尉，封开国侯，食邑一千户，彦武公之官悬。

彦晖　玕公之次子，官光禄大夫、陕西行营统军使、检校太傅、郴州刺史，次子彦晖官悬。

彦昭　玕公三子，时为辰州刺史，后从士然，即旧名彦晞，瑊公之子，同为内外交谋，詟服蛮苗。彦昭公，官金紫光禄大夫、兵部尚书，乾祐元年进太尉。生十五子。

彦文　即彦旼，字北先，玕公四子。官御史中丞，唐季受命讨梁大元帅。配董氏，诰封夫人，生二子：师闵、师闾。

彦晌　玕公五子，官光禄大夫、礼部尚书、邵州刺史。赞濂溪周敦颐题。

彦呵　玕公六子，官光禄大夫、工部尚书、象州刺史。像赞朱熹题。

彦成　玕公七子，官朝议大夫、户部尚书、邵州刺史。

彦琳　玕公八子，官光禄大夫、刑部尚书、柳州刺史。像赞顾汨渊题。

彦珍　即彦琛，玕公九子，官光禄大夫、吏部尚书、岳州刺史。或彦珍朝奉郎，《九然谱》无征，不敢妄承，以示信也。

彦规　玕公十子，金紫光禄大夫、检校司空、梧州刺史。

彦澄　玕公十一子，官光禄大夫、吏部尚书、融州刺史。

瑊公　字瑞规，辅之五子，玕之季弟也。乾化末，官金紫光禄大夫、检校司徒。因吉州之乱，窥杨行密之不轨，公从玕兄奔楚，投楚王马殷麾下。公秉政持衡，职任金紫光禄大夫、辰州刺史。生一子曰彦晞，为溪州刺史，后为永顺军民宣慰使司，是为永顺之始祖也。

考证：愚按《纲目》，梁太祖开平三年秋七月，淮南尽收，西地目曰抚州刺史危全讽，率抚袁、信、吉之兵攻洪州。淮南守兵才千人，节度使刘威密遣使告急于广陵，日召僚佐宴饮，全讽闻之，屯象牙潭不敢进。楚王殷遣指挥使苑玫围高安，以助全讽。徐温问将于严可求，可求荐周本，乃以本将兵七千救高安，本以前攻苏州无功，称疾不出，可求即其卧内，强起之。本曰："苏州之役，敌不能胜我，但主将权轻尔，今必见用，愿无置副贰乃可。"可求许之。本曰："楚人为全讽声尔，非欲取高安也。吾败全讽，援兵不还，乃疾趋象牙潭。"或曰全讽兵强，君宜观形势。本曰："贼众十倍于我，军闻之必惧，不若乘其锐而用之。"全讽营棚临溪，亘数十里，本隔溪布阵，先使嬴兵应敌，全讽兵涉追之，乘其半济，纵兵击之，全讽大溃。本分兵断其归路，擒全讽，乘胜克袁州。歙州刺史陶雅遣兵袭饶州，刺史唐宝弃城走，莱志诚败苑玫于上高，吉州刺史彭玕率众奔楚，信州刺史危仔昌奔吴越，以为淮南节度副使，更其姓氏曰元，虔州刺史虞光稠以州附于淮南子，则是江西之地，尽入于杨氏。

## 永顺彭氏历代世家稽勋图系

始祖瑊公—彦晞即士然—三世师裕公—忠武公允林—忠简公允殊—忠彦公文勇—忠穆公儒猛—忠献公仕羲—忠勇公师晏—忠纯公师宝—忠朴公福石宠—忠弼公安国—忠意公思万—忠襄公胜祖—忠靖公万潜—忠烈公天宝—忠顺公源—忠诚公仲—忠勤公世雄—孝思公瑄—忠肃公显英—忠毅公世麒—忠敬公明辅—忠庄公宗舜—忠贵公翼南—忠敏公永年—元锦公—廷机公—洪澍公—肇桓公—肇相公—廷椿公—洪海公—肇槐公—景燧公

以上俱已袭宣慰之职，文垣其下荫袭参将承宠。

永顺始祖瑊公　瑊名，字瑞规，行章五，辅之季子，玕公之弟，征君公五世孙也。时梁开平间，朝议欲得彭氏亲族，使为辰州刺史，安靖其地。乃得瑊，授金紫光禄大夫、检校司徒。自是溪州之民，惟瑊听命。生一子名曰彦晞，又名士然，历传世官于溪州，钤束诸酋，以守其土。先同玕公率众奔楚，遂得马氏地土，永顺始祖起于此焉。

彦晞公　彦晞，旧名更为士然，瑊公子也。梁太祖开平戊辰元年，朝议为溪州刺史。先是，玕公第三子、从兄彦昭，时为辰州刺史，即与士然同谋，内外合举，平服楚南诸蛮。时议以北江最大者，惟有彭氏。由是楚王马殷聘玕之长女彭氏配子希范，士然遂有亲谊。后夫人卒，彼此各背其盟好。希范率兵相攻，进至会溪坪，定命学士李宏皋铭誓状于铜柱之上，自是溪人畏服。范宠勒父子，显衔于柱，即授士然静边都指挥使、金紫光禄大夫、检校太保、使持节诸军事、守溪州刺史、兼御使大夫、上柱国、陇西县开国男，食邑三百户。生子五人，在任三十八年，寿七十三，葬地名彭家湾。

考证：愚按，士然在任三十八年，寿七十三岁，则不书于某皇帝年号者，恐记录遗忘、讹传年远。余考史记，公当于宋太宗太平兴国卒。

师裕公　师裕，楚王所赐名，复号为彭大王，士然之长子也。后师裕忌大王之称，即请授封马氏，为金紫光禄大夫、检校尚书右仆射、守溪州三亭县令、兼御史大夫、上柱国、武安君节度左押衙、溪州刺史。至周世宗显德三年，关印铜牌一面，管一百二十洞蛮民。至宋太祖开宝二年卒，在任十四年，寿六十二岁，葬地名会溪。

考证：愚按《纲鉴》，则不孚矣，何则？盖师裕公乃历传之主，书周世宗显德三年即任，今不笔之于史。然师嵒生汉乾裕三年，同时出仕而不记述彭氏源流者，何耶？夫师裕、师嵒，乃弟兄也，其时师裕世授溪州刺史，为传继之主，故《纲目》不载，而于《土记》有名。师嵒等俱（受）汉爵，臣事楚王希广。先是，师嵒于汉隐帝乾裕三年降附于楚，而希广授师嵒武安军节度使左胜义第三都督、强弩指挥使、银青光禄大夫、检校刑部尚书、前守富州别驾、兼御史大夫、上柱国。由是师嵒报希广之恩，战雷晖于城东北隅，后希广被希尊所杀，师嵒葬希广于浏阳外门。故以难著《土记》，而备于《纲目》者也！

忠武公　讳允林，土名麦即把，师裕公长子也。乾德元年，慕容延平湖湘，允林等列状归顺，诏任其官。至宋太祖开平四年，仕前职，管一百二十洞蛮民。至宋太祖至道元年卒，在任二十五年，葬地名弄塔村，寿六十九岁。子文勇，褴褛多疾，暂传弟允殊承袭。按谥曰，才能自重、勘定祸乱曰武。

考证：愚按《纲目》，宋太祖乾德元年，溪州民附于宋，名曰北江最大者彭氏，世有溪州，州有三，名曰上、中、下溪，又有龙阳、忠顺、保靖、感化、天赐、永顺六州，及懿、安、远、新、给、富、来、宁、南、顺、高十一州。至是，彭允林之守附宋，于是各州悉置刺史，而以下溪州刺史兼都誓主，以之谓誓下溪州。

忠简公　讳允殊，师裕公次子。允林公弟，因侄疾在襁褓，暂代承职，即任五年。咸平二年，因老病致休，复传于侄文勇。按谥曰，自处以敬无为而事者曰简。

忠彦公　讳文勇，忠武公长子，忠简公之侄也。父允林卒时，公以襁褓多疾，众议暂立简公。后允殊老病致休而公嗣职，至大宋祥符二年卒。生子儒猛嗣职。按谥法，博文谨守曰彦。

考证：允殊、文勇叔侄二公，而《土记》之所未载，查《司志》则载。况二公乃继传之主，一派宗藩，今简而略之，非所以记事迹也。且文勇系儒猛之父，仕羲文勇之孙。查《纲目》则载，书下溪州自允林至仕羲相继为刺史，五世矣。今补之，以续传立。

忠穆公　讳儒猛，即土名夫送，忠彦公子也。天禧初，群邪所罔，遂有执其家属之变，事平，而复有降敕，加忠之恩。至宋真宗祥符二年，仕前职，管一百八十洞蛮民。至宋仁宗景祐四年卒，在任二十九年，寿八十三岁，葬地名会溪。生子四人：长曰仕进，卒；次曰仕汉，授殿直；三曰仕端，授检校，皆坐于事，不得保证，凡七年，至明道元年卒；季子仕羲，承继。按谥法，敦厚深远曰穆。

考证：忠穆公，讳德儒，即土名儒猛者是也。何则？盖《纲目》历年记有彭德儒之称，不然公出同时，不载儒猛而载德儒。愚谓儒猛或讹传也，故书以证。

忠献公　讳仕羲，即土名福送，忠穆公季子也。兄仕进卒，仕汉、仕端皆坐以事，众议立仕羲嗣父职。至宋仁宗宝元二年，任前职，管一百八十洞蛮民。至宋哲宗元祐四年卒，在任五十一年，寿七十一岁，葬地名弄塔村。生二子，长曰惹帖送，立任七月，才力不及，逊位于弟惹帖恶继立。按谥法，输诚恭顺曰献。

考证：按《纲目》，宋仁宗至和二年冬十月，知辰州宋守信击下溪州不克。《目》曰：下溪州自彭允林至仕羲相继为刺史，五世矣，至是仕羲子师宝妒怨其父，奔辰州诉父，愿誓下溪州十三州将夺其印符而并其地，加号如意大王，补置官属，将起为乱。宋守信闻之，乃以师宝为乡导，帅兵四千，深入讨伐。仕羲遁入他洞，不可得俘而拿，官军战死者千八九。

守信皆坐贬。自是蛮獠日盛，数入掳掠，边吏不能制矣。又考《纲目》，宋仁宗嘉祐三年秋八月，下溪州蛮降。先是，彭仕羲陈乞内属，帝遣殿中丞雷简夫往视之。简夫度仕羲不可专用恩泽诱化，至督诸将进兵筑棚溪上下二寨，据其险要，扼取故地五百余里。仕羲计穷，遂归连岁所掠甲仗士卒。诏辰州还其所拿及铜柱，于是复通中国。然黠骜益甚。今考《土记》，则有仕羲公二子土名惹帖送即任七个月，因才力不及，让弟惹帖恶之说。余阅《纲目》，仕羲生子师晏、师宝即是惹帖送、惹帖恶，今《土传》误记，才力不及者，以此论也。夫师晏立任未几诣阙，授职汉爵，是以逊弟师宝焉。夫仕羲既无二子，而《纲目》则书仕羲子师宝怨父之说。搜刮《纲目》，原惹帖送即师晏、惹帖恶即师宝也！

忠勇公　讳师晏，《土记》未传，即忠献公长子也，《土记》惹帖送也。英宗治平四年丁未即任，时疆场多事，师晏以才能自重，溪洞之人皆畏，面服然，而反复之心尚未尽革。宋神宗熙宁九年丙辰，布衣张翘者上书言南北江利害，朝议遂以章惇为湖北提刑，经制蛮事。师晏计招群洞会惇，叙清，以事奏上。神宗降诏褒之，命筑下溪州城，赐名会溪，授公礼宾副职使。元祐间，逊位于弟师宝。按谥法，不战而屈人之兵曰勇。

考证：愚按《纲目》，宋神宗熙宁九年春正月，章惇招服五溪，遂城下溪州。《目》曰：章惇使湖北提刑李平招纳下溪州刺史彭师晏誓下溪州洞蛮。张景谓彭德儒、向永胜、覃又猛、覃彦霸，各以其归版籍。师晏遂降，诏筑下溪州城，赐名会溪，戍以兵，隶辰州，出租赋如汉民。遣师晏诣阙，授礼宾副职使。自是五溪皆平。又考《一统志》云，五溪在庐溪县西山。郦道元《水经》，武林有五溪，谓雄溪、酉溪、潕溪、樠溪、辰溪，皆蛮夷子孙所居，即此。

忠纯公　讳师宝，即土名惹帖恶也，忠献公次子也，袭兄之余荫。至宋哲宗元祐六年，管一百二十洞蛮民，历高宗绍兴二年卒，在任四十一年，寿六十七岁，葬地名补亚村。先是，疆宇太平，兵革无警，公以肆志谋礼，淑化部落，故民怀恩惠焉。子福石宠嗣任。按谥法，笃志谨守曰纯。

忠朴公　讳字无考，俗呼为福石宠，呼送土名，忠纯公子也。宋高宗绍兴五年即任，管一百二十洞蛮民。至宋光宗绍熙四年卒，在任五十九年，寿八十岁，葬地名补亚村，子安国嗣任。按谥法，诚实无妄曰朴。

考证：愚按忠朴公任溪州刺史，岂无讳号之称？或年远未之记也。夫公未授汉职，难以查考。但《土记》书高宗绍兴五年即任，至高宗绍兴四年卒，历数颠倒讹传，岂有先任于五年之中而反卒于四年之候者乎？公在任五十九年，余考《纲目》，既于高宗绍兴五年即任，而当以目算，于宋光宗绍熙四年卒。方是，即论公以八十岁推之，亦当于宋徽宗天庆四年生也。

忠弼公　讳安国，土名打恶送忠，朴公子也。至宋宁宗庆元元年乙卯，管一百二十洞蛮民，至宋宝裕四年卒，在任三十五年，寿八十四岁，葬地名补亚村。子思万继立。按谥法，佐国辅民曰弼。

考证：愚按忠弼公，原《土记》书大元至正元年即任，至宋理宗宝裕四年卒。历年国号差谬已甚，安有元前宋后者哉？此《土记》之误录也。愚考《纲目》，推之公历孝宗、光宗、宁宗、理宗四君，当于乾德九年生，宁宗庆元元年乙卯即任，至理宗宝裕四年卒，方符在任六十二年，寿八十四岁方是。

忠亿公　讳思万，忠弼公子也。宋理宗宝裕二年即任，管一百二十洞蛮民。至元世祖中统二年卒，在任五十二年，寿七十三岁，葬地名曰八桶胡。子腊木送，瞽目未立，胜祖弟承继。按谥法，建邦拜绵远曰亿。

考证：愚按，公于宋理宗宝裕二年即任，越二十六年，己卯为帝昺祥兴二年。是岁宋亡，则元世祖至元十六年也。公乃赴阙朝见，赐宣命印章，授武德将军。及按《土记》，公于宋理宗宝裕二年即任，至元顺帝至元二十二年卒，中间历号安有越九十九年之理？若依在任三十二年、寿七十三岁推之，公当于宋理宗宝祐二年即任，元世祖中统二十二年卒也。

忠襄公　讳胜祖，忠亿公弟，忠勇公玄孙也。元成宗元贞二年即任，至仁宗延祐七年改升安抚司，顺帝至正九年卒，在任五十四年，寿八十一岁，葬地名八桶湖。子万潜立。

稽勋：先是，有施溶州田万坝等作乱，公率兵平之。至元三十一年时，公在军九十一年，所向克捷，生擒田万坝、羊峰、什用亚、王香等二十余功。行省论功，屡旌以旗帜，赐以文绮白金。延祐七年二月，元仁宗升授公安抚司。

忠靖公　讳万潜，忠襄公子也。任安抚司，元顺帝至正八年改升宣抚司。至我明朝洪武二年卒，在任二十九年，寿六十四岁，葬雅草坪。子天宝立。

考证：先元政不纲，灾异迭见，中原多事，盖未有暇，而公袭胜祖之余烈，元至正十一年改升永顺等处军民宣抚司，至洪武二年卒。公时方疾，乃命子天宝曰："吾闻真主定位南方，汝宜亟奉图籍归服。"于是，公从治命往焉。

忠烈公　讳天宝，忠靖公子也。洪武二年即任，六年改升宣慰使司，辖三州六司。时公于元太平元年正月十二日生，洪武三十五年九月十五日卒，在任三十四年，寿七十九岁，葬地名雅草坪。子源嗣立。按谥法，秉德尊业曰烈。

稽勋：先是，公从父治命，遣从兄敬宝、通事田大方诣阙进献方物。洪武二年二月十八日上御：奉天门东板房，礼官引见。次年，嘉其首先诸司归服，挈土内附，赐奉钦命敕百户黄元、泰赉赐公诰命，授永顺等处军民宣抚司，进阶宣武将军，并伴敬宝还司。六年，降印章，改升宣慰使司。十二年，总兵官杨仲铭率师征大小铅厂、卢溪等洞。二十三年，东川侯、普宁侯率师征安福夏二、向天富。二役，从卢溪获天黄、地黄，斩首四百五十级，生擒五十。事捷闻，加赐奖劳。

忠顺公　讳源，忠烈公之子也，永乐九年十二月即任，辖三州六司，在任十五年寿六十九岁，永乐二十年卒，葬雅草坪。子仲嗣任。按谥法，慈和偏服曰顺。

考证：公六十九岁，永乐二十二年卒，有死忌辰，无生辰。余考历号二十年，逆推至洪武三十五年，共五十五年，依六十九岁算，尚少十四年。余依《纲目》推之，公当生于元至正十六年也。时公父卒，获印疏，闻于朝，权司先业二十年，民赖安堵焉。

忠诚公　讳仲，忠顺公之子也，洪武四年生，永乐十六年即任，辖三州六司，宣德九年卒。在任十四年，寿五十七岁，葬雅草坪。子世雄嗣任。按谥法，诚以为纯忠良笃，故玉音谥此。

稽勋：公于永乐十六年正月内诣阙袭职。十八年，随总兵官萧绥奉上命督兵征岩头等处；二十二年，征竿子苗寇；宣德七年，代子世雄征人小荷蓬、标金等处，所向克捷，生获扯婆罗、龙答丢、向摆婆等一百一十名，斩首七十名，擒竿子坪贼首龙者竹及余党八十名，斩首二十一级。捷奏，累加赏劳。

忠勤公　讳世雄，字人望，号敬斋，忠诚公子也。正统元年莅任，辖三州六司，至天顺五年卒。在任二十六年，寿五十一岁，葬雅草坪。时子瑄未任，至景泰四年卒，谥曰孝思，公亦葬雅草坪。孙显英承立。按谥法，无勤以为劳于王事，故玉音谥云此。

稽勋：先世，公从父两征荷篷、竿子坪。公正统元年闰六月赴阙，兵部官引见袭替。十四年，奉敕领兵随安远伯王公征讨清浪。景泰六年，从河南伯方公征五开、铜鼓。天顺二年，征贵州东苗。凡三役，皆奏奇功，荷玉音褒奖，白金、文绮之赐。四年，随总兵官李公征绞峒时，公遘疾，中途不果，子瑄早卒，乃命孙显英公代领兵征进。公沉毅厚重，靖伯王每重爱之，凡出师，选踏访而行，常称为彭老将军，实不呼名。时鸹麻洞蛮酋墨古送从征，违令，公乃绳以军法。及班回，墨古送密谋袭公，闻者皆为公危，而公佯若不知，师至明溪，乃中夜即便道径趋天门，昧爽抵司治。墨古送俟之不至，谋遂且恃。辖境二，先世多事为侵轶，至公皆复其业，而愈以开拓焉。

忠肃公　讳显英，字朝杰，号正斋，别号溪亭散人，孝思公子、忠勤公嫡孙也。天顺六年莅任，辖三州六司，至洪治三年正月十五日卒，在任二十六年，寿五十一岁，葬雅草坪，子世麒嗣立。按谥法，执心决断曰肃。

稽勋：先是，公于天顺六年，敕公率兵征桂，苗寇剿平。癸未七年春，天柱、南洞贼叛，奉敕率兵征讨。乙酉成化元年，大藤峡徭贼叛，奉敕讨平。丙戌成化二年，又奉敕，公讨襄阳流民。成化丁亥三年，又讨平贵州山都掌并四川大坝贼寇。成化戊子四年，敕公率兵征四川西堡贼寇，抵巢驻扎未几，贼众感公德化，招抚归降，兵不血刃，悉皆平定。成化乙酉十一年，又讨平九甫、二塘等处叛贼。成化丁酉十三年，公屡历战功，所向克捷，守臣奏请于朝，敕公加升进阶怀远将军，荷白金、文绮之赐。成化丙午二十二年，公以疾乞休于朝，营治猛洞别墅，优游林下，日与文人、诗士倡和岁月，以疾正寝告终，子世麒嗣立。

忠毅公　讳世麒，字天祥，号思斋，别号云中子，忠肃公之子也。

公生于成化丁酉年三月二十九日，至洪治五年即任，辖三州六司，至嘉靖十一年九月初七日卒。在任二十余年，寿五十六岁，葬雅草坪。子明辅嗣立。按谥法，毅以英明刚果，故玉音谥此云。

稽勋：先是，壬子洪治五年春三月，公即任时，公奉敕调征施州银山岭，叛贼劫去桑植宣抚司印信五颗，进剿俘获贼白嘴俾、谭景隆等解官，钦赏金币奖劳。癸丑六年春，贵州都清地方贼叛，降敕调公兵士六千，获平，即授进阶昭勇将军，荷赐金币。辛酉十四年秋，北虏犯边，公率兵一万亲抵，巢克破。守臣奏请，敕公已调尔征进武冈苗寇，不须远涉。随挑精兵五千、家丁五百，令舍目彭腾宗等赴贵州普安州驻候。时公在武靖，公前奉敕添调，率兵进贵州杀贼。提督王尚书檄称：地方已定，随即还司，奏请颁赏金币。甲子十七年秋，广西思恩府逆贼岑浚叛，调公兵七千，统率征进，俘获贼首岑浚等解验。正德丙寅元年，因讨岑浚前功，敕升公昭毅将军，赐飞鱼服。会有陕西汉中府、四川有僭号刮地王、贼首鄢本恕等叛，降敕调公兵士八千，令公父子前进，抵巢讨平，斩获贼首老人冉总甲等首级三十颗，贼畏其威遁逃。公父子退至四川东乡县浪平寺，生擒僭号刮地王鄢本恕等，公父子又擒顺天王蓝廷瑞部，斩获无纪。壬申七年冬十月，贵州铜仁平头等处苗首石王俾等叛，杨抚臣檄公兵士三千抵巢，擒剿苗石王俾等八名。部院议：公致仕督川陕有功，加升昭武将军职衔。是年，朝廷营建，父子自备帑金采进合式大木七百余根奏献。丙子十一年秋八月，时有郴桂獠苗叛，调公兵士千余，率领抵本省广东鱼皇、皇落、坪石等地方，克破险寨，生擒僭号延溪大王龚福全等贼解验。是有提督王尚书檄称：统兵致仕宣慰使彭世麒，素称儒雅，久著勋劳，养高林下，犹深报国之诚，同苦行间。复建平猺之绩，所过无取粒之扰，接壤获安堵之休，合行犒赏，以励忠勤，赍去折充花币、牛酒、银五十两，仰本官收受用，见嘉乐之意，益敦邹鲁诗书之习，以为湖湘忠义之倡。戊寅十三年春正月，公父子献木之枕，各钦遵敕谕，加升公湖广都司都指挥使，赐大红蟒衣三袭。时工部咨行湖广守臣转行道镇衙门，以礼宴劳随。因郴桂劳绩，续钦奉降敕谕，加升公散官品级，授龙虎将军、上护军，赐诰命正一品服色。会郴桂耆民凭永芳奏，公督兵号令严明，经过地方，民不知扰，特敕行奖兵部复题：奉圣旨，是彭世麒身率兵士，为国剿贼，所过地方，民不知扰，忠勤仁厚，良可嘉尚。庚辰十五年内，该礼部会勘，题请圣旨，是坊名与做表劳，即行辰州府给工价银三十两，差官赍送到司，造竖牌坊，以彰圣典。是时，公在任一十六年，所向克捷，茂著多功，疏请于朝，乞休林下。建修颗砂行署，延聘永定卫樊使君公子樊珍，朝夕讨论，修志崇礼，焕然一新。公祖父子与珍之祖父交游四五世矣，与珍契合四十余年，公于樊氏一饭靡忘。甚哉，又能建立祠祀，壮修社学，俾千载之上，人所钦仰。公之芳声令德，庶几不泯焉。

忠敬公 讳明辅，号得轩，忠毅公子也。公生于弘治乙卯年九月初三日，至正德五年即任，辖三州六司，至嘉靖四十一年卒，寿七十二岁，葬雅草坪。生二子，长曰宗汉，次曰宗舜。时宗汉随父奉征，因公历受风寒，不堪任事，命汉承替，督兵征进，所向克捷，斩苗擒贼解验，不期即任，未几而卒，无嗣。又命次子宗舜承继。按谥法，合善典法曰敬。

稽勋：公于庚午正德五年即任。先是，汉、沔流贼反，守臣檄公随父忠毅公督兵，斩贼吴永清等解验。寻，总制洪尚书檄公父子，讨川陕贼首老人冉总甲并浪洋寺顺天王解验。守臣题请，颁公夫妇诰命。壬申七年，河南僭升指挥叛，勋阳李抚臣檄公兵士六千抵巢，斩获贼首古墓首级，生擒僭号千户任伦等解验。是年，贵州铜仁平头苗寇等之役，檄公父子率兵平剿。乙亥十年，恭遇朝廷营建宫室，公父子各备帑金，采大木进献。丙子十一年，钦奉奖励。本年秋，贵州香炉山苗贼叛，敕公率兵征剿平定。丁丑十二年冬，檄公将兵克破上尧险寨，生擒僭号苗王阿傍、阿浪等首级解验。会贵州邹抚臣遣官赍金币、花红奖劳。戊寅十三年春，荷朝廷轸念远臣父子树立功绩，各有进献大木之枕。是年秋，各钦奉敕谕奖励，加升公二品散官、骠骑将军，赐大红飞鱼服三袭。庚辰十五年，公为国征讨，历受风霜，不堪任职，推立长子宗汉石桥公任职。嘉靖丙戌五年春，甶州苗贼叛，两广督院湖省抚臣檄公兵士一万，公因老疾，令长子宗汉石桥公统进，克破险寨，斩恶苗岑猛等解验，守臣及兵部题请：奉圣旨，是彭宗汉竭忠奋勇，率领兵士擒斩首恶，其功可嘉，彭宗汉赏银二十两，准令替职。不意在任不久，无嗣。次子宗舜承替。是年，广西思田作叛，姚督抚臣檄公父子剿贼，则云致仕有功，一体请赏，于是公父子各率家丁六千，听候进剿。丁亥六年秋十月，公率兵驻扎南宁府，叛贼卢苏、王绶风闻兵威，自愿投降，新建伯王尚书调公父子复又克破牛场等寨叛苗，俘贼共四百余名颗。甲辰二十三年夏五月，公宗舜病，卒时孙尚幼，续奉申明，仍复署政。丁未二十六年秋八月，会镇竿、腊尔山并贵州都谷、麦地苗叛，抚臣檄公偕长孙翼云督兵前进。已乃翼云病卒，无嗣，继立次孙翼南承袭。即奉调兵抵巢，斩贼三百余级。庚戌二十九年，贵州田平逞龙潭苗贼叛，督臣檄公兵士一万抵巢，擒斩贼苗求南、龙俸等，俘贼五百余人。乙卯三十四年春正月，南倭寇。先是，总督冯司马、汪抚臣、蕉总兵各移檄调兵五千，令孙翼南统领前进。直隶周御史檄称：永顺宣慰彭明辅，忠义素著，家教有方，致伊孙翼南青年循理，奋忠剿贼，且实心而干戎务，严令而束兵农。推原所自，虽本官年老家居，实由平日训练有法者也。亦应奖励，优待素行。该常州府，赍送金币彩仪。寻蒙直隶杨总督及兵部题奉圣旨，是彭明辅写敕奖励，还赏银二十两、纻丝二表里。直隶周御史文称，伊祖致仕宣慰彭明辅，忠义素著，家教有方，即伊孙翼南素敦礼教，久奋忠勇，实心以干戎务，而调度咸宜，严令以束兵农，而地方不扰，推原所自，实由本官训练有素，虽不出户庭而实效自臻也，行仰苏州府，动支本院项下官银十两造办银花金缎，移文径付本官收用。是时，湖省赵抚臣称云，彭明辅素识道义，久效忠劳，本院深知叹赏，以见忠义之素仰。守巡道督木道，先动支大木、银二十两，打造银牌二面，金缎、羊酒、彩币，委该府赍送。甲子四十三年春三月，公进献木，植本省徐抚云，及祖孙采进大木，忠勤素著，移咨兵部杨尚书题奉圣旨，是彭明辅采进大木，同效忠勤，准照例升赏，写敕奖励，备咨到公，随差锦衣卫臣杨国钥赍捧敕谕一道，加升公湖广都司都指挥使，赏大红蟒衣三袭，按公两握策务不遑启处。即至晚年，修建谢圃公署，退居林下，有晋接之友授业阳明夫子之门，私淑良知之学，是故公政以孝弟为干橹，忠信为甲胄，能修常职而使吾民有勇知方，故《诗》所谓刑于寡妻，至于兄弟，以御于家邦也。

忠庄公　讳宗舜，号中轩，别号铁苗道人，忠敬公次子也。公生于正德七年三月二十日，至嘉靖六年即任，辖三州六司，至嘉靖二十三年五月二十一日卒，在任十八年，寿三十三岁，葬雅草坪。公生二子，长曰翼云，次曰翼南，翼云早卒，无嗣，次子翼南嗣立。按谥法，兵甲亟作曰庄。

稽勋：嘉靖丁亥六年，先是广西思田恶目反，提督两广姚都御檄公兵士六千。本年秋八月，公至南宁府驻扎，贼闻兵威大振，叛首卢苏、王绥自愿投降。寻，兵部王尚书檄文开称浔州府地名牛场花、相黄岭等处贼叛，复调公父子率兵抵巢，俘贼获级八百余颗。己丑八年春二月，时宁乡县恶贼傅万襈等叛，湖广翟抚臣檄公兵士千余抵巢，克破地名八面、龙山、岩门，生擒贼首傅万襈等，斩获杨忠昇、傅马保贼级三百四十二颗。班回，寻，湖省按院题请钦赏金币奖劳。壬寅二十一年冬十月，公节征有功，钦赐诰命。癸卯二十二年春，遇朝议建庙，公进献大木二十根，又檄公征剿镇竿叛苗，克破腊尔、雷公、木叶等寨，夺回破留抚苗百户姚伏、黄金，俘贼四百余名解验。会部院题奉圣旨，是彭宗舜采木合式，准于原职上加级，服色一阶，授昭勇将军。按公谨厚谦和，美髯天萃，先是，修筑壶窝别墅，恬退一隅，猎狩搜田游乐自娱，是故公能推广仁爱，以及下民。

忠贵公　讳翼南，字晋卿，号北江，忠庄公之次子也。公生于嘉靖丙申年六月初一日，至嘉靖三十三年即任，辖三州六司，至隆庆元年六月十一日卒，在任十四年，寿三十二岁，葬地名聚龙湖，寻迁葬本司雅草坪。公子永年嗣立。按谥法，无贵以为两受藩宪异数。故玉音谥此云。

稽勋：乙卯三十四年春正月，南倭寇乱。先是，湖川贵冯督臣檄公祖孙率兵三千名，又选家丁二千，督统进浙克砂地名平望驿、王江泾、羞墓亭、胥口、陆泾坝、塘栖等处，俘获贼级。时张兵部赵督臣等奖云，远来剿贼有功，除具本荐题外。丙辰三十五年春二月，南倭复寇，时抚臣檄公兵士一万，赴浙直隶剿贼，会部院题请圣旨，加公进阶昭勇将军，着尽心统兵杀贼，公奋勇争先，克破巢穴，斩获贼首徐海首级，俘贼千余。解验时，总兵都督军门奖云，永顺宣慰使司谋勇兼全，功状大捷，仰各收兵，俱赴嘉兴听候宴赏。会赵又奖云，率兵远来，遗孽尽平。南京兵部奖云：蕞尔倭夷，连年内侵，东南要区屡遭荼毒。今永顺宣慰彭翼南，乃能闻调远赴，深为勤王之忠，竭力效命，用成奏捷之功，元凶悉剪，余孽尽除，功劳茂著，良可嘉尚。时公班师，又提督赵工部、总督胡司马各奏公捷音：彭宣慰督万众难驭之苗，冒万里长江之险，为皇敌忾，捐躯报国，而能卒收奇功，题奉圣旨：彭翼南升云南布政使司右参政，更赐银五十两、纻丝四表里，以旌茂功。丁巳三十六年秋七月，恭遇朝廷修建殿宇，会湖广王抚臣檄公为钦奉大木事，公乃率众进山，采取合式楠木板枋二千七百余根解运，公祖孙又共采大木六十余根进献。时督木刘侍郎奖云：永顺宣慰彭翼南，青年事练，见义敢为，征倭奏凯，威信可以服人秩晋藩，参荣耀光于父祖，荷金币之赐，应所乃尔。己未三十八年秋七月，公采楠木进献，有湖广赵抚臣奖云，彭明辅素称道义，久效忠勤；其孙彭翼南，克承祖职，益振家声，往年著绩浙江，近者各道回省共称祖孙效忠济美之实。本院深嘉叹赏，今所据采报木数，及欲各自进献，俱见忠义之素，仰守巡道动支内银二十两造办银牌、金币赍送奖劳。壬戌四十一年春正月，广东逆贼张连叛，敕公率兵听候前进，湖广罗抚臣准杨司马咨题奏云：广东饶平逆贼张连等，狂悖已非一日，削平当图万全，虽有刻期进剿，虑其群贼尚未悉除。窃见湖南永顺宣慰使、参政彭翼南，世受国恩，素闲家教，晚年浙中倭贼，王江泾、沈家庄之捷甚赖其力，即今广中多事，正本官戮力图报之秋，合容臣马上差人移文湖广镇巡等官，即调宣慰彭翼南，挑选精锐兵士二万名，听候起行，在广东，进兵之先可以壮我兵之先声，退兵之后可以收我兵之后效，如贼已平军，兵不必调，容臣等将彭翼南具实奏请，特赐金币以为效忠之劝。癸亥四十二年夏六月，公屡建功绩。湖广罗抚臣奖云，永顺宣慰彭翼南，遵承义方之训，无愧乃祖之攸行，威令振而贼胆辄寒，恩信孚而夷心固结之云。甲子四十三年春三月，公以进木之忱，湖广徐抚臣准兵部咨奉圣旨：彭明辅、彭翼南采进大木，用效忠勤，准照例升赏，写敕二道奖励，加升湖南都司都指挥使，赐大红蟒衣三袭，加升公云南右布政使，赐大红飞鱼服三袭。乙丑四十四年秋九月，湖广支罗洞土寇黄忠叛，奉谷抚臣檄公兵士三千抵巢，克破险寨，黄五挟抚，贼首黄忠畏威自缚受降，转解监军各道。丙寅四十五年春正月，谷抚臣奖云，宣慰彭翼南，久在营中，今又冒雪进哨，尽忠效勤，理应奖金币之赐。又檄称云：彭翼南努力讨贼，兵威独振，渠魁面缚，余党招安仰行。本官率领兵目，暂回施州卫，听候犒赏宴劳，寻银一千两，花红彩币。公即班回。随各道内称：施南、散毛凶犯张三、王戊仲等，拨置土官覃宁、覃荣，大肆猖獗，檄公顺带擒获二司土官及凶犯张三等解验。即蒙陈按院云：王戊仲违法，事该道从重究报，彭翼南克遵指麾，捕获凶犯，殊可嘉尚奖。除具报外，本年二月内，加公夫妇进阶诰命。谷抚臣称云，原调统兵永顺宣慰彭翼南，怀报国之志，威振先声，致渠魁束身面缚，兵禁妄杀，驱胁从服，合寨投降，亲履戎行，懋著功绩。陈抚院檄云：宣慰彭翼南，既能擒贼获凶犯王戊仲解验，又能追出被拐男妇子女若干，请发其效，诚宣力向出，群流殊可嘉尚。荆瞿李佥宪云：永顺宣慰彭翼南，世存忠义，屡树功勋，委剿黄忠而督兵远来，尽心尽力，剪除余孽而及支罗一事，成始成终。奕叶宣昭，勤劳茂绩，所当特加优异者也。按，公才资俊逸，貌类璠玙，性哲聪明，多能博学，孜孜不怠，侧席求贤，亲近儒臣，杜远群小，承颜顺志，敬祖法宗，又能笃爱宗亲，无分疏近，功标麟阁，名动缙绅，抚摩群黎，各得其所，公之贤可谓能尽上下者也，以之为治，孰能御之？

忠敏公　讳永年，字汝训，号怀北，忠贵公之子也。公生于嘉靖戊午年闰七月二十四日，至隆庆三年即任，十一年，寿二十四岁，葬聚龙湖，迁葬本司雅草坪。按谥法，敏以为聪慧明达，故玉音谥此云。

稽勋：隆庆二年春三月即任。癸酉万历元年冬十月，先广西猺寇叛，湖广赵抚臣、广西郭抚臣酌议：永顺土兵借调三千名，专剿太平河等处贼叛。公率兵前至广西地名怀远、谏冲、唐山、大蓝、大黄巢穴，公奋勇督兵，斩级二百三十二颗，生擒男妇三十五口解验。广西抚臣录公伟绩恳辞功赏，乞袭祖职，班师回。会郭抚臣奖云：永顺宣慰荫袭彭永年能驭众志，切奉公号令严肃而貔貅用命，威声所及，枭獍寒心，唐山之克敌，独先天有之，收功亦伟，除叙录题奏外，行仰广西布政司动支官银一十二两，折充花币赍送。唐按院檄云：永顺宣慰官带荫袭彭永年，世笃忠勤，身先士卒，领征怀远，斩获多功，进峻岭冲锋，已著犁庭之绩，谏充奏凯，共成破竹之功，西贼寒心，群酋授首，除疏外，理应优奖，行仰分守右江道动支官银一十二两，折充花币赍送。乙亥万历三年春正月，礼部清吏司批开讨平巨寇叛猺赍赏银，钦赐二十两。丁丑五年秋九月，湖广抚按司道叙录前功，实授祖职。戊寅六年春正月，先有妖贼金云峰、贾邦奇，谴妖党杨时贡、杨老三传送大乾起印运图刻纤妖书至司，游说惑世，公睹忠义奋然，当即盘获擒解，随辰沅各道加谕忠悃，内开宣慰彭永年擒获妖犯，不惟明察，足以烛奸，且忠荩真能报国，本官素以忠贞自许，果不诬也，除候会湖三院奏请优加奖赏外，会湖广抚臣批云：贾邦奇习学白莲邪教，遂萌恶念，造刻妖书，欲谋不轨，若非彭永年即行拿解，必致扰乱地方，今乃不动一兵，一旦就擒，此固永年素性忠赤之诚心，亦由该道平日宣布之严切，功实可嘉，行仰宣慰彭永年当愈励忠赤之心，益广明察之智，凡可以防奸杜患者，尽心为之，务期奸邪远遁，地方清平，使忠顺之心始终一致，庶贤名垂于不朽。本年四月内，贵州何抚臣奖云：杨时贡等敢以妖书惑世，而土司彭永年不独弗为所惑，且能搜获擒解，剪灭祸根，非实心忠君爱民者，不能有此。蒙兵部具题：奉敕进阶昭毅将军，特加正一品服色，钦赏差金衣衙官全泷赍送到司。寿二十四岁，卒，子元锦嗣立。

元锦公　字两怀，号里白，永年公之子也。万历十五年即任。时播州叛，蒙督部檄公兵征剿乾溪、苦菜园等关，攻进海龙等处，斩获贼级解验。蒙总督录征播功绩并奏题优叙外，先是，公采献大木奏修清宁宫，蒙工部题准，照例回升给予应德诰命，奉敕加升飞鱼服色一袭，升授湖广都司都指挥使，进阶骠骑将军，特赐蟒衣一袭。万历四十八年，又授奉敕加升都督，进阶荣禄大夫、上柱国，并妻汪氏夫人诰命。在任四十五年，寿六十岁卒。子廷机卒，未立。嫡孙洪澍嗣立。

廷机公　号鼎梅，卒，未立。

洪澍公　字若海，号潜玄，廷机公之子也。因父卒，继祖元锦。崇祯五年嗣任，时尚幼，冲荒寇发难，以内修捍卫边藩。洪光元年，蒙六部奏调，本司兵赴辰州杜贼，镇守总兵官刘承允奏报保辰州有功，奉敕加升总兵官都督同知官方一颗。永历元年，又奉敕加升左军都督府右都督。永历元年，又奉敕进阶光禄大夫、上柱国，赐蟒衣、总兵官、左军都督右都督，特荫一子。锦衣卫指挥佥（事）、钦差司理内官监王臣，赍送到司。至冬，王、马、袁、刘诸贼溃，卒分道进攻本司，连营二百余里，进劲兵驱之境外。顺治四年，天朝宁南大将军、恭顺王临辰，本司遣员解献舆图册籍归命投诚，寻蒙本藩两颁令谕嘉赏，有倡投诚仍候题报、以酬尔功等谕。八年内，高、李、郝党盘居内境，公开兵冲杀，消遁。十三年，蒙宁南靖寇大将军阿固山额真卓、经略内院洪节疏会题称：永顺久经归诚，奏请铸给印信，钦赏臣部一员，并赍至大将军处，照数旗发等因。十四年，宁南靖寇大将军阿橔开：钦奉圣旨，赏赐永顺左都督、令加太保彭洪澍，坐蟒貂帽靴、腰刀、鞋带、手巾、合包、小刀、玲珑、白箭、撒袋、马匹、鞍辔，俱全红蓝蟒彩缎、各色闪缎、各色花缎，钦颁顺字号永顺等处军民宣慰使印信一颗，以示恩赏。又，应袭锦衣卫指挥彭肇桓，赐蟒面羊裘貂帽、靴、腰刀、鞋带、手巾、合包、小刀俱全。该司所辖驴迟、蜡惹、麦着黄洞、施容、田家、白岩等洞三知州六长官司，各具印信一颗，各赏袍帽俱全，仰该司即便钦遵只领等因，该洪澍率男及三知州六长官一同只领谢恩，外惟三土知州印信，奉吏部议俟大定之后，另议铸给等因在卷。在任二十九年，寿四十二岁，卒葬纳溪洞宁福山。子肇桓嗣立。

肇恒公　号维垣，洪澍公长子也。顺治十七年即任。寿二十三岁，无嗣，葬塔卧。

肇相公　号燮元，洪澍公之次子也。蒙部抚各院题请，继袭大学士，魏袭介有字说。康熙十二年卒，葬寿德山。

廷椿公　号梁乡，元锦公第四胞弟，元钲公之子也。因官二三房故绝无嗣，应承袭。康熙十三年，权奸越立七房所生名允植者。承立主少，国疑公父子，远避桑植。至本年八月初九日，允植患疾夭，故苗蛮不可一日无主，合署州司舍把五十八旗公遵谱系，于本月二十一日远迎归司，拥戴摄事，领束苗蛮。时至吴逆叛楚，又遭保靖彭鼎族使叛党捏文加害。乙卯年，亲出星沙面讯。丙辰年，彭尚选等复串冶铁罗玉明，纠出已卖有主之奴名肇柿者。时伪吴盘居荆湘，无端阻挠，幻党数四弄兵，幸苗土几番杀败，擒斩首恶渠魁。公宵衣旰食，闲处五年之久。五十八年二月内，听闻天兵临，伪吴恢平，幻奴消遁，公父子率同把舍州司三百八十洞军民，首倡向化，并申檄宣慰、经历伪札二张，伪印二颗，及亲献雷公嘴铜厂具文，差舍把前赴都部院蔡暨钦命安远靖寇大将军多罗具勒军前投诚。十月，随达部覆题前事，奉旨依议。咨覆将军部院蔡，十九年正月二十二日，转行沅靖道。正月初四日，奉将军部院发给宣慰号纸一道，差员同舍把朱应范赍送到司。于正月二十二日只领外，随奉将军颁给公子总兵官札付一道，并密谕进剿辰龙关道机宜，续该授剿左镇李于二子。公亲率苗土劲兵三千，自备糇粮，驻扎王村，搭备浮桥，砍修道路，遵引左镇拒贼上游，由高望径抵辰州府。二月二十日，蒙具勒殿下暨将军部院大赏班师，公于四月初五日即任。二十一年四月十七，蒙阃司钱差官、吴中复、姜必达赍送，钦颁康字五千二百一十六号永顺军民宣慰使司印信一颗，公率领合属，望阙谢恩。即于本日开用掌管外，又本年二月十八日，复遭容美田舜年计，图世传民土，私通送营，接取幻奴王宗圣，捏文申送。提督徐覆咨将军部院，偏抚韩、北抚王臣批行藩阃荆沅二道转行辰府施州营，于二十二年具详。前督董又准部院驳具题：到日在议，咨院覆行司到府，叠文于二十二年五月初五日申详。湖督徐覆题：奉旨这本内事情，地方督抚各官受贿营私者甚多，仰该部检选贤能司官一员，前去湖南察审具奏，奉钦差、兵部职方司郎中噶尔萨笔帖式二员前诣慈利。公率领舍把州司挺身赴质，乃蒙大人公明面示云：本部察审明晰，将此圣旨上，世袭自是一定，尔回抚绥斯土，仍急公报效，宣力皇家，永享世爵可也。于九月十二日发遣回司，又本年春间，恭遇盛朝营建泰和殿，采进楠木五十四根，寻蒙藩宪发库银一千两采取，力不能捐合式六十八根，公父子两次督率五十八旗人夫，亦皆发运交辰州河。随蒙题达，恩加十级，纪录四次。公历任十二年，仇奸蛊讧，危苦朝露，砥柱狂澜，百折不回，诚治乱持危兴废继绝之司主也。寿七十二岁，康熙二十四年四月二十一日卒，葬寿德山，子洪海嗣立。

洪海公　号中涵，廷椿公长子也。康熙十四年，因官二三房故绝，合司旗舍军民拥父迎归继袭。时父年已六十，又值吴逆变阻，更遭恶邻族叛加害，宵小抖奴阻挠，数四弄兵，与父宵旰靡宁。一闻天兵远措，随父首先归诚。寻蒙题报，授总兵官职，统率司兵，身先士卒，攻破辰龙关，奉旨敕将军大赉班师。复遇鼓祸，奉旨彦兵部职方司郎中噶尔萨等，诣慈利察审，又随父赴投，旋定袭案。其间随父进献铜厂，进贡楠木以孝忠顺，竭力采办运送，著有功绩。续至康熙二十四年，因父修子承，奉旨准袭宣慰使司。三次奉调征剿逆苗，皆自备糇粮，竭力尽忠。叠奉各宪恩赉，凡兴利除害以睦邻司者，无不悉举。于康熙五十年，奉旨予告致仕，子肇槐嗣立。

肇槐公　号公瞻，洪海公长子也，于康熙五十年因父乞休予告，奉旨准袭永顺宣慰使司，在任十六年，于雍正五年因病乞休，奉旨予告致仕，子景燧嗣立。

彭景燧　肇槐公长子也,于雍正六年因父告病乞休予告,奉旨准袭永顺宣慰使司。肇槐公心胸豁达,睿哲聪明,虽云致仕,司事尽赖维持。想我彭氏自唐虞以迄秦汉、五代,其间累授簪绶,历赐金衣,史鉴毕载,昭若日星,迨至玕城二公,苾守斯土,自唐天子以及宋元明,而历朝之奖赏实难扑数,而列公之赤心报国,史鉴留名。迨至我圣祖高皇帝,龙飞御极,德绥中原,蒙诸大人题奏,永顺宣慰司彭廷椿首倡向化之诚,并克辰龙关之伟绩,以及献厂贡之忱,奉旨钦赐康字五千二百一十六号永顺宣慰司印信一颗,加谕宣力皇家,赤心报国,俾尔世守斯土,永享尊荣。然圣主之特恩实笃,而槐公之执意弥坚,日睹邻司尽行凋谢,惟我永顺独木何恃,一心一意献土输城,乞休原籍,快遂忠悃,是以俯恳督院题请再三,奉旨敕赐金币,特授拖沙喇哈番,着世袭罔替。奉天承运皇帝制曰:朕惟尚德崇功,国家之大典,输忠尽职,臣子之常经,古圣帝明王戡乱,以武致治,以文特设,文武勋阶以彰,激劝受兹任者,必忠以持,身仁以抚众智,以察微能,此则荣及前人,福延后嗣,而身家永康矣。尔彭肇槐,原系永顺宣慰使,土司恭顺,素著向化归诚,情愿改土为流,甚属可嘉,授尔为拖沙喇哈番,着世袭罔替。雍正六年九月初十日敕命。彭肇槐病故,亲孙文垣仍承云骑尉、参将,着世袭罔替。乾隆二十三年六月十八日敕命。彭文垣病故,嫡长子承宠仍承袭原职罔替。乾隆五十六年八月初二日敕命。

### 宗舍源流图系

忠肃公显英

乾隆五十六年八月初二日勅命。

宗舍源流圖系

忠肅公顯英 — 顯榮

官舍 顯華 — 廷佐 — 九齡 — 澤

九霄 — 瀛 — 翼搏

翼騫

翼飛

翼張

忠毅公世麒

```
忠毅公世麒
官舍二房
世麟─明德─┬─宗元 絕
          ├─宗曾 絕
          ├─宗孟 絕
          ├─宗玉 絕
          └─宗惠─┬─翼迅─永德
                  └─翼上─永旺
```

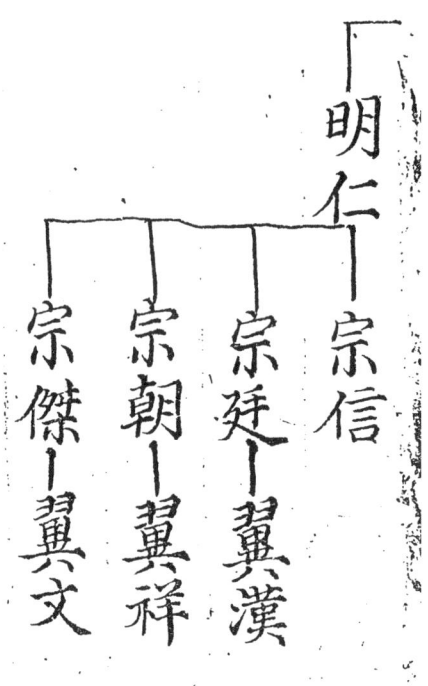

明仁—┬—宗信
　　　├—宗廷—翼漢
　　　├—宗朝—翼祥
　　　└—宗傑—翼文

三房　世駿
四房
五房　世驕
六房　世驄

忠敬公明辅

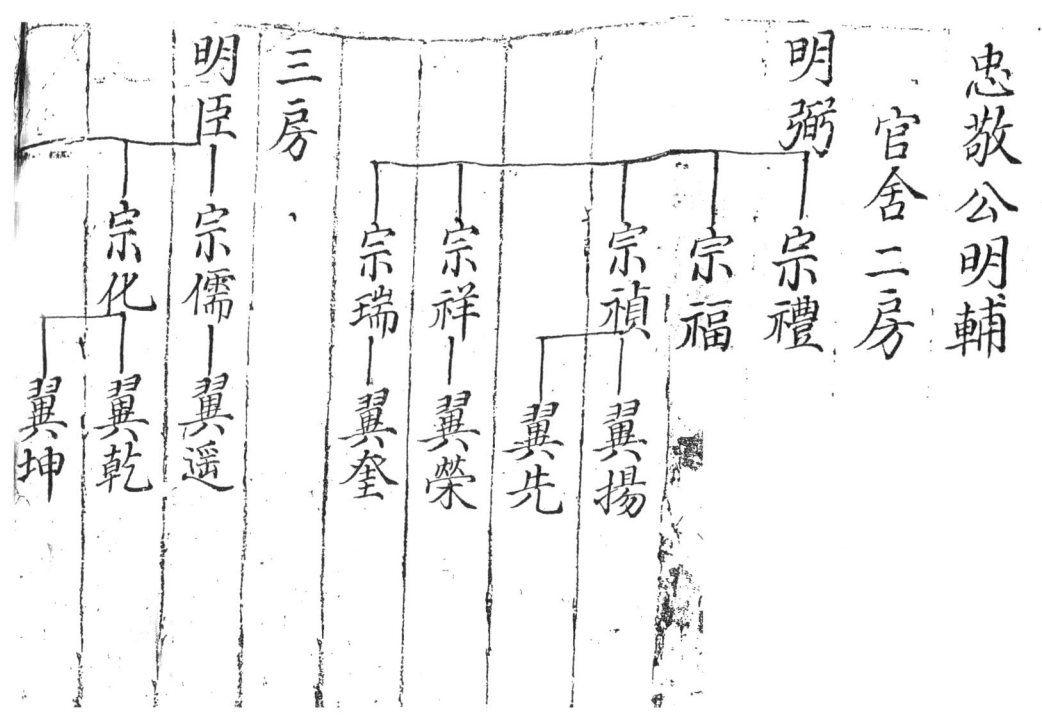

四房

明卿—宗聖—翼化—永吉

宗儀—翼高—永盛

宗仁—翼遠—永受

翼扶—永敬

永世

永成

翼騰—永忠—元亨

```
                        ┌─宗萬─┬─翼達
                        │      └─永芝
五房明相─┬─宗序─翼全
         └─宗萬
六房
明良─宗和
     └─宗達
```

七房

明佐—宗夏—冀聰
　　　　　　—冀昂—元科
　　—宗商—冀憲—永壽—元昂
　　　　　　　—永齡
　　　　—冀徤—永庚—元聖
　　　　　　　　　—元賢
　　　　　　　　　—元愷

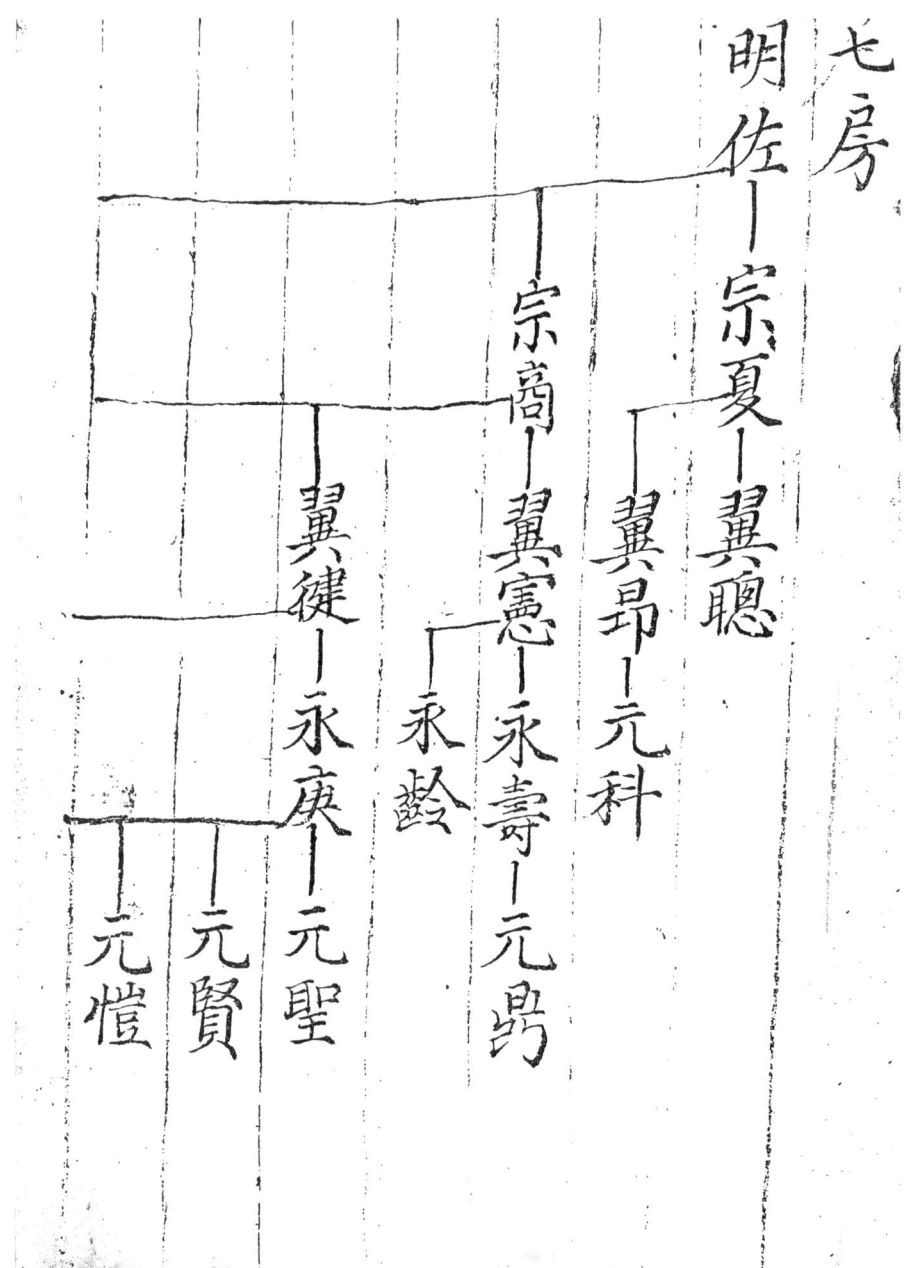

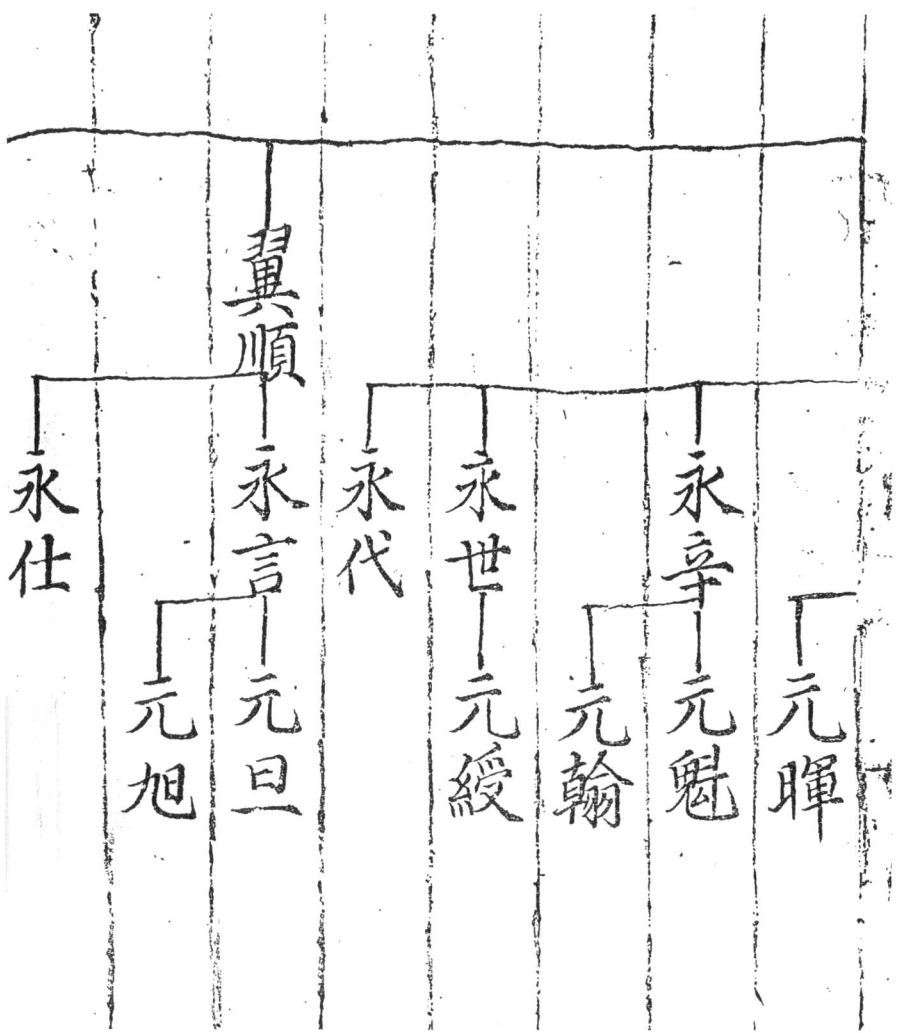

宗聖—翼龍

翼和—永楷
　　　永祚—元勳

翼中—永瑞
　　　永光
　　　永良—元茂
　　　　　　元繡
　　　　　　元紳

八房

明倫—宗賢—翼勝—永孝
　　　　　翼朝
　　　　　翼朔
　　　宗良—翼凌—永翹—元會—廷策
　　　　　　　　　　　　　廷簡
　　　　　　　　　　　　　廷籍
　　　宗寧
　　　宗臣

九房

明義―宗道―翼昇
　　　　―翼展
　　　　―翼元
　　―宗夔―翼冲―永命
　　　　　　　　永言―元道―廷柄
　　　　―翼勁
　　―宗德―翼緯

湖 南

十房

宗卿—翼仁—永通—元才—廷松（汪氏 葬大百福壬山丙向）
　　　　　　　—元宵 絶
　　　　　　　（王氏生二子 係王氏子）廷楨
宗相—翼明—永達
　　　—永春
宗相—翼軒
　　—翼昂—永科
　　—翼耀—永道—元禎

明信—宗武
宗文—翼振
　　　翼德
　　　翼善—永傑—元爵
　　　翼正

十一房 明時—宗義—翼美 九房過繼
十二房 明道 絕
十三房 明智—宗禹—翼麟 廷鶯

忠庄公、宗舜公

忠莊公宗舜公官舍二房、
宗憲—翼林—永旺—元貞
　　　翼霄—永科
　　　翼通
　　　翼道

三房
宗正—翼翶
　　　翼翔—永福—元凱

翼学—永泰—元昴

翼翰—永垣—元昇

元镇—廷爵

廷禄

四房

宗器—翼举

忠贵公翼南

```
忠贵公翼南
官舍二房
翼萬 絶
翼成─永賢─元吉
       ├永昌 絶
       ├永瑤─元慶
       ├永琦─元春
       └永正
```

忠敏公永年

忠敏公永年
官舍
长年故
鹤年故
永禛故
永纪故

## 誊正后记

大清嘉庆丙辰元年季夏月，后裔庠生洪涵、洪淮兄弟二人欲修谱序，蓄心已久，究未遂心。近因江（西）世袭承宠，归永朝祖，合族修祠。夫水源木本，生人之大事，本之不有，何论乎末？是以立心努力，上自鼻祖篯铿，前有已程者，历历抄录，下逮承字班派，后尚未叙者，节节叙承，半世疚心，于兹始遂。且谱之重大，非凡书可比，别书虽失，犹可旁求，谱如一失，搜索无门。自今修辑之后，凡为后嗣者，务宜兢业垂守，逐房录存，加意急承，而彭氏源流永垂无涯矣。特记。嘉庆十一年岁次丁卯菊月，内塔卧保二甲大百福授本誊正，后裔肇植敬录。

## 宗舍源流图系

廷柄　系九房明义公第二子宗夔之后，元道之子，住居永顺内塔卧大百福，生一子洪浩。

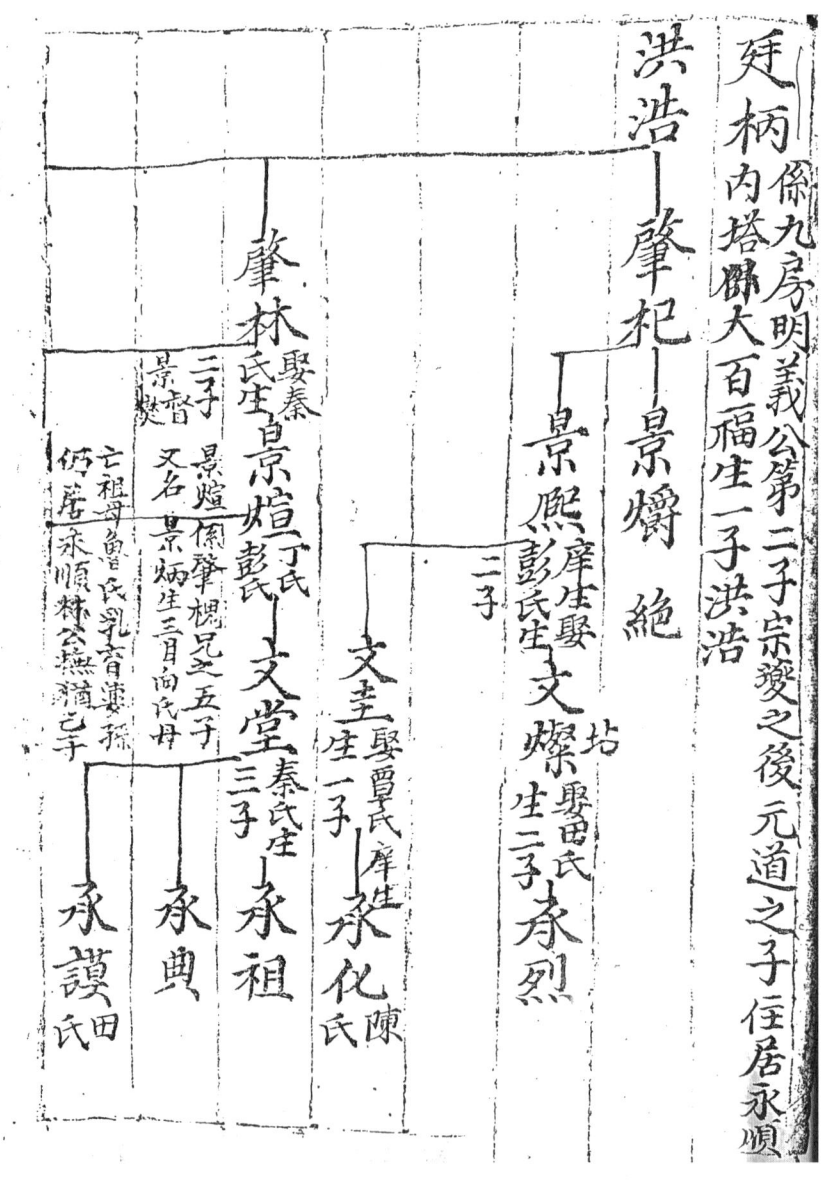

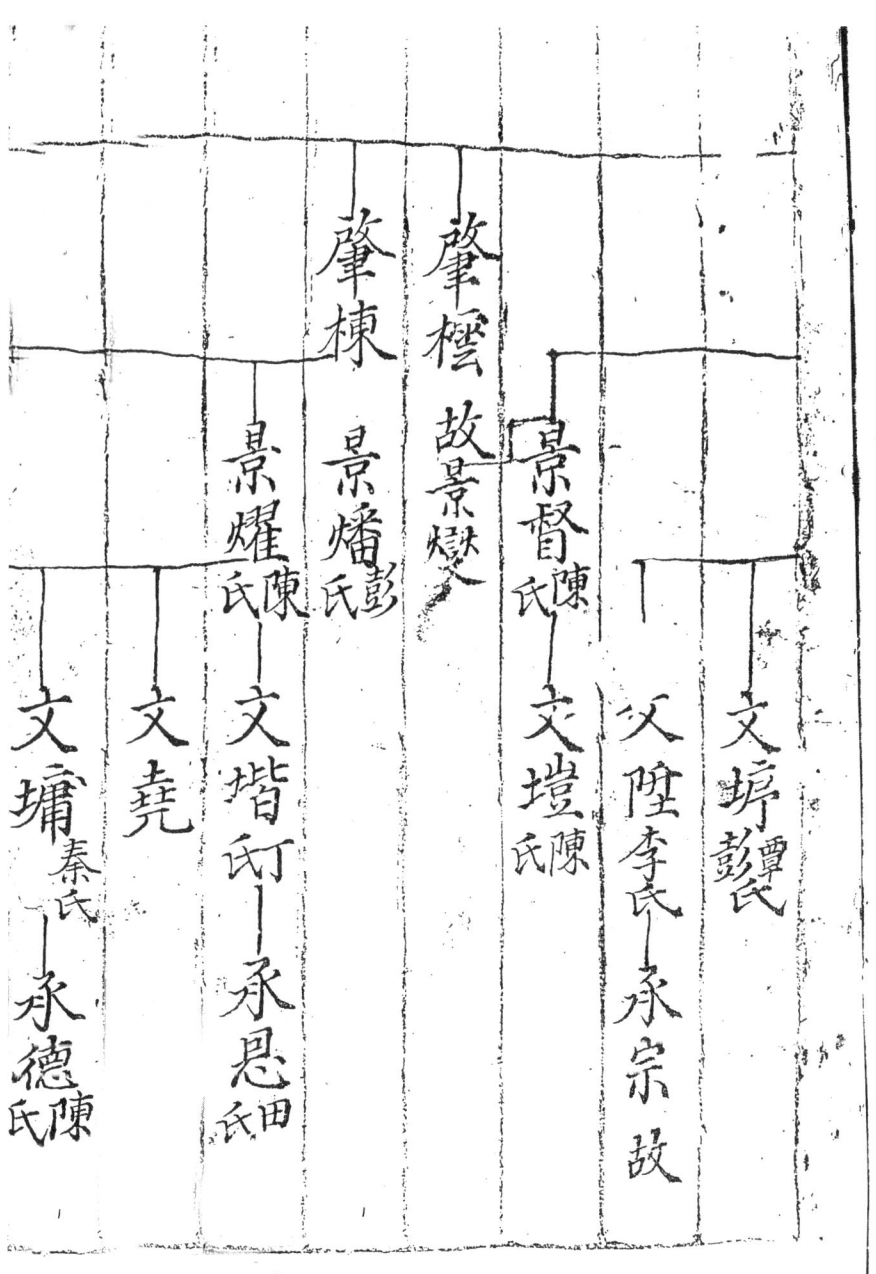

```
肇材故─┬─景燧 故
        ├─景爟氏李─文壁氏張
        └─景燨氏向─┬─文璽
                    ├─文均氏陳
                    ├─文塲
                    ├─文在氏向
                    ├─文朝氏彭
                    └─文禮氏劉─承銘氏向─塾之典蓉
```

廷松　妣覃氏。覃氏，系九房明义第四子宗乡之后，永通之孙，元才长子也。住永顺内塔卧大百福，生一子洪沛，五女。

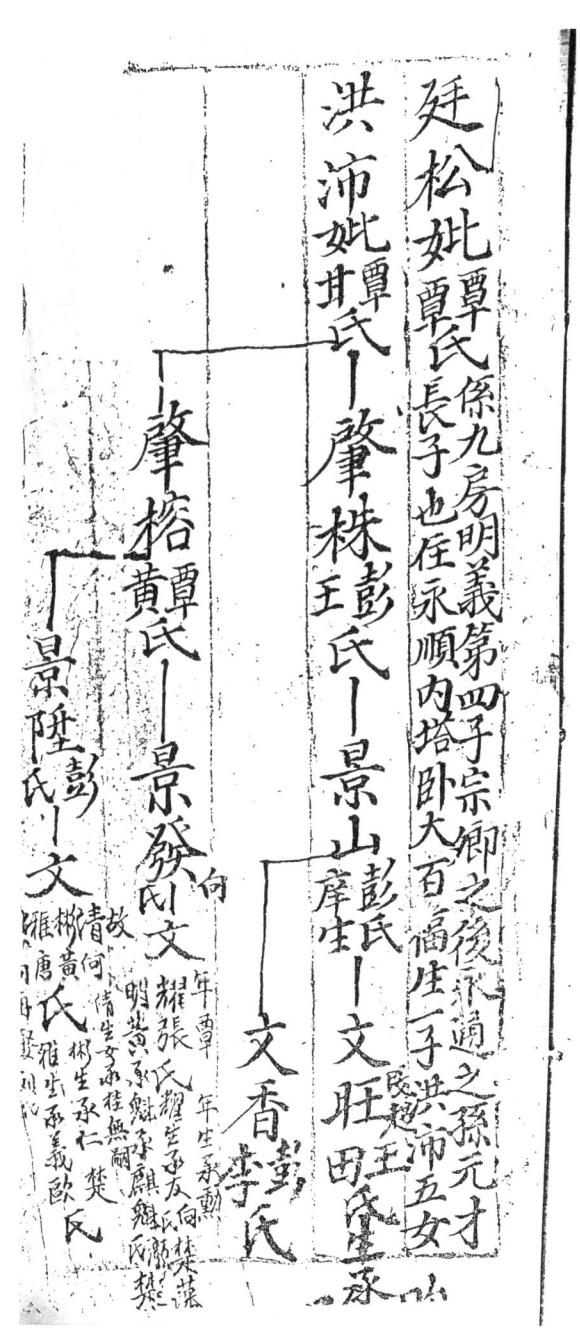

廷桢　妣朱氏，系九房明义之后，永通之孙，元才之次子也。住永顺内塔卧大百福，生二子洪涵、洪淮，五女。

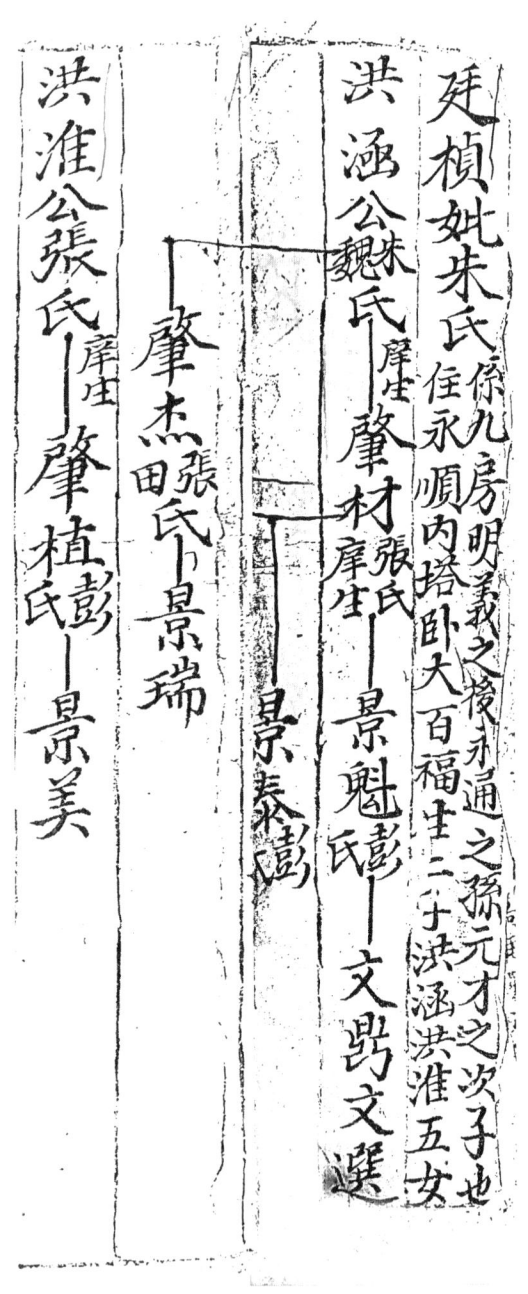

湖 南

## 稽励图系

元才公　号相廷，宣慰司封为官舍旗长护印官，元娶汪氏无嗣，娶向氏亦无嗣，再娶王氏生二子，长曰廷松、次曰廷桢公，系九房明义公第四子，宗乡之后，翼仁之孙，永通之子也。生于天启六年丙寅四月初十日酉时，于康熙四十六年丁亥五月十四日午时卒，葬永顺内塔卧保二甲小池，名大百福村。

廷松公　永通之孙，元才公之长子也。元娶覃氏，生一子洪沛、三女。覃氏故，继娶姨妹覃氏，生二女。公葬永顺内塔卧二甲小百福，葬地名老虎湾。元妣覃氏葬大百福村，傍元才公墓，继妣覃氏葬大百福水口山。

廷桢公　号维周，永通之孙，元才公之次子也，娶朱氏，生二子，长曰洪涵，次曰洪淮，俱庠生，五女。公生于康熙己卯年二月初五日巳时，寿三十七岁，于乾隆丙辰元年月卒。妣朱氏生于康熙己卯年十月初十日亥时，于乾隆己丑年六月十六日午时卒，寿七十一岁。夫妇合冢葬于永顺内塔卧二甲大百福水口山顶，扦作壬山丙向。

洪沛公　妣覃氏，号适中，廷松公之子也。元娶覃氏，生二子，长曰肇株，次曰肇榕，一女。覃氏故，继娶甘氏。公葬大百福水口山，覃氏葬大百福水口山顶，甘氏葬大百福村。

洪涵公　庠生，妣朱氏，号粹中，廷桢公之长子也。元娶朱氏，生一女二子，长曰肇材，次曰肇杰。公生于雍正七年己酉闰七月三十日亥时。妣朱氏生于雍正五年丁未正月初四日丑时，于乾隆四十四年己亥六月卒，寿五十三岁，傍公婆水口山顶葬，壬山丙向。继妣魏氏生丁雍正四年丙午十月初四日子时生。

洪淮公　庠生，妣张氏，号汇中，字清溪，廷桢公之次子也。娶张氏，生四女一子，名曰肇植。公生于乾隆元年丙辰二月三十日亥时。妣张氏生于雍正五年丁未九月初八日□时，于乾隆五十一年丙午八月初九日辰时卒，寿六十岁，葬永顺内塔卧二甲大百福水口山顶，同公婆坟前，壬山丙向。

彭肇材　号公望，庠生，洪涵公之长子也。妻张氏，生三子二女，长曰景魁，次曰景泰，三曰景明。

彭肇杰　号公超，洪涵公之次子也。元娶张氏无嗣，继娶田氏，生子景瑞。

彭肇植　号公培，字国栋，洪淮公之子也。妻彭氏生二女一子，名曰景美，于乾隆二十八年癸未三月初九日亥时生，妻彭氏于乾隆三十年乙酉十二月十六日□时生。

## 历代稽勋叙后跋

祖功宗德，树于世上。为之后者，靡不仰稽以得其实。然前有所托，而久后有所考。而传者，孰不谓钟鼎至寿，金石至坚，显书以镌，以纪其事，则可久可传稽之甚便矣。讵知金石可革，钟鼎可靡，安望其弥远而弥张也兮？只见岁改月化，反复渺茫，后虽欲稽其道无由。是故献谄谀者，以狄梁公而取容于狄青之门；逞忿怨者，以鬻熊氏而灭祀于夔子之国；借声孝子者，闵士而遥绍子骞之脉；籍荣贵宦者，崇韬而冒谒子仪之陵。是皆无所录无所稽，而舛讹错误若此也。

楚有巨司之彭，号称西南雄镇，舆地广轮之博，版籍生齿之繁，盈廪充币之富，锐兵劲弩之强，独甲海内。厥始祖彭铿铿氏，肇基陶唐，膺爵启土，历三代以迄秦、汉，李唐、五代其间，策名天府，纡金紫衣，史不绝书，追夫谥玕、瑊二公者，时有伟绩，唐天子为之剖符锡壤，俾世莅此土，嗣是传数十公而至赵宋，又传十代而至昭代，丰功懋绩，赫然焕然。生于赵宋之前者，经"紫阳纲目"之笔，以光阐之；生于赵宋之后者，有《司志》《乡评》之笔以记载。虽云可据，不依次汇编稽览，难悉孝子慈孙，能无惕然于衷乎？斯有秉橡姓刘号文澜讳继先者，切为之虑，凡彭氏群公之勋见于《纲目》《司志》所笔者，详加考窍，研精殚神，细心创汇，垂二十七世，始编成一集，名曰《历代稽勋录》。夫岂过苦其心，与盖有见于古人，而然，且思河洛疏导之勋，必稽禹贡之录，嘉都俞吁咈之盛，必稽典谟之录慕摄。

嘉庆十二年丁卯冬大百福后裔孙肇植敬录

（湖南吉首大学成臻铭教授　提供）

# 彭氏族谱

## 彭氏宗谱旧序

　　有氏族有谱牒氏者，统其祖宗之□，□出□□□□□统自分，谱牒者，志其源流，以□□后世者也。传曰：学士入则□效之，知所以敬祖矣，知所曰尊亲，知所以敬祖亲，讵晋不知溯其根本，削其棱派，以传示勿替也。耶彭之好在商为诸侯，则谓大彭，在春秋为弹族，则为令尹，嗣汉历唐，由唐历宋，有为藩封者，有为常侍者，有对策□□□，有垂范后世者。熙宁以后，尤少衔盛，尤益州之有何□□之有气直三山之有公生子，擢上第众显拔，皆声□□校分派□□□□□居士之乡，家杀分派□□□□□弟也，和气□□□□□栈之元世之后，始□□□□□业输□□□□□□□秀气骚雅劳规衣冠代出词藻缤□□声述，季殳有仲嗣子玉畴昔恶意诸系一日取吾族宗编以成帙，携以请予记其首，敢以不交为辞。倮大世有如示保之后嗣世袭，克光门闾，可为天下后世法，则者□□，于当代名公达儒，特书屡蓄不一书，予岂敢庆为书，是为记。

　　　　　　时庆元庚申年六月二十九日，九世嗣孙□□□□□

## 彭氏宗谱阴骘文序

　　余家世承圣贤之后，积功累仁，贻谋善继，虽千百世之远，靡不仰体圣训，番范后昆，故奕代遵循，莫敢或替。他无暇论，即先祖禹钧公，天锡善类，秉性温良，仁慈恻隐，质与性成，有确乎其不可拔者。公难于子嗣，有相者谓曰："公不特无子，抑□寿夭。"公曰："此固天数，将若之何？"相者曰："或广行善事，多积阴功，可以延寿育子。"公锐然决志，进修其所积之德，所做□□固非一关，姑举其夫概书之，以志其懿行。公首重□□□□恭，三处世和平，四作事慎密，五屡行阴骘。其

□□母□□常则开寝视膳，晨昏定省，处变则侍奉汤药，书□□□□□则哀痛哭泣，寝苫枕凷。其待见弟也，和气盈□□□□□兄而有事服劳，视弟而无实□艾。其处世也，常日只要三□必自反，至于阴德，感动天地，历历有可纪者。公有家仆，名在克，少孤贫，鬻身与公，公视之甚厚，为之娶妻，完娶生一女，年十二矣。讵仆贪主恩，顿变母心，盗公巨资外出，公亦不之究。后因荡费，行止不备，深归公处，自觉良心难昧，乃芷一发，鬻巳女以偿前所翼，公见卷甚哀怜之，即焚令雷女，视其妻曰："可善视此女。"既及笄，复捐巳资，备桩奁，择良配，得所依。归仆由是感泣洪恩，不啻天高地厚矣，思无以报，乃图公像是各吕祝，愿公多寿，多男子。仆在延庆寺，忽于佛殿前捡一大布包，启视之乃银百两，金三十两。归白于公，公因□其所从来，仆告其故，取以置诸家神之前。复令仆仍赴寺，□窥伺其人，询究其实，俾以原物与之。明旦失物人果趋泣□来，仆诘之，诉其苦状，验其虚实，乃为主所携之资也。使觅□不获，则死继之，遂引归见公，公复悉其真情，原物与之，其□恳切拜谢而去。自是阴功感动，有必然者矣。一夕，公梦亡□亡殳语公曰："汝二十年前，实无子媳兼夭折，因汝有阴德，□挂天曹，延寿三纪，锡嗣五桂。"后果符验，享年八十有五，谈笑而终。五子八孙，叠绍书香，此可见阴德之理，断然不爽，为□之报，如影随形，或荣膺于自身，或荫及于后裔，有一定不易之理也。后之人视之诵之，乃知厥祖之积德种善，果报彰□，宁不可谓保身之符、座右之箴铭哉。

## 万历二十五年仲吕月

上有阙文，州刺史裕嵒，各守其职，各守其地。宋延祐七年，以功升方改为永顺，保靖二安抚司，各是裕之孙，守永顺世袭官，□嵒之孙，守保靖，廷富之子孙，世守沉芷。晃玖二公，散落难于统纪其所从来，有由然矣。明太祖高皇帝洪武之二年，世雄公之长子万里公，勤王战友谅于鄱湖，捷奏奉颁符印，进保靖为军民宣慰史司，余房征苗镇守同仁。正德□九霄公有大功，升湖广布政司参政，莐臣公袭受职，竭力王家屡膺宠命，晋秩云南右布政。明纲失坠，象乾公抚膺□国，率精兵万人从军征战，百折不回，朝加义勇。时隆宫保之荣，无如大厦已颓，一木不支，公独退然晦养，泛守茅土，卒以寿终。朝柱公身当世变，报国勤王，卓秉忠心，及贼犯辰城出兵镇守杀贼有功，从王功升提督，湖广保靖等处军民右军都督，府都特赐蟒玉正一品服色，鼎克承先去其重厚，沉潜有周、绛侯风，临事不苟，有魏成公风，轻裘缓带，有羊叔子风，恺悌不杀，有曹江南风。而且孝以事亲，友以□弟，义方以调子，谦恭以礼士，种匕懿行，诚为诸邻之首，望□群司之所仰重者也。是以上台各有旌奖，任其联络诸□，即诸藩中有一二横逆构衅者，公每每以大义并申责□，则彼此纷难，悉以排解，故近而内地子民，率以倾心向化，□远而边寨苗众，会为先世叛逆弗类者，至今日亦莫不闻□归命矣。公之祖忠厚开基，迨公而发祥益盛，螽斯麟□萃于一堂，奇女奇男，笃生繁众，公之福诚有出于寻常□万也。予家居距公所虽千里，宗风映带耳，熟令名□恨□吏牵索获不谋，面近以宗牒续梓，走殳老命接公投辖。所闻所见无异词，方知余祖功宗德，积累流庆，涵澄发光，且陇营五子十一孙，代匕砖臣之识，贤圣迭作，故知应有公也。创业易，守成难，后之子若孙，思予家自征君至今日，其间变迁离合，未尝不备，而公当改华之余，毅然特立其席，旧物腰黄金者，思济美而履芳，躅刻责以君子，自矢不独予家世业，与天地相终始，公之德将与天地相终始矣。予陋劣不能，姑从峸公至公摄大要，以述源流，详且尽矣。宗图重锓，有各文竟其说。

康熙庚戌春王正月原任广东南雄府椎宫奉

螺川四十五世嗣孙声振 谨□

## 马公坪彭氏宗重修族谱序

尝闻天开于子，地辟于丑，人生于寅，是三才有所自始，有木而有源也。然本一而枝繁，源同而派异，知其本而繁者，可统得其源，而异者有归，是不能已于彭氏世家谱牒之说也。夫家之有谱，犹国之有史。史者，纪一代之盛衰，考政事之得失，垂前圣之法制，定后世之章程，观乎史，而一代之规模，灿然在目。谱者，溯始祖之自出，志宗派之流传，严尊卑之名分，序昭穆之次第，观乎谱，而阖族之系绪，示诸其掌。第世代久远，云礽绵邈，兵燹叠兴，苍桑频变，旧志之缺略颇奢，典守之疏玩殊，甚而鼻祖之始基，几乎弗闻，伯仲之宜移，渐不可考。后世子孙，不免问道于盲矣，安可不亟亟于重续修明，而谨志。马按本族得姓，自黄帝颛顼，历唐虞夏商，时商贤大夫篯铿，封于大彭，以国为氏，始彰彭姓。嗣是子孙兴废不一，至汉成帝时，圣泽流芳，祖德发祥，宣宏二公，以经术著望，一为转士，一为司空。至九世孙与公，以大功封陈留王。又至六世孙景直公，唐中宗景龙间仕礼部侍郎，初居瀛海。迨我大祖构云公，隐德不仕，明皇赐号征君，迁豫章之袁州宜春以居，生世臣公，登唐德宗进士，洪州进贤令。生三子：伉、仪、倜后先皆登第。伉、仪早丧，倜公受文宗命，复任宜春使，十居庐陵，至今彭氏之鼻祖发祥地也。传辅、霁二公，霁弱冠夭折，辅公懿宗朝进士及第，仕金紫光禄大夫。传钰、彬、璋、玕、瑊五公。钰、彬、璋三公枝系颇繁，纷纭散落，不能纪纪，维玕公授荆湘节度使功封安定王没于楚瑊公治丧扶棺归庐陵瑊公则授金紫光禄大夫，检校司徒、辰州刺史，父子兄弟并御显官，控制锦溪巫叙等州。诸蛮峒即诸蛮峒间，有一二横逆者，亦维公之命是从，由是朝命公末镇锦叙等处，不归太□，随宦居十业沅芷马公坪，殁于任，葬浮草塘。嗣后三楚之彭，家声大振矣。公子彦晞公，授静边都指挥使，金紫光禄大夫，守下溪州刺史。生六子，长师裕，授会溪安抚使，即今永顺宣慰使司祖也。次师曷，守前溪州诸军事，即今保靖宣慰使司祖也。三师廷，四师富，世守祖业，即今本族马公坪祖也。五师晃，六师玖，皆无绪，其所从来有由然矣。迨后本族钟山川之旺气，含英毓灵，人文俊秀，世代簪缨，箕裘丕绍，若安松公之进武校，慰瑜高公之进士刺史，父子同显。汝珪、宋臣之讳赋逞奇，兼授贡举、宋英、宋弼之词藻典雅，并颁乡荐。夫用之授临江军政，大椿之补解魁，升监庙功，即大国，大雅子温、子艮、子恭、子玉、子俭、子方、子厚，其间或兄弟并著，父子齐名，难以尽述。更有忠孝节义，名重当时，垂范后世者，余亦不能枚举。讵不因祖宗大圣大贤之苗裔，芳流杰出，至德至道之积累，锡类育才与。永保二宣慰司，同炳天壤，祖宗在天之灵，宁不陶然于清虚峒府中哉。余泰因戚，辛亥岁奉钦命往滇，会登斯堂，阅斯谱，至是重续修明，帙成而求余属文，吕序其首。余何多逊也，遂取其旧记而润色云尔。是为序。

时龙飞康熙岁次丁卯桂月谷旦<br>赐士进及第，钦命内阁中书金陵陈悦旦谨题

（湖南吉首大学成臻铭教授　提供）

## 概　说

　　五代后梁开平四年（910年），楚王马殷敕溪州彭瑊归附，是年以瑊为溪州刺史。之后，彭氏在溪州"以私恩结人心"，为溪洞"诸蛮"所拥戴，世有溪州之地，称为"北江蛮酋最大者"（《宋史·诸蛮传》）。自彭瑊及其子士愁奠定基业后，士愁长子师裕于后周显德三年（956年）袭下溪州（溪州分上、中、下）刺史兼都督主，世领其地，世长其民。北宋开宝二年（969年）师裕卒，子允林四年（971年）袭职（《彭氏族谱》以下简称《彭谱》）。咸平二年（999年）允林卒，子文勇袭职。大中祥符二年（1009年）文勇卒，子儒猛袭职（《彭谱》）。天禧五年（1021年）儒猛卒，子仕端天圣五年（1027年），以名马来献，诏还其马，知命下溪州，赐袍带（《宋史·诸蛮传》）。明道间（1032~1033年）仕端卒，弟仕羲袭职。熙宁三年（1070年），仕羲为其子师彩所弑，子师晏攻杀师彩，并诛其党，纳誓表于朝，命师晏袭州事（《宋史·诸蛮传》）。元祐六年（1091年）师晏倦于政，逊位于弟师宝。南宋绍兴二年（1132年）师宝卒，子福石宠五年（1135年）袭职。福石宠卒，子安国庆元元年（1195年）袭职。宝祐二年（1254年）逊位于子思万。元中统三年（1262年），思万归顺于元，赐印章，授武德将军。至元二十二年（1285年）思万卒，子目瞽，不能任事。彭胜祖，安国次子，元贞二年（1296年）袭职。延祐七年（1320年），胜祖自称"永顺安抚司"。永顺司自此始。彭万潜，胜祖子，至正九年（1349年）袭安抚司。旋又改为宣抚司。元人置之不问。彭天宝，万潜子，明洪武二年（1369年）袭职（《彭谱》）。

五年（1372年）置永顺等处军民宣慰使司，隶湖广都指挥使司。领州三曰南渭，曰施溶，曰上溪；长官司六：曰腊惹洞，曰麦著黄洞，曰驴迟洞，曰施溶溪，曰白崖洞，曰田家洞。九年（1376年）永顺宣慰司彭天保遣其弟义保等贡马及方物，赐衣币有差。自是，每三年一入贡。（《明史·湖广土司》以下称《明史》）彭源，添保子，永乐元年（1403年）袭职（《彭谱》）。十六年（1383年），遣其子仲率土官部长六百六十七人贡马（《明史》）。彭仲，源子，十六年（1383年）袭职（李瑾《永顺县志》）。宣德元年（1426年），遣其子英入朝，后期而至，朝议请罪之，帝以远人不无风涛疾病之阻，仍赐予如例（《明史》）。彭世雄，仲子，正统元年（1436年）袭职（《永顺县志》）。正统中，永顺、保靖二宣慰世相仇杀，佥事王信谕以祸福，兵即解（《明史·王信传》）。天顺二年（1458年），调土兵会征贵州东苗（《明史》）。彭显英，字朝杰，世雄孙，天顺六年（1462年）袭职（《永顺县志》）。成化元年（1465年），调征广西浔州大藤峡（《明史》）。二年（1466年），征襄阳流民。荆襄上游，地界秦、豫、楚之间，多旷地，饥民徙入据之，常抗朝令，终元之世不能制。至是李某称平王，附之者至百万人，乃诏总督项忠、湖广总兵李震讨之。忠调永顺、保靖土兵赴战，并入山招谕，降者四十余万（《明史·项忠传》）。三年（1467年），兵部尚书程信调永顺兵征都掌蛮（今四川兴文县）。彭世麒，字天祥，显英子，弘治五年（1492年）袭职。是年，调征施州银山岭。六年（1493年），调征贵州都匀（《永顺县志》）。七年（1494年），以功进阶昭勇将军。八年（1495年），进马谢恩。十五年（1502年），调征贵州普贼妇米鲁。正德元年（1506年），以从征有功，赐红织金麒麟服。进马谢恩。二年（1507年）进马贺立中宫，命给赏如例（《明史》）。彭明辅，字德轩，世麒子，正德五年（1510年）袭职（《永顺县志》）。是年，永顺与保靖争地相攻，累年不决，诉于朝，命各罚米三百石（《明史》）。六年（1511年），四川蓝廷瑞、鄢本恕等及其党二十八人倡乱两川，乌合十余万人，僭王号，置四十八营，攻城杀吏，流毒黔楚，总制尚书洪钟等讨之不克。后为官军所遏乏食，乃佯听抚。廷瑞以女结婚于永顺土舍彭世麟，冀缓兵，世麟伪许之，因与约期，廷瑞、本恕及王金珠等二十八人皆来会，世麟伏兵擒之，余众溃渡河，官兵追围之，擒斩及溺死者七百余人。总制、巡抚以捷闻，是役世麟为首功。十年（1515年），至仕宣慰彭世麟献大楠三十，次者二百，亲督运至京。明辅所进同。十三年（1518年），世麟又进大楠四百七十。明辅亦进大木备营造。诏升世麟都指挥使，赏蟒衣三袭。明辅授正三品（《明史》《彭谱》）。嘉靖六年（1527年），明辅致仕。彭宗汉，号石桥，明辅子，嘉靖六年（1527年）袭职。免赴京，加宗汉父明辅、祖世麒银币。宗汉袭职未几，卒，无嗣，弟宗舜袭职（《彭谱》）。曾随父明辅征广西思恩，又征南宁、浔州，以功赐昭勇将军（《永顺县志》）。彭冀南，字晋卿，宗舜子，嘉靖三十三年（1554年）袭职。是年冬，调永顺、保靖兵协剿倭寇于苏松。明年，永顺宣慰彭冀南统兵三千，致仕宣慰彭明辅统兵二千，俱会于松江。时保靖兵败贼于石塘湾，永顺兵邀击，贼奔王江泾，大溃。先是，永顺兵剿新场倭，倭故不出，保靖兵为所诱，先入，永顺土官田蓄、田丰等亦争入，为贼所围，皆死之。议者言督抚经略失宜，致永顺兵再战再北。及王江泾之战，保靖犄之，永顺角之，斩获一千九百余级，倭为夺气，盖东南战功第一，保靖兵最，永顺次之。降敕嘉奖，各赐银币，冀南三品服，授昭毅将军，明辅俱受银币之赐。并降诏曰：蕞尔倭夷，连年内侵，东南要区，累遭屠戮。彭冀南闻调远征，亟动勤王之念，竭力效命，用成奏凯之功，元凶就戮，余孽悉平，功劳懋著，良可嘉尚。云云（《明史》《彭谱》）。四十二年（1563年）、四十四年（1565年），以献大木功，加冀南右布政司使，赐明辅、冀南二品服（《明史》）。彭永年，冀南子，字汝训，号怀北，隆庆三年（1569年）袭职。万历元年（1573年），湖广、广西两巡抚会调永顺兵征广西徭，大破之（《彭谱》）。彭元锦，字丙怀，号衷白，永年子，万历十五年（1587年）袭职。二十五年（1597年），日本兵犯朝鲜，调永顺兵万之（《明史》）。四十七年（1619年），满洲兵犯辽东，调永顺、保靖兵赴援。元锦遣兵三千，经半载，到关者仅七百人。命究主兵者。明年，进元锦都督签事，并谕益兵自往。元锦上疏称病，为巡抚所劾，降旨切责，不得已率兵行。抵通州北，闻三路败恤，遂大溃。巡抚徐兆魁言：调永顺兵八千，费逾十万，今奔溃，虚縻无益。罢之（《明史》）。彭泓澍，字海若，号潜玄，元锦孙。父廷机早卒，泓澍袭职（《彭谱》）。清顺治四年

（1647年）宁南大将军阿尔津、恭顺王孔有德至辰州。宣慰司彭泓澍率三知州、六长官、五十八族、三百八十峒苗蛮及舆图册归附（《清史稿·土司传》《永顺府志》）。十三年（1674年），大将军阿固山额真卓、经略洪承畴会题，永顺久经投诚，请铸给印信。十四年（1675年），加太保，领顺字号永顺等处军民宣慰使司印一颗，六洞长官司印及三州印和经历文职印信候吏部题请另给。又赐正一品服（清张天如《永顺府志》）。彭肇桓，字维垣，洪澍长子，顺治十八年（1661年）袭职。彭肇相，字燮元，洪澍次子，康熙三年（1664年）袭职（《彭谱》）。肇相嗣位之初，为族人廷榆所夺，保靖司救之，得复位。康熙十二年（1673年），肇相卒，无嗣，族人又争立。彭廷椿，号梁卿，元锦弟，元钲之子，肇相之叔祖。肇相无嗣，七房孙允植争袭，其党彭尚选等附之，廷椿父子潜遁上峒，以避其锋，时人情汹汹，莫所属。南渭州知州彭凌高出兵讨乱，并迎廷椿归司袭职（《永顺府志》）。康熙十九年（1680年），吴三桂踞荆湖，以兵临辰，驻辰龙关。清军不能攻。廷椿率苗土劲兵三千，自裹糇粮，驻扎王村，踞吴上游。遣南渭州彭凌高率部绕出关后。两军夹击，攻克辰龙关。以功颁给康字号永顺等处军民宣慰使司印一颗，授其子弘海总兵衔。彭弘海，字中涵，廷椿子，康熙三十四年（1695年）袭职（《彭谱》）。彭肇槐，字公瞻，弘海子，康熙五十一年（1712年）袭职。雍正五年（1727年），保靖司彭御彬骨肉相残，桑植司向国栋暴虐不仁，均令其纳土，改设流官。时镇筸总兵杨凯由桑植帅兵赴保靖弹压，道经永顺，谕肇槐纳土，肇槐惧，率其子景煌，献土投诚（《永顺府志》）。辰沅靖道王柔奏请授肇槐参将，即于新设流官处补用。旋又奏称：肇槐才具平庸，不宜复任苗疆参将，不若移于内地，隶督抚提镇之下，暂为补用。最后朝廷议复，以参将归江西原籍，并赐以世袭拖沙喇哈番之职，再赏银一万两，听其在江西祖籍地方立产安居。改永顺司为府，附郭为永顺县，分永顺白岩洞地为龙山县（《清史稿》《永顺府志》《彭氏宗谱》）。七年（1729年），肇槐回江西吉安，赐玺书世袭云骑尉，初任饶州参将，后改归德，进参将镇守江南各营。乾隆十三年（1748年）告归（《吉安府志》）。

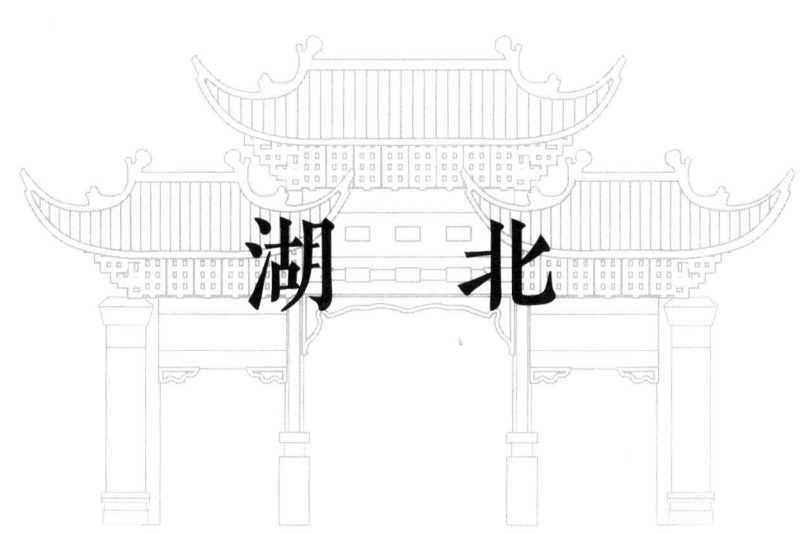

湖 北

# 覃氏族谱

## 唐崖司族谱字派二十转

宗单泽梓光,
世锦秀春方。
文运昌祖德,
忠士建大邦。

## 十八土司郡名

忠建争雄金峒寒,东乡中路望山盘。
沙溪大旺唐崖郡,木册高罗腊壁间。
漫水东流归卯峒,散毛西去有龙谭。
只因忠峒书忠孝,开府施南百户安。

盖闻日月□天,江河行地,亘万古而不朽者,书也。□□□□□书者,事也。族谱之为何?独□□□□□□载世之事也。今欲事以明□□□□□□节烈事可述焉。如烈国志□□□□□国室孔孟以从王,道《三国志》,纪蜀汉以及正统,魏吴以僭王号,如水游传纪,虑忠君而爱国,高杨嫉善而逐良,与烈传纪,刘徐运筹而绝胜,胡常武勇而超群,他如唐史、元史、历代诸史,不过纪某人战阵之勇,某人智等之能,至于吾家先辈,虽无将略之谌夸,亦有血战之勋,□□楚而复缺舌之蛮,永归王化。□□□□而短发之俗,变为文邦,平西蜀屡立奇功,征逆叛,擒贼将,毫无忤之心,辅治境,全无雪下之志,亦名摽青家,功垂竹帛,然史官秉笔而抄录,后世故以而无闻,幸也有谱存焉,若汉刘备无谱,何以知为中山靖王之后?吾家无谱,何以知为元室之裔?余于乙酉岁,闲居览读,见其残阙圮攘之处,无不潜焉而涕泣者也。失前人莫大之功,亘废之

□耗蠢始祖自元朝宋实以来，自今一十八世，诚恐后世实谱，焉能得知木投分派起，有无宗谱而又得之者也。称曰家督族，曰雍陆之予，是尧帝首以来，陆族示教，雍陆不招，疏密不异形，乃曾祖故敬宗。夫家之有宗谱。由水之有分派，虽远近异势，要其本源则一。故宗族由如人之四肢百体，务使血脉相通，方诚一本之爱，盖宗族人伦之首，不思子姓之众，皆出祖宗之身，奈何一人之体，分为子姓，诚恐余人而不顾哉，可使疼瘿相关坊成，古今不是之常也。是以援笔抄誊，沐手朗录，使后之览者，无半遗半出嗟也，有以夫。沐手抄录历代功勋，明烟有根者，誊送无根者不录。

重赐

钦依峒主忠军官又兼佥事覃昂五世孙

覃树樋 敬送

是以人居覆载位烈三才，起祖立宗，各族谱又曰顶辈宗图，书曰录宗族以招雍禄，雍陆不招，则孝弟有所谓尽，若不抄录烈明后世，何以知之。愚之启祖，系元朝宗籍，始祖帖木易儿，是授平肩王之职。生颜柏佔儿，生文珠海牙，生脱音佔木儿，特授宣慰使司之职，迁东山青州任事。后因明太祖给招示安，随奉军门，自南京应天府上元县猪市街朱家巷落业，是授明秀将军之职。脱音铁木儿祖，生福寿不花，福寿祖生覃启处送，后因边夷南蛮屡叛，奉旨征剿，招安蛮民，镇守司地，分茅设土，落坪落业，安营宣抚山，因斩寇有功于朝，世授皇恩，承职以来，隶屎施州卫，代理过道管辖，历今一十八世，其先元、明两朝，俱蒙授安抚宣慰之职。及至清朝定鼎，吴王作叛，逼令各土司缴换印信。其后吴王兵贩诛，奉总督部院，蔡给示招安，随将伪印呈缴，止蒙给长司印信一颗，直隶唐崖代辖镇南长官一员，以及苍蒲、活龙二副司印，并同佥事办理。司务民情和睦，一体同仁，至司屎边界，东至大田所麻地坝，南至四川黔江县凉风丫，西至本司龙嘴河，北至施南司青苔坡。四境宁谧，设立司制卫衙署。街道自玄武山发派，前至大河边左右二寨、石厂二沟，设立街署、街基、庙宇、寺观，历朝功绩昭著。始祖元时，封授安抚司之职，至明定鼎。

凉国公蓝玉授明太祖奉恩皇命招安西南土司征伐明玉珍，即四川叛元十四处，传一世祖覃启处送，元射有功。随旨军门纳印，归顺唐崖，命镇夜蓝，有功蒙题奉允准，仍给安抚司印篆，世授唐崖，恩赐宣慰使司之职，以武略将军任事，即调本司官兵随征，因阵身故，生子覃值什用。

二世祖覃值什用，承袭父职，于洪武四年调随左将军廖永忠，奉旨平蜀，因冒微过，降笈授长官司之营职，在病故。生七子，各授恩赐，列名：长曰覃安毛，分授金峒司；次曰覃耳毛，分授唐崖司；三曰覃散毛，分授散毛司；四曰覃锦毛，分授东乡司；五曰覃忠毛，分授忠路司；六曰覃理毛，分授施南司；七曰覃昇毛，分授毛港司。弟兄七人俱各宣慰、安抚之职。

传三世祖覃耳毛，承袭父职，平安无攘，于洪武十三年在任病故。

传四世祖覃忠孝，承袭父职，奉命招抚蛮民一千五百六十二名，蒙兵部覆匙，敕部仍给安抚原职任事。于永乐二年颁授左右二副司印篆，左苍蒲司官，讳黄章；右活龙司官，讳秦国龙，各给印信一颗，复给本司仁字大号印盒一架。忠孝祖于宣德二年在任身故。

传五世祖覃斌，承袭父职。未遇征战，简授世袭宣慰之职。至年老，于景泰三年任上，打阵亡故。

传六世祖覃彦实，于天顺元年承袭父职，于成化九年因进贡纳马，蒙给覃珣世袭冠笄把事一员。于正德二年在任染病告终。生二子，覃文铭、覃文朝。

七世祖覃文铭，于正德三年承袭父职，奉旨调征四川黔江县打同曹甫，血战重伤，回营身故。生三子。

传八世祖覃富，于正德九年承袭父职。奉调征剿川寇麻六儿，在营岚瘴身故。据功提叙，恩授宣抚原职。生四子：长名覃万金，次名覃万璋，三名覃万巡，四名覃万国。

九世祖覃万金，承袭父职，蒙兵部奏请敕准，仍给钦依宣慰任事。于嘉靖二十五年奉旨，巡抚刘调征麻阳苗叛得功，奉旨颁给覃万璋钦依峒主一员，楚石关防一颗，敕赐皇令二道。覃万延钦依峒主一员，万金祖至老身故。

传十世祖覃柱，承袭父职。于隆庆四年，奉调征剿金峒主土叛，覃柱斩首九十三颗，报奏加功候赏，兵将升外功给大小二村，功赏田土二地，赏银三百余两。回司身病亡故。

传十一世祖覃文瑞,于万历十六年承袭父职。于万历四十一年告老回司,病故。生三子:长名覃鼎,次名覃昇,三名覃星,乏嗣。传覃鼎,承袭父职。于天启元年奉总兵薛调授渝城,生擒樊龙、樊虎,即于天启二年,监军道越其钦依峒主覃杰。分掌司权,捷征水西安邦彦,随军门王总兵掳进太方苗巢兵陷,是杰兵冲关斩煞,势如破竹,救陷出围,毫无疏实。又于天启三年复征奢崇明、奢明辉,血战功报大捷,蒙总督制巡抚朱燮元准奏,钦依功升宣慰使司,体行参将军。恩给皇令四道,钦赐大宝十两,敕赐大方平西将军"帅府"二字牌楼、"荆南雄镇 楚蜀屏翰"八字,永垂万古。鼎祖于天启七年病故。生子宗尧。

十二世祖覃昇,为人忠厚,侄官宗尧肆雪,屡课不听,反生疑心,退居田野。生四子:长名覃宗禹;次名覃宗舜;三名覃宗武;四名覃宗什,生覃钟,即构映河土职旗鼓。

十三世祖覃宗尧,承袭父职,奉荆州府刘推官调,剿寇出荆州,染病回司,身故,享寿二十九岁,乏嗣。附田太祖鼎宗尧之母,生平行善。唐崖司务,交递赴钦依峒主覃杰,管理内事,及付田太祖朝四川峨眉山,随带奴婢,连途释配回司,引嚼峒主覃杰,会同创造太寺堂、张王庙,众族房下各施住。特创造寺观、牌楼街道维新皆所造也。

传十四祖覃宗禹,弟承兄职,天与人归,于崇祯三年奉四川巡抚邵节春迓令祖顶孙名覃文珍,奉旨调守夔府紫阳城,有功,时值本衙里民作乱,奉分巡道调,平衙乱,回司,随军门邵调御。张献忠寇蜀,兵坚本司,督兵堵煞地名麻渡河,孤兵独战阵亡。舍把覃文孝、王先品、李朝松、覃世玉等二十七员名将,斩功三百余颗。追至大宁县,堵煞献贼,斩首三百余笈,生擒贼兵五十三人。蒙抚部题奏,据功覆实,题授请颁宣慰使司印信,于崇祯五年内,奉旨取缴旧印,造颁宣慰使司印篆一颗,到司开掌司权,安管军民。至大清定鼎,于康熙四年,将宣慰使司印篆并同知佥事,左右二副司官防共四颗,游本衙赍缴到部,仍给宣慰使司印信到司,左右二副司官防缺费领,不料后因边夷吴逆作叛,勒逼各上司缴换印信,仍给宣慰伪印一颗到司。宗禹祖于康熙十八年病故,俱配夫人黄氏,生四子,继配田氏夫人生三子。长名覃铉,次名覃镶,三名覃铉,四名覃锶,五名覃钊,六名覃镐,七名覃鉴。传禹祖坟,安葬于手扒崖,祖妣葬于忠孝司。

传十五世祖覃铉，承袭父职，奉将军督部蔡给示招安，奉委通叛熊继申，取缴伪印，随差官同委员，赍缴军前，后蒙颁给长官印信一颗到司。铉祖于康熙四十二年，因川湖两省大案，题达过部。御批田连地界，完粮已备，逃川土民，各抚回讯。奉调至省，久病身故。生九子，长名覃溥泽，落于周家坝；次名覃澜泽，落于梨□峒；三名覃滋泽，落于石马岩；四名覃源泽，落于头道呼；五名覃清泽，田氏车波溪；六名覃溢泽，落于相梓园，黄氏夫人；七名覃浩泽，落于龙塘；八名覃治泽，落于洛马潭；九名覃现泽，唐崖坟山，庶母。

十六世祖覃溥泽，于康熙四十九年承袭父职。于六十年身故。生六子：长名覃梓椿，次名覃梓林，三名覃梓柱，四名覃梓荣，五名梓权，六名梓槐。

传十七世祖覃梓椿，承袭父职，仍授宣慰使司任事。至雍正八年，因六弟梓权打秦坐镇，土民俱各告东乡司，覃楚昭问诛，容美司田明儒剿逼自缢，幸忠峒官田光祖，与王柔，在永顺府任经历，将于田邦畿拜。继王柔转升湖北按察司，相好，设计公恳改流，兴巡宪奉督抚委查边江，至恩施县诸土司，齐侯义呈，改土于雍正十三年冬月二十八日，恳求上榴，邀给田房于荷，蒙皇恩于乾隆元年迁移，赴省安拽。生六子：长名覃光烈，次名光德，三名光煊，四名光耀，五名光辉，六名光道。

十八世祖光烈，政遇改设之祭，尚未承袭，回籍身故。生子覃世培，幼稚，托孤与胞叔覃梓柱，暂时祖代孙职，迁移汉阳西门外吴家厂、吴角老衙署住居。荷蒙沐皇恩敕曰，赐尔覃梓柱原系唐崖长官司，既无防御之责，亦无管束军之人任，恳请辞职。准将原缺裁法，但念尔祖曾经随征效力，不忍令其废置，特赏给把总职衔，准尔子孙永远世袭，若有年精壮，情愿随营差操者，准其食俸效用。才俱优长者，着该大臣保匙，照武职录。钦此钦哉。敕命之宝，雍正十三年十月初一日敕，覃梓柱祖弟代兄职，赴省荷沐皇恩，敕以世袭千总职，御于乾隆十三年呈请终养回籍，于三十九年病故。

传十九世祖覃世培，乾隆三十年入摽袭职。督部堂蒙题黄州协千总俸满，咨送礼部指缺保题，于四十年回籍告终。

二十世祖覃镶，曾孙邦彦，孙顶祖职。在汉阳府西门居住。长男长城，车波溪。覃光棋，梅氏夫人。覃光昇，黄氏夫人，老君崖。覃光雄，洛马潭。覃世璜，生二子：锦春、锦文，石马岩。覃光福、覃光廷，崖头上。覃光招，龙塘。覃光宗，周家坝。覃光煊，梨赫峒。覃光洪，头道呼。覃光品，唐崖司坟山，覃世殿。

## 世辈、夫人、生子

十六世祖　覃清泽，车波溪，田君夫人，生一子。

十七世祖　覃梓箕，向氏夫人，所生二子。

十八世祖　覃光棋，梅氏太君，所生一子。覃光昇，黄氏太君。

十九辈祖　覃世龙，秦氏夫人，所生二子。

二十辈祖　覃锦柏，覃锦梅，杨氏夫人，生一子。

二十一辈祖　覃廷寿，杨氏夫人，生二子。

二十二辈祖　覃春成，俱配周氏，生一子远。

二十二辈　覃春林，俱配□□□。

二十三辈　覃芳□，俱配梁氏，生三子。

二十四辈　覃小阳，俱配李氏，生二子。长覃丰，次覃勇。

二十四辈　覃明阳，俱配冉氏，生一子，覃元科。

二十四辈　覃文礼，俱配田氏，生□子。次□□□阳，俱配田氏，一子，覃彬。

（咸丰县唐崖镇唐崖司村覃安国　提供）

## 概　说

唐崖覃氏，元末有覃启外送者，明玉珍置安抚司，授安抚使之职。明洪武四年（1371年），覃值什用袭父职，七年（1374年）奉旨平蜀，因冒微过，降级为官司长官。覃耳毛，袭父职，十三年（1380年）后任卒。

## 湖 北

覃忠孝，袭父职，奉命招抚蛮民，兵一千五百六十二名，蒙兵部覆题，敕部仍给安抚原职任事，正德二年（1507年）卒。覃富，九年（1514年）承袭父职，调征四川麻六儿，据功提叙，授宣慰使职。覃万金，承袭父职，嘉靖二十五年（1546年）奉巡抚刘调征麻阳苗乱。覃柱，承袭父职，隆庆四年（1570年）奉调征金峒，斩首九十三颗，报奏加功候赏，赏大小二村田土，赏银三百余两。覃文瑞，万历十六年（1588年）承袭父职，万历四十一年（1613年）告老致仕。覃鼎，承袭父职，天启元年（1621年）奉总兵薛调征重庆，生擒樊龙、樊虎；三年（1623年）调征奢崇明、奢明辉，血战报功大捷，蒙总制巡抚朱燮元，奏准钦依，功升宣抚司，行参将事。覃宗尧，天启七年（1627年）承袭父职，奉荆州府刘推官调征，防荆州染病身故，年二十九岁，乏嗣。覃宗禹，弟承兄职，崇祯三年（1630年）奉四川巡抚邵节春调守夔府紫阳城有功；又随军门邵征讨张献忠部于麻渡河、大宁县，斩首六百余级，生擒五十三人，蒙抚部题奏，授给宣慰使司印信。大清定鼎，康熙四年（1665年）改给长官司印。覃铉，承袭父职，颁给长官司印一颗，四十二年（1703年）病故。覃溥泽，康熙四十九年（1710年）承袭父职，任职至康熙六十年（1721年）。覃梓椿，承袭父职，雍正八年（1730年）卒。覃梓柱，弟承兄职，十三年（1735年）裁司，其地入于咸丰县，世袭把总。梓柱卒，无嗣，以兄子光烈承袭。乾隆三十七年（1772年）光烈卒，子世培袭职（节录自《清史稿》、道光《施南府志》和咸丰唐崖《覃氏族谱》记载史实，仅文字略作梳理）。

# 容美宣慰司宣慰使田氏世系

## 唐

田行皋　元和元年，从高崇文讨平刘辟，授施、溱、溶、万招讨把截使，后加兵部尚书、金紫光禄大夫、施州刺史，仍知溱、万、溪、溶四州诸军事。

## 宋

田思政　元祐间袭授镇南等处军民五路都总管，一云元夏时袭授容美等处军民五路都总管，未知孰是。

田崇钊、田伯鲸　二人皆思政以后袭职者，年代辈次无可考。

## 元

田乾宗　辈次亦不可考，以其子光宝于明洪武初年授宣慰使，故断为元时人。

## 明

田光宝　乾宗子，洪武三年三月，遣弟光受等以元所授诰敕印章诣行在请换，上命光宝为四川行省参政，行容美等处军民宣慰使事，仍置安抚元帅治之。五年二月，遣子答谷朝贡。

田胜贵　光宝子，袭父职以后，峒蛮向天富作乱，牵连革职。永乐三年复下诏招抚，授为宣慰使。

田潮美　胜贵子，袭父职。天顺元年，以老疾，请子保富代职，诏从之。

田保富　袭父职。成化五年，礼部奏容美宣抚司田保富等遣人进贡方，物不及数，恐使侵盗，宜停其赏。仍移知所司从之。弘治二年保富已致仕，与木册长官田贤各进马，为土人谭敬保等赎罪。刑部言蛮民纳马赎罪，轻者可原，重者难宥，宜下按臣察核。八年，贡马及香，礼部以香不及数，马多道毙，又无文验，命予半赏，保富卒，子镇袭。

田　镇　事实无考。

田　秀　镇弟，镇无子秀袭职。弘治十八年，以子祸卒。

田世爵　字廷器，号龙溪，秀第七子。秀有庶长子，乳名白俚俾，谋篡袭。因秀外巡，乘间杀其嫡长，并第五人，而嗾其党，弑秀于观音坡之河侧。世爵尚在襁褓，乳母覃氏与其夫贺某，后赐姓名田胜富者，以己子，代而负世爵奔桑植。白俚俾觉，追弗及。时本司舍人名麦翁宗者，赴桑植请兵讨贼。比兵至，而白俚俾已赴武昌请袭，仅诛其党数人。会土经历向太保俾，告变于抚按，而桑植申文亦至，乃下白俚俾狱，验治磔死。正德二年世爵袭职，九年由桑植回司任事。嘉靖间，因与土官向元楫累世相仇，觊元楫幼，佯为讲好。以女嫁之，谋夺其产，因诬元楫以奸。有司恐激变，令自捕元楫，下狱论死。世爵遂发兵，尽俘向氏，并籍其土。久之，抚按调知，责以元楫对状。世爵不出，阴与罗峒土舍黄中等谋叛。于是湖广巡按御史周如斗请移荆南道，分巡施州卫，以便控制，调广西清浪等戍军，以实行伍。疏下，都臣冯岳等议。岳等言：施州地势孤悬，不可久居，戍军亦非一时可集，当移荆瞿守备于施，九永守备于九溪，上荆南道备巡历至。世爵骄横，有司不能摄治。独久系元楫何为？宜假督臣以节制容美之权，问世爵抗违罪状，如不悛，即绳以法。从之，世爵自是敛戢，狱得解。后以随总督胡宗宪征倭，卒于芜湖。年八十有三。

田九霄　号后江，世爵长子，从世爵征倭，世爵卒于军中，袭职。诏赐红纻衣一袭，以浙江黄宗山之捷也。九霄赏罚严明，与士卒同甘苦，所向有功。然为人刻深毛鸷，每叱驭出。民皆闭户，鸡犬无声。嘉靖四十一年卒。

田九龙　字子云，号八峰，九霄同母仲弟。九霄忌诸弟才俊，九龙深自敛戢，耕读于龙潭坪之后山，今俗称二爷坪是也。九霄病，知诸子不才，遗命九龙袭职。九龙胆识过人，喜读书，好义爱客。万历三十七年卒，年八十有三。

田楚产　字子良，号郢阳，九龙嫡长孙，父名宗愈。先是九龙已年老，为宗愈请给冠带，摄事，未几病卒。九龙又为楚产请给冠带，以备承袭，而年益耄。其庶长子宗元，纠弟宗恺等，控于上台，诬宗愈庶出，楚产非嫡长孙，纳贿夤缘，虽有田楚皋、田大玉等，不避捃掠，力为争辩，终不能解。楚产携妻子出亡忠峒十余年，及九龙卒，宗元为众愤所戮、宗恺亦死，上台乃檄楚产回司袭职。为人言笑不苟，多善政，惟构争时，宵小乘闲，攘窃帑藏，告讦急于赋敛。一日饮舍人家，为叛奴所戕。年五十有一。

田　玄　字太初，号墨颠，楚产长子，爱民恤邻，忠峒田桂芳、施南田懋粱、东乡田绳武诸土司，皆得其扶持力。于桑植向一贯、捐宿隙而恤其子，人尤伟之。闯、献寇起，从征助饷，晋授宣慰使，加太子太保、后军都督府。崇祯十二年上疏，言九月间，谷贼复叛，抚、按两臣，调用土兵。臣即捐行粮战马，立遣土兵七千、令副长官陈一圣等将之前行。悍军邓维昌等惮于征调，遂与谭正宾结七十二村，鸠银万七千两，赂巴东知县蔡文升，以逼民从军上报，阻忠义而启边衅。朝廷命抚按核其事，而时事日非矣。玄天性忠义，燕京失守，其甲申除夕诗有"矢志终身晋，难忘五世韩"及"何事都门下，犹多不罢官"等句。时大清正朔未及，洪光时玄犹以蜡丸奏事，一时避寇氛者，如彝陵文相国、松滋伍计部数十辈，多挈眷相从，馆餐不倦。其华阳诸藩及华容孙中丞之避居九、永诸卫者，不时存问。隆武二年卒，年六十有五，诰封龙虎将军，赐祭六坛。

田霈霖　字厚生，号双云，玄长子。年二十补澧州博士弟子，寻改长阳学。随父玄征立功，霈霖赞襄之力居多，晋授容美等处军民宣慰使，加太子太保、荣禄大夫、后军左都督、赐蟒玉正一品服色，后寇氛益炽，缙绅之避难者霈霖待之，一如玄时，尝遣千户覃应祥间道赴闽粤，行在陈方略。无何，残寇一只虎由清江窜入，霈霖不及备，遂受其蹂躏，不一年，忧愤以卒，年三十有九。

## 国　朝

田既霖　字夏云，玄次子，年十四，补长阳博士弟子，以兄霈霖无子袭职，时大清定鼎七八年矣。诸残寇降明者，荆侯王光兴等十余家，穷蹙窜西山，借明朝为名，征粮索饷，施、归、长、巴之间受其扰害。乙未岁既霖投诚我朝，晋授容美等处军民宣慰使司，宣慰使□□□□□□□□□□□□□□□。丙申年卒，年三十有八。

田甘霖　字特云，号铁峰，玄三子，年二十补博士弟子，以兄既霖无子袭职。残明降寇之为勋镇者，借容美奉本朝正朔为口实，扼之于皖国公刘体纯营中。督部李荫祖奏闻，奉世祖章皇帝恩旨，有田甘霖能否脱归，星速奏闻之谕，后多方解险，栖迟澧阳者四年乃归任事，凋残之余，经营安集，并创立学宫。康熙间吴逆窃叛，胁授伪命，乙卯年卒，年六十有三。

田舜年　字韶初，号九峰，甘霖子。初受吴逆伪敕，后缴换袭职，屡奉檄从征，著有劳绩，能文章，所交多一时名士，有《廿一史纂要》《容阳世述录》《许田射猎传奇》诸书行世，康熙四十五年在武昌卒，年六十有七。

田旻如　舜年子，初为通州州同，承袭父职。康熙五十二年，左都御史赵申乔劾奏。奉恩旨原宥令其改过自新。雍正十一年，湖广总督迈柱，复列款参奏。奉旨，令其来京讯问，旻如托词支延，大府复委员督催。旻如于是年十二月十一日自缢，土目土民遂将部印一十八颗，解赴荆州，公恳改土归流。雍正十三年改司为鹤峰州。

（摘自道光本《鹤峰州志·沿革》、《田氏族谱》卷一《事实考》）

## 附录：容美宣慰司田舜年世系略

田庆年　字余庵，舜年胞弟，管左营副总兵事。舜年杀石梁安抚使司唐公廉，以庆年袭职，传子焜如。

田丙如　字应恒，舜年长子，管中营副总兵事。舜年灭水浕安抚使司唐继勋以内如字图南袭职。康熙四十五年舜年卒，丙如袭容美宣慰使司职。康熙四十七年，以丙如贪庸暴戾，另以旻如袭职。

田旻如　舜年次子，详见前。

田耀如　舜年三子，舜年灭五峰安抚使司张彤貌，于康熙二十年以耀如袭职，传子召南。

田琬如　字应期，舜年四子，入籍荆州府学。

田瑄如　字应候，舜年五子，入籍荆州府学。

田琰如　字应德，舜年六子，管后营副总兵事。

（摘自容阳堂《田氏族谱》卷一）

（鹤丰县民宗局向益民　提供）

## 概　说

容美田氏，田行皋，唐元和元年（806年），从高崇文讨平刘辟，授施、溱、溶、万招讨把截使。田思政，宋元祐（1089~1094年）间，授镇南等处军民五路都总管。田乾宗（《清史稿》作田乾亨）与崇钊、伯鲸何属不详，元末在职。田光宝，乾宗子，明洪武三年（1370年）三月，遣弟光受等以元所授诰敕印章诣行在请换，上命光宝为四川行省参政，行容美等军处军民宣慰使事，仍置安抚元帅治之。田胜贵，光宝子，袭父职。田潮美，胜贵子，袭父职。田保富，潮美子，袭父职。田镇，保富子，袭父职。事迹无考。卒，无嗣。田秀，镇弟，袭兄职。田世爵，正德二年（1507年）袭职，九年（1514年）由桑植回司任事。田九霄，世爵长子，从世爵征倭，世爵卒于军中，九霄袭职。田九龙，九霄同母仲弟。九霄病，知诸子不才，遗命九龙袭职。田楚产，九龙嫡长孙袭职。田玄，楚产长子，李闯、张献忠乱起，从征助饷，晋授宣慰使，加太子太保、后军都督府。田霈霖，玄长子。随父玄从征立功，晋授容美等处军民宣慰使，加太子太保、荣禄大夫、后军左都督，赐蟒玉正一品服色。田既霖，玄次子，以兄霈霖无子袭职。清顺治十二年（1655年）投诚，仍授容美等处军民宣慰使司宣慰使，加少傅兼太子太傅，赐蟒玉带正一品服色。田甘霖，玄第三子，以兄既霖无子袭职。田舜年，甘霖子。初受吴三桂敕，后檄换袭职。屡奉檄从征，著有劳绩。能文章。田旻如，舜年子，袭父职。康熙五十二年（1713年），以放肆为左都御史赵申乔劾奏，奉旨原宥。雍正十一年（1733年），再为湖广总督迈柱列款严参，旻如移驻平山寨拟抗拒，为石梁长官司张彤硅催迫，旻如于是年十二月十一日自缢。十三年（1735年）改土归流，改司为鹤峰州，光绪三十年（1904年）改为鹤峰直隶厅（节录自《明史》《清史稿》《鹤峰县志》《田氏族谱》）。

# 后 记

兹将我对中国土司制度的发展历程、历史价值和现实意义等研究的基本观点概要简述如下。

## 一、秦王朝的统一

秦王朝统一中国，著名史学家范文澜《中国通史》第一册载：秦灭六国，统一中原地区。而边疆民族地区，直至元朝统一多民族国家进一步巩固，土司制度形成。

这一点的直观证据是著名学者谭其骧主编《中国历史地图集》中的"秦至宋"时期全图：

秦时期边疆：东北有肃慎、夫余；北方有匈奴；西方有羌；西南有滇、夜郎。

西汉时期边疆：东北有肃慎、夫余、鲜卑；西北有匈奴；西藏地有唐旄、发羌；西南有哀牢。

东汉时期边疆：东北有挹娄、夫余；北方有鲜卑；西北有羌；西南有盘越国、昆明。

西晋时期边疆：东北有挹娄、夫余；北方有鲜卑；西藏地有发羌、波窝；宁州地有爨氏。

东晋时期边疆：东北有挹娄、夫余；北方有高车、柔然、鲜卑；青藏地有吐谷浑、孙波、波窝；宁州地有爨氏。

隋时期边疆：东北有室韦；北方有铁勒、东突厥；西北有西突厥；西南有昆明、东爨、西爨。

唐时期（前期）边疆：东北有靺鞨、室韦；西藏地有吐蕃、吐谷浑；西南有南诏。

唐时期（后期）边疆：北方有回纥、突厥；西藏地有吐蕃；西南有南诏。

北宋时期边疆：东北—北方有辽；西北有西夏；西藏地有吐蕃诸部；西南有大理国。

南宋时期（前期）边疆：东北有金；北方有蒙古；西北有西夏；西南有大理国。

南宋时期（后期）边疆：东北有金；北方有蒙古；西北有西夏；西南有大理国。

## 二、土司制度的发展历程

### （一）晋朝以前的边疆民族地区情形

在晋朝以前，边疆民族地区情形为各民族各自发展，很不平衡。例如：在北方，秦统一前，匈奴已很强大了，七国争战时进入"河南地"（在今内蒙古鄂尔多斯一带），秦大将蒙恬率领30万大军才将匈奴打败。其后，匈奴占据了大漠南北，成为北方一大国。汉高祖七年（前200年），高祖率兵30万讨伐匈奴，反遭匈奴白登（在今山西大同县东）之围。《史记》卷一一〇载："会冬大寒雨雪，卒之堕指者十二三。"汉军失去战斗力，后用陈平计"和亲"，才得罢兵而归。然而在西南，汉武帝元狩元年（前122年），汉使王然于至滇，《史记》卷一一六载，滇王竟问汉使，"汉孰与我大？"汉使至夜郎，夜郎王亦同样问。

### （二）唐、宋时期边疆民族地区情形

唐、宋王朝在边疆民族地区推行"羁縻府、州、县"制度，"略为管束"，但实际收效甚微。其一，唐朝为了应对吐蕃，据《新唐书》卷四三（下）载，在剑南道北部（成都附近）和南部地带（姚州附近）设置了很多"羁縻州、县"。依据史籍记载，设置诸羌州168、县28，只要是拥护唐王朝，能牵制吐蕃的，皆给予羁縻州、县官职。可是，唐代宗宝应二年（763年）七月，吐蕃大规模向唐进攻，调集了包括吐谷浑、党项、氐、羌人在内的20万大军，渡过渭水，直指唐都长安。在这期间，在剑南道方向，随着吐

蕃攻唐，据《新唐书》卷四三载，一些羁縻州、县便倒向了吐蕃。其二，在剑南道南部的洱海地区（即今云南洱海地区），唐朝设置有十余个羁縻州。蒙舍诏（南诏）在唐王朝姚州都督府的扶持下发展壮大起来，统一了洱海地区的其他部落，唐朝封蒙舍诏酋领阁罗凤为"云南王"。据《南诏德化碑》载：天宝九载（750年），阁罗凤历数姚州都督六条罪状，杀害了姚州都督张虔陀。接着，"西开寻传，北攻巂州"。唐文宗大和三年（829年）攻入成都府，《旧唐书》卷一九七载："劫玉帛子女而去。"其三，在北方饶乐（今内蒙古宁城县境），唐天宝四载（745年），奚酋李延宠降服，《资治通鉴》卷二一五载：唐"拜为饶乐都督，封怀信王"，以皇室外甥女杨氏为"宜芳公主"嫁李延宠，不久，李延宠竟杀死宜芳公主叛唐。其四，在北方松漠（今内蒙古巴林右旗南），唐天宝四载（745年），契丹大酋李怀秀归降唐朝，《新唐书》卷二一九载：唐"拜为松漠都督，封崇顺王"，以宗室女独孤为"静乐公主"妻之，仅几个月，李怀秀杀公主叛唐。上述史实表明，唐王朝在边疆民族地区推行"羁縻府、州、县"制度，旨在"略为管束"，可是并未取得预期效用。

北宋时的边疆民族地区情形是：据《宋史》卷三五三载，"宋太祖划大渡河为界"，对大渡河以南的广大民族地区，只求安宁，别无所求。对西南、东南的黎州、戎州、黔州等仍是设置羁縻州、县，少数民族首领只要顺从宋王朝即拜刺史、县令官职。

**（三）元、明、清及民国时期情形**

元代形成土司制度。元王朝总结历代王朝特别是唐、宋王朝治理边疆民族地区的经验及教训，进行了重大的施政变革，《元史》卷三八载：实行"参用其土酋为官"的制度。即是将边疆民族地区"归附"于元王朝的民族大小首领分别"吸纳"到元王朝设置在边疆民族地区的文、武职官机构里，使"参用"民族首领得以"有效管束"，并可假借"土酋"统治其族或部。本此，元王朝在边疆民族地区推行了如下办法：赐"参用"土官土司诰敕、印章，"驿传玺书与金（银）字圆符"等，还规定了"朝贡"与"纳赋"。上述史实清楚地表明：元代形成了土司制度。

明代土司制度发展到鼎盛。明代土司制度在元代的基础上很快发展起来，明王朝大力推行土官土司（分文、武职，统称土司）制度，如在西南部边疆民族地区普遍设置土官土司：设置文职土官279家，武职土司815家；在东北奴儿干地域设置了羁縻卫所土司360家。明朝廷对土官土司的承袭制定"皆赴阙受职"，承袭人范围规定子、妻、弟、侄等，承袭时须要亲供、宗图、邻司保结、布政司文书等；土官土司的升迁途径有军功、忠勤、纳米和进献，升迁办法有升品级、授流官、加虚衔等。建立了朝贡与纳赋制度，对土官土司的贡物、贡期、人数、回赐、违例等，皆有定制；对土官土司的纳赋，新归附者赋税听其自愿，纳赋定额比内地较轻，遇灾害、有军功可以蠲免，纳税物品准许折纳。确立使用土兵的办法：土官土司辖区的精壮男子皆是土兵，土兵平时保境安民，有战事时出征打仗。

清代土司制度渐次衰落。清代设置文职土官294家，武职土司1008家。但是大、中土官土司多是明代所设，清代多是设置的小土官土司或未入流土官土司。明代的奴儿干羁縻卫所土司地区，清代为皇族居住地，已经不是土司地区了。至于土官土司承袭办法，清朝规定承袭须按宗支嫡庶次序，承袭人年满十五岁，承袭时要将顶辈宗图、亲供、地方官吏及邻封土司保结等报督抚，由督抚具题请袭。犯罪革职者，其子孙不准承袭。土官土司的贡赋与兵役，交贡有3年或5年，纳赋多沿明代赋额；服兵役亦同明代，平时保境安民，有重大战事时出征打仗。清朝对土官土司施行种种限制，如不许土官土司扩大势力，不许擅自离境，对土官土司分袭、改流官、改区划等。对土官土司采取各种办法"改土归流"，如"为乱"改流，"谋杀、贪劣、不法"改流，借口"土民请愿"改流，"自请"改流等。清雍正年间，清廷委任鄂尔泰为云贵总督，兼辖广西，采取招抚和镇压两种手段，进行了大规模改土归流。自此之后，土司制度便渐次势衰。

民国时期土司制度残存。在民国时，不少土官土司徒有其名，土官土司尚存势力和影响的计有一百余家，土官土司尚存一定势力和影响的约计有234家。云南省的土官土司较多，而且土司制度一直存在，据云南省广南县博物馆提供的任命状：民国二十五年（1936年）一月十五日，云南省政府主席龙云"任命侬鼎和为广南土同知"。

## 三、土司制度的历史价值与现实意义

土司制度在历史上存在了678年（1271年至1949年9月以前之元、明、清王朝及民国），时间很长，内容很多且重大，颇有历史价值与现实意义。

### （一）土司制度的历史作用

土司制度的历史作用很大。自元代形成土司制度以后，边疆民族地区就再也没有出现过分裂割据政权或势力，中国统一的多民族国家进一步巩固。在边疆民族地区，土官土司是朝廷命官，肩负着捍卫边疆使命，边疆得以长治久安。

### （二）土司制度的现实意义

土司制度很有现实意义：其一，无论撰写中国历史，或是撰写民族历史，或是有少数民族的地方史，皆不能缺少土司制度这一重要内容。其二，土司对革命有贡献，如红军长征路过黔、滇、川土司地区时，有的土司给红军带路、介绍地区情况，有的土司让出重要地方、官寨。红军在土司地区建立起红色民族政权，如绰斯甲、周伞、绥靖、丹巴、泰宁、秋卡等等。其三，在抗日战争中有奉献。如云南的滇西土司带领民众自带粮食和工具修筑滇缅公路，滇南孟连土司带领民众参加自卫大队，给远征军运送粮食和弹药等。其四，土司遗址是重要的非物质文化遗产。现入选世界文化遗产名录的已有湖南永顺土司城、贵州播州土司遗址等3处，全国有3108家土司，大土司有307家，再入选十数处也不为多。其五，土司的各种建筑、遗迹很有特色，甚有旅游、观赏、研究价值等等。

## 四、为了深入了解土司制度

为了深入地了解土司制度的土官土司方面情形，兹特整理出版《土司宦谱家谱辑校》一书。关于《土司宦谱家谱辑校》之成书、付梓，还要感谢西南民族大学民族研究院的两位硕士研究生的帮助，特别是彭惠勇研究生，两次跟随我外出开会，对我细心照料，令我永记于心。此外，女儿龚梦川对此书做了很多的打字、校对、订正工作，我亦永记心中。

云南人民出版社为了出版好《土司宦谱家谱辑校》一书，社长赵石定和副社长张波都十分重视，精心指导这一书的编审工作，历史读物编辑部的编辑们细心校阅书稿，对书稿中的错讹文字等进行修正，做了大量辛苦的工作。对出版社领导的热情关怀，编辑的万分辛苦工作，我深表谢忱。

龚荫　谨识<br>2019年8月28日于西南民族大学寓所

云南出版印刷集团有限责任公司
华印分公司
检验员
01